U0005494

原來中國史可以這樣整理

拆拆中國史

黃國煜 著

好讀出版

歷史不應該是枯燥的，前提是要有能讓人讀得下去的書籍

洪維揚（日本歷史作家）

中國歷史源遠流長，即便捨棄掉傳說未能確定的部分，大致上還是有將近四千年之久！然而也因為源遠流長導致讀起來並不輕鬆，特別是在南北分裂的時代，加上繁多難記的人名和枯燥易混淆的事件，不少人在學生時代視歷史課為枯燥無味的課，尤有甚者，一部分非歷史系的學生在大一修完中國通史後，一輩子不會再碰觸與歷史相關的書籍。是以，若能有一部簡單易懂，且又輔以表格整理歸納的歷史書，就能讓更多非學院派的人士領略歷史的醍醐味，本書《拆拆中國史》正是有著上述優點的書籍。

本書共分八章，**第一章**概述世界文明的起源以及上古世界簡史，將敘述的文字放在大量的表格裏，清楚易懂又不至於造成讀者的負擔。

第二章介紹中國地理文化，包含中國地理疆域、歷代國都及其古名、史上有名的古都、禹貢九州、影響現代人至深的五德終始說以及目前中國境內的少數民族。

第三章為認識中國歷史朝代，從這一章起進入本書的敘述重點，也多了史學上的專有名詞。儘管乍看之下要面對更為專業的內容，但是請讀者不要因此而打退堂鼓，在重點式的條列以及表格輔助的陳列下，整體閱讀起來也就不覺得那麼難懂了。

第四章為認識中國歷代朝廷政治，具體列舉並分析、歸納歷朝歷代覆亡的原因，此外還簡介秦漢以來的中央政權體制、學制和兵制，最後一節列出中日韓封建時代最後政權君主一覽表以及這三個政權的一些有趣小故事，頗值得一讀。

第五章為認識中國歷代重要人物及重大事件，有別於同類書籍以朝代分章敘述的框架。本章共有十一節，每節探討一個歷史上多個朝代曾共同發生過的主題（不論

好壞），藉由打破個別朝代的局限，將歷史上同性質的人物及事件一網打盡，更能讓讀者跨越朝代的區隔，進而達到對歷史的深入理解。舉例來說，該章第十節的標題為中國歷代宦禍，作者整理出歷史上東漢、唐、明這三個宦官為禍最烈的朝代，除列舉三個朝代具代表性的宦官外，作者還很用心的說明東漢、唐、明三朝宦官為禍的性質上的差異以及宦官之禍最終的結局以及對該王朝的影響，凡此種種不難看出作者的用心。

　　第六章為認識中國皇帝，作者將中國三千年來數百個皇帝做了評比並就其在位的政績予以分類。接著針對廟號、諡號、年號以及避諱做解釋，特別是前兩者廟號和諡號，兩者的意涵和差異恐怕連歷史系學生也不見得能夠區別。至於和避諱有關的一些小常識，有不少連我也是首次聽聞，對作者的博學感到佩服至極！

　　第七章是認識中國后妃及重要女傑，顧名思義是以女性為主要的敘述對象。中國向來重男輕女，女性即便貴為皇后也不見得能在歷史留名，要在歷史留名必須有做出影響或改變歷史的事情（不管是好或壞）；相反的，只要能做出影響或改變歷史的事情，即便不是貴為皇后，也能在歷史上留名。當然後人最津津樂道的莫過於與史上才高八斗的文人以詩文唱和的名媛才女了，作者在這部分也沒讓讀者失望，用了部分篇幅來形容這些極富魅力的名媛才女。

　　第八章為認識中國歷史朝代的更替，亦即是對歷朝歷代的簡介，這一章幾乎占了全書的一半，較少閱讀歷史書籍的讀者可能難以承受這樣的篇幅。然而換個角度思考，將近四千年的中國歷史只用約半本書的字數描述，由於我本人也有寫作的經驗，深知在眾多資料中取捨的困難，對作者的用筆更感佩服。

　　為了不破壞讀者閱讀的興趣，因此只針對本書內容做簡單介紹，想知道本書完整內容還是請各位看官靜下心來耐心閱讀吧！

圖中看盡千古事

廖彥博（歷史作家，《一本就懂中國史》作者）

我們歷史系學生，時常會聽到一段經典話語和一個問題。剛進大學念書時，總會聽見老師們引用中國史學大宗師司馬遷的一段話：「究天人之際，通古今之變，成一家之言」；畢業前畢業後，在社會浮沉，時常聽到有人問：「你是念歷史的？那一定很會講故事了？」對大部分人來說，前者在重重繁複瑣碎、又讓人疲於奔命的日常生活裡，變成一個遙不可及的夢；後一個問題則嚴重考驗我們的謀篇、書寫、取材與審題能力，總是要到了打開電腦，手指放在鍵盤上卻遲遲敲不出一個字，或是面對學生課堂發問，盡了全力而還是覺得無論如何講不到點上的時候，才發覺「講好一個故事」（正確又生動的陳述史實）真是難乎其難。

黃國煜先生的新作《拆拆中國史》卻能以別出心裁的方式，將中國史上歷代皇朝的交替更迭，生動有趣的「說清楚，講明白」，這是很難得的。作者細心整理中國歷史上的皇朝史實，用清楚活潑的表格圖像，簡單扼要的傳達給讀者。除了時間順序的縱列上下對照，還有同一時期世界各國文明的橫向比較，讓讀者在最短的時間裡，獲得一個清楚具體的歷史認識。

我自己對本書印象最深的段落，是作者精心繪製的「中國八大古都」。所謂「八大古都」，分別是西安、洛陽、北京、南京、開封、杭州、安陽、鄭州。八座城市，經過千年的歷史積累沉澱變化（特別是近二百年來），當年樣貌早難尋覓。即使今日履足斯土，我們不禁也會自問：這裡是漢代的長安（西安）、唐代的神都（洛陽）、金代的中都（北京）、大明的應天府（南京）、北宋的汴京（開封）、南宋的臨安（杭州）、殷商的王城（安陽）與夏朝的亳都嗎？記得我在二〇一六年八月到南京去，有天下午步行路過南京明故宮遺址公園。朱元璋曾經在這裡建立紫禁城，但是如今除了

幾處散落的石墩以外，荒煙蔓草裡，已絲毫看不出皇家氣派。當天公園裡雖然遊客如織，我卻在和煦的夕陽下興起了「興亡千古事」的蒼涼感慨。作者畫南京，將歷朝各代的都城位置疊合在一起，讀者可以同時在圖上看見東晉和南唐的王宮，明代的紫禁城與明孝陵，再聯想起太平天國的天京和中華民國首都南京，金陵龍蟠虎踞，千年雨打風吹，一種屬於歷史的滄桑感，不覺油然而生。

再拿北京來作例子：明清兩代六百年北京城的格局，奠定於明代。從本書一目了然的圖中可看出，在元代大都的基礎上，老北京城是一個「凸」字——上邊直擺的長方形是早年興建的內城，下方橫放的是明代中期修築的外城。可是，這下邊新修的城牆既然是外城，理應是個包裹住舊城的「回」字，怎麼卻成了個「凸」字呢？原來，嘉靖年間修築外城時，確實計畫要圍繞內城一匝，但因為經費不足，只建了南段就宣告停擺。時至今日，位於北京二環、三環一帶的內外城牆，除了少數孑餘以外，都已遭到拆除的命運。與其走在二十一世紀高樓巨廈、堵車霾害環伺之下的北京，還不如在作者精心描繪的北京歷史地圖上，一發思古之幽情。

總而言之，《拆拆中國史》像上述這樣綱舉目張、一目了然，又不失活潑生動的例子還有很多，大有「成一家之言」的氣魄，推薦給讀者細細品味。此外，我也盼望作者黃國煜先生可以在現有基礎上再接再勵，推出下一部更具深度，又不失簡明有趣特色的圖解中國史作品，朝向太史公所說「通古今之變」的理想邁進。

世界上唯一不會終止的事物，就是歷史

黃國煜

- 一杯酒，能讓人類喪失理智，還原成猿猴；一本書，能使一介莽夫智慧昇華，蛻變成文人。

- 世界上所有的生物，僅人類能用語言表達溝通，以文字傳達訊息，並懂得用火烹煮、填海造陸，使人類成為眾獸之首、萬物之靈。

- 世界四大古文明中，僅中華民族有能力將自己的歷史完整傳承下來（25史），這全歸功於歷代史官，傾其一生，用生命書寫記錄；加上東漢蔡倫革新造紙術、北宋畢昇發明活版印刷術，在眾多先人的努力下，才讓中華文學史料精華被大量保存下來，凌駕於全世界。

- 中國皇朝歷史從西元前 221 年秦朝始皇帝開始，至西元 1911 年清朝末帝止，共計 2132 年，期間共有 59 個朝代被定位，總共出現 331 位帝王，其中柔弱之君 115 位（最多）、賢明之君 91 位、昏暴之君 76 位、平實之君 49 位。
  在 331 位帝王之中，自然病死之君有 204 位、他殺或自殺者有 127 位。

- 全國統一的帝國時代累計為 1452 年、分治紛亂的王朝時代為 680 年，足見統一安定時期比分治混亂時期多出一倍的時間，故整體政局相對穩定。

- 中國境內共有 56 個民族，其中以漢族居多，約佔 92%。在漫長五千年來的改朝換代、循環更替中，國內非但沒有分裂，各民族反而更加融合，團結成大中華民族。

- 每個朝代粉墨登場，接續上演歷史大戲，期間從來沒有一個強權，能夠河山帶礪、長治久安、國祚永固，這是為何？因為人們有生老病死的自然法則，國家也有興衰滅絕的鐵則定律：創世期→治世期→衰世期→亂世期，周而復始。
  幾千年來唯一能夠完全統一中國的，只有「漢字」

- 歷代開國君主建立新政權時，不可能隨即掌控全國，得需大費周章，去跟舊有勢力周旋對抗，才能依序降服，其中以清朝花費時間最久，長達 40

年：西元 1683 年（康熙 22 年），施琅攻奪台灣，降服明鄭政權（東寧王國），才真正達成統一全國局勢。

- 西元 1842 年清道光年間中英爆發鴉片戰爭，滿清以長矛大刀對上蠻夷的長槍大砲，結果不堪一擊、迅速潰敗，昔有血滴子百尺之外取人首級，今有洋鬼子萬里之遙攻城掠地，此事驚醒隔鄰日本江戶幕府，為爾後的明治維新埋下伏筆，從此帝國列強，群魔亂舞，對中國威懾瓜分，使中國淪為次殖民地。

- 中國也因此從自傲滅洋的天朝上國，瞬間轉變成自卑媚洋的東亞病夫（另有西亞病夫為鄂圖曼土耳其帝國，最後被瓜分而淪亡）。

  從西元 1842 年鴉片戰爭議和起至西元 1949 年新中國成立止，共計 108 年期間，中國從來沒有真正擁有主權完整的一天（在二戰期間，全亞洲真正享有主權獨立的國家僅有日本及泰國）。

- 漢朝與清朝相距千年之遙，但我們對兩個朝代的歷史內涵認知似乎相隔不遠、差異不大。人類真正文明精進啟始於近代，可分三階段：

  ① 1883 年，愛迪生發明電燈泡，因此顛覆傳統的陰陽兩極論思維，使人類告別日出而作、日入而息的千古慣性（改變作息）。

  ② 1903 年，萊特兄弟發明飛機，實現人類騰空飛翔的夢想，推翻生物本能的定律（縮短距離）。

  ③ 1969 年人類首度登陸月球，開啟太空時代新的里程碑，使電腦、網路更加盛行發達，科技一日千里（節省時間）。

- 歷史是由得勝者所擬、掌權者所寫，所以該君今朝被歌功頌德，尊崇備至；明日可能遭鞭撻謾罵、挫骨揚灰，成者為王、敗者為寇的道理。是雄才大略（禮讚）或好大喜功（貶謫），全憑當朝史官個人喜好，及朝廷政策，巧手一揮，下筆論定。

- 中華文化悠久長遠，人文典故枝繁葉茂，使得國人對中國歷史概念雜亂叢蕪、枝末錯節，因此敬而遠之。

- 最近拜電視宮廷連續劇竄紅叫座所賜，歷史古裝劇成為新的演繹題材，盛況空前。觀眾從劇情內容中，間接獲得豐富朝代知識，開始對隱晦模糊的歷史結構茅塞頓開，而加以溫故知新。

  於是激起我一股動力，將歷代皇帝列表造冊，逐一盤點清查，將所得數據轉換成圖表分析呈現，並以觀眾的角度、粉絲的立場，匯整成籍，疑義相與析，與您共分享。

- 世界上唯一不變的定律，就是「常變」；唯一不會終止的事物，就是「歷史」。

  歷史雖是過眼雲煙，但是人們常常沒有從中記取教訓、前車之鑑、殷鑑不遠，時常執迷不悟、重蹈覆轍，讓悲劇歷史一再重播，先人憾事重複上演。

- 歷史的洪流脈絡，將無始無終、連綿不絕的延續下去……但唯獨封建皇朝政權例外，它已一命嗚呼、壽終長眠，永不再復返。

Contents｜目　錄

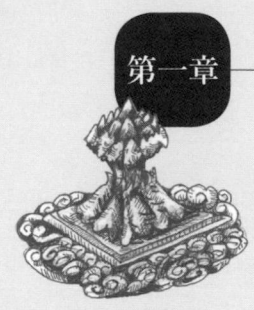

第一章　認識世界人文歷史　　　　012

第二章　認識中國地理文化　　　　022

第六章　認識中國皇帝　*087*

第七章　認識中國后妃及重要女傑　*121*

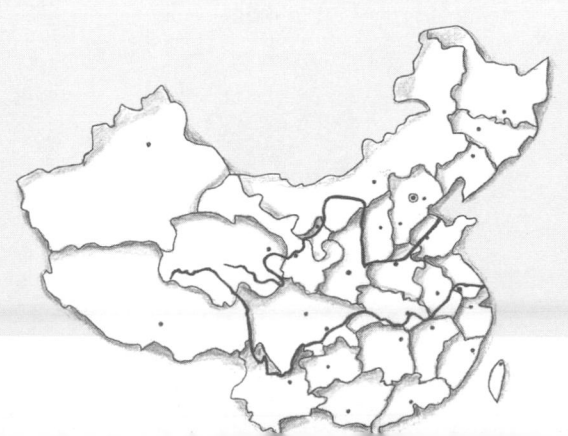

認識世界人文歷史

第一節　各國創世神話故事

　　人類文明的啟源，幾乎都以傳說、據說、聽說為依據，所以被歸類為神話故事，不被當作史實材料，故僅供參考用（不必當真）。

古人類想像中的宇宙

印度人的宇宙觀

佛教宇宙觀
須彌山

巴比倫宇宙觀
生命之樹

歐洲的宇宙觀
生命之卵

印加的宇宙觀

北歐世界觀
宇宙之樹

中美宇宙觀

中國宇宙觀
盤古開天地

埃及宇宙觀
生命之樹

希臘人宇宙觀

中國世界觀
夸父射日

埃及宇宙觀
宇宙之源

希臘祖先
大地之母

馬雅大地之神

亞述太陽神馬爾修

韓國始祖檀君

印度創造之神大梵天

希臘神話天神宙斯

中國女媧補天

中國始祖黃帝

聖經始祖亞當夏娃

大和民族祖先
伊邪那夫妻

日本天皇祖先
天照大神

北歐祖先
奧丁三兄弟

印度宇宙之神
夏莎克提

巴比倫天命之神

羅馬祖先
羅慕兄弟

人類文明的起源進化說

人類是由猿科動物，經過數百萬年的進化演變而成。

★非洲衣索匹亞附近，已確認是全人類的共同故鄉。

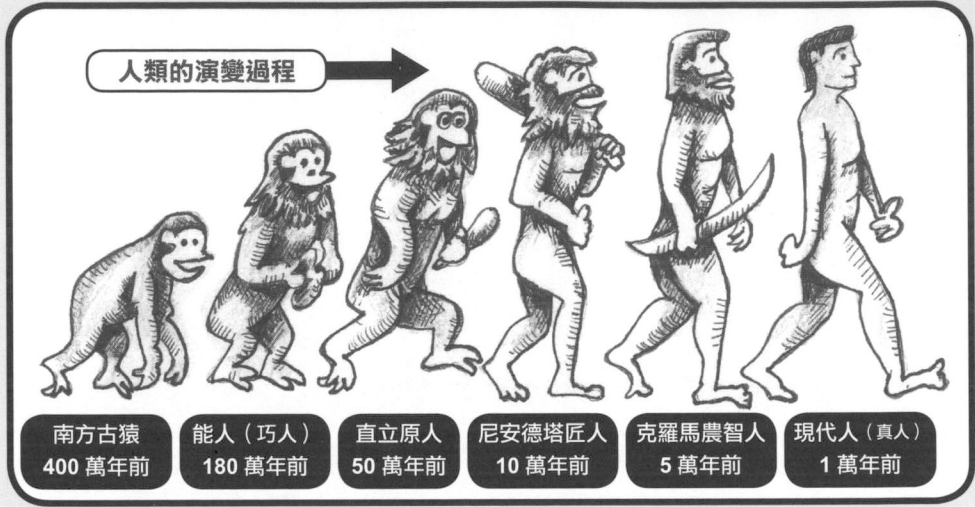

| 南方古猿 400 萬年前 | 能人（巧人） 180 萬年前 | 直立原人 50 萬年前 | 尼安德塔匠人 10 萬年前 | 克羅馬農智人 5 萬年前 | 現代人（真人） 1 萬年前 |

◆ **人類文明精進的原素**　手與腦並用，締造出文明的結晶

　　1. 全世界所有生物，僅人類能用語言及文字相互溝通，帶動出文明的啟發。

　　2. 全世界所有生物中，僅人類懂得用火，從茹血生飲到烹調美食料理。

　　3. 人類智商高（腦容量大），故能發揮豐富的想像力及思想文化。

　　4. 人類姆指能彎曲（動作靈活），故能製造出精緻器具（猿科姆指僵硬）。

・人類與人猿的差異表・

分類	人類	人猿
腦容量	1800cc	400cc
本能	有倫理觀	獸根性烈
本事	能用火	會採果
講話	語言文字	吱吱／手勢
身體	膚細無毛	膚糙毛長
特徵	有頸鼻挺	脖短嘴凸
姆指	能彎曲	只能平移
走路	直立行走（步行法）	手足並用（臂行法）

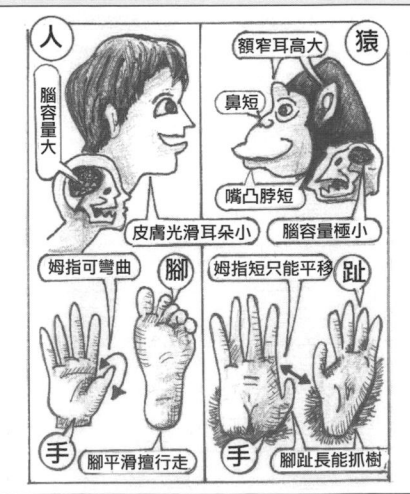

第三節　世界四大古文明

◆ **四大古文明的共通點：**

1. 皆在大河流域旁（土地肥沃，利於耕種）

2. 均集中在北緯 30 度線上下（氣候溫和、年平均溫度在攝氏 20 度左右）

3. 均從群居生活連結成部落，最後聯合各部落，而建立國家。

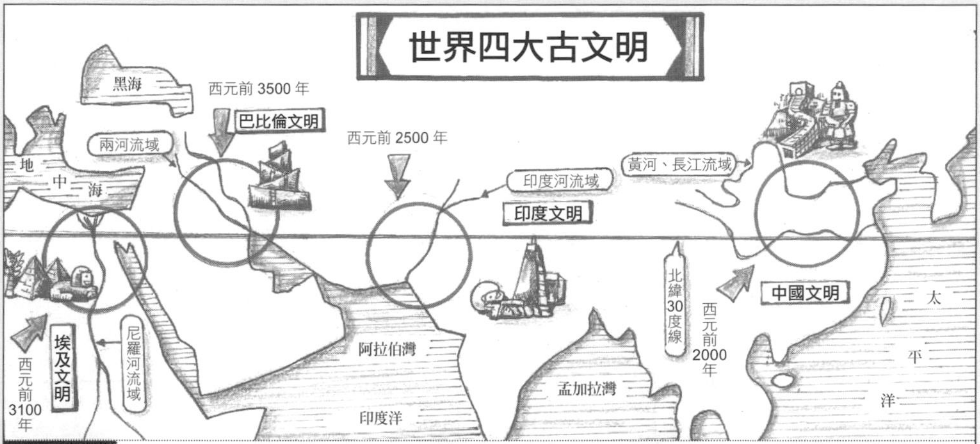

世界四大古文明

黑海
西元前 3500 年
巴比倫文明
兩河流域
地中海
西元前 2500 年
印度河流域
印度文明
黃河、長江流域
中國文明
太平洋
阿拉伯灣
北緯 30 度線
西元前 2000 年
尼羅河流域
埃及文明
西元前 3100 年
孟加拉灣
印度洋

四大古文明

| 巴比倫 | 埃及 | 印度 | 中國 |

國別	巴比倫	埃及	印度	中國
成立年	前 3500 年	前 3100 年	前 2500 年	前 2000 年
流域	兩河流域[註1]	尼羅河流域	印度河流域	黃河流域
緯度	北緯 30 ～ 40 度	北緯 20 ～ 30 度	北緯 25 ～ 35 度	北緯 30 ～ 40 度
君主	月神的後裔（天下四方之王）	太陽神的兒子（法老王）	敬神的子民（婆羅門祭司）	龍的傳人（天子）
制度	城邦制度	奴隸制度	種姓制度	封建制度
文字	楔形文字	象形文字	印章文字	甲骨文字
發明	星座‧地圖 法典‧太陰曆	太陽曆‧紙草 天文學‧木乃伊	阿拉伯數字 瑜伽‧數字「0」	指南針‧火藥 造紙術‧印刷術
建設	空中花園‧通天塔	金字塔‧神殿	摩罕佐陀羅城	萬里長城‧秦俑

 兩河流域——底格里斯河與幼發拉底河之間（又稱美索不達米亞文化）

第四節　上古時代（西元前）世界局勢大觀

一本比歷史書更廣闊超越的典籍——猶太教舊約全書。

1 何謂舊約　　「約」就是神與人所訂的契約或協約，因從上古時代（西元前）開始講述，故稱「舊約」。全書共 39 卷（分四大類：律法書、歷史書、先知書、智慧書），此書是猶太教、天主教、東正教、基督教、甚至也是伊斯蘭教（回教）的根本教理依據。這部聖典從西元前 2166 年（亞伯拉罕遷移至應許之地）開始撰述，直至西元前 425 年為止，記錄了近一千七百多年、西亞地區附近的人文歷史及政治演變，成為史學家重要的參考文獻。

2 新約接續舊約　　舊約全書最後一卷《瑪拉基書》（十二小先知之一）完成於西元前 425 年，從此之後成為空白期（被稱為兩約之間沈默時代，約 430年）直至西元 40 年馬可福音（新約）問市，開啟了新約聖經的書寫（共 27卷）並成為基督教的基本教理核心。

・舊約全書八大時代・

創世紀	族長時代	士師時代	王國時代	分裂時代	僅存王國期	被擄及歸回期	沈默時代
	前 2166 年	前 1375 年	前 1050 年	前 930 年	前 722 年	前 586 年	前 425 年
共歷年數	791 年	325 年	120 年	208 年	136 年	161 年	430 年

1 創世紀

- **亞當與夏娃**　人類始祖。因在伊甸園偷吃禁果，被神逐出至世間受苦。
- **墮落犯罪**　該隱為了獻祭品而殺弟，成為人類首宗兇殺案。
- **挪亞方舟**　大洪水來臨，只有挪亞家族受神指引，建造方舟避開大難。
- **巴別塔**　人類自視甚高，建造通天塔與神比高（神怒變亂各地口音）。

2 族長時代

- **亞伯拉罕**　希伯來人始祖。受神指引前往迦南地區定居，又稱信德之父。
- **雅各**　將希伯來改成以色列（成為以色列始祖）。
- **約瑟**　帶領以色列人遷移至埃及安居。
- **摩西**　帶領以色列人出埃及（免被奴役）。
- **約書亞**　征服迦南，開始分封以色列十二支派領土。

3 士師時代　共有十二位士師

4 **王國時代** 希伯來王國三位國王「掃羅王」、「大衛王」、「所羅門王」。

5 **分裂時代** 希伯來王國分裂成北方以色列王國、南方猶大王國。

6 **僅存王國時代** 僅存南方猶大王國（最後被新巴比倫王國滅亡）。

7 **被擄及歸回時代** 以色列被滅國後，猶太人成為「巴比倫之囚」，直到西元前586年才陸續歸返回到耶路撒冷（錫安城）。

8 **沈默時代** 西元前425年舊約全書寫到這年終止，以後成為空白期（史稱兩約之間沈默時代），歷經430年後新約聖經才接續問市。

‧年代圖表‧

商朝 555 年	西周 275 年	春秋 295 年（東周）	戰國 255 年（東周）	秦朝 15 年	大漢帝國 426 年（西漢＋東漢）
前 1600 ～前 1046	前 1046 ～前 771	前 770 ～前 476	前 475 ～前 221	前 221 ～前 207	前 206 ～西元 220

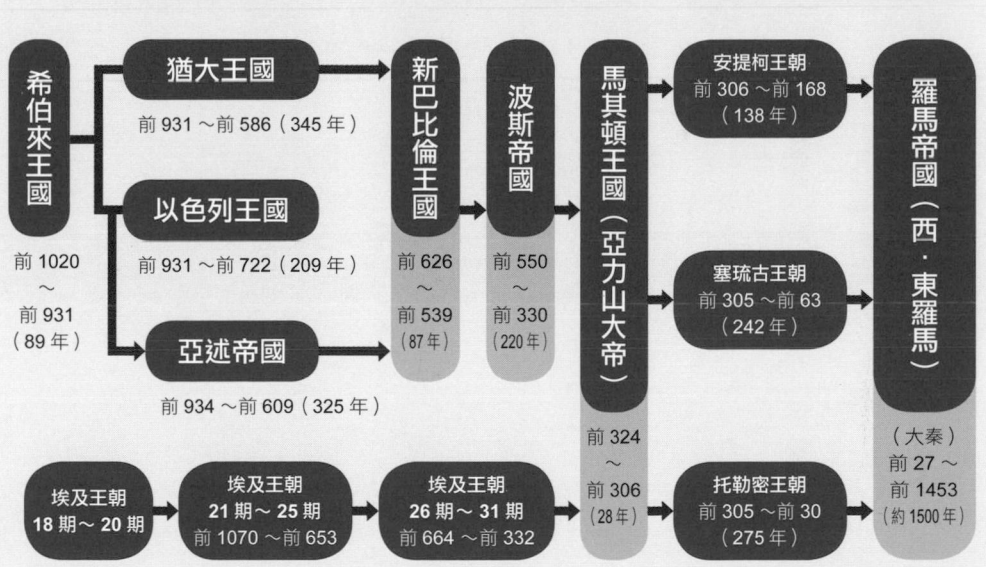

世界之最

- 西元元年，世界兩大超級強國：1. 東方大漢帝國 2. 西方羅馬帝國（大秦）
- 上古時代，世界國祚最長的國家──埃及法老王國，共歷 31 個王朝（約 2700 年）
- 近世國祚最久的帝國──羅馬帝國（西羅馬＋東羅馬）約 1500 年
- 世界版圖最大的帝國──蒙古汗大帝國
- 世界幅員最廣的帝國──大英帝國（號稱日不落國）

世界各國古地名大觀

亞洲

- **日本**──倭奴、扶桑、東瀛、東夷、大和
- **韓國**──高麗、朝鮮、百濟、新羅、高句麗、樂浪
- **越南**──安南、交趾、佔婆（林邑、環王、占城）
- **菲律賓**──呂宋　● **泰國**──暹羅、墮羅缽底
- **柬埔寨**──高棉、真臘、吉蔑、扶南、甘孛智
- **老撾**──寮國、堂明、南掌　● **印尼**──爪哇、三佛齊、蘇門答臘、婆羅洲
- **緬甸**──撣國、驃國、蒲甘　● **新加坡**──淡馬錫、叻埠、星洲、獅城
- **馬來西亞**──沙勞越、末羅瑜、柔佛、麻六甲　● **汶萊**──渤泥
- **印度**──天竺、身毒、婆羅多、信度　● **尼泊爾**──泥婆羅、廓爾喀
- **不丹**──竹域（神龍國）　● **錫金**──哲孟雄　● **斯里蘭卡**──錫蘭
- **孟加拉**──東巴基斯坦　● **蒙古**──蒙兀、室韋、梅古悉、韃劫子
- **阿富汗**──大月氏、愛烏罕　● **哈薩克**──康居、浩罕
- **約旦**──巴勒斯坦　● **伊拉克**──巴比倫、條支
- **伊朗**──波斯、安息、以攔　● **阿拉伯**──大食、天方
- **敘利亞**──亞蘭、塞琉古、木刺夷　● **黎巴嫩**──腓尼基
- **以色列**──迦南、希伯來、猶大
- **土耳其**──拜占庭、奧斯曼、鄂圖曼、赫人

歐洲

- **法國**──高盧、法蘭克斯、波旁　● **荷蘭**──尼德蘭
- **英國**──英格蘭、不列顛、英吉利　● **義大利**──大秦、意大理亞、東哥特
- **德國**──普魯士、日耳曼、獨逸、邪馬尼　● **俄羅斯**──羅剎、阿羅斯
- **西班牙**──日斯巴尼亞、倭馬尼、西哥特　● **葡萄牙**──佛郎機
- **比利時**──彌爾尼壬　● **羅馬尼亞**──達契亞　● **希臘**──斯巴達、雅典
- **匈牙利**──馬札兒　● **瑞典**──斯維里埃　● **挪威**──那維亞
- **芬蘭**──蘇奧米　● **冰島**──維京島　● **波蘭**──李烈兒

非洲

- **埃及**──密昔兒、托勒密

第五節　上古時代（西元前）世界簡史

　　因舊約全書有詳盡的描述上古時代（西元前）西亞地區附近的人文歷史經歷，故本表格以舊約全書大事紀做為主導引伸。

中國	舊約	年代 BC	大事紀
三皇五帝時期	創世紀	前 3100 年	美尼斯統一上下埃及
		前 2850 年	蘇美人建立美索不達米亞王朝
		前 2698 年	中國黃帝紀元開始
		前 2518 年	挪亞方舟（大洪水時期）
		前 2333 年	韓國始祖檀君紀元開始
夏朝	族長時代791年	前 2166 年	● 亞伯拉罕遷移至迦南（應許之地）
		前 1929 年	● 雅各將希伯來改為「以色列」
		前 1894 年	古巴比倫王國建立（至前 1595 年，共計 300 年）
		前 1876 年	● 約瑟接領以色列族人遷居埃及
		前 1792 年	古巴比倫漢摩拉比制定世界第一部法典
		前 1730 年	● 以色列人在埃及成為奴隸
商朝		前 1500 年	雅利安入侵印度
		前 1446 年	● 摩西帶領以色列人出埃及
		前 1406 年	● 以色列人進入迦南（結束 40 年曠野生活）
商朝	士師時代325年	前 1339 年	● 約書亞征服迦南地區（分封十二支派領地）
		前 1200 年	● 以色列人在巴勒斯坦定居
		前 1183 年	希臘聯軍攻入特洛伊城（木馬屠城）
西周	王國時代120年	前 1050 年	● 掃羅成為以色列國王
		前 1010 年	● 大衛王定都耶路撒冷（大衛城／錫安城）
		前 970 年	● 所羅門王開啟以色列王國的黃金時代
	分裂時代208年	前 931 年	● 以色列分裂成北方以色列王國、南方猶大王國
		前 776 年	古希臘舉行首屆奧林匹亞運動會
		前 756 年	羅馬王政紀年開始
東周（春秋）	僅存王國期136年	前 722 年	● 北方以色列王國被亞述帝國滅亡
		前 660 年	日本神武天皇建立大和政權
		前 604 年	新巴比倫王國滅掉亞述帝國
	被擄及歸回時期161年	前 586 年	● 南方猶大王國被新巴比倫滅亡（巴比倫之囚）
		前 566 年	印度釋迦牟尼誕生（至前 486 年去世，享年 80 歲）
		前 551 年	中國聖人孔子誕生（至前 479 年去世，享年 73 歲）
		前 550 年	居魯士建立波斯帝國
		前 539 年	波斯帝國滅掉新巴比倫王國
		前 509 年	羅馬進入共和時代
		前 490 年	希臘在馬拉松之役擊退波斯帝國
		前 470 年	蘇格拉底誕生（至前 399 年去世，享年 71 歲）希臘三哲

中國	舊約	年代 BC	大事紀
東周（戰國）	兩約之間（舊約至新約）沈默時代430年	前 427 年	柏拉圖誕生（至前 347 年去世，享年 81 歲）希臘三哲
		前 384 年	亞里士多德誕生（至前 322 年，享年 63 歲）希臘三哲
		前 330 年	馬其頓亞歷山大大帝統一希臘，並征服埃及波斯地區，建立橫跨亞歐非洲的大帝國，最遠處達到印度西境
		前 325 年	希臘數學家歐幾里得誕生（至前 283 年去世，享年 43 歲）
		前 323 年	印度孔雀王朝建立
		前 287 年	希臘科學家阿基米德誕生（至前 212 年去世，享年 76 歲）
		前 273 年	印度孔雀王朝阿育王大力弘揚佛教
秦朝		前 221 年	秦始皇建立中國第一個皇朝（秦朝）
		前 218 年	第二次布匿戰爭，羅馬再度擊退迦太基名將漢尼拔
		前 202 年	劉邦擊敗西楚霸王項羽，建立「大漢帝國」
		前 168 年	馬其頓王國被羅馬殲滅
		前 149 年	第三次布匿戰爭，迦太基亡國
大漢帝國		前 64 年	羅馬殲滅敍利亞塞琉古王國（得到聖殿耶路撒冷）
		前 60 年	羅馬出現前三頭政治（凱撒、龐培、克拉蘇）共同掌政
		前 47 年	埃及艷后克麗奧佩特拉成為托勒密王朝女王
		前 44 年	羅馬凱撒大帝被刺身亡
		前 43 年	羅馬出現第二次三頭政治（屋大維、安東尼、雷比達）共同執政，屋大維被羅馬元老院尊奉為「奧古斯都」（意為至高無上）
		前 27 年	開啟 200 年的羅馬和平時代（到 AD 西元 180 年）
		前 4 年	耶穌誕生（至西元 30 年去世，享年 35 歲）

·年代圖表·

西元前	1800	1700	1600	1500	1400	1300	1200	1100	1000	900	800	700	600	500	400	300	200	100	0	100

中國：夏朝　商朝　西周　東周（春秋　戰國）　秦朝　大漢帝國

印度：印度文明　吠陀時代　列國時代　難陀　王朝　孔雀　巽加　康維阿

以色列：族長時代　士師時代　列王時代　猶大王國　以色列　新巴比倫　波斯帝國　馬其頓（亞力山大帝國）　帕提亞王國　塞琉古　安提柯　羅馬共和　羅馬帝國（大秦）

西亞：古巴比倫　加喜特　中亞述王國　亞述帝國　托勒密王朝

埃及：中間王朝 14～17 期　新王國時期 18～20 期　第三中間王朝 21～25 期　後王朝 26～31 期

希臘羅馬：邁諾斯文明　邁錫尼文明　希臘荷馬時代　羅馬王政期　羅馬共和時期

20

小常識　各種紀事年的類別

一、西元　又稱「耶穌基督紀元」（耶元）

西元前 BC（BeforeChrist）即基督前（主前）。

西元後 AD（拉丁文 AnnoDomini）即主的年份（主後）。

★ 因有濃厚宗教色彩，為求淡化，國際間遂改用「公元」紀年。

★ 台灣地區目前還是慣用「西元」一詞

二、公元　即公曆紀元

公元後 CE（Common Era）公共時代。

公元前 BCE（Before Common Era）。

★ 此為國際通用版本（中國大陸慣用「公元」一詞）。

三、紀元　即紀事年

★ 西方以太陽曆（公元）為紀年（國際通用版本）。

★ 台灣以中華民國紀年。

★ 古中國以月亮曆（農曆）用干支紀年，朝代以皇帝年號紀年（如唐太宗「貞觀元年」）。

四、世紀與年代

每 100 年為一個世紀（例：1 ～ 100 年為 1 世紀，101 年～ 200 年為 2 世紀）。

每 10 年為一個年代（例：30 ～ 39 年為 30 年代，40 ～ 49 年為 40 年代）。

例：★ 1736 年為 18 世紀 30 年代　★ 1989 年為 20 世紀 80 年代。

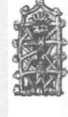

伯利恆之星

西元前　BC　AD　西元後

◀ **差異** ▶

西方的公曆（太陽曆）與東方的農曆（月亮曆）推算上有極大落差。

● 農曆以立春月（24 節氣之始）為一年的始計點，每隔三年要設一個閏月。

例一：差一歲

中國人初生的嬰兒即算一歲（含懷孕期），而西方人則是以嬰兒出生後開始計算歲數（如此東西方在初生嬰兒的認知上就已經相差一歲了）。

★ 中國年齡均以虛歲為主，西方則會以幾歲幾個月為主（實歲）。

例二：差一年

唐太宗西元 599 年 1 月 23 日出生（農曆為隋朝開皇 18 年 12 月 22 日生），公曆為年頭出生，而農曆則是前一年之年尾出生（相差一年）。

★ 另有一說：唐太宗為西元 598 年 1 月 28 日出生。

例三：差數月

清順治帝於 1643 年 10 月 8 日登基，隔年 1644 年正月改年為「順治元年」。一直至順治 18 年（1661 年 2 月 5 日）去世為止，在位期間 18 年。

★ 其實順治帝正確的在位期間為 17 年又 4 個月。

例四：差一天

中國古代以十二地支為時辰，每日的起始點為「子時」（晚上 11 點至凌晨 1 點）。

★ 如 1 月 1 日晚上 11 點 05 分出生，在古代則是 1 月 2 日子時生（相差一天）。

例五：西元元年的迷思

西元元年（正巧為西漢平帝元始元年）。

★ 一般人均認為西元元年是以耶穌基督誕生年為基準，其實是錯誤的觀念，耶穌基督出生於西元前四年（原因是西元 313 年君士坦丁大帝頒佈米蘭敕令，正式將基督教定為國教，並依據耶穌被處死時為 30 多歲，故以耶穌殉難這年往前推 30 年定為西元元年，又稱「耶元」（耶穌約 35 歲）。

認識中國地理文化

第一節　中國地理疆域

◆ 中國地理分為五大地形：

　1. 山地（33%）2. 高原（26%）3. 盆地（19%）4. 平原（12%）5. 丘陵（10%）

◆ 地勢西高東低分為三個階段：

　甲／山地高原區／4000 公尺以上　　　　乙／高原盆地區／1000 ～ 2000 公尺間

　丙／平原丘陵區／1000 公尺以下

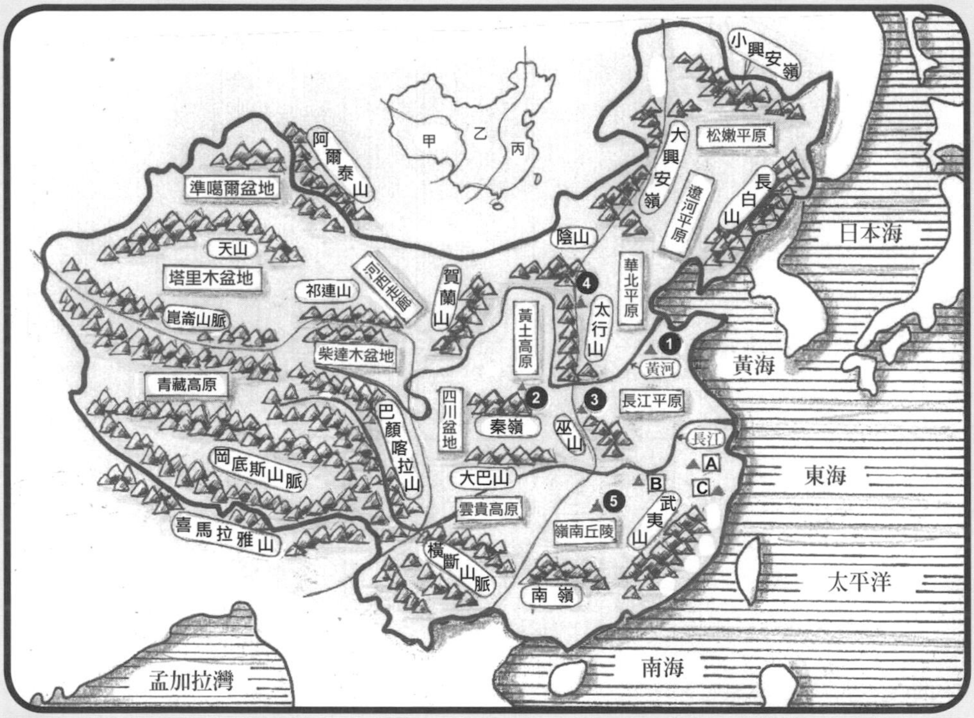

三山	序	山名	省分	評價
	A	黃山	安徽	天下第一奇山（四絕：奇松、怪石、雲海、溫泉）
	B	廬山	江西	又稱「匡山」雄奇險秀甲天下（不識廬山真面目，只緣身在此山中）
	C	雁蕩山	浙江	寰中絕勝，東南第一山（三絕：靈峰、靈岩、大龍湫）

五嶽	序	嶽名	形	山名	省分	評價
	1	東嶽	雄	泰山	山東	又稱「岱山」，五嶽獨尊，封禪聖地（穩如泰山）
	2	西嶽	險	華山	陝西	利劍劈天，五峰峭險（華山論劍）
	3	中嶽	峻	嵩山	河南	嵩高竣極，少林武功蓋天下
	4	北嶽	幽	恆山	山西	又稱「常山」，人天北柱、絕色名山
	5	南嶽	秀	衡山	湖南	又稱「霍山」，在古代有壽嶽之封（壽比南山）

★ 泰山如坐、華山如立、嵩山如臥、恆山如行、衡山如飛

第二節　中國八大古都

① 西安	② 洛陽	③ 北京	④ 南京
金城千里天府皇都	千年帝都牡丹之城	薊涿幽燕元明清京	龍蟠虎踞六朝古都
西周、西漢、隋、唐	東周、東漢、曹魏、西晉	遼、金、元、明、清	東吳、東晉、南朝（四朝）
殷商－豐邑 西周－鎬京（宗周） 秦朝－涇陽／咸陽 西漢－長安（長樂宮、未央宮） 新莽－常安 隋朝－大興 唐朝－長安（大明宮、興慶宮） 宋朝－大安／京兆府 元朝－安邑／奉元 明朝－西安	夏朝－斟鄩 商朝－西亳 東周－雒邑（王城） 東漢－雒陽 曹魏－洛陽 唐朝－東都 唐武周－神都 五代後梁－西都 五代後唐－雒京 北宋－西京 金朝－中京 明朝－洛陽	朝－薊城 春秋－燕都 西漢－廣陽 東漢－涿郡 隋朝－幽州 唐朝－范陽 遼朝－燕京（析津府） 金朝－中都 宋朝－大名府 元朝－大都 明朝－北平（順天府） 清朝－北京（京師）	商三國－石頭城 東吳－建業 西晉－建鄴 東晉－建康 宋朝－金陵府 元朝－集慶 明朝－南京（應天府） 清朝－江寧府 太平天國－天京 民國－南京

⑤ 開封	⑥ 杭州	⑦ 安陽	⑧ 鄭州
東京夢華錄 清明上河圖	上有天堂、 下有蘇杭	殷虛甲骨文發源地	華夏文明發祥地
五代、北宋	南宋	殷商	夏朝、商朝
陳留、啟封、汴京 汴梁、東京、大梁 祥符、老丘	錢塘、泉亭、臨江 余杭、仁和、臨安 武林	鄴郡、北蒙、殷都 相州、彰德、西河	亳都、豫州、中州 滎陽

世界四大古都	長安	不朽之城
	羅馬	永恆之城
	開羅	金字塔之城
	雅典	眾神之城

世界四聖城	洛陽	神都、牡丹花城（中國第一座寺院白馬寺）
	耶路撒冷	大衛之城（錫安城）
	麥加	伊斯蘭教（回教）朝拜時標地城
	雅典	古希臘羅馬神話故事、眾神之都

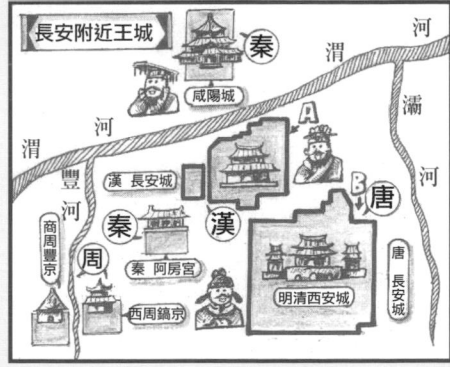

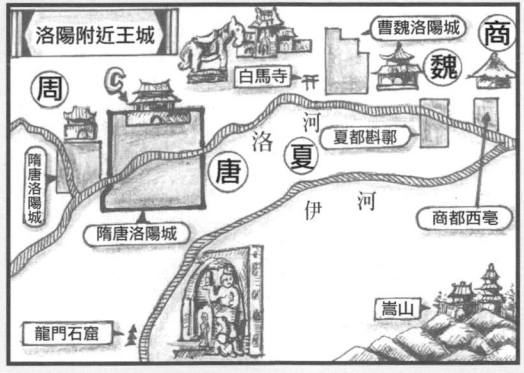

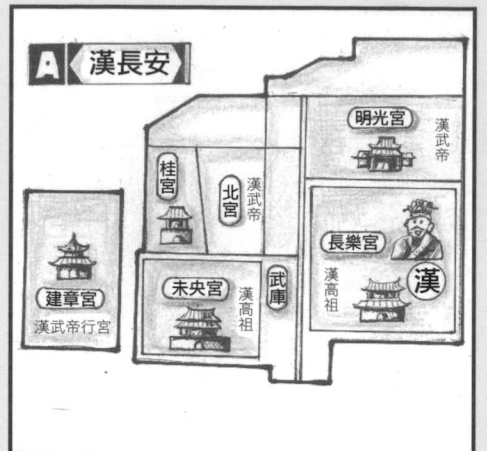

A ◀ 漢長安

明光宮
漢武帝
桂宮
北宮
漢武帝
長樂宮
漢
建章宮
漢武帝行宮
未央宮
漢高祖
武庫
漢高祖
漢

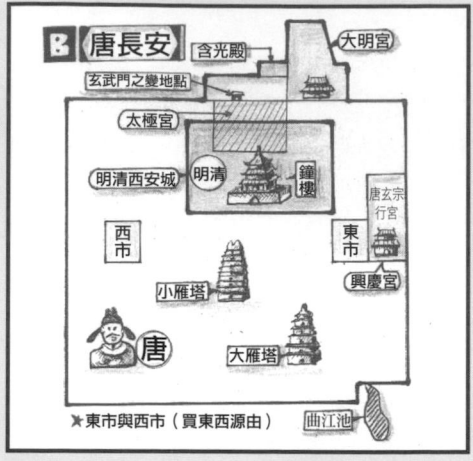

B 唐長安

含光殿
大明宮
玄武門之變地點
太極宮
明清西安城
明清
鐘樓
唐玄宗行宮
西市
東市
興慶宮
小雁塔
唐
大雁塔
★東市與西市（買東西源由）
曲江池

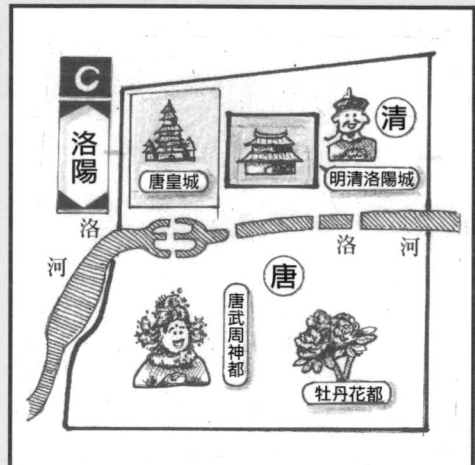

C
洛陽

清
唐皇城
明清洛陽城
洛河
洛河
唐
唐武周神都
牡丹花都

杭州

保俶塔
岳王廟
西湖
宋
南宋臨安城
靈隱寺
杭州皇城
雷峰塔
龍井
虎跑
六和塔
白塔
錢塘江

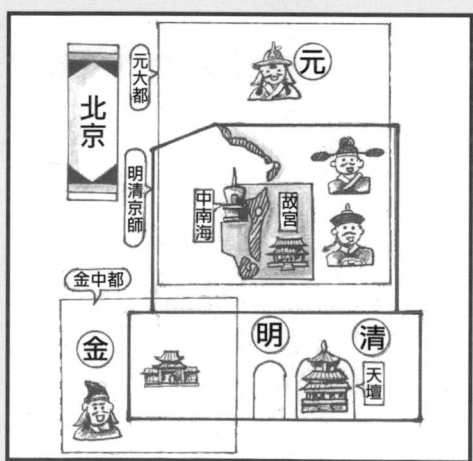

北京

元大都
元
明清京師
中南海
故宮
金中都
金
明
清
天壇

明朝皇城
紫金山
獅子山
玄武湖
清涼山
東晉南朝王城
玄武湖
東晉南朝
王東晉
明孝陵
南唐
南唐王宮
明朝皇宮
莫愁湖
五代南唐王城
明
南京
秦淮河

第三節　中國歷史各朝代國都

上古時代共主都城		
黃帝	有熊	河南新鄭
唐堯	平陽	山西臨汾
虞舜	蒲阪	山西永濟

周朝國都	
西周	鎬京（西安）
東周	雒邑（洛陽）

漢朝國都	
西漢	長安（陝西西安）
新莽	常安（陝西西安）
東漢	雒邑（河南洛陽）

夏朝國都	
陽城	河南登封
安邑	山西夏縣
帝丘	河南濮陽
原州	河南濟源
平陽	山西臨汾
老丘	河南開封
陽翟	河南禹縣
西河	河南安陽
斟鄩	河南偃師

春秋時代各諸侯國國都		
齊	臨淄	山東淄博
魯	曲阜	山東曲阜
曹	陶邱	山東定陶
衛	朝歌	河南淇縣
鄭	新鄭	河南新鄭
宋	商丘	河南商丘
陳	宛丘	河南淮陽
蔡	新蔡	河南上蔡
燕	薊城	北京
晉	新田	山西翼城
秦	雍	陝西鳳翔
楚	丹陽郢	湖北江陵
吳	姑蘇	江蘇蘇州
越	會稽	浙江紹興

三國時代各國首都	
曹魏	洛陽（河南洛陽）
蜀漢	成都（四川成都）
孫吳	建業（南京）

商朝國都	
亳	河南商丘
囂	河南鄭州
相	河南黃縣
邢	河南邢台
庇	山東鄆城
奄	山東曲阜
殷	河南安陽

● 陪都：
朝歌（河南淇縣）

晉朝國都	
西晉	洛陽（河南洛陽）
東晉	建康（南京）

戰國時代七雄諸侯國國都		
秦	咸陽	陝西咸陽
齊	臨淄	山東淄博
楚	壽春郢	安徽壽縣
燕	薊城	北京
韓	新鄭	河南新鄭
趙	邯鄲	河北邯鄲
魏	大梁	河南開封

東晉十六國均在長江以北		
成漢	成都	四川成都
前趙	平陽	山西臨汾
	長安	陝西西安

後趙	襄國	河北邢台
	鄴城	河北臨漳
前秦	長安	陝西西安
後秦		
西秦	金城	甘肅蘭州
前燕	鄴城	河北臨漳
後燕	中山	河北定縣
南燕	廣固	山東青州
北燕	龍城	遼寧朝陽
前涼	姑臧	甘肅武威
後涼		
南涼	樂都	青海樂都
北涼	張掖	甘肅張掖
西涼	敦煌	甘肅敦煌
胡夏	統萬	陝西橫山

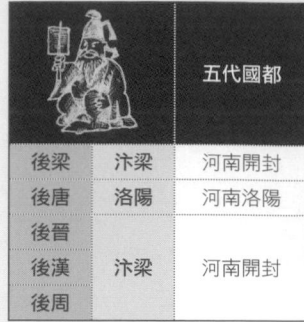

五代國都		
後梁	汴梁	河南開封
後唐	洛陽	河南洛陽
後晉		
後漢	汴梁	河南開封
後周		

五代十國	除北漢外其餘均在長江以南	
南吳	江都	江蘇揚州
南唐	金陵	南京
吳越	錢塘	浙江杭州
南閩	長樂	福建福州
北漢	太原	山西太原
前蜀	成都	四川成都
後蜀		
荊南	江陵	湖北江陵
南楚	潭州	湖南長沙
南漢	興王府	廣東廣州

宋朝國都		
北宋	汴京	河南開封
南宋	臨安	浙江杭州

遼	臨潢（內蒙赤峰）
西夏	興慶（寧夏銀川）
金	會寧府（哈爾濱） 中都（北京）
元	上都（開平） 大都（北京）
明	應天府（南京） 順天府（北京）
清	盛京（瀋陽／奉天） 京師（北京）

南北朝時代各國國都		
南朝	宋 齊 梁 陳	建康（南京）
北魏	平城	山西大同
	洛陽	河南洛陽
東魏 北齊	鄴城	河北臨漳
西魏 北周	長安	陝西西安

隋唐國都	
隋	大興 （陝西西安）
唐	長安 （陝西西安）

●十三朝古都	西安從西周、秦漢、至隋唐間，共計十三個王朝設為國都，歷時1140年，它是漢唐時期絲綢之路（絲路）及隋唐大運河起點，也是當時世界上最璀璨文明的國際大都會。
●九朝古都	洛陽是古代龍脈聚集地，華夏文明核心發祥區，歷九個主流朝代，歷時934年，與西安東西相互爭輝。
●七朝古都	開封在戰國時代為魏國首府，五代時期後梁、後晉、後漢、後周，至北宋、金朝，共有七個朝代定為國都、是東京夢華錄及清明上河圖中所描述的繁華大城市。
●六朝古都	南京是東吳、東晉、南朝（宋、齊、梁、陳）共六個朝代國都（故稱六朝古都）爾後又有五代南唐、明初（明太祖）、太平天國（天京）及中華民國國都。
●五朝古都	北京歷經遼（燕京）、金（中都）、元（大都）、明、清京師（是中國近代全國首都）。

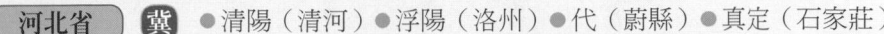

第四節　中國都城古地名大觀

河北省　冀　●清陽（清河）●浮陽（洛州）●代（蔚縣）●真定（石家莊）●秦榆（秦皇島）●信都（冀縣）●樂城（獻縣）●襄國（邢台）●鄴城（臨漳）●巨鹿（平鄉）●盧奴、中山（定縣）●沮陽（懷來）●漁陽（密雲）●陽樂（盧龍）●鄚（宜城）

山西省　晉　●平陽（臨汾）●平城（大同）●晉陽（太原●長平（高平）●蒲阪（永濟）●安邑（夏縣）●澤州（晉城）●平遙（晉中）●新緯（翼城）●長子、壺關（長治）●陽曲（定襄）

內蒙自治區　蒙　●盛樂（和林格爾）●歸化＋綏遠＝歸綏（呼和浩特）●鹿城（包頭）●臨潰（赤峰）

遼寧省　遼　●陽樂、昌黎（義縣）●襄平（遼陽　●平岡（凌源）●興京（新賓）●渝關（山海關）●奉天、盛京（瀋陽）●鐵山（鞍山）

吉林省　吉　●吉林烏拉（吉林）●局子街、煙集岡（延吉）●葉赫（四平）

黑龍江省　黑　●阿勒錦、濱江、會寧（哈爾濱）

江蘇省　蘇　●彭城（徐州）●江都、廣陵（揚州）●姑蘇、吳縣（蘇州）●梁溪（無錫）●公陽、京口、潤州（鎮江）●下邳（睢寧）

安徽省　皖　●宜城（安慶）●相（濉溪）●楚州（淮安）●宛陵、丹陽（宣城）●譙縣（亳州）●九江、壽春（壽縣）●舒（盧江）●壽州（鳳台）●盧州、盧陽、逍遙津（合肥）

浙江省　浙　●山陰、會稽（紹興）●甬州（寧波）●鄮縣（吉安）●富春（富陽）●射陽（淮安）

福建省　閩　●長樂、東治、榕城（福州）●荔城、興安（莆田）●溫陵、清源、刺桐城（泉州）●嘉禾嶼（廈門）●建安（建甌）

江西省　贛　●鄱陽（波陽）●江城、豫章、龍興、洪州、灌嬰（南昌）●高昌（泰和）

山東省　魯　●廣固（青州）●劇（壽光）●瑯邪（膠南）●昌邑（金鄉）●東海（郯城）●城陽（莒縣）●開陽（渚城）●甘陵（臨清）●青州（益都）●奄、魯（曲阜）

●奉高、博陽（泰安）●即墨（平度）●千乘（高青）
●營陵（昌樂）●芝眾（煙台）●歷下（濟南）
●臨淄（淄博）●陶邱、濟陰（定陶）

河南省 豫 ●宛丘、陳郡（淮陽）●朝歌（淇縣）●帝丘（濮陽）
●新息（息縣）●黎陽（浚縣）●陽翟（禹縣）●宛（南陽）
●睢陽（商丘）●陽城（登封）●召陵（偃師）
●官渡（中牟）●有熊（新鄭）●弘農（靈寶）●懷（武陟）
●新蔡（上蔡）●山陽（焦作）●穎陽（許昌）

湖北省 鄂 ●郢（江陵）●鄂州（武昌）●西陵（新州）
●邾（黃岡）●長阪、麥城（當陽）●上庸（竹山）
●江津（荊州）●襄樊（襄陽）●夏口（漢口）
●江夏（雲夢）●烏林（洪湖）●彝陵（宜昌）

湖南省 湘 ●臨湘、潭州（長沙）●建寧（株洲）●巴陵（岳陽）
●泉陵（零陵）●臨沅（常德）

廣東省 粵 ●五羊城、番禺、興王府（廣州）●壕鏡澳（澳門）
●鵬城、寶安（深圳）●端州（肇慶）●廈嶺（汕頭）
●香山（中山）

廣西省 桂 ●廣信（梧州）●布山（桂平）●臨桂、靜江（桂林）
●邕州（南寧）

四川省 蜀 ●夔州（奉節）●蓉城、錦官城（成都）●潼川（三台）
●巴郡、江州（重慶）●僰道、戎州（宜賓）●涪陵（彭水）
●漢壽（廣元）●武陽（彭山）●綿虒（汶川）

貴州省 黔 ●播州（遵義）●矩州、筑城（貴陽）●夜郎、習安（安順）

雲南省 滇 ●中慶（昆明）●葉榆（大理）●大研里（麗江）
●建寧（曲靖）●滇池（晉寧）●不韋（保山）

西藏省 藏 ●暹些、惹薩（拉薩）

青海省 青 ●樂郡（樂都）●湟中、西平（西寧）

陝西省 陝 ●統萬（橫山）●興元、武鄉（漢中）●雍（鳳翔）
●陳倉（寶雞）●臨晉（大荔）●服施（榆林）
●陽平關（勉縣）

甘肅省 隴 ●苑川（榆中）●姑臧（武威）●金城（蘭州）
●甘州、角樂得（張液）●肅州、祿福（酒泉）
●狄道（臨洮）●義渠（寧縣）●允吾（永靖）
●平麗（通渭）●馬領（慶陽）●火州（吐魯番）
●奉州、麵積（天水）●瓜州、陽關（敦煌）

●杳中、臨洮（岷縣）●隴縣（張家川）●陰平（文縣）

寧夏省	寧	●高平（固原）●中興、興慶（銀川）
新疆省	新	●龜茲（庫車）●迪化（烏魯木齊）●于闐（和田）
		●伊吾、伊州（哈密）●樓蘭（若羌）●高昌（喀什）

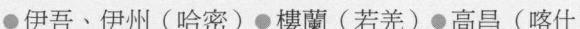

中國行政圖

黑龍江
　哈爾濱
長春
吉林
內
蒙
烏魯木齊
呼和浩特
瀋陽
遼
寧
新疆
河
北京　天津
甘
銀川
寧夏
山
石家莊
西
太原
黃河
山東
濟南
黃河
陝
西
鄭州
江
蘇
青海
西寧
蘭州
肅
西
安
河南
安
合肥
徽
南京
長江
西藏
拉薩
成都
西
重慶
湖北
武漢
杭州
浙江
四川
長沙
南昌
江西
福州
福
貴陽
貴
州
湖南
建
臺
北
昆明
雲南
廣西
南寧
廣
州
廣
東
臺
海口
海南

中國古代的基礎教材「三百千」

　古代中國流傳最廣的啟蒙讀物「三（三字經）百（百家姓）千（千字文）」，以上均因文辭短、又有押韻，富有豐盛寓意，是古代初學者識字唸書的最佳教材及必讀課本（直到民國初期才漸廢除）。

第五節　禹貢九州

　　《尚書》裡面夏書四篇之＜禹貢＞所記載，夏禹將中土劃分成九州（中國最早的古行政圖），其中豫州（河南省）居天下之中，成為中原代名詞。（中國八大古都就有四大在河南：洛陽、開封、安陽、鄭州）

禹貢九州	1	冀州	約今山西省	2	兗州	約今河北省	3	青州	約今山東省
	4	雍州	約今陝西省	5	豫州	約今河南省	6	徐州	江蘇安徽北
	7	梁州	約今四川省	8	荊州	約今湖北省	9	揚州	江蘇安徽南

四夷　北狄、南蠻、西戎、東夷是中國古代漢族對外族（夷人）的稱呼，又稱為「蠻夷」（意為未受教化野蠻不文明的部族）。

河洛文化　「河洛」指黃河與洛河交匯地帶（今河南洛陽附近），古稱中原地

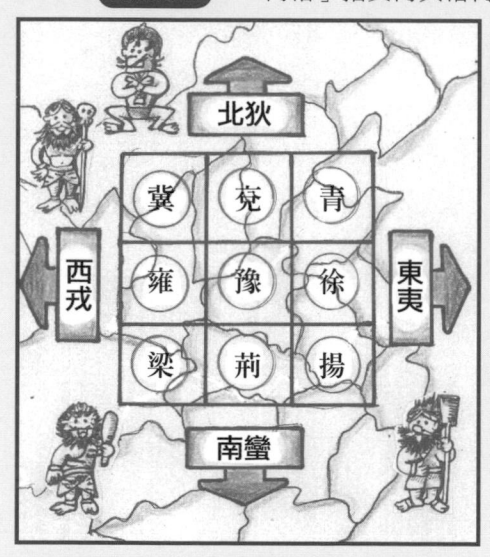

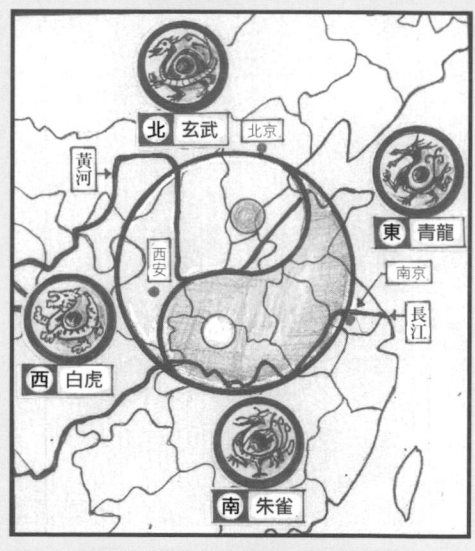

★ 以河南鄭州為中心，黃河至長江為半徑，畫出一個圓就是中國的太極陰陽圖。

區，是中華文化的根源，華夏文明的搖籃（易經：河出圖，洛出書，聖人則之）。伏羲取河圖畫卦（相生），夏禹用洛書製卦（相剋），兩者重合而成。「九宮八卦圖」（禹貢九州的來源）同時也是中國太極陰陽玄學的根基。

河洛人　西晉「永嘉之禍」及北宋「靖康之難」，中原地區飽受北方夷族入侵踐踏，大批豪門貴族及文人雅士，為躲避戰火動亂及瘟疫肆虐，大舉南遷閩粵（古代稱南蠻），逐漸形成閩南文化及客家文化，他們都自稱是「河洛人」。

第六節　五德終始說

中國上古戰國時代陰陽家鄒衍所主張的觀念。（帶有濃厚玄學思想）

五德　即為「五行」（木、火、土、金、水）代表五種大自然德性。

終始說　即為「週而復始、依序循環運轉」的理論學說。

相生說

木 生→ 火 生→ 土 生→ 金 生→ 水 生→ 木

| 木可生火 | 火燼成土 | 土裡藏金 | 金熔成水 | 水可灌木 |

相剋說

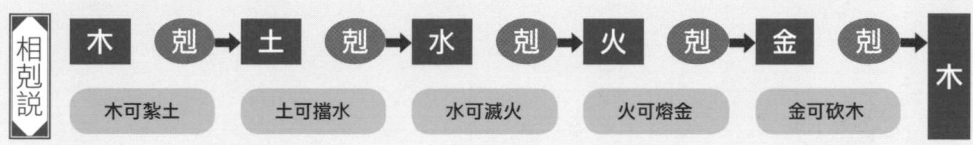

木 剋→ 土 剋→ 水 剋→ 火 剋→ 金 剋→ 木

| 木可紮土 | 土可擋水 | 水可滅火 | 火可熔金 | 金可砍木 |

中國歷代皇朝五德說　新朝皇帝王莽篡漢後，把原始的相剋說改成相生說

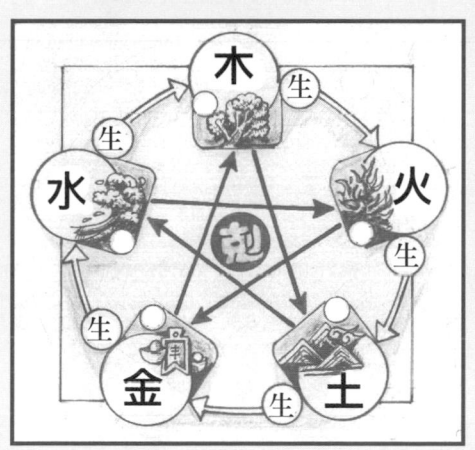

・上古時代各王朝五德之行・

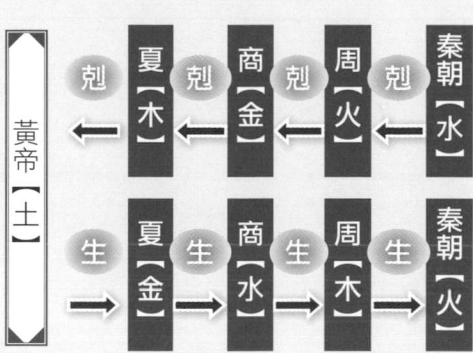

黃帝【土】

剋← 夏【木】 剋← 商【金】 剋← 周【火】 剋← 秦朝【水】

生→ 夏【金】 生→ 商【水】 生→ 周【木】 生→ 秦朝【火】

秦朝／水 ←[剋] 西漢／土 | **王莽相生論説** | 東漢／火 →[生] 曹魏／土 →[生]

→ 晉朝／金 →[生] 北魏／水 →[生] 北周／木 →[生] 隋朝／火 →[生] 唐朝／土 →[生]

→ 後梁·晉／金 →[生] 後漢／水 →[生] 後周／木 →[生] 宋朝／火 →[生] 金朝／土 →[生]

→ 元朝／金 | **元朝以後相剋説** ←[剋] 明朝／火 ←[剋] 清朝／水 ←[剋] 民國／土

> 因民國為「土」德，故孫中山、蔣介石的「山」與「石」均帶有「土」德的含意和概念。

字義論説

● 遼朝（賓鐵） —[被滅]→ 金朝（黃金） —[被滅]→ 蒙古（白銀）

★ 鑌鐵（遼朝）雖然堅固，但會生鏽，唯有黃金（金朝）光澤不變（這是金太祖完顏阿骨打的想法），但他作夢也沒料到，最後白銀（蒙古汗國）竟然能吞金（金朝）。

?

小常識

古代時期對生物的稱謂

● 牛——太牢 ● 小牛——犢 ● 馬——駒 ● 良馬——駿（神行太保） ● 象——伽那
● 狼（前長後短） ● 狽（前短後長） ● 狐（吃肉） ● 狸（吃果） ● 羊——長髯公子
● 驢——長耳公 ● 騾——（馬和驢所生，會比驢小一號，一代即絕） ● 雞——金禽
● 小雞——雛 ● 貓——烏圓 ● 老鼠——耗子 ● 猴子——猢猻 ● 豬——豕
● 虎——大蟲（斑寅） ● 兔——菊道人 ● 獅——狻猊（百獸之王） ● 狗——犬
● 豹——失剌孫 ● 鹿——茸客 ● 駱駝——沙漠之舟 ● 蟋蟀——蛐蛐 ● ● 蟻——蚍蜉
● 蟬——知了 ● 烏龜——王八 ● 鱉——甲魚 ● 青蛙——水雞 ● 壁虎——守宮
● 鶴——丹歌 ● 貓頭鷹——角鴟 ● 鸚鵡——綠衣使者

第七節　中國民族大觀

現代被劃分成 56 個民族，其中以漢族居多（約 12 億人口以上），佔全國人口約 92%，其他 55 個成為少數民族、約佔 8%

少數民族

★ 人口 1000 萬以上有四個：① 壯族 ② 回族 ③ 滿族 ④ 維吾爾族

★ 人口 500 萬以上的有五個：① 苗族 ② 彝族 ③ 土家族 ④ 藏族 ⑤ 蒙古族

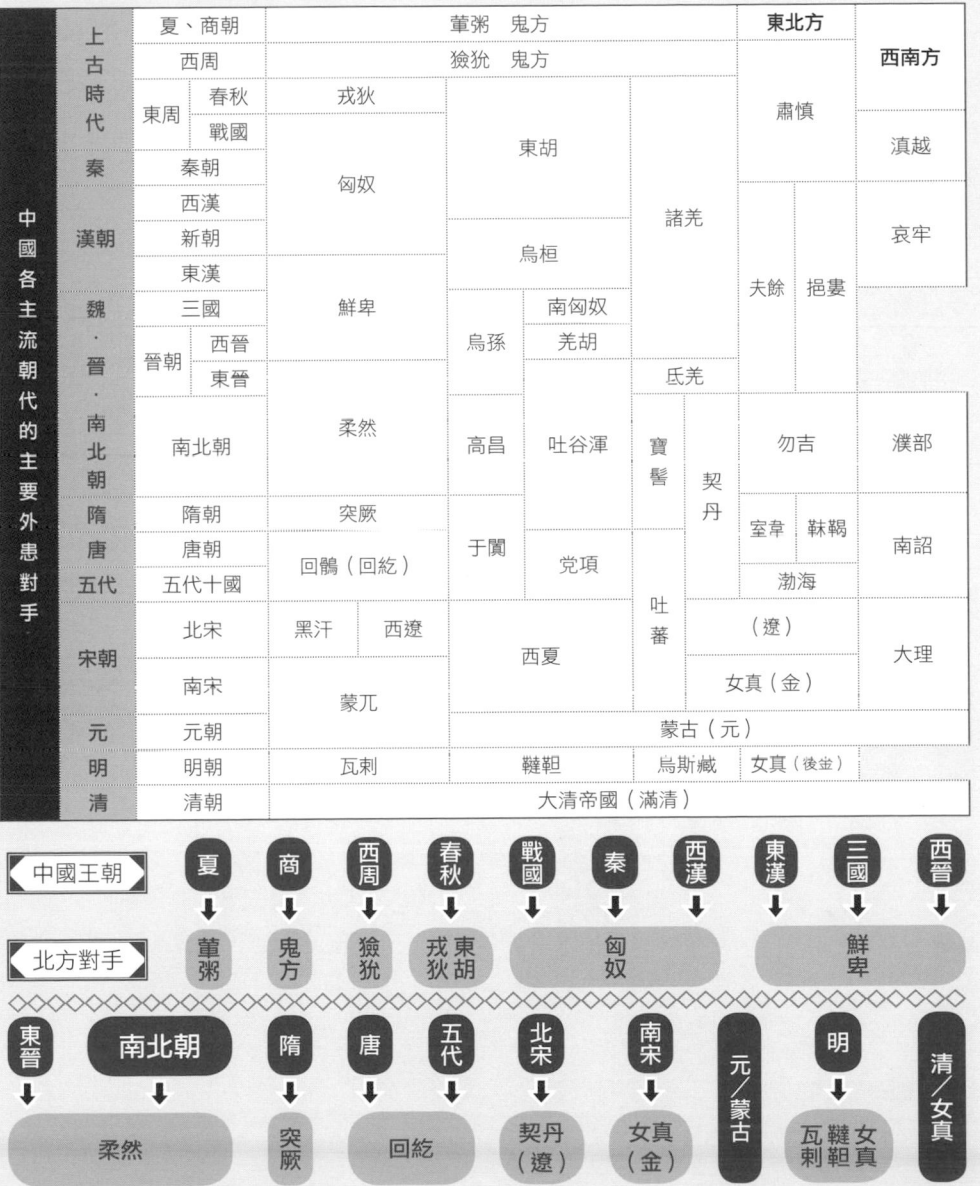

中國各主流朝代的主要外患對手	上古時代	夏、商朝		葷粥　鬼方		東北方		西南方
		西周		獫狁　鬼方		肅慎		
		東周	春秋	戎狄				滇越
			戰國	東胡				
	秦	秦朝		匈奴		諸羌		哀牢
	漢朝	西漢						
		新朝			烏桓			
		東漢				夫餘	挹婁	
	魏・晉・南北朝	三國	鮮卑	南匈奴				
		晉朝 西晉		烏孫	羌胡			
		東晉			氐羌			
		南北朝	柔然	高昌	吐谷渾	寶髻 契丹	勿吉	濮部
	隋	隋朝	突厥				室韋 靺鞨	南詔
	唐	唐朝	回鶻（回紇）	于闐	党項		渤海	
	五代	五代十國				吐蕃	（遼）	大理
	宋朝	北宋	黑汗 西遼	西夏			女真（金）	
		南宋	蒙兀					
	元	元朝			蒙古（元）			
	明	明朝	瓦剌	韃靼		烏斯藏	女真（後並）	
	清	清朝		大清帝國（滿清）				

中國王朝	夏	商	西周	春秋	戰國	秦	西漢	東漢	三國	西晉
北方對手	葷粥	鬼方	獫狁	戎狄 東胡		匈奴		鮮卑		

	東晉	南北朝	隋	唐	五代	北宋	南宋	元/蒙古	明	清/女真
	柔然		突厥	回紇		契丹（遼）	女真（金）		瓦剌 韃靼 女真	

認識中國地理文化

33

第三章

認識中國朝代

第一節　中國朝政三大時代

★ 中國從西元前221年秦始皇開始至西元1911年清朝末帝宣統止，共歷時2132年，君主專制皇朝時代，期間又分為三個時代（帝國時代、王朝時代、割據時代）總共出現59個朝代政權，共計有331位帝位（含231位皇帝及100位藩王）。

三大時代	1	帝國時代	全國統一時期	共有10個帝國，歷1452年，計有98位皇帝
	2	王朝時代	全國分治時期	共有23個王朝，歷680年，計有133位皇帝
	3	割據時代	軍閥割據時期	共有26個政權，附屬在王朝時代裡

◆ **何謂割據時代**
- 東晉「十六國」
- 五代「十國」

共有26個朝代被歷史學家歸類為附屬於正統王朝時代（宗主國）的藩屬國，其王位有的還是王朝皇帝所受封，並每年要向宗主國（王朝）稱臣納貢，故只能稱「藩王」，共計有100位藩王。

59個朝代	10個帝國	統一朝代	共有98位皇帝
	23個王朝	分治朝代	共有133位皇帝
	26個藩國	割據朝代	共有100位藩王

合計231位皇帝
總計331位帝王

帝國時代		統一時期	
序	朝名	國祚	帝數
1	秦朝	15年	3
2	西漢	214年	14
3	新（玄漢）	17年	2
4	東漢	195年	14
5	西晉	52年	4
6	隋朝	38年	3
7	唐朝	289年	21
8	元朝	90年	11
9	明朝	276年	16
10	清朝	268年	10
合計		1452年	98

王朝時代		分治時期	
序	朝名	國祚	帝數
1～3	三國（魏）	46年	11
4	東晉	104年	11
5～13	南北朝	162年	50
14～18	五代	53年	14
19	北宋	167年	9
20	南宋	153年	9
21	遼朝	（210）年	9
22	西夏	（190）年	10
23	金朝	（120）年	10
合計		680年	133

割據時代		混亂時期	
序	朝名	國祚	帝數
1～16	（東晉）十六國	136年	60王
17～26	（五代）十國	78年	40王
合計		△	100

中國歷史朝代口訣	唐堯虞舜夏商周・春秋戰國亂悠悠
	秦漢三國西東晉・南朝北朝是對頭
	隋唐五代又十國・宋元明清帝王休

三國（有三個朝代）
南北朝（有九個朝代）
五代（有五個朝代）

第二節　中國朝代傳承接續明細表

朝代			國祚	帝數	期間
上古時代 1850 年	夏朝		470	16	前 2070〜前 1600
	商朝		555	30	前 1600〜前 1046
	周朝 790 年	西周	275	13	前 1046〜前 771
		東周 515 年　東周	515	25	前 770〜前 256 
		東周 515 年　春秋	295	550 年	前 770〜前 476
		東周 515 年　戰國	255		前 475〜前 221
統一帝國時代 441 年	秦朝		15	3	前 221〜前 207
	漢朝（含新玄）426 年	西漢 214　西楚	4	△	前 206〜前 202
		西漢 214　西漢	210	14	前 202〜8
		新玄 17　新朝	15	1	9〜23
		新玄 17　玄漢	2	1	23〜25
		東漢	195	14	25〜220
分治王朝期（含三國不含西晉）310 年	三國 46 年	曹魏	46	5	220〜265
		蜀漢	43	2	221〜263
		東吳	52	4	229〜280
	晉朝 156 年	西晉	52	4	266〜316
		東晉 104　東晉	104	11	317〜420
		東晉 104　十六國	136	60	304〜439
	南北朝 162 年（從劉宋起到北周止）	南朝 170 年　宋	60	8	420〜479
		南朝 170 年　齊	24	7	479〜502
		南朝 170 年　梁	56	4	502〜557
		南朝 170 年　陳	33	5	557〜589
		北朝 196 年　北魏	149	11	386〜534
		北朝 196 年　東魏	17	1	534〜550
		北朝 196 年　北齊	28	6	550〜577
		北朝 196 年　西魏	22	3	535〜557
		北朝 196 年　北周	25	5	557〜581

	朝代		國祚	帝數	期間	
統一時代	隋唐 326 年	隋朝	38	3	581 ～ 618	
		唐朝	289	21	618 ～ 907	
分治王朝時期 371 年	五代 53 年	五代	53	14	907 ～ 960	
		十國	78	40	902 ～ 979	↓
	宋朝 320 年	北宋 167	北宋	167	9	960 ～ 1127	
			遼	210	9	916 ～ 1125	
			西夏	190	10	1038 ～ 1227	
		南宋 153	金	120	10	1115 ～ 1234	
			南宋	153	9	1127 ～ 1279	
統一帝國時代 633 年	元朝 90 年	蒙古汗國	65	（4）	1206 ～ 1271	
		大元	8	（1）	1271 ～ 1279	
		元朝	90	11	1279 ～ 1368	
		北元	20	（3）	1368 ～ 1388	↓
	明朝 276 年	明朝	276	16	1368 ～ 1644	
		南明	18	（4）	1644 ～ 1662	
	清朝 268 年	後金	28	（2）	1616 ～ 1643	↓
		清朝	268	10	1644 ～ 1911	

?

小常識

中國民間四大喜事（悲事）

1	久旱逢甘霖	（水災）
2	他鄉遇故知	（債主）
3	洞房花燭夜	（逃妻）
4	金榜題名時	（同名）

第三節　各朝代國號源由

　　一個嶄新朝代的誕生，開國君主在遴選國號的思維方針，大致有以下四大源由為依據：

1	爵位封號（隋、唐）	2	統治區域（商、秦）	3	部族淵源（周、宋）	4	吉祥名稱（元、明、清）

<table>
<tr><td colspan="4" align="center">〔中國各朝代國號源由區分表〕</td></tr>
</table>

朝代	屬性	備註
夏朝	封號	創始者大禹，曾受封為「夏伯」，故又稱「夏禹」。
商朝	區域	商的始祖「契」，因幫大禹治水有功，受封商地（今河南商丘）第 20 代王盤庚遷都殷（河南安陽），故又稱「殷商」。
周朝	部族	周的祖先居於周原（陝西岐山），姬發（周武王）滅商後，以周為國名。
秦朝	區域	非子是顓頊後裔，周孝王時被賜「嬴」姓，封地於秦地（甘肅天水）秦王嬴政併滅六國後，即以「秦」做為皇朝國號。
漢朝	封號	西楚霸王項羽，封劉邦為「漢王」，邦稱帝後即以「漢」為國號。
曹魏	封號	漢獻帝封曹操為魏公，曹丕篡漢後即以「魏」為國號。
蜀漢	區域	劉備稱帝時領有蜀地（四川），以中興漢室為己任，故稱「蜀漢」。
東吳	封號	曹丕曾封孫權為吳王，孫稱帝後，即稱為「吳國」。
晉朝	封號	司馬昭被魏帝封為晉公，其子司馬炎篡魏，以「晉」為國號。
隋朝	封號	隋文帝楊堅之父楊忠，曾被北周帝封「隨國公」，文帝稱帝後認為「隨」有走部不吉祥，即改成「隋」當國號。
唐朝	封號	唐高祖李淵的祖父李虎，在北周時期被封為「唐國公」，太原起兵時以唐王身份，消滅隋朝，故以「唐」為國號。
宋朝	部族	趙匡胤發跡於宋州，陳橋兵變黃袍加身後，即以「宋」為國號。
元朝	吉祥	忽必烈以易經「大哉乾元」之「元」做為國號。
明朝	吉祥	朱元璋參加白蓮教起義（紅巾軍），號稱「黑暗即將過去、光明即將來臨」即以「明」為國號。
清朝	吉祥	努爾哈赤建立「後金」政權，皇太極當上大汗後認為明朝屬火德（火可熔金）故改同音清，用水來滅火（明朝）。

<table>
<tr><td rowspan="4">各朝代龍興處</td><td rowspan="4">（發跡地）</td><td>⊙夏朝／大夏</td><td>（山西汾澮）</td><td>⊙商朝／商地</td><td>（河南商丘）</td><td>⊙周朝／周原</td><td>（陝西岐山）</td></tr>
<tr><td>⊙秦朝／秦地</td><td>（甘肅天水）</td><td>⊙西漢劉邦</td><td>（陝西漢中）</td><td>⊙西楚項羽／彭城</td><td>（徐州）</td></tr>
<tr><td>⊙東漢劉秀</td><td>（河南南陽）</td><td>⊙曹魏曹操</td><td>（河南許昌）</td><td>⊙隋朝</td><td>（陝西華陰）</td></tr>
<tr><td>⊙唐朝／晉陽</td><td>（山西太原）</td><td>⊙宋朝／宋州</td><td>（睢陽郡）</td><td>⊙西夏／夏州</td><td>（山西橫山）</td></tr>
<tr><td></td><td></td><td>⊙金朝／會寧</td><td>（黑龍江）</td><td>⊙明朝／集慶</td><td>（南京）</td><td>⊙清朝／盛京</td><td>（瀋陽）</td></tr>
</table>

第四節 各朝代重複國名大觀

中國歷史悠久，從上古時代至清朝止，有數不清的封建專制政權，所以國號難免會出現重複使用現象，常讓讀者摸不著頭緒而糾纏不清，如在霧裡看花而昏頭轉向。

加註釐清　歷史學家有鑑於此，用巧妙方法將各個重複朝代，有條不紊的加註標記，用來釐清同名各異的彼此關係，如此一來就淺簡易懂。

★ 被使用最多的國號為「漢」，共有 10 個朝代使用。

★ 完全沒有重複的朝代僅有 5 個（「新朝」「隋朝」「元朝」「明朝」「清朝」）。

★ 各朝代有項鐵則，即先「西」後「東」、先「北」後「南」。

周朝	西周（鎬京）	漢朝	西漢（長安）	晉朝	西晉（洛陽）	宋朝	北宋（開封）
	東周（雒邑）		東漢（洛陽）		東晉（建康）		南宋（臨安）

〔漢〕	朝代		開國君	國都	國祚	帝數
	西漢	漢朝	劉邦	長安	214	14
	玄漢		劉玄	洛陽	2	1
	東漢		劉秀	洛陽	195	14
	蜀漢	三國	劉備	成都	43	2
	漢國	十六國	劉淵	長安	26	4
	成漢		李雄	成都	43	5
	後漢	五代	劉知遠	開封	4	2
	北漢	十國	劉旻	太原	29	4
	南漢		劉䶮	廣州	55	4
	大漢	元末	陳友諒	江州	4	1

★ 「漢」大部分以「劉」氏為主，當中劉淵為匈奴人，李雄為氐族人，劉知遠為沙陀人（竟然用「漢」當國名，非常諷刺）。

〔周〕	朝代		開國君	國都	國祚	帝數
	西周	上古期	周武王	鎬京	275	13
	東周		周成王	雒邑	515	25
	北周	南北朝	宇文覺	長安	25	5
	武周	唐朝	武則天	洛陽	15	1
	後周	五代	郭威	開封	10	3
	大周	元末	張士誠	江蘇	13	1
	吳周	清初	吳三桂	衡州	4	2

〔秦〕	朝代		開國君	國都	國祚	帝數
	秦朝		秦始皇	咸陽	15	3
	前秦	十六國	苻健	長安	44	6
	後秦		姚萇	長安	34	3
	西秦		乞伏國仁	金城	46	4

〔宋〕	朝代		開國君	國都	國祚	帝數
	北宋	宋朝	趙匡胤	開封	167	9
	南宋		趙構	杭州	153	9
	劉宋	南北朝	劉裕	南京	60	8
	韓宋	元末	韓林兒	開封	12	1

〔唐〕	朝代		開國君	國都	國祚	帝數
	唐（上古）	上古時代		唐堯		
	唐朝		李淵	長安	289	21
	後唐	五代	李存勗	洛陽	13	4
	南唐	十國	李昪	南京	39	3

〔吳〕	朝代		開國君	國都	國祚	帝數
	吳	春秋	吳王闔閭及夫差較有名			
	東吳	三國	孫權	南京	52	4
	南吳	十國	楊行密	揚州	36	4
	吳越		錢鏐	杭州	72	5

〔晉〕	朝代		開國君	國都	國祚	帝數
	晉	春秋	春秋五霸，晉文公較為知名			
	西晉	晉朝	司馬炎	洛陽	52	4
	東晉		司馬睿	南京	104	11
	後晉	五代	石敬瑭	開封	11	2

〔涼〕	朝代		開國君	國都	國祚	帝數
	前涼	東晉十六國	張寔	武威	63	7
	後涼		呂光	武威	18	3
	南涼		禿髮烏孤	樂都	18	3
	北涼		沮渠蒙遜	張掖	41	2
	西涼		李暠	敦煌	22	3

〔夏〕	朝代		開國君	國都	國祚	帝數
	夏朝		夏啟	安邑	470	16
	夏	十六國	赫連勃勃	統萬	25	3
	西夏		李元昊	銀川	190	10
	大夏	元末	明玉珍	重慶	9	2

〔楚〕	朝代		開國君	國都	國祚	帝數
	楚	春秋	春秋五霸，楚莊王最為知名			
	西楚	秦末	項羽	咸陽	4	1
	南楚	十國	馬殷	長沙	45	5

〔魏〕	朝代		開國君	國都	國祚	帝數
	魏	戰國	戰國七雄，魏文侯較為知名			
	曹魏	三國	曹丕	洛陽	46	5
	北魏		拓跋珪	洛陽	149	11
	西魏	南北朝	元寶炬	長安	22	3
	東魏		元善見	鄴城	17	1

〔齊〕	朝代		開國君	國都	國祚	帝數
	齊	春秋	春秋五霸，齊桓公最為知名			
	南齊	南北朝	蕭道成	南京	24	7
	北齊		高洋	鄴城	28	6
	大齊	唐末	黃巢	長安	4	1

〔梁〕	朝代		開國君	國都	國祚	帝數
	梁	春秋	被秦穆公所滅			
	後梁	五代	朱溫	開封	17	3
	西梁	南北朝	蕭詧	江陵	32	2
	南梁		蕭衍	南京	56	4

〔燕〕	朝代		開國君	國都	國祚	帝數
	燕	戰國	戰國七雄，燕昭王較為知名			
	前燕	東晉十六國	慕容皝	鄴城	34	3
	後燕		慕容垂	中山	24	4
	西燕		慕容沖	長安	11	2
	南燕		慕容德	廣固	13	2
	北燕		高雲	龍城	30	3
	大燕	唐朝	安祿山	洛陽	4	2

〔趙〕	朝代		開國君	國都	國祚	帝數
	趙	戰國	七雄之一，趙烈王較為人知			
	前趙	十六國	劉淵	平陽	26	4
	後趙		石勒	鄴城	33	5

中國唯一以自己姓氏做為國號的朝代 南北朝南陳（開國君：陳武帝陳霸先）

僅一代就亡國的有三個朝代
① 新朝王莽（15 年）
② 玄漢更始帝劉玄（2 年）
③ 北朝東魏孝靜帝元善見（17 年）

國祚（音做，意為年歲）最長的朝代
① 宋朝（北宋＋南宋）歷 18 帝共計 320 年
② 唐朝 歷 21 帝共 289 年

國祚最短的朝代 ① 玄漢歷 1 帝，僅 2 年 ② 五代「後漢」歷 2 帝，僅 4 年

第五節　帝國與王朝的比例

★ 若您想詳細了解中國歷史的來龍去脈，右邊這張圖表就更顯得特別重要，因它將集權王朝時代的結構完整呈現出來，讓您一目了然。

・期間分為兩大階段・

A	分治王朝時代	二 魏、晉、南北朝 361 年 ＋ 四 五代、宋朝 371 年
		合計：732 年

B	統一帝國時代	一 秦、漢 441 年 ＋ 三 隋、唐 326 年 ＋ 五 元、明、清 633 年
		合計：1400 年

★ 西晉在當時的時空背景下，也應當算是全國統一的帝國時代，如果將西晉納入帝國來計算，其總結如下：

A	分治王朝時代（不含西晉）為 680 年	佔比 32%	合計：2132 年
B	統一帝國時代（含西晉）為 1452 年	佔比 68%	

1 要命的十五年　中國歷史上不可思議的巧合

❶ 秦朝始皇帝嬴政，強行併滅六國，結束 255 年紛亂不休的戰國時代。但是秦朝立國僅維持 15 年（歷三代），皇朝即迅速瓦解崩滅。

❷ 漢高祖劉邦去世後，呂雉（呂后）馬上將寵妾戚夫人及其子如意殘殺；此事讓年僅 16 歲、仁慈又溫和的漢惠帝劉盈受到嚴重的震懾，驚嚇到不敢問政，不久後即猝逝。漢惠帝過世後，呂后又連續立廢兩位傀儡皇帝（前少帝、後少帝）自己臨朝稱制，其專政期間剛好也是 15 年（惠帝 7 年、前少帝 4 年、後少帝 4 年）。

❸ 新朝王莽篡漢自立為帝（新莽帝），執政期間人心項背，又因政令繁雜、朝令夕改，朝政日益變壞，引發人民抗暴，立國僅 15 年。

❹ 隋朝第二任皇帝楊廣（隋煬帝）弒父淫庶母、逆篡稱帝，開始勞民重賦、奢侈荒淫，引起大規模的農民抗暴，最後政權被唐國公李淵（唐高祖）取得，其在位期間 13 年及 2 年的太上皇（被迫）共計 15 年。

❺ 唐朝武則天皇后在唐高宗去世後，連續立廢兩個親兒子皇帝（唐中宗、唐睿宗），最後乾脆自己稱帝，國號周，史稱「武周」（中國唯一女皇帝）號「聖神皇帝」，在位期間恰巧也是 15 年。

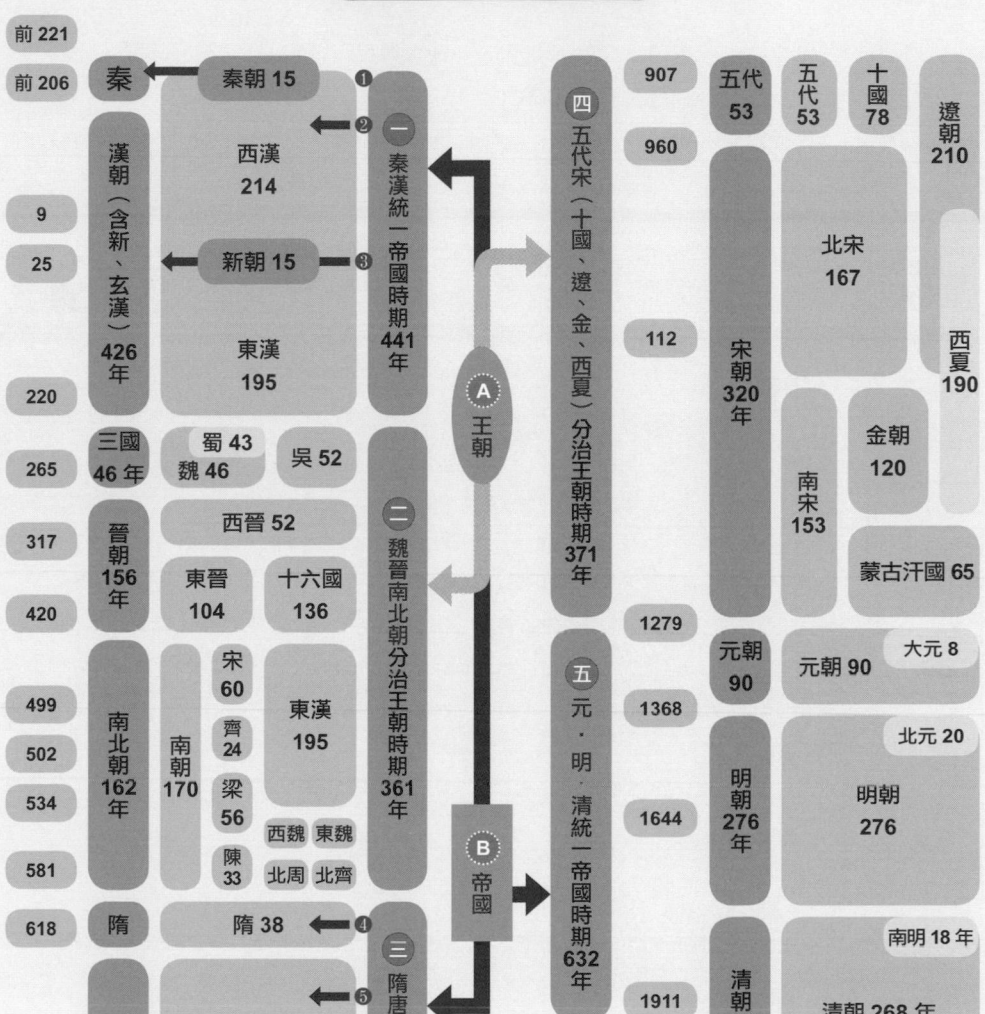

· 中國歷史朝代尺度表 ·

認識中國朝代

41

- 各朝代開國君建立新政權後，都會面臨舊有地方勢力集團做最後反撲及困獸之鬥，因此得勞師動眾、大舉鎮壓才能依序降服。
- 中國歷史上花費最長時間去完成統一全國大業的朝代為「清朝」，前後共用 40 年時間才將流寇之亂、南明政權之亂、三藩之亂及東寧國（明鄭政權）消滅。

朝代	期間（西元）	統一全面花費時年	備註
西漢	前 206 / 前 196	11 年	劉邦完成 4 年的楚漢相爭及 7 年的消滅異姓王戰爭（韓信、彭越、英布臧荼、張敖被控謀反罪先後遭誅）。
東漢	25 / 37	13 年	劉秀率雲台 28 大將，完成統一全國戰爭。
西晉	266 / 280	15 年	司馬炎將東吳政權消滅（真正結束三國時代）
隋朝	581 / 589	9 年	楊堅命楊廣擊敗南陳政權（終結南北朝時代）
唐朝	618 / 624	7 年	李淵命建成、世民、元吉三兄弟，平定各地群雄割據局面
北宋	960 / 979	20 年	趙光義滅北漢（結束五代十國時代），與遼南北對峙
元朝	1271 / 1279	8 年	忽必烈將南宋徹底消滅（元朝從 1279 年算起源由）
明朝	1368 / 1388	20 年	朱元璋命藍玉攻破「北元」政權，統一塞北
清朝	1644 / 1683	40 年	康熙帝命施琅攻取台灣（明鄭政權），統一全國

1 秦朝建立初始前中國局勢表

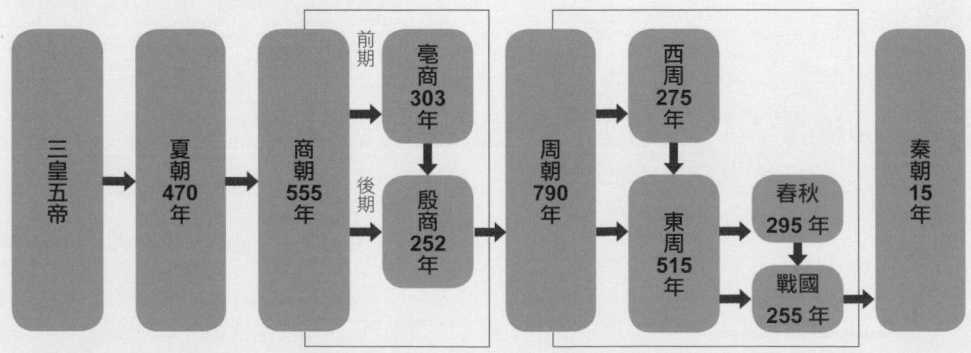

朝代		西元	重大事件
東周 515 年		前 256 年	周赧王向秦昭王投降（東周滅）
A 戰國群雄混戰期 前256 ～ 前221 共計 35 年	**B** 秦王政・執政時期 26 年	前 249 年	秦莊襄王即位，以呂不韋為相國
		前 246 年	嬴政即位（13 歲），由仲父呂不韋輔政
		前 238 年	秦王政親政（21 歲），平定假宦官嫪毐之亂
		前 235 年	相國呂不韋被賜死
		前 230 年	▲滅韓國
		前 228 年	▲滅趙國
		前 225 年	▲滅魏國
		前 223 年	▲滅楚國
		前 222 年	▲滅燕國
		前 221 年	▲滅齊國
秦朝			**D** 歷三帝共計 15 年 西元前 221 年～前 207 年

9 年

C 秦王政 9 年之間用：

避強攻弱・遠交近攻
挑撥離間・各個擊破

依序併滅六國

A 前 256 年，東周滅亡後有 35 年的空窗期（群龍無首），各諸侯國混戰時代。

B 嬴政 13 歲即位（秦王政），21 歲親政，38 歲稱帝（秦始皇），50 歲崩逝。在位期間 38 年，秦王政時期 26 年，秦始皇時期 12 年，共計 38 年。

C 秦王政以李斯為相、尉繚為軍師，王翦、王賁父子為大將，9 年內依序滅六國。

D 秦朝政權僅 15 年就亡國（秦始皇 12 年、胡亥 2 年、子嬰僅做 46 天皇帝）。

? 小常識

龍的種類

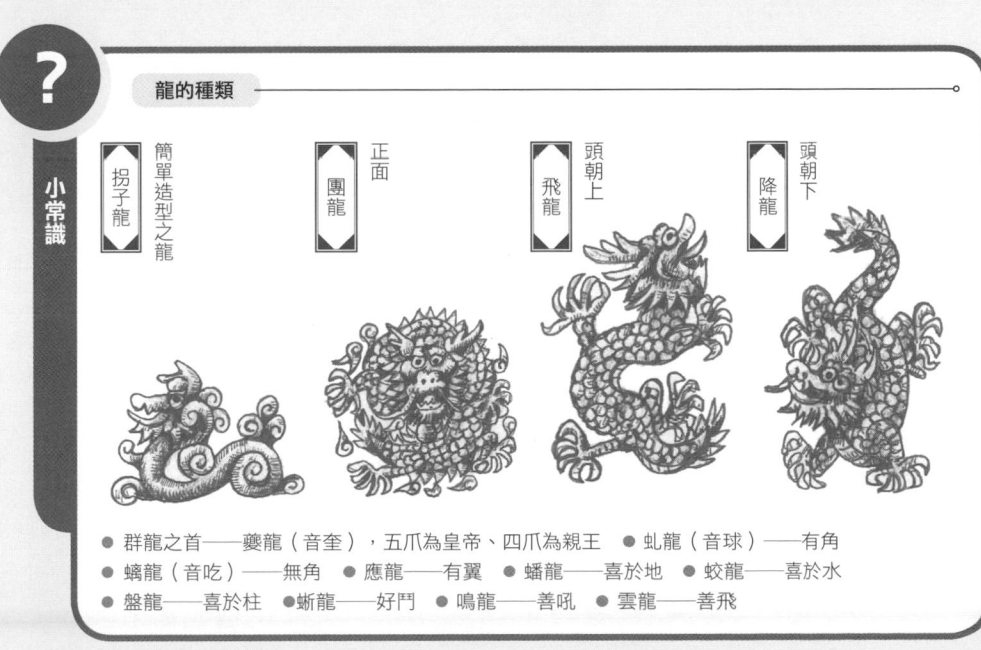

簡單造型之龍 拐子龍

正面 團龍

頭朝上 飛龍

頭朝下 降龍

● 群龍之首──夔龍（音奎），五爪為皇帝、四爪為親王　● 虯龍（音球）──有角
● 螭龍（音吃）──無角　● 應龍──有翼　● 蟠龍──喜於地　● 蛟龍──喜於水
● 盤龍──喜於柱　●蜥龍──好鬥　● 鳴龍──善吼　● 雲龍──善飛

② 漢朝建立前後中國政治局勢表

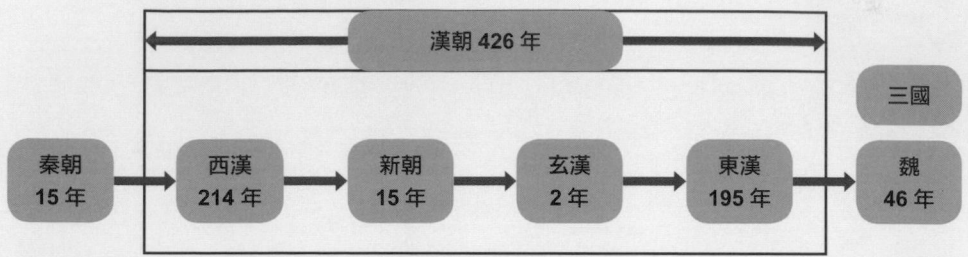

	朝代		西元	重大事件
秦朝15年	秦朝末期	4 年	前 210 年	秦始皇猝崩於沙丘，趙高、李斯秘不發喪
			前 209 年	秦二世胡亥即位（陳勝、吳廣起義）
			前 207 年	鉅鹿之戰（項羽大破秦主力軍）
西漢214年	Ⓐ 楚漢相爭	4 年	前 206 年	劉邦攻陷咸陽，秦子嬰投降（秦朝亡）
			前 203 年	項羽與劉邦鴻溝為界（楚河漢界）
	Ⓑ 平定異姓王內戰	7 年	前 202 年	項羽自刎於烏江旁（劉邦稱帝，是為漢高祖）
			前 200 年	白登山之役，劉邦險些被匈奴王俘虜
			前 196 年	完成消滅異姓王之戰事（開國功將僅存無幾）

Ⓐ 秦朝滅亡後有 4 年的楚漢相爭（西楚霸王項羽 V.S 漢中王劉邦）

　★ 此階段雖然劉邦尚未稱帝（漢王），但歷史學家已將其納入西漢時代計算。

Ⓑ 劉邦建立漢朝後，開始對建國功將猜疑（如芒刺在背），用 7 年時間對異姓王大開殺戒，倖存者無幾（非劉氏而王者，天下共擊之）。

	朝代		西元	重大事件
新朝 15 年	Ⓒ 新朝末期	7 年	17 年	綠林軍起義於荊州
			22 年	赤眉軍起義於青州（劉秀、劉縯兄弟加入綠林軍）
			23 年	昆陽之戰，劉秀大破王莽主力軍（新朝滅亡）
玄漢	Ⓓ 玄漢	2 年	23 年	劉玄在洛陽稱帝（更始帝），史稱玄漢
東漢 195 年	Ⓔ 東漢初期	13 年	25 年	劉玄被赤眉軍殺害，劉秀稱帝（漢光武帝）
			37 年	劉秀在雲台 28 將的協助下完成統一全國戰爭

Ⓒ 新王莽政權朝令夕改，經濟崩盤，引發各地農民起義事件發生。

　★ 新朝國祚 15 年，期間最後 7 年各地抗暴事件頻傳，社會動盪不安。

Ⓓ 劉玄稱帝後，只圖享樂、昏庸迂腐，最後被赤眉軍俘殺（建國僅 2 年）。

Ⓔ 劉秀稱帝（漢光武帝）後，率雲台 28 將，平定公孫述「成家政權」後，再花費 13 年時間平定全國各大亂事，史稱「光武中興」。

3 魏（三國）、晉、南北朝時期中國政治局勢表

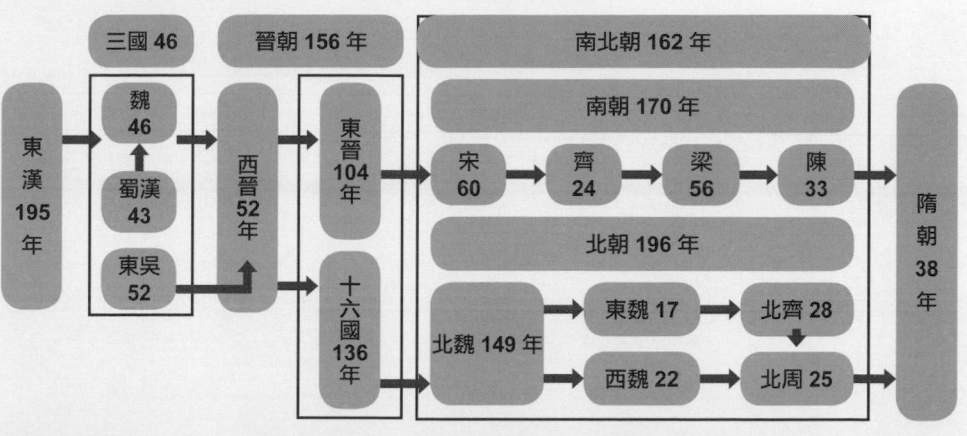

	朝代		西元	重大事件
東漢 195 年	**Ⓐ** 東漢	37 年	184 年	黃巾之亂起、開始蔓延至全國
			189 年	董卓廢少帝，改立劉協（時年 9 歲）為漢獻帝
			196 年	曹操挾天子以令諸侯（國都在許昌）
			200 年	官渡之戰（曹操擊敗袁紹掌控華北）
			208 年	赤壁之戰（曹、孫、劉三分天下）
三國 46 年	**Ⓑ** 曹魏 46 年	**Ⓒ** 蜀漢 43 年	220 年	漢獻帝禪位給曹丕，是魏武帝（東漢亡）
			221 年	劉備稱帝是為漢昭烈帝，史稱「蜀漢」
			222 年	夷陵之戰，劉備被孫權擊敗
		Ⓓ 東吳 52 年	229 年	孫權正式稱帝，是為吳大帝，遷都建業（南京）
			263 年	蜀漢被曹魏所滅
			266 年	司馬炎篡曹魏稱帝，國號晉，是為晉武帝
西晉 52 年	**Ⓔ** 西晉	15 年	280 年	西晉滅掉東吳，統一全國（真正結束三國時代）

Ⓐ 三國演義小說是從「黃巾之亂」開始起筆，當時東漢皇室早已名存實亡，在曹丕逼宮篡漢前的 37 年間，漢室（漢獻帝）毫無權勢可言（如同傀儡），任憑權相曹操擺佈。★從黃巾之亂起至東漢滅，共計 37 年，至三國歸晉（東吳滅）止共計 97 年。

Ⓑ 曹魏時期，代表著真正「三國鼎立」時期，曹魏國祚 46 年。

Ⓒ 蜀漢後主劉禪向曹魏投降，國祚 43 年。

Ⓓ 東吳孫權 222 年自立為吳王（尚未稱帝），形成三國鼎立，最後在 229 年稱帝是為吳大帝，所以國祚有 2 個版本：①59 年（含吳王期間）②52 年（稱帝後才計算）。

Ⓔ 司馬炎篡曹魏，建立晉朝（史稱西晉）之後，花費 15 年時間，才將雄踞江東的吳國滅掉，統一全國（真正結束三國時代）。

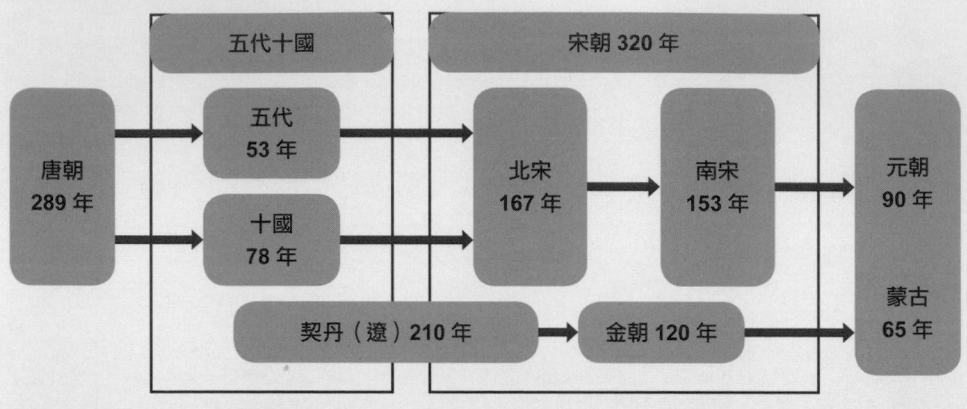

	朝代		西元	重大事件
隋朝 38 年	Ⓐ 滅陳朝	8 年	581 年	楊堅篡北周而稱帝，國號「隋」（隋文帝）
			589 年	隋文帝命楊廣攻滅南方陳朝（陳叔寶後主被俘）
			604 年	楊廣弒父篡位是為隋煬帝
	Ⓑ 各地造反	6 年	613 年	楊玄感發難謀變起義（全國亂事迅速擴大）
			618 年	李淵建立唐朝（唐高祖），隋朝亡
唐朝 289 年	Ⓒ 平定群雄	7 年	624 年	唐朝平定各地群雄割據局面，統一全國
			626 年	玄武門之變，李淵讓位給李世民（唐太宗）
	武周期間		690 年	武則天正式稱帝，定都洛陽，史稱「武周」
	Ⓓ 安史之亂	8 年	755 年	安史之亂起（安祿山、史思明造反）
			757 年	安祿山被其子安慶緒所殺
			762 年	郭子儀及李光弼聯合平定「安史之亂」
	Ⓔ 黃巢之亂	33 年	874 年	王仙芝在長垣起兵造反，黃巢響應
			875 年	王仙芝敗死，黃巢成為亂軍領袖
			907 年	朱全忠逼唐哀宗禪位（唐朝亡）

Ⓐ 隋煬帝命楊廣南下擒俘南朝陳後主陳叔寶統一全國（結束南北朝時代）。

Ⓑ 隋末楊廣施暴政，全國抗暴事件頻起，煬帝至江都（揚州）避難，後被殺。

Ⓒ 唐高祖李淵建立唐朝後花費 7 年時間，才將全國各亂事徹底平息。

Ⓓ 唐玄宗期間，「安史之亂」起，最後被郭子儀及李光弼平定（歷時 8 年）。

Ⓔ 唐朝末期王仙芝、黃巢之亂起，最後雖被平定，但被降將朱全忠取得大權，隨後復叛唐朝篡位稱帝（唐朝亡），可謂引狼入室得不償失（歷 33 年）。

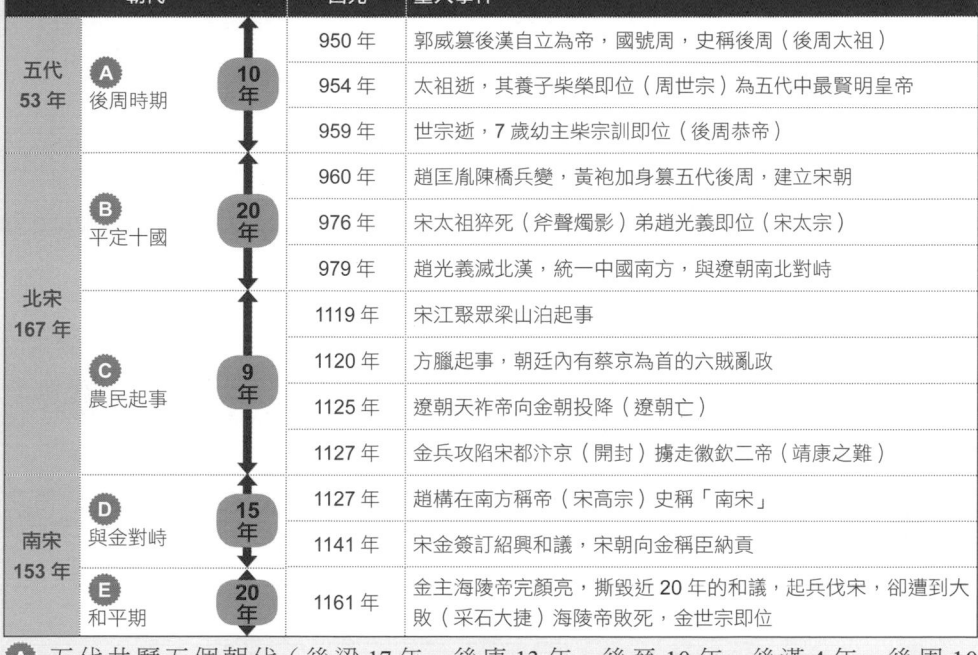

朝代			西元	重大事件
五代 53 年	Ⓐ 後周時期	10 年	950 年	郭威篡後漢自立為帝，國號周，史稱後周（後周太祖）
			954 年	太祖逝，其養子柴榮即位（周世宗）為五代中最賢明皇帝
			959 年	世宗逝，7 歲幼主柴宗訓即位（後周恭帝）
北宋 167 年	Ⓑ 平定十國	20 年	960 年	趙匡胤陳橋兵變，黃袍加身篡五代後周，建立宋朝
			976 年	宋太祖猝死（斧聲燭影）弟趙光義即位（宋太宗）
			979 年	趙光義滅北漢，統一中國南方，與遼朝南北對峙
	Ⓒ 農民起事	9 年	1119 年	宋江聚眾梁山泊起事
			1120 年	方臘起事，朝廷內有蔡京為首的六賊亂政
			1125 年	遼朝天祚帝向金朝投降（遼朝亡）
			1127 年	金兵攻陷宋都汴京（開封）擄走徽欽二帝（靖康之難）
南宋 153 年	Ⓓ 與金對峙	15 年	1127 年	趙構在南方稱帝（宋高宗）史稱「南宋」
			1141 年	宋金簽訂紹興和議，宋朝向金稱臣納貢
	Ⓔ 和平期	20 年	1161 年	金主海陵帝完顏亮，撕毀近 20 年的和議，起兵伐宋，卻遭到大敗（采石大捷）海陵帝敗死，金世宗即位

Ⓐ 五代共歷五個朝代（後梁 17 年、後唐 13 年、後晉 10 年、後漢 4 年、後周 10 年）。共計有 14 位皇帝，但賢明者僅三位而已（後周就佔二位），其中以周世宗柴榮最傑出，在位期間大破十國的南唐及後蜀，但在北伐遼朝時不幸猝死，在位 6 年，享年 39 歲，其文治武功均卓著，被稱為「五代令主」。

Ⓑ 宋朝成立後花費 20 年時間，才由第 2 任宋太宗趙光義滅掉北漢（真正結束五代十國時代）統一黃河以南的中原領地，但隨後在與遼（契丹）爭奪北方燕雲十六州戰役中敗北，與遼朝形成南北對峙局面。

Ⓒ 北宋末期的 9 年裡，朝廷有蔡京為首的六賊，把持朝政為非作歹，引發宋江及方臘等群雄接連起事造反，而北方金朝滅掉遼朝後趁勢坐大，可說內憂外患不斷，最後被金朝滅掉。

Ⓓ 靖康之難，徽欽二宗被金人擄走，趙構在遺臣的擁立下稱帝（宋高宗），史稱南宋，建立初期在抗金名將岳飛、韓世忠等的抵抗下，15 年內成功阻擋金兵南患攻勢，最後金朝以殺岳飛做為條件，簽訂「紹興和議」南宋向金朝稱臣納貢換取和平。

Ⓔ 宋、金歷經 20 年的和平期，新任金主完顏亮突然撕毀和議書，向南宋猛烈攻擊，所幸被宋將虞允文擊敗，取得軍事上的重大勝利，史稱「采石大捷」（完顏亮也因敗北，被金人叛殺）。

認識中國朝代

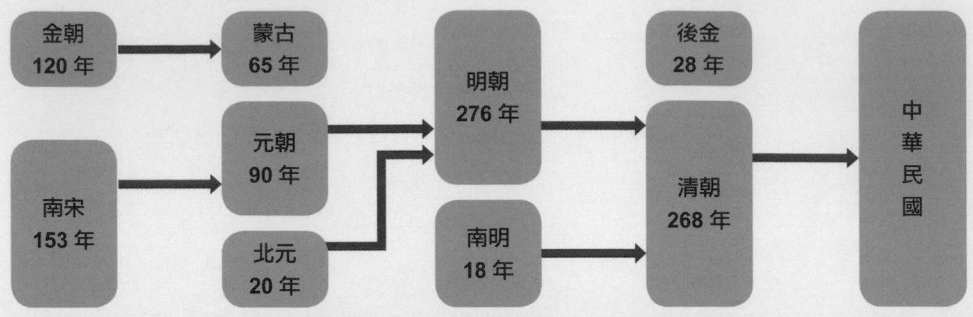

朝代		西元	重大事件	
南宋 153 年	**A** 蒙古汗國 65 年	1206 年	鐵木真崛起於漠北，建立「蒙古汗國」，獲尊「成吉思汗」	
		1218 年	▲蒙滅西遼	第一次西征（主帥：成吉思汗） ● 建立：**察合台汗國**
		1227 年	▲蒙滅西夏	
		1234 年	▲蒙滅金朝	第二次西征（主帥：拔都）　● 建立：**欽察汗國**
		1253 年	▲蒙滅大理	第三次西征（主帥：旭烈兀） ● 建立：**伊兒汗國**
		1260 年	忽必烈即汗位	
	B 大元 8 年	1271 年	忽必烈將「蒙古」改為「大元」史稱「元朝」	
		1272 年	元朝遷都北京（大都）	
		1276 年	南宋謝太后抱著僅 6 歲的趙㬎（宋恭宗）向元投降	
		1278 年	被南宋遺臣文天祥擁立的 11 歲趙昰（宋端宗）病逝香港	
		1279 年	南宋丞相陸秀夫抱著幼主（宋帝昺）投海殉國（南宋亡）。忽必烈徹底消滅南宋反抗勢力，真正統一全國	
C 元朝 90 年		1351 年	紅巾之亂起	
		1368 年	元惠宗逃回漠北（開平），元朝亡	

A 西元 1206 年，鐵木真建立「蒙古汗國」，尊號成吉思汗，歷經五位大汗，共計 65 年，期間發動三次西征（版圖跨越歐亞），並擊滅鄰近國家（西遼、西夏、金朝、大理），其中忽必烈後來建立「大元」（元朝）政權，故史僅稱「四大可汗」。

B 西元 1271 年，忽必烈可汗將蒙古汗國改為「大元」（元朝／國祚 98 年源由）

C 西元 1279 年南宋滅亡起，至 1368 年元惠宗逃回漠北止，共計 90 年（主流版）。

朝代		西元	重大事件
元朝 90 年	**A** 紅巾之亂 18 年	1351 年	紅巾之亂起（白蓮教教主韓山童率劉福通起事）
		1363 年	鄱陽湖之戰，朱元璋擊滅陳友諒
		1367 年	朱元璋破平江城，張士誠被殺
		1368 年	朱元璋稱帝，國號明（明太祖），遣徐達攻陷大都（北京），元惠宗（順帝）逃回漠北，建立「北元」政權
明朝 276 年	**B** 北元政權 20 年	1380 年	丞相胡惟庸被處以謀逆罪遭誅殺
		1382 年	設立特務機構「錦衣衛」
		1388 年	藍玉率明軍攻滅「北元政權」，統一塞外
	C 遷都計劃 18 年	1403 年	朱棣於靖難之變奪取皇位（明成祖）
		1405 年	成祖派遣鄭和（三寶太監）率船隊出使西洋
		1421 年	明成祖朱棣遷都北京（形成天子固守邊疆）

A 西元 1351 年元末（元惠宗期間），發生以白蓮教教主韓山童為首的宗教起義事件，史稱「紅巾之亂」亂事迅速擴及全國（期間共歷 18 年），最後由朱元璋脫穎而出，於南京稱帝，國號「大明」，是為明太祖。

B 西元 1368 年明朝建立後，明太祖朱元璋遣徐達攻破元大都，元惠宗不戰棄城逃回漠北（開平），建立「北元」政權（歷三帝），與明朝南北對峙。

★ 西元 1388 年明太祖朱元璋再遣藍玉率十五萬明軍，大破「北元」政權，（隨後分裂成韃靼及瓦剌二小部）結束共計 20 年的北元政權。

C 燕王朱棣在「靖難之變」中奪取侄子明惠宗（建文帝）的皇位，是為明成祖（永樂帝），他對其「龍興之地」燕京，情有獨鍾，下旨立為新國都，並於 18 年後遷都北京（成為紫禁城第一帝）。

? 小常識

1 元惠宗因不戰而棄大都，逃回漠北，朱元璋讚其「順乎天、應乎地」而賜其御號「元順帝」（因有點諷刺，元朝不承認此封號）。

2 明成祖朱棣（永樂帝）廟號原為明太宗，是百年後明世宗（嘉靖帝）將皇考改尊稱為「成祖」，因而立號（明太宗就此停用）。

3 明成祖永樂帝發動「靖難之變」（靖安社稷、平定國難），從海津鎮開始誓師，渡河向南京發難，成功後賜該地御名為「天津」（意為天子津渡）。

朝代		西元	重大事件	帝名
明朝 276 年	明萬曆皇帝在位期間（世界大事紀）	1573 年	明神宗萬曆帝 10 歲即位，由張居正輔政	明萬曆帝
		1588 年	★ 英國擊滅西班牙無敵艦隊	
		1589 年	★ 法國波旁王朝開始	
		1590 年	★ 日本豐臣秀吉統一日本，隔年出兵朝鮮	
		1600 年	★ 日本德川家康任幕府大將軍（江戶時代開始）	
		1602 年	★ 荷蘭成立東印度公司	
		1611 年	明朝東林黨爭開始	
	Ⓐ 後金政權 28 年	1616 年	努爾哈赤即汗位，建立「後金」政權	
		1618 年	努爾哈赤以七大恨告天伐明	
		1619 年	薩爾滸之戰，後金以寡搏眾，大敗明軍	
		1623 年	明朝奸臣魏忠賢（九千歲）擅權亂政	天啟帝
		1630 年	明朝猛將袁崇煥被冤殺	崇禎帝
	Ⓑ 金改清 8年	1636 年	皇太極將「後金」改為「大清」	
清朝 268 年	Ⓒ 南明 8年	1644 年	李自成攻破北京，明崇禎帝自縊（明朝亡） 明吳三桂引清兵入關，順治帝在北京稱帝	清順治帝
		1661 年	康熙即位（鄭成功驅逐台灣荷蘭人） 平西王吳三桂殺南明永曆帝（南明亡）	康熙帝
	Ⓓ	1669 年	康熙智擒鰲拜	
	Ⓔ 東寧國（明鄭）24 年 三藩之亂 8年	1673 年	三藩之亂起	
		1678 年	吳三桂在昆明稱帝（大周昭武帝）	
		1681 年	康熙帝平定三藩之亂	
		1683 年	康熙命施琅攻陷台灣，鄭克塽降（統一全國）	

Ⓐ 努爾哈赤建立「後金」政權，歷時 28 年，共有二大汗掌權，其中第二任皇太極於 1636 年將「女真族」改為「滿州族」，將「後金」改為「大清」，史稱「滿清政權」。

Ⓑ 皇太極改制後（清朝）的 8 年內，史學家還是把它歸類於「後金政權」計算。

Ⓒ 清朝是以順治帝入關北京開始算起（入關第一帝），當時明朝舊臣屬將拒絕降服，繼續擁立前後三位皇帝（弘光帝、隆武帝、永曆帝）成立流亡政府，與清格鬥，史稱「南明政權」（歷時 18 年），最後被吳三桂平息。

Ⓓ 以平西王吳三桂為首的三藩之亂，歷時 8 年，終被康熙帝平定。

Ⓔ 南明覆滅後，鄭經（鄭成功之子）迎接明寧靖王朱術桂到台灣，成立「東寧國」，史稱「明鄭政權」。西元 1683 年康熙命施琅攻打台灣，鄭克塽（鄭經之子）不敵投降（明鄭亡），共計 24 年（清朝終於統一全國）。

第四章

認識中國歷代朝廷政治

第一節　朝廷政治論

成者為王、敗為寇；一朝天子一朝臣（伴君如伴虎）；良禽擇木而棲、賢臣擇君而事；良匠無棄材、明君無棄士；國亂識忠臣、家貧出孝子；政以勤為基、民以安自居；量才而授官、祿德而定位；宰相肚裡能撐船、猛將手下無弱兵；天時地利不如人和；用人不疑、疑人不用；工欲善其事（朝政）、必先利其器（朝臣）；用人如用器、各取所長（伯樂善知馬，良馬常在，但伯樂不常有）；天下安注意相、天下危注意將（上樑不正、下樑歪）；君主聖明、朝臣賢良、武將盡忠、人民敬業，則天下太平。

◆ 中國皇朝定論

教 ➡ 孔子而成	政 ➡ 始皇而立	境 ➡ 漢武而定	威 ➡ 唐宗而達

★ 秦皇 ➡ 漢武 ➡ 唐宗 ➡ 宋祖 ➡ 元世 ➡ 明成 ➡ 清聖

國勢最強的五位皇帝	❶ 漢武帝　❷ 唐太宗　❸ 元世祖　❹ 明成祖
	❺ 清高宗（乾隆）

政要　窮者獨善其身、達則兼善天下

1	創業維艱	開創	用武將（出則將）	➡ 靠天時地利人和（憑運氣）
2	守成不易	治理	用文臣（入則相）	➡ 靠修心養性、齊家治國平天下（毅力）

⊙ 守成不易（治理）比創業維艱（開創）重要（因人只要握有權力就會忘了我是誰）

盛世	良佐	文臣不斂財、武將不怕死（賢臣猛將、左弼右輔）➡ 國泰民安
		封侯拜相、飛黃騰達、國家棟樑、安享天年、萬古流芳
		皇帝行土道：以德行之（善史樹德），有德者必仁而賢至昌

亂世	惡輔	文臣猛刮財、武將亂誇功（奸臣妄將、亂臣賊子）➡ 民不聊生
		革職罷黜、身敗名裂、亂臣賊子、瑯璫入獄、遺臭萬年
		皇帝行霸道：以力假仁（惡史樹怨），無德者必暴而亂至亡

為官四正		為官五德		四患（四禍）			三治（儒、釋、道）	
1	修正心（心正）	1	溫（溫和）	1	偽（虛偽）	亂俗		治心用釋（修慈）
2	勤正事（言正）	2	良（賢良）	2	私（私慾）	壞法		
3	親正人（身正）	3	恭（恭謹）	3	放（放縱）	越軌		治身用道（修德）
4	行正道（行正）	4	儉（勤儉）	4	奢（奢華）	敗制		
		5	讓（謙讓）					治世用儒（修仁）

結論　民為貴、社稷次之、君為輕

各朝代覆滅主因 朝廷腐敗、人心背離

- 各朝代末期常有昏君、奸相、叛將、佞臣、貪官等牛鬼蛇神齊聚，搞得烏煙瘴氣、民不聊生、皇威盡失而引發大規模的人民抗暴、揭竿起義事件爆發。
- 其中以人民抗暴（農民起義及宗教起事）為最，次為文臣篡位、武將倒戈。

朝代	原因	主要內容
夏朝	夏桀暴政	桀寵愛妹喜，國勢大衰，盡失民心，被商湯所滅（鳴條之戰。）
商朝	紂王暴政	紂王寵愛妲己，酒池肉林、誅殺忠良，被武王姬發所滅（牧野之戰）。
西周	幽王暴政	幽王寵愛褒姒，烽火戲諸侯，引起太子宜臼聯外叛亂（犬戎之禍）。
東周	群雄爭霸	諸侯比天子更有實力，周室名存實亡，最後被秦昭王所滅。
秦朝	農民起義	陳勝、吳廣揭竿起義，群雄響應後由項羽大破秦主力軍（鉅鹿之戰）。
西漢	外戚篡位	王莽篡漢，建立「新」朝（從假皇帝變成真皇帝）。
新朝	農民起義	綠林軍、赤眉軍起事，後由劉秀擊潰新莽主力軍（昆陽之戰）。
東漢	宗教起事	張角以太平道聚眾起事，號稱「黃巾軍」（黨錮之禍→黃巾之亂）。
西晉	宗室內鬨	宗室藩王因不滿賈后擅權而起兵造反（八王之亂→永嘉之禍）。
東晉	宗教起事	孫恩、盧循以五斗米道號召起義，後被劉裕平定，不久篡東晉。
隋朝	農民起義	瓦崗寨糾眾造反，各地群雄紛紛響應，最後由李淵勝出。
唐朝	農民起義	王仙芝起事，黃巢之亂、秦宗權之亂，最後朱全忠篡唐。
北宋	農民起義	宋江聚眾梁山泊，方臘（被尊為聖公）起事，導致靖康之難。
南宋	外族入侵	蒙古汗國對南方發動攻擊，南宋不敵被滅國。
元朝	宗教起事	白蓮教教主韓山童率眾起事，號稱「紅巾軍」（紅巾之亂）。
明朝	流寇之亂	高迎祥、李自成、張獻忠叛變反明，導致吳三桂引清軍入關。
清朝	人民覺醒	武昌起義（辛亥革命），全國響應，清廷垮台。

※ 特殊例外 南宋是受蒙古（外族入侵）而滅亡，在它覆滅的最後一刻，還是有眾多忠臣義將、貞潔烈士，為保護南宋皇室尊嚴，奮戰到全軍覆沒而永留青史。

南宋三傑 文天祥、張世傑、陸秀夫。

◆ **各朝代換取和平的方法**

- **東周** ➡ 封侯做屏障　　**秦朝** ➡ 築牆禦敵　　**漢朝** ➡ 通婚和親
- **晉朝** ➡ 大封宗室　　**唐朝** ➡ 封藩和親　　**五代** ➡ 割讓燕雲十六州
- **宋朝** ➡ 稱臣納貢　　**明朝** ➡ 大修長城　　**清朝** ➡ 割地賠款
- **中華民國** ➡ 以空間換取時間

認識中國歷代朝廷政治

第三節	皇朝衰敗的原因	要命的三愛

三愛

1 ➡ 愛美酒（喜奢華）	2 ➡ 愛美女（喜荒淫）	3 ➡ 愛美言（喜奉承）

【近因】皇室衰微（內憂外患）			
1	外戚干政	6	文臣篡位
2	宦官亂權	7	武將倒戈
3	奪嫡內訌	8	群雄割據
4	朋黨惡鬥	9	農民起義
5	外族入侵	10	迫讓皇權

【遠因】施政暴戾（多行不義）			
1	猜忌賢良	6	倒行逆施
2	昏庸無能	7	荒淫奢華
3	繁刑重賦	8	民不聊生
4	好大喜功	9	窮兵黷武
5	貪官污吏	10	政治腐敗

・成功與失敗的代名詞　對比表・

○ 成功	✕ 失敗	○ 成功	✕ 失敗	○ 成功	✕ 失敗
成者為王	敗者為寇	雄才大略	好大喜功	國泰民安	生靈塗炭
出類拔萃	酒囊飯桶	鶴立雞群	螳臂擋車	勤儉克己	玩物喪志
與眾不同	虛有其表	頭角崢嶸	縮頭烏龜	勵精圖治	荒淫奢侈
任重道遠	走頭無路	獨當一面	力不從心	開疆闢地	亡國喪邦
馳名遐邇	惡名昭彰	擎天玉柱	愛莫能助	蠶食鯨吞	割地賠款
曠世奇才	千古罪人	呼風喚雨	人仰馬翻	中流砥柱	烏合之眾
萬古流芳	遺臭萬年	凱旋榮歸	全軍覆沒	破釜沈舟	優柔寡斷
人中翹楚	庸碌之輩	旗開得勝	屍橫遍野	背水一戰	抱頭鼠竄
料事如神	孤陋寡聞	運籌帷幄	紙上談兵	視死如歸	貪生怕死
如魚得水	雪上加霜	神通廣大	自身難保	神機妙算	屢鑄大錯
萬邦朝貢	喪權辱國	勢如破竹	四面楚歌	扭轉乾坤	自不量力
高風亮節	同流合污	調兵遣將	鞭長莫及	同仇敵愾	自相殘殺
裡應外合	眾叛親離	先聲奪人	草木皆兵	安居樂業	民不聊生
兩袖清風	招權納賄	不戰而勝	血流成河	精明果斷	舉棋不定
鞠躬盡瘁	謀叛篡位	養精蓄銳	腹背受敵	融會貫通	妄自菲薄
鴻圖大展	身敗名裂	嚴陣以待	驚弓之鳥	春風得意	風中殘燭

?

小常識

各朝代覆滅的元兇

- ●夏朝——妹喜
- ●商朝——妲己
- ●西周——褒似
- ●秦朝——李斯、趙高
- ●西漢——王莽
- ●東漢——董卓、曹操
- ●曹魏——司馬昭
- ●西晉——賈南風
- ●東晉——桓玄
- ●南梁——侯景
- ●南陳——張麗華
- ●北魏、東魏——高歡
- ●西魏——宇文泰
- ●北齊——馮小憐
- ●北周——宇文護
- ●隋朝——宇文化及
- ●唐朝——黃巢、朱全忠
- ●北宋——蔡京、童貫
- ●南宋——賈似道、四人幫
- ●元朝——燕鐵木兒、伯顏
- ●明朝——魏忠賢
- ●清朝——袁世凱

朝代		體制	最高行政長官	
歷代行政體制	夏、商、周朝	封建五爵制	**商朝**：尹（太宰）	**春秋**：上卿
	秦朝、西漢	三公九卿制	**秦朝**：相邦	**漢朝**：丞相
	東漢	實權歸內朝尚書	**東漢**：大司徒	
	魏晉南北朝	實權歸中書省	**三國**：丞相	**晉朝**：尚書令
	隋朝、唐朝	三省六部制	**隋朝**：錄尚書事	**唐朝**：尚書僕射
	宋朝	樞密院制	**五代**：中書侍郎	**宋朝**：同平章事
	元朝	中樞院制	**元朝**：丞相（中書令）	
	明朝	都察院制	**明朝**：內閣首輔	
	清朝	軍機處制	**清朝**：殿閣大學士（中堂大人）	

★ 秦朝「相邦」在西漢時因要避漢高祖劉邦名諱，改名為「相國」，後直稱「丞相」。

歷代最高行政長官「宰職」通稱表

令尹 ＝ 太宰 ＝ 上卿 ＝ 相邦 ＝ 相國 ＝ 丞相 ＝ 宰相 ＝ 大司徒 ＝ 尚書令 ＝ 中書台 ＝ 侍郎 ＝ 首輔 ＝ 中堂 ＝ 總理 ＝ 首相 ＝ 行政院長

① 夏商周朝　封建五爵制　　夏朝：王位世襲制　　西周：分封宗法制

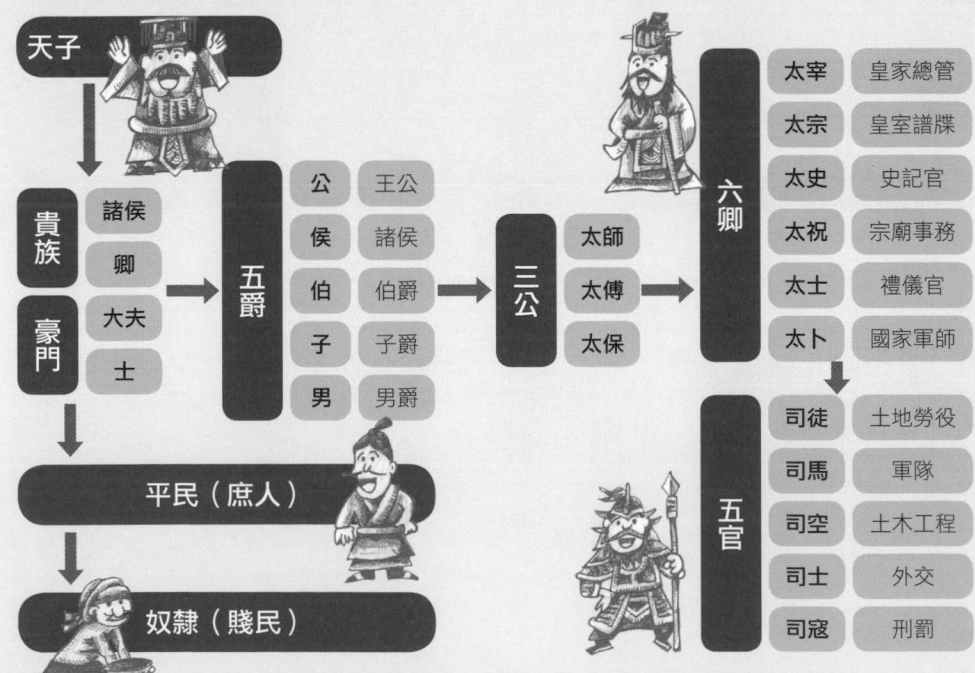

2 秦朝、西漢 三公九卿制 （中外朝制度）

秦 漢			東 漢		隋 唐		宋 朝	
三公	1 丞相	掌行政 →	三公（三司）	大司馬 →	三公	太尉 →	三師	太師
	2 御史大夫	掌監察 →		大司徒 →		司徒 →		太傅
	3 太尉	掌軍事 →		大司空 →		司空 →		太保

九卿				九寺		現代名稱
	1 奉常（太常）	掌宗廟祀典 →		1 太常寺		行政部
	2 郎中令	掌皇室護衛 →		2 光祿寺		國防部
	3 衛尉	掌御門衛隊 →		3 衛尉寺		警政部
	4 太僕	掌輿馬之官 →		4 太僕寺		交通部
	5 廷尉	掌司法審判 →		5 大理寺		司法部
	6 典客	掌外交儀節 →		6 鴻臚寺		外交部
	7 宗正	掌皇室譜牒 →		7 宗人府		內政部
	8 治栗內使	掌財政收支 →		8 司農寺		財政部
	9 少府	掌皇家銀樓 →		9 太府寺		經濟部

3 秦隋唐朝 三省六部制 此制一直延續到清朝末，推行近千年

★ 隋唐、北宋期尚書令為首席宰相（錄尚書事／尚書僕射／同平章事）

侍郎（左相）

侍中（右相）

郎中（將帥）

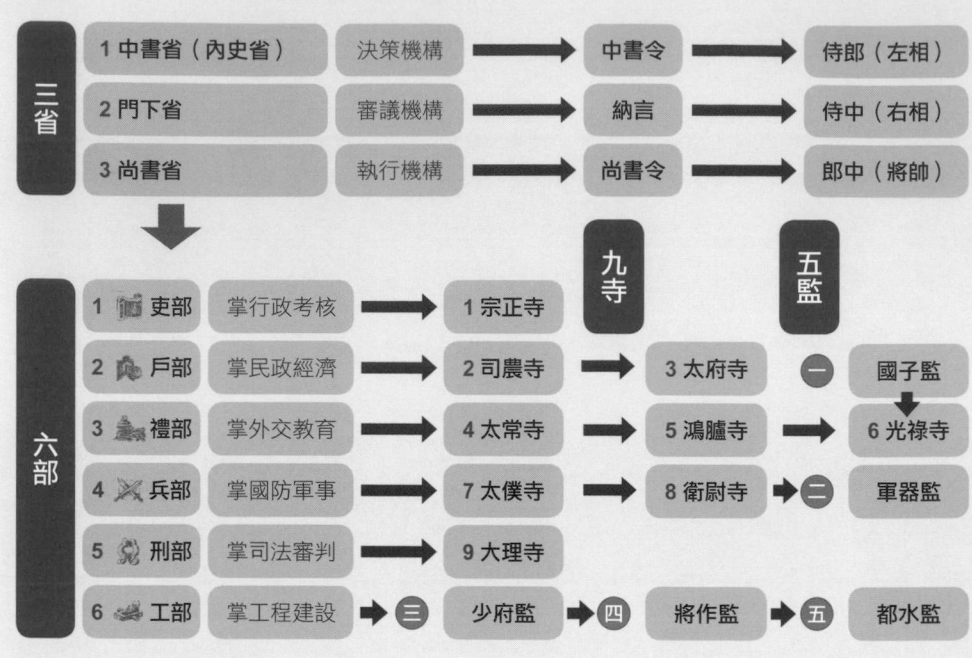

三省	1 中書省（內史省）	決策機構	→	中書令	→	侍郎（左相）
	2 門下省	審議機構	→	納言	→	侍中（右相）
	3 尚書省	執行機構	→	尚書令	→	郎中（將帥）

九寺　　**五監**

六部	1 吏部	掌行政考核	→	1 宗正寺				
	2 戶部	掌民政經濟	→	2 司農寺	→	3 太府寺	一	國子監
	3 禮部	掌外交教育	→	4 太常寺	→	5 鴻臚寺	→	6 光祿寺
	4 兵部	掌國防軍事	→	7 太僕寺	→	8 衛尉寺	→ 二	軍器監
	5 刑部	掌司法審判	→	9 大理寺				
	6 工部	掌工程建設	→ 三	少府監	→ 四	將作監	→ 五	都水監

4 歷代地方行政

漢代京畿行政官

三輔	1 京兆尹
	2 左馮翊
	3 右扶風

清朝地方衙門

省	總督（制台）掌二省
	巡撫（撫台）
	提督（總兵）掌軍隊
府	布政使（藩司）
	按察使（臬司）道台
	指揮使
州	知府
縣	知縣（縣令）

隋唐

刺史	州牧	→	藩鎮（節度使）
太守	郡守	→	知府
縣令	縣丞	→	知縣

★ 拜 ➡ 授官 ● 擢 ➡ 升官 ● 遷 ➡ 調動 ● 謫 ➡ 降級 ● 黜 ➡ 免職 ● 去 ➡ 辭官

第五節　歷代中國學制　隋朝的科舉制，開創中國嶄新的學風

朝代	制度	內容
夏商周朝	分封制	諸侯、貴族、豪門、巨賈獨攬。
秦朝	爵祿世襲制	名門貴族世代承襲（世襲特權）。
漢朝	察舉徵辟制	原為「明察薦舉賢能人才」之制度，後來演變成徇私圖己舞弊賄賂之暗門。
魏晉南北朝	九品中正制	中正體系全被貴族（士族）把持壟斷，成為「上品無寒門、下品無士族」的怪現象（使選賢擇能大打折扣）。
隋朝→清朝 共計 1300 年	科舉制	開科取士推舉人才，此制度讓貧寒子弟，低階庶民開闢一條做官道路（杜絕貴族壟斷政壇惡習），始於隋朝 605 年，廢止於清朝 1905 年，共計 1300 年之久。

	名稱	地點	榜名	考生名	第一名	第二名	第三名	主辦單位
三試	殿試	皇宮	金榜	進士	狀元	榜眼	探花	皇帝主持
	會試	省城	杏榜	貢士	會元	△	△	禮部主持
	鄉試	府縣	桂榜	舉人	解元	亞元	季元	府州主持

★ 國子監 ➡ 全國最高學府　　⊙ 連中三元 ➡ 三試均為第一名

⊙ 秀才（生員） ➡ 意為讀書人　⊙ 及第 ➡ 中選者　⊙ 落第 ➡ 未中選者

⊙ 鼎元 ➡ 殿試的一、二、三名又稱三鼎甲，狀元居鼎甲之首，故稱鼎元。

◎ 徵兵 ➡ 義務役　　◎ 募兵 ➡ 志願役

朝代	名稱	內容		
秦朝、西漢	徵兵制	●京城→**衛士**　●邊疆→**戍衛**　●地方→**兵卒**		
東漢、三國	世兵制	世代相襲的軍戶		
東晉、南朝	募兵制	以東晉謝玄的「北府軍」最有名氣（淝水之戰大捷）		
隋、唐朝	府兵制	戰時出征、戰畢歸隊（兵歸於府、將歸於朝）		
宋朝	募兵制	●禁軍（皇帝親兵御衛）　●廂兵（各州地方軍） ●藩兵（外族傭兵）　●鄉兵（保衛鄉土部隊）		
元朝	部落聯盟兵制	正規軍	●蒙古軍（皇家主力軍）　●探馬赤軍（部落聯盟） ●漢軍（收編亡金軍隊）　●新附軍（收編南宋降軍）	
		禁衛軍	●怯薛（大汗御林軍） ●侍衛親軍（戍衛京師） ●質子軍（皇家親衛隊）	
明朝	衛所制	兵農合一	平時農耕屯田練武訓練	
			戰時整軍駐防出征打仗	
清朝	八旗兵制	●八旗軍──以滿蒙八旗為主幹的旗兵 ●綠營──以漢族為主的地方集團部隊 ●鄉勇──地方保家衛民的團練組織		

?

小常識

何謂十全

【一心】清心【二聖】文・武【三多】多福・多壽・多子
【四維】禮・義・廉・恥【五福】壽・富・康寧・攸好德・考終命
【六合】天・地・東・西・南・北
【七賢】竹林七賢（阮籍・嵇康・山濤・王戎・劉伶・阮咸・向秀）
【八德】忠・孝・仁・愛・信・義・和・平
【九如】如意九品【十全】以上全有

中國八大名菜	1	川菜（四川）	2	粵菜（廣東）	3	閩菜（福建）	4	湘菜（湖南）
	5	魯菜（山東）	6	蘇菜（江蘇）	7	浙菜（浙江）	8	徽菜（安徽）

中國八大名酒	1	茅台酒	2	汾酒	3	五糧液	4	瀘州老窖特麴
	5	劍南春	6	西鳳酒	7	古井貢酒	8	董酒

第七節　中日韓終極朝代君主列表

朝代	序	明清帝國 544 年			序	李氏朝鮮 518 年		
		皇帝名稱	期間	在位		皇帝名稱	期間	在位
明朝 276 年	1	明太祖　洪武	1368～1398	31	1	太祖　李成桂	1392～1398	6
	2	明惠帝　建成	1398～1402	4	2	定宗　李芳果	1398～1400	2
	3	明成祖　永樂	1402～1424	22	3	太宗　李芳遠	1400～1418	18
	4	明仁宗　洪熙	1424～1425	十月	4	世宗　李祹	1418～1450	32
	5	明宣宗　宣德	1425～1435	10	5	文宗　李珦	1450～1452	2
	6	明英宗　正統	1435～1449	15	6	端宗　李弘暐	1452～1455	3
	7	明代宗　景泰	1449～1457	8	7	世祖　李瑈	1455～1468	13
	△	明英宗（復辟）	1457～1464	7	8	睿宗　李晄	1468～1469	1
	8	明憲宗　成化	1464～1487	23	9	成宗　李娎	1469～1494	25
	9	明孝宗　弘治	1487～1505	18	10	燕山君　李隆	1494～1506	12
	10	明武宗　正德	1505～1521	16	11	中宗　李懌	1506～1544	38
	11	明世宗　嘉靖	1521～1566	45	12	仁宗　李峼	1544～1545	1
	12	明穆宗　隆慶	1566～1572	6	13	明宗　李峘	1545～1567	22
	13	明神宗　萬曆	1572～1620	48	14	宣祖　李昖	1567～1608	41
	14	明光宗　泰昌	1620（紅丸案 29 天）		15	光海君　李琿	1608～1623	15
	15	明熹宗　天啟	1620～1627	7	16	仁祖　李倧	1623～1649	26
	16	明思宗　崇禎	1627～1644	17	17	孝宗　李淏	1649～1659	10
清朝 268 年	1	清世祖　順治	1643～1661	18	18	顯宗　李棩	1659～1674	15
	2	清聖祖　康熙	1661～1722	61	19	肅宗　李焞	1674～1720	46
	3	清世宗　雍正	1722～1735	13	20	景宗　李昀	1720～1724	4
	4	清高宗　乾隆	1735～1796	60	21	英祖　李昑	1724～1776	52
	5	清仁宗　嘉慶	1796～1820	25	22	正祖　李祘	1776～1800	24
	6	清宣宗　道光	1820～1850	30	23	純祖　李玜	1800～1834	34
	7	清文宗　咸豐	1850～1861	11	24	憲宗　李烉	1834～1849	15
	8	清穆宗　同治	1861～1875	13	25	哲宗　李昇	1849～1863	14
	9	清德宗　光緒	1875～1908	34	26	高宗　李熙	1863～1907	44
	10	清末帝　宣統	1908～1911	3	27	純宗　李坧	1907～1910	3
	中華民國				**日本殖民地**			

明清帝國

李氏朝鮮

江戶幕府

江戶幕府 265 年			
序	將軍 德川氏	期間	在位
1	家康	1603 ～ 1605	2
2	秀忠	1605 ～ 1623	18
3	家光	1623 ～ 1651	28
4	家綱	1651 ～ 1680	29
5	綱吉	1680 ～ 1709	28
6	家宣	1709 ～ 1712	3
7	家繼	1713 ～ 1716	3
8	吉宗	1716 ～ 1745	29
9	家重	1745 ～ 1760	15
10	家治	1760 ～ 1786	26
11	家齊	1787 ～ 1837	50
12	家慶	1837 ～ 1853	16
13	家定	1853 ～ 1858	5
14	家茂	1858 ～ 1866	8
15	慶喜	1866 ～ 1867	1
明治天皇			

1 中、日、韓末期朝代巧合點的比較

明朝 276 年 ＋ 清朝 268 年 ＝ 554 年 —

李氏朝鮮 518 年 ＝ 差 26 年

- 1392 年李氏朝鮮王國成立時，恰巧也是中國明朝初創時。
- 1910 年李氏朝鮮帝國（日本扶植稱帝）滅亡時，剛好也是大清帝國覆滅時。
- 明朝 16 帝 ＋ 清朝 10 帝共計 26 位皇帝，李氏朝鮮王國為 27 位國王（2 位皇帝）。
- ★ 江戶幕府共計 265 年（創建於明朝末期前 42 年，結束於清朝末期前 44 年）。

2 韓國李氏朝鮮王國重要君主的簡介

第一代 1392 年高麗國王王禑命令大將軍李成桂率領大軍去攻打在中國剛成立不久的明朝政權，而李成桂認為此乃「以卵擊石」的瘋狂行動，當大軍來到鴨綠江時即發動叛變，史稱「威化島回軍」，轉向消滅臣服於元朝的高麗王朝，並接受明太祖朱元璋的御賜「朝鮮」當作國名，正式成為明朝的藩屬國，李成桂被奉命接任為第一代國王（太祖）。

第四代 國王世宗李祹是韓國最受敬崇的君王，他致力於科學技術農業改良，並創造出朝鮮獨創的文字「韓文」。韓圓紙幣一萬元鈔票既以世宗為肖像

第十四代 國王宣祖李昖在位期間正逢日本關白豐臣秀吉統一日本時期，並開始對朝鮮發起二次侵略戰爭（1592 年～ 1598 年，共計七年）。幸得明朝萬曆皇帝派大軍救援，才免於被日本滅國的危機（明朝也因此次戰役後，開始國勢大衰）。

第十六代 國王仁祖李倧，他是朝鮮歷代君王中最受屈辱的國王，因其暗通明朝聯合對抗後金政權（清朝前身），戰敗後被迫向後金大汗皇太極行三跪九叩大禮，稱臣納貢、飽受侮辱。（從此之後李氏朝鮮成為清朝的藩屬國）

第廿六代 國王高宗李熙，12 歲即位，由生父興宣大院君（中國稱其為雲峴君）輔政，當他年長親政後與妻子閔妃（後來被敕封為明成皇后）試圖實行政治改革，結果失敗（閔妃被日本公使殺害）高宗被迫脫離與清朝的朝貢藩屬國關係，成立由日本所扶植掌控的「大韓帝國」，並接任第一代傀儡皇帝（光武帝）其逝世後三年，「大韓帝國」就正式被日本帝國強行併吞，成為日屬殖民地（李氏朝鮮亡國）。

第五章

認識中國歷代重要人物及大事件

第一節　權謀定論

升官發財五大明門		
1	逢迎拍馬	達人：清朝和珅
2	阿諛奉承	
3	趨炎附勢	
4	吹捧拉巴	
5	殷勤諂媚	

清算鬥爭六大暗門		
1	栽贓	達人：唐朝來俊臣
2	嫁禍	
3	誣陷	
4	排擠	
5	造謠	
6	抹黑	

明哲保身五大絕門		
1	揣摩上意	達人：春秋越王勾踐（臥薪嘗膽）
2	唯命是從	
3	投其所好	
4	委曲求全	
5	搖尾乞憐	

1 歷代眞正隱退的二位高人　春秋范蠡及戰國范睢

★ **春秋范蠡（音理）**　越王勾踐的首席謀臣，曾派西施用美人計使吳王夫差墮落導致滅國，功成名就之後他以「越王可共患難、不可共安樂」為由，退出政壇，隱姓埋名，不問國事，專心經商，成為鉅富，自號「陶朱公」（成為中國道教的文財神）。

★ **戰國范睢（音雖）**　秦昭王的宰相，提出「遠交近攻」策略，成為日後秦國併滅六國的致勝關鍵法寶，其晚年告老還鄉，辭歸封地，享天倫之樂。

急流勇退的表率　以上兩人皆淡泊名利，在家含貽弄孫，壽終正寢，萬古流芳。

不得善終的悲情人物　春秋文種（范蠡的同僚）及西漢韓信（張良同僚），以上兩人皆擁功自恃，驕矜傲慢，功高震主，晚節不保，家破人亡，身敗名裂。

★ 常言道：「識時務者為俊傑、視倨淺者當盡竭」。

2 同窗異夢　師出同門、個性有別、理念不和、敵對廝殺、命運各異

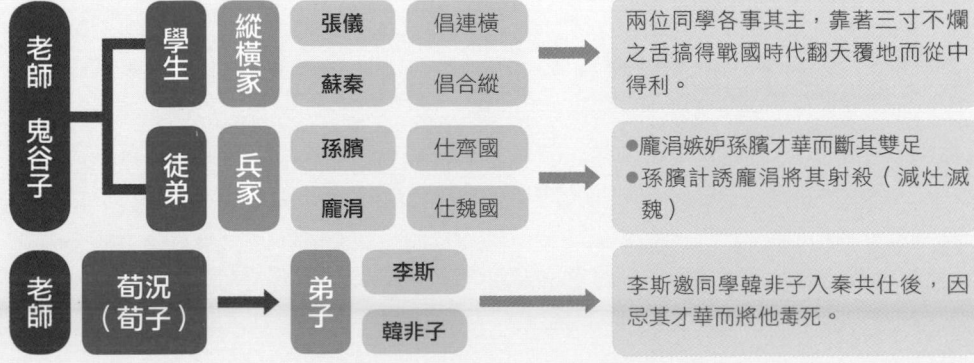

3 美人計出、英雄喪志 **自古英雄難過美人關，朝代淪亡皆與女有關**

> **西施** 春秋越國謀臣范蠡獻美女西施給吳王夫差（腐化其心、消磨其志）
> **結果** 越王勾踐被釋放（臥薪嘗膽、東山再起）打敗夫差
> **貂蟬** 東漢末王允獻美女貂蟬給相國董卓（離間其與義子呂布情感）
> **結果** 呂布為得貂蟬殺死義父董卓（也曾為了赤兔馬殺死養父丁原）

4 中國古代兩種極不人道的惡俗

> **男人去勢** 身心自卑：變成奴才（自宮太監），又稱宦官、
> 公公（閹人）。
> **女人纏足** 身心自炫：成為千金（名門閨
> 秀），又稱三寸金蓮（步步生蓮花）。

宦官去勢
自卑

閨秀纏足
自炫

5 超神奇的兩個紛亂時代 **晉朝 V.S 宋朝**

⊙ **晉朝**（西晉與東晉）共歷 15 位皇帝，無一賢
君，竟還能統治天下 156 年，可謂歷史奇蹟、
天下奇聞。

⊙ **宋朝**（北宋與南宋）共歷 18 帝，重文輕武，在北方強敵環伺下卻能屹立 320 年之久

★ 以上兩朝主要靠賢臣義士、保家衛民。

6 中國歷代兒皇帝最多的朝代 **東漢**

⊙ 東漢共計 195 年，歷 14 位皇帝（最後的 11 位皇帝均未滿 15 歲登基），其中有 4 位
不滿 1 年即天殤，朝廷完全成為太后、外戚、宦官、權臣的角逐權力、鬥
法奪利的場所（皇帝成為傀儡），這是東漢皇帝最大悲哀處。

7 歷代皇帝更迭最劇烈的朝代 **元朝**

⊙ 西元 1307 年～ 1333 年（元朝從第 3 任至第 10 任止）25 年
間，密集更替皇位（前後連續更替 8 位），平均每位皇帝在
位期間僅 2 年多，故元朝朝政常被權臣把持專制（較知名
的權臣為「燕鐵木兒」及「伯顏」）。

東漢量產兒皇帝

第二節　各朝代重要的文臣武將及亂臣賊子

夏朝		亂臣	**后羿**、**寒浞**（篡代夏朝→少康中興）
		妖女	**妹喜**（喜聽撕綢裂帛之聲，成為夏朝覆滅妖女）

商朝		文臣	**伊尹**（中國有史以來第一名相） **傅説**（音父岳／武丁的名相）
		武將	**婦好**（武丁皇后）　　妖女　**妲己**（音達己／酒池肉林炮烙仇人）

西周		文臣	**姜尚**（子牙／願者上鈎）、**周公旦**（孔子睡覺時最想夢到的人）
		妖女	**褒姒**（音包肆／烽火戲諸侯）

春秋	齊國		文臣	**鮑叔牙**（鮑管之交）、**管仲**（衣食足而後知榮辱）、**晏嬰**
			武將	**田穰苴**（不戰而屈敵的第一人）
			亂臣	**易牙**（食神／曾煮嬰兒給齊桓公吃）、**豎刁**、**顯朋**
	楚		文臣	**蘇從、伍參、孫叔敖、子重**
	晉		文臣	**介子推、狐偃、叔向**　武將．**先軫**
	秦		文臣	**百里奚**（五羖大夫）
	吳		文臣	**伍員**（子胥）、**伯嚭**
			武將	**孫武**（孫子兵法創作者）
	越		文臣	**范蠡**（音里／被奉為中國文財神）、**文種**（功高震主被賜死）

戰國	韓		文臣	**申不害**（實行變法、法家重術派代表）
			武將	**喜伊關**
	趙		文臣	**藺相如**（完璧歸趙）、**趙勝**（平原君／四大公子之一）
			武將	**廉頗**（負荊請罪）、**趙括**（紙上談兵）、**李牧**（功高冤死）

認識中國歷代重要人物及大事件

戰國	魏	文臣	李悝（音虧／實行變法，法家重實派代表） 西門豹（為名節而辭官）、魏無忌（信陵君／四大公子之一）
		武將	龐涓（自恃甚高，中了齊國孫臏滅灶誘敵之計慘死）
	楚	文臣	黃歇（春申君／四大公子之一）、屈原（投汨羅江殉國）
		武將	吳起（實行變法，兵家代表，與孫武合稱孫吳） 項梁（項羽父）
	燕	文臣	郭隗（築黃金台，召納賢才）、太子丹（派荊軻刺秦王）
		武將	樂毅（破齊七十餘城，只剩莒與即墨）、騎劫（剛愎自用）
	齊	文臣	騶忌、淳于髡（直諫忠臣）、孫臏（減灶滅敵） 田文（孟嘗君／四大公子之一）、蘇秦（合縱六國抗秦）
		武將	田忌、田單（毋忘在莒／最早心理戰鼻祖）
	秦	文臣	商鞅（實行變法／重法派代表）、范雎（遠交近攻） 張儀（連橫政策）
		亂臣	呂不韋（秦皇仲父）　　宦官　嫪毐（音烙矮）

秦朝	文臣	尉繚　　　　　　亂臣　李斯（焚書坑儒）
	武將	白起（坑殺四十萬趙軍）、王翦（併滅六國）、王賁（王翦之子） 李信、蒙恬（北伐匈奴）、章邯（被項羽擊敗）
	宦官	趙高（指鹿為馬）
	變亂	陳勝、吳廣、項羽（西楚霸王）、劉邦（漢高祖）※ 以上皆為楚人

西漢	文臣	高祖 張良（孺子可教也）、蕭何、曹參（蕭規曹隨） 惠帝 周勃、陳平（黃老術始祖） 文帝 賈誼　景帝 晁錯（引發七國之亂） 武帝 董仲舒（罷黜百家、獨尊儒學）　昭帝 霍光（霍去病之弟）
	武將	高祖 韓信、彭越、英布（漢初三大名將） 景帝 周亞夫、竇嬰（兩人聯合平定七國之亂） 武帝 李廣（飛將軍）、衛青、李陵、霍去病（馬踏匈奴）、 李廣利、張騫（出使西域） 元帝 陳湯（滅北匈奴）　昭帝 趙充國（擊羌屯田）

西漢		變亂	劉濞（七國之亂之首）
		外戚	王莽（中國歷史上第一個以外戚身分篡位者）
		妖女	**高祖** 呂雉（呂后）　**成帝** 趙飛燕　**平帝** 王政君（王莽姑媽）

新朝		變亂	樊崇、劉盆子（赤眉軍）、王匡、王鳳、劉玄（綠林軍） 劉秀（加入綠林軍，因平定銅馬之亂，被稱為銅馬帝（東漢光武帝））

東漢		武將	**光武帝** 馬援（伏波將軍）、鄧禹（雲台 28 將之首） **章帝** 班超（投筆從戎）、虞詡（剛正不阿） **少帝** 袁紹（誅盡宦官）
		亂臣	**少帝** 董卓（帶刀上朝）　**獻帝** 曹操（挾天子以令諸侯）
		外戚	**和帝** 竇憲（權震朝廷）　**沖帝** 梁冀（跋扈將軍） **桓帝** 竇武（竇妙皇后之父） **少帝** 何進（何太后兄／想誅殺宦官事洩反而被先殺）
		宦官	**和帝** 鄭眾（計殺權臣竇憲）、蔡倫（改良造紙術） **桓帝** 單超（滅梁氏外戚）
		妖女	**嬰帝** 閻姬　**靈帝** 何桂枝（何太后）
		變亂	張角（黃巾之亂）

三國	曹魏	亂臣	司馬懿（死孔明嚇走活仲達）、司馬昭（司馬昭之心、路人皆知）			
		武將	張遼、樂進			
		文臣	阮籍、嵇康			
	蜀漢	文臣	諸葛亮（鞠躬盡瘁，死而後已）		宦官	黃皓
		武將	關羽（義薄雲天）、張飛、趙雲（賠了夫人又折兵／趙子龍一身是膽）、姜維（蜀漢後期大將）			
	東吳	文臣	魯肅、周瑜（既生瑜，何生亮）			
		亂臣	孫琳			
		武將	呂蒙（士別三日，非吳下阿蒙）、陸遜（東吳後期主帥）			

晉朝	西晉	亂臣	亂臣	賈充（惡后賈南風父）
		武將	武將	杜預（儒將／被稱為杜武庫）、羊祜
		妖女	妖女	賈南風（賈后／引發八王之亂）
	東晉	亂臣	亂臣	元帝 王導、王敦（王與馬共天下） 成帝 蘇峻 穆帝 桓溫 孝武帝 司馬道子（酒醉宰相） 安帝 桓玄（桓溫之子，自立為楚帝）
		武將	武將	元帝 祖逖、劉琨（聞雞起舞） 元帝 陶侃、溫嶠（兩人聯合平定蘇峻之亂） 孝武帝 謝玄（淝水之戰大捷） 安帝 劉裕（篡晉建立南朝）

南朝	劉宋	武將	武將	檀道濟（36計創始人）、蕭道成（篡劉宋建立南齊）
	南齊	武將	武將	蕭鸞（奪皇位）、蕭衍（篡南齊建立南梁、是為梁武帝）
	南梁	亂臣	亂臣	侯景（侯景之亂，江南生靈塗炭）、韋睿（北魏最怕的虎將）
	南陳	武將	武將	陳霸先（篡南梁建立陳朝／中國唯一以自己姓氏為國名）

南朝陳朝	妖女	妖女	張麗華（陳叔寶陳後主寵后／導致陳朝亡國）

北朝	北魏	亂臣	亂臣	寇謙之（弘道滅佛）、爾朱榮（弒帝殺太后）、高肇
		宦官	宦官	宗愛（謀殺多位皇帝）
		妖女	妖女	胡充華（宣武靈皇后）
	東魏	亂臣	亂臣	高歡（其子高洋篡東魏建立北齊政權）
	西魏	亂臣	亂臣	宇文泰（其子宇文覺篡西魏建立北周政權）
	北齊	武將	武將	斛律光（無罪被殺，北齊走下坡）、高長恭（蘭陵王）
		妖女	妖女	馮小憐（齊後主高緯寵后／導致北齊亡國）

北朝	北周	外戚	**楊堅**（篡北周建立隋朝）
		武將	**韋孝寬**（三朝老將）
		亂臣	**宇文護**（擅權 15 年）

隋朝	亂臣	**楊素、宇文化及**（刺殺煬帝）
	武將	**張須陀、韓擒虎**（被附會成閻王殿韓判官）、**長孫晟**（平定突厥大將）
	變亂	**楊玄感**（楊素之子叛隋）、**洗夫人**（被奉為譙國夫人）

唐朝	文臣	太宗 **房玄齡、杜如晦、魏徵、長孫無忌、褚遂良、王珪** 高宗 **上官儀**（上書罷武后被誅族） 武周 **張柬之、狄仁傑** 玄宗 **姚崇、宋璟、張九齡** 代宗 **楊綰** 德宗 **李吉甫、馮道**（政壇不倒翁）、**李克用**（平定黃巢之亂／其子李存勗建立五代後唐政權）
	亂臣	武周 **來俊臣**（請君入甕）、**周興**（酷吏） 玄宗 **李林甫**（口蜜腹劍） 文宗 **牛僧孺、李德裕**（牛李黨爭） 僖宗 **朱全忠**（篡唐自立帝）
	武將	太宗 **李靖、徐世勣**（李勣）、**尉遲恭、秦叔寶** 高宗 **魏定方、薛仁貴** 武周 **徐敬業**（討武檄文） 肅宗 **郭子儀**（馬革裹屍、老當益壯）、**李光弼**（與郭子儀平定安史之亂） 憲宗 **李晟**
	外戚	**劉仁軌**（中日戰爭史、勝利第一人）、**武三思、楊國忠**
	宦官	武周 **張易之、馮小寶** 玄宗 **高力士** 肅宗 **李輔國** 憲宗 **陳弘志、王守澄、梁守謙** 敬宗 **劉克明** 文宗 **仇士良**
	妖女	高宗 **武則天**（自立為帝） 中宗 **韋香兒**（韋后） 肅宗 **張良娣**（張皇后）
	變亂	玄宗 **安祿山、史思明**（安史之亂） 僖宗 **王仙芝、黃巢、秦宗權**

五代後唐	武將	**周德威**（誅朱全忠八萬餘兵）
	妖女	**劉玉娘**（心狠手辣）

宋朝	北宋	文	文臣	太祖 趙普　真宗 寇準 仁宗 范仲淹、歐陽修、富弼、韓琦、包拯（包青天） 神宗 王安石、蘇軾、章惇　哲宗 司馬光
	北宋	武	武將	太祖 楊業（楊家將首領）　真宗 楊延昭（楊六郎） 仁宗 狄青
		亂臣	亂臣	蔡京（六賊之首）
		宦官	宦官	徽宗 童貫、梁師成（隱相）
		變亂	變亂	徽宗 方臘、宋江（梁山泊之亂／水滸傳主角）
	南宋	文	文臣	文天祥、陸秀夫、張世傑（南宋三傑）
		武	武將	岳飛（精忠報國）、韓世忠、張俊（陷害岳飛）、劉光世（以上為南宋四大中興名將）、宗澤、劉錡、虞允文（采石大捷）、梁紅玉（女將／韓世忠之妻）
		亂臣	亂臣	高宗 秦檜　憲宗 史彌遠
		宦官	宦官	賈似道（九千歲）
		妖	妖女	光宗 李鳳娘（妒后）　寧宗 楊桂枝（野心家，濫殺賢良）

元朝	文	文臣	耶律楚材（元初名相）、脫脫（宋史作者，元末名相）
	亂臣	亂臣	燕鐵木兒、伯顏（元末兩大惡輔）
	變亂	變亂	韓林兒（小明王）、陳友諒（大漢帝）、張士誠（大周帝） 徐壽輝（天完帝）、朱元璋（創立明朝，是為明太祖）

明朝	文	文臣	太祖 劉基（伯溫）、朱升、宋濂 成祖 姚廣孝（道衍和尚） 英宗 楊士奇、楊榮、楊溥（三楊） 景宗 于謙（北京保衛戰大捷）　世宗 海瑞 神宗 張居正（改革施行一條鞭制）、顧憲成（東林黨魁）
	亂臣	亂臣	太祖 胡惟庸、李善長 英宗 曹吉祥、石亨、徐有貞、梁芳 世宗 嚴嵩
	武	武將	太祖 徐達、藍玉、常遇春、胡大海、沐英

明朝	武	武將	武宗 熊廷弼　世宗 俞大猷、戚繼光（平定倭寇之亂） 神宗 李如松（援助朝鮮大敗日軍） 思宗 袁崇煥（被冤殺）、**史可法**（正義凜然）、**秦良玉**（巾幗英雄）、**洪承疇、祖大壽**（兩者投降後金）
		宦官	成祖 鄭和（七下西洋） 英宗 王振（土木堡之變禍首）、**汪直**（設西廠） 武宗 劉瑾（內廠）　神宗 馮保 熹宗 魏忠賢（閹黨首腦）、曹化淳
		變亂	高迎祥、李自成、張獻忠（流寇之亂）
清朝	文	文臣	雍正 鄂爾泰、張廷玉、田文鏡、李衛（雍正四大寵臣） 道光 曹振鏞、林則徐 咸豐 肅順（八大顧命大臣之首被慈禧殺害） 同治 奕訢（恭親王／清末最有實力的滿人） 光緒 李鴻章（清末最有實力之漢人）　宣統 載灃
	武	武將	康熙 岳鐘琪（岳飛後代） 雍正 年羹堯（擁功自恃被賜死） 乾隆 福康安　咸豐 僧格林沁 同治 曾國藩、左宗棠、胡林翼 光緒 張之洞、曾紀澤（曾國藩之孫）、劉永福（黑旗軍首領）
		亂臣	順治 多爾袞　康熙 鰲拜　雍正 隆克多 乾隆 和珅（當時世界首富） 道光 穆彰阿、琦善 光緒 袁世凱（叛清朝、叛共和自立為帝）
		宦官	同治 安德海　光緒 李蓮英（小李子）
		變亂	康熙 吳三桂（三藩之亂）、噶爾丹（草原英雄）、**朱一貴** 乾隆 林爽文 咸豐 太平天國之亂（洪秀全、石達開）、義和團之變、辛亥革命
	妖	妖女	慈禧太后（奢華亂權、終將大清帝國敗亡）

？ 小常識

- **新君即位**：稱為「龍飛登極」；**群臣覲君**：稱為「虎拜稽首」。
- **再次即位**：稱為「復辟」；**太子居處**：稱為「東宮」（青宮）
- **輔弼**：左相稱「輔」，右相叫「弼」；亦稱股肱（音股弓）。
- **盡心輔佐**：稱為「弼亮」；**平定兵變**：稱為「戡亂」
- **皇帝本家宗室流派**：稱「天潢」；**皇室宗裔家譜**，稱「玉牒」。
- **帝之女**：稱為「公主」，**帝之婿**：稱為「駙馬」（儀賓）

第三節　歷代因禍得福而揚名的聖人

天將降大任於斯人也，必先苦其心志、勞其筋骨、餓其體膚、空乏其身、行拂亂其所為，所以動心忍性、增益其所不能（孟子告子下篇）。

1	周朝	周文王姬昌被商紂王拘於羑里，因而推演出「周易六十四卦」（文王易經）。
2	春秋	孔子被困於陳蔡兩國始作《春秋》。
3	春秋	莊周視仕途如草芥，一生追求個人自由，生活貧困卻樂在其中，因此作《莊子》。
4	春秋	百里奚流落楚國，被秦穆公用五張羊皮價格買回任宰相，因此讓秦國大興。
5	春秋	管仲曾幫太子糾射殺姜小白（齊桓公）事敗，齊桓公不計前嫌重用他（大興齊國）。
6	春秋	孫武家族在齊國因謀逆罪被誅族，逃竄到吳國受吳王闔閭重用作《孫子兵法》。
7	春秋	左丘明雙目失明後編撰出歷史大作《國語》。
8	戰國	孫臏被其師弟龐涓斬斷雙腿後，自作兵法，計誘殺敵（減灶誘敵）。
9	戰國	屈原被放逐於江南而作《離騷》。
10	戰國	韓非子被秦囚禁時著有《說難》、《孤墳》等名篇。
11	西漢	司馬遷被宮刑（去勢）後奮發圖強，終於完成曠世鉅作《史記》。
12	東漢	班固企圖為史記作續，私自編彙被密告入獄，後得帝支持才完成《後漢書》。
13	三國	曹植被其兄曹丕（魏文帝）逼殺，作〈七步詩〉自保，而永留青史。
14	晉朝	劉義慶對晉朝政治黑暗多加揭露諷刺而作《世說新語》。
15	唐朝	惠能因與神秀理念不合，被密付衣缽往南弘法，作《六祖壇經》大興禪宗。
16	宋朝	司馬光反對新政（熙寧變法），辭官歸里專心編寫《資治通鑑》。
17	元朝	吳承恩文采雖好，屢試不中，40多歲才補為貢生，50歲歸里專心寫《西遊記》。
18	明朝	王守仁被廷杖四十、謫逐貴州龍場，突悟「格物致知」而創陽明學說。
19	明朝	湯顯祖因不會攀附權貴，仕途不順只任小官，後罷官創寫《牡丹亭》。
20	清朝	蒲松齡知識淵薄，但科舉屢試不中，專寫鬼怪傳奇發洩《聊齋志異》。
21	清朝	曹雪芹原為顯赫家族鉅商，後因家道中落、窮途潦倒而作《紅樓夢》。
22	清朝	吳敬梓因專心於文學創作，耗盡家財、生活困難，全由朋友接濟度日，飽受世態炎涼打擊下，完成鉅作《儒林外史》。

第四節　中國歷代攝政王

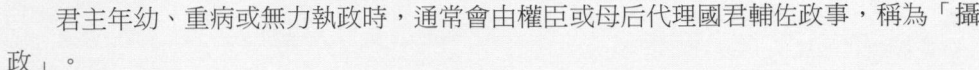

君主年幼、重病或無力執政時，通常會由權臣或母后代理國君輔佐政事，稱為「攝政」。

⊙賢明者攝政稱為「輔政」（輔佐朝政）

⊙專權者攝政稱為「干政」（干亂朝政）或「亂政」。

⊙母后或太后攝政稱為「訓政」（臨朝稱制或垂簾聽政）

等級	朝代	姓名	期間	內容	
優	良輔	商朝	伊尹	50 年	對商湯太甲等 5 代（中國最早良相）
優	良輔	西周	周公旦	7 年	對周成王（9 歲），孔子最敬仰的聖者
劣	干政	秦朝	趙高	2 年	對秦二世胡亥（21 歲），指鹿為馬，殺戮成性
劣	干政	西漢	呂雉（呂后）	15 年	對漢惠帝及前後少帝（實攬大權，但未稱帝）
優	良輔	西漢	霍光	19 年	對漢昭帝（8 歲）漢宣帝（18 歲），創「昭宣之治」
劣	稱制	西漢	王政君	3 年	對漢平帝（8 歲），中國壽命最長的太后（王莽姑媽）
劣	惡輔	西漢	王莽	8 年	對漢平帝（8 歲）、孺子嬰（2 歲），從假皇帝篡漢成真皇帝
劣	稱制	東漢	竇太后	4 年	對漢和帝（10 歲），其兄竇憲把持朝政
優	稱制	東漢	鄧綏	16 年	對漢殤帝（2 歲）漢安帝（13 歲），其兄鄧騭把持朝政
悍	稱制	東漢	閻姬	1 年	對嬰帝、漢順帝（11 歲），權慾重、手段狠
劣	干政	東漢	梁冀	20 年	對漢沖帝（2 歲）漢質帝（8 歲）漢桓帝（15 歲）共 3 帝	權傾朝野，被宦官所殺
優	稱制	東漢	梁妠	6 年		梁冀妹，三度臨朝稱制（無野心）
悲	稱制	東漢	竇妙	3 年	對漢靈帝（12 歲），與父親竇武欲除宦官失敗被幽禁
悍	稱制	東漢	何太后	四個月	對漢少帝（14 歲），何進之妹，忌恨心強，被董卓毒殺
劣	干政	東漢	董卓	3 年	廢漢少帝立劉協（9 歲）漢獻帝，被義子呂布所殺
劣	稱制	東漢	曹操	25 年	對漢獻帝（16 歲），挾天子以令諸侯，其子曹丕篡漢
優	良輔	蜀漢	諸葛亮	12 年	對蜀漢後主劉禪（17 歲）鞠躬盡瘁，死而後已
劣	專權	曹魏	司馬氏三代	18 年	對曹魏末帝，專權跋扈（司馬昭之心，路人皆知）
悍	專制	西晉	賈南風	10 年	對晉惠帝（32 歲），悍后與愚帝引發八王之亂，導致滅國
優	輔佐	東晉	王導	17 年	對晉明帝（24 歲）晉成帝（5 歲），東晉政權的奠基者
優	稱制	東晉	庾文君	3 年	對晉成帝（5 歲），大將軍庾亮之妹
優	稱制	東晉	褚蒜子	40 年	歷五帝（晉穆、哀、廢、簡文、孝武帝）多次臨朝，不戀棧權力
劣	輔佐	東晉	桓溫	11 年	歷四帝（晉哀、廢、簡文、孝武帝），其子桓玄叛晉自立為帝

等級	朝代	姓名	期間	內容	
優	稱制	北魏	馮太后	24年	獻文帝（12歲）孝文帝（5歲），推行漢化，將北魏帶入鼎盛期
妖	稱制	北魏	宣武靈皇后	13年	北魏孝明帝（6歲），又稱胡太后，權慾極盛，被爾朱榮溺死
劣	專權	東魏	高歡	16年	孝靜帝（11歲），其子高洋篡東魏，建立北齊政權
劣	專權	西魏	宇文泰	22年	歷三帝（魏文、廢、恭帝），西魏地下皇帝，其子篡西魏建北周
劣	專權	唐朝	武則天	32年	對唐高宗、中宗、睿宗三代（最後稱帝，在位15年，共計47年）
劣	干政	唐朝	韋香兒	5年	對唐中宗（50歲）與女兒安樂公主合謀毒殺中宗，妄想稱帝
優	攝政	遼朝	述律平	1年	對遼太宗（26歲），斷臂陪葬的皇后
優	稱制	遼朝	蕭綽	27年	對遼聖宗（12歲），別號蕭燕燕，推行漢化，是遼的鼎盛期
優	稱制	北宋	劉娥	11年	對宋仁宗（12歲）有呂武之才，無呂武之惡
優	稱制	北宋	高滔滔	8年	對宋哲宗（9歲）女中堯舜，任司馬光為相
悲	稱制	南宋	謝道清	2年	對宋恭帝（2歲）殺奸相賈似道，不久抱著5歲帝向元投降
劣	干政	元朝	燕鐵木兒	5年	歷元末五帝，實為將元朝推向滅亡的奸相
劣	專權	元朝	伯顏	7年	對元惠宗（14歲），因仇視漢人，引起抗暴
優	稱制	明朝	張太后	7年	對明英宗（9歲）仁慈賢惠、勤儉愛民
優	良輔	明朝	張居正	10年	對明神宗萬曆帝（10歲），張居正死後，萬曆開始怠政不上朝
優	輔佐	清朝	孝莊皇后	26年	對順治帝（6歲）康熙帝（8歲）僅輔佐絕不干政
優	專權	清朝	多爾袞	7年	對順治帝（6歲），皇父攝政王，由他指揮擊滅南明政權
劣	專權	清朝	鰲拜	8年	對康熙帝（8歲），少年康熙智擒鰲拜
劣	攝政	清朝	慈禧太后	47年	對同治帝（6歲）光緒帝（5歲），垂簾聽政，將清朝推向滅亡
劣	輔政	清朝	載灃	3年	對宣統帝（3歲）	宣統帝之父，光緒帝之弟
悲	稱制	清朝	隆裕太后	3年		中國末代太后，結束千年皇制

① 中國四大良佐及一大惡輔

良佐

① 商朝｜伊尹 伊尹是中國歷史上第一位賢相，曾輔佐過商湯等歷五代王、共計50年，其中太甲昏暴被其流放，伊尹自行攝政管理天下，後來得知太甲已悔過上進時，立即親迎復辟執政，使太甲成為一代聖君（也因此作太甲訓三篇，流傳後世）。

② 周公｜周公旦 周成王年幼登基（12歲），由叔父周公旦輔政，引發諸侯王強烈不滿，造謠周公有篡位野心，因此興兵作亂，史稱「三監之亂」，最後

被周公平息（歷時三年）。周公攝政七年後，還政給已成年的周成王，樹立千古賢輔良佐的形象指標。

3 西漢｜霍光 西漢名相霍光（霍去病之弟）深獲漢武帝的信任，死時託孤輔佐過漢昭帝及漢宣帝二帝，輔政期間輕徭薄賦、與民休息，創造出「昭宣之治」。

4 蜀漢｜諸葛亮 三國最知名的丞相，受劉備託孤、輔佐扶不起的阿斗劉禪，諸葛亮盡心輔政（鞠躬盡瘁、死而後已），精神令人敬佩，萬世傳頌。

惡輔

西漢｜王莽 西漢晚期，漢成帝期間，王氏外戚（王政君太后親戚）專橫跋扈、目無綱紀，唯獨王莽禮賢下士、清廉儉樸，深受成帝及朝臣的敬仰與愛戴，成帝崩逝後由漢平帝年幼即位，王莽成為首席輔相（不久後平帝被王莽毒死）改立孺子嬰為傀儡皇帝，自稱「假皇帝」。一年後逼迫幼帝禪位，自己成為真皇帝，國號「新」，西漢亡。

有此一說

扭轉乾坤、改寫歷史 四良佐一惡輔，是歷史的定位說，但是如果有以下狀況發生（顛覆事實），相信歷史記載將會倒置改寫，令人省思。

① **良相伊尹** 如果太甲未能即時悔過（繼續昏暴），伊尹有可能就會廢王而自立。

② **賢輔周公** 如果在「三監之亂」敗死，歷史可能會定位他是個亂臣賊子。

③ **良佐霍光** 輔佐的均為昏君，沒有「昭宣之治」，他在歷史上可能只是個平凡輔相。

④ **名相諸葛亮** 如果劉禪（阿斗）比他早死，他可能會自立為帝（因為他只答應劉備盡全力輔佐其子劉禪，又沒承諾要照顧他們劉家後代。）

⑤ **惡輔王莽** 如果早在漢成帝期間病逝，歷史上可能還會再多出一位千古賢相。

何謂治世

將國家治理到一片祥和，人民安居樂業，稱為「治世」或「盛世」。

何謂中興

將國家從衰落頹退的情況下，改革復興，再度富裕強盛起來。

朝代	名稱	期間	內容
西漢	文景之治	39 年	漢文帝劉恒（23 年）、漢景帝劉啟（16 年）實行黃老治術（道家）
	漢武盛世	54 年	漢武帝劉徹（雄才大略、開疆闢地、罷黜百家、獨尊儒學）
	昭宣之治	38 年	漢昭帝劉弗陵（13 年）、漢宣帝劉詢（25 年）名相霍光輔政
東漢	光武中興	32 年	漢光武帝劉秀，率雲台二十八將，掃平全國割據勢力
	明章之治	31 年	漢明帝劉莊（18 年）、漢章帝劉炟（13 年）
晉朝	太康之治	5 年	晉武帝司馬炎在位 25 年，前 5 年賢明能幹，後期卻昏庸無能
南北朝	元嘉之治	26 年	南朝宋文帝劉義隆在位 29 年，前期賢明，後 3 年濫殺忠良（昏庸）
	永明之治	11 年	南朝齊武帝蕭賾，勤政愛民、國家安定
	梁武中興	18 年	南朝梁武帝蕭衍在位 48 年，前期賢明，後 30 年沈迷佛事（昏庸）
隋朝	開皇之治	24 年	隋文帝楊堅，創中國科舉制度（實行近千年，至清末止）
唐朝	武德之治	9 年	唐高祖李淵，玄武門之變後禪位給太宗（當了 8 年的太上皇）
	貞觀之治	23 年	唐太宗李世民，節儉律己，接納諫言，開啟大唐盛世
	永徽之治	34 年	唐高宗李治，體弱多病，期間武后訓政達 25 年
	武周之治	15 年	唐武則天（中國唯一女皇帝）雖風評不好，但治國甚佳
	開元之治	30 年	唐玄宗李隆基，在位 44 年，前期賢明，後期荒淫，奢華走樣
	元和中興	15 年	唐憲宗李純，用法度裁制藩鎮（軍閥）
	會昌中興	6 年	唐武宗李炎，曾大規模滅佛行動，史稱「會昌法難」
	大中之治	13 年	唐宣宗李忱，勤儉治國，體貼百姓
遼朝	景聖中興	63 年	遼景宗耶律賢（14 年）遼聖宗耶律隆緒（49 年）
西夏	崇仁之治	108 年	夏崇帝李乾順（54 年）夏仁帝李仁孝（54 年）兩帝在位均 54 年
金朝	大定盛世	28 年	金世宗完顏雍，停止侵宋活動，節儉樸實，被稱「小堯舜」
	明昌之治	19 年	金章宗完顏璟，金朝文化水準最高者，政治清明
北宋	建隆之治	16 年	宋太祖趙匡胤，善待開國功臣元勛（杯酒釋兵權）
	咸平之治	25 年	宋真宗趙恒，曾擊敗過強大的遼朝，定「澶淵之盟」（百年和平）
	慶曆之治	41 年	宋仁宗趙禎，支持范仲淹推行新政（又稱慶曆新政）
南宋	乾淳之治	27 年	宋孝宗趙昚，與金朝簽訂「隆興和議」（南宋唯一明君）

朝代	名稱	期間	內容
明朝	洪武之治	31 年	明太祖朱元璋，勤政節儉，唯一缺點猜忌心重
	永樂盛世	22 年	明成祖朱棣，遷都北京，派鄭和七下西洋耀國威
	仁宣之治	10 年	明仁宗朱高熾（10 個月）明宣宗朱瞻基（10 年）合稱「仁宣」
	弘治中興	18 年	明孝宗朱祐樘，中國獨有一妻制的皇帝
	隆慶之治	6 年	明穆宗朱載垕，他雖賢明，但卻又淫穢，故未排入明君之列
	萬曆中興	15 年	明神宗朱翊鈞，在位 48 年，前賢（張居正輔政）後期 33 年不上朝
清朝	康乾盛世	134 年	康熙帝（61 年）雍正帝（13 年）乾隆帝（60 年）清朝共 268 年（剛好一半）
	同治中興	13 年	清穆宗同治帝，登基後既平定太平天國之亂，實行「自強運動」

第六節　歷代宗室內亂　骨肉相殘、兄弟鬩牆

朝代	亂禍	關係	內容
西周	管蔡之亂	宗室相殘	周成王年幼即位，由周公旦輔政，引發管叔、蔡叔不滿，聯合武庚叛亂，歷時 3 年，終被周公平定，又稱「三監之亂」
西漢	七國之亂	宗室叛亂	漢景帝接受晁錯所擬「削藩策」，引發宗室藩王群起叛亂，歷時三個月（最後被周亞夫及竇嬰聯合平定）
	巫蠱之禍	父弒太子	漢武帝時，太子被誣告以巫術詛咒武帝，因而叛亂
西晉	八王之亂	宗室混戰	晉惠帝時，惡皇后賈南風把持朝政，引發諸藩王（八王）不滿而叛亂，歷時 16 年（被司馬越平定）
隋朝	弒父奪位	子弒父	隋煬帝擅長偽裝，騙得太子大位後弒文帝而奪位
唐朝	玄武門之變	弒兄屠弟	唐高祖時，秦王李世民功高蓋世，遭到太子李建成猜忌，密謀殺之，結果被李世民察覺，因而先發制人
	韋后亂權	妻毒夫	唐中宗復辟後無心理政，大權交由韋后總攬隨後將夫毒殺
宋朝	斧聲燭影	弟弒兄	宋太祖被其弟趙光義（宋太宗）謀殺　★正史未記載
元朝	阿里不哥之亂	兄伐弟	元世祖忽必烈與幼弟爭奪大汗位，而引發宗室內訌
明朝	靖難之變	叔弒侄	明惠帝凶削藩策引發燕王朱棣（明成祖）不滿而興兵
	奪門之變	兄殺弟	明英宗獲得在朝臣倒戈，再度復辟即位，殺弟（景宗）洩恨
清朝	禁錮兄弟	兄殺弟	清雍正帝即位後不久對其同胞兄弟大加誅罰（削宗籍）

朝代		西元	名稱	內容
上古	黃帝→炎帝		阪泉之戰	黃帝擊敗炎帝，組成炎黃部落。（成為中國始祖「炎黃子孫」）
	炎黃→蚩尤		涿鹿之戰	有熊氏黃帝結合神農氏炎帝，擊敗九黎部蚩尤，成為中原共主。
夏→商		前 1600 年	鳴條之戰	商湯伐夏桀（夏王朝上下相疾，民心積怨）最後夏朝滅亡。
商→周		前 1046 年	牧野之戰	周武王姬發殺商紂（商軍潰敗「流血漂櫓」）紂王於朝歌自焚。
西周		前 771 年	犬戎攻周	西夷犬戎攻入西周都城鎬京（西安）周幽王被殺，西周滅。
春秋	周鄭	前 707 年	繻葛之戰	鄭莊公不行朝覲之禮，周天子桓王怒率大軍討伐，結果大敗而歸，周王室威信盡失，朝禮蕩然無存，進入群雄爭霸混亂局面。
	齊魯	前 684 年	長勺之戰	齊國三鼓而竭，魯國一鼓作氣。（弱小魯國勝強大齊國）
	宋楚	前 638 年	泓水之戰	宋襄公愚蠢道：「仁義之師不能趁人之危。」結果被楚軍擊敗。
	晉楚	前 632 年	城濮之戰	晉文公「退避三舍，以逸待勞」擊敗楚軍，成為春秋霸主。
	楚晉	前 597 年	邲之戰	又稱「兩棠之役」楚莊王「不鳴則已，一鳴驚人」大破晉軍成為新霸主。
	晉楚	前 575 年	鄢陵之戰	晉使用「攻弱避堅」戰術，大敗楚共王大軍，鞏固晉國霸業。
	吳楚	前 506 年	柏舉之戰	吳王闔閭以孫武為將，伍子胥為相，對強大的楚昭王發動攻勢，楚軍大敗郢城，被吳所據，伍子胥挖楚平王墓鞭屍三百，報父兄之仇。
戰國	晉	前 455 年	晉陽之戰	三家滅智（韓、趙、魏三家聯合滅智伯）隨後三家分晉，成為戰國七雄。
	齊魏	前 342 年	馬陵之戰	齊軍師孫臏圍魏救趙，隨後以「滅灶誘敵」之計，敗魏將龐涓。
	趙秦	前 260 年	長平之戰	趙孝成王中反間計，棄老將廉頗而重用只會「紙上談兵」的趙括，結果被秦將白起坑殺 40 萬趙軍，趙國因此一蹶不振。
	秦	前 207 年	鉅鹿之戰	項羽「破釜沈舟，以一當十」將秦主帥章邯 20 萬大軍殲滅。
漢趙		前 204 年	井陘之戰	漢韓信背水一戰，以二千輕騎大破 20 萬趙軍，趙王歇歸降。
西漢		前 202 年	垓下之戰	楚漢相爭，鴻溝為界，項羽被困在垓下「四面楚歌」後自刎烏江。
東漢		23 年	昆陽之戰	王莽輕敵懈怠，自毀長城，40 萬大軍被劉秀擊垮。
三國	三大戰役	200 年	官渡之戰	曹操奇襲袁紹烏巢糧倉，使袁軍鬥志盡失，最後敗北。
		208 年	赤壁之戰	劉備聯合孫權以火攻曹操水師大營，曹敗退華北（三分天下）。
		221 年	夷陵之戰	又稱「猇亭之戰」關羽大意失荊州而死，劉備為其弟報仇，揮軍伐吳，結果兵敗如山倒，逃至白帝城時崩逝。
前秦→東晉		383 年	淝水之戰	前秦苻堅統一華北，自誇「投鞭斷流」，率百萬軍南犯東晉，結果被晉將謝玄以「草木皆兵、風聲鶴唳」之術擊敗。
唐朝		621 年	虎牢之戰	李世民此役一舉平定竇建德及王世允兩大軍閥，奠定唐基業。
北宋	宋遼	979 年	高梁河之戰	宋太宗趙光義急於收復被遼控制的燕雲十六州，而發動第一次北伐戰爭，結果太宗受箭傷，狼狽大敗而歸。
	宋遼	986 年	岐溝關之戰	宋太宗見遼 12 歲幼主即位（遼聖宗）年幼可欺，遂再率大軍北伐（雍熙北伐）但萬萬沒預料到，被遼軍殺得慘敗而歸，楊業（楊家將主帥）被俘殉國。
	宋遼	1004 年	澶州之戰	遼蕭太后（燕燕）率大軍南下侵宋，宋丞相寇準力諫真宗御駕親征、以壯軍心，結果大勝遼軍，雙方簽定「澶淵之盟」，促成宋遼百年和平。

朝代		西元	名稱	內容
南宋	宋金	1130 年	黃天蕩之戰	金兵南犯宋,名將韓世忠正面迎敵,其妻梁紅玉擂鼓助陣,將金 10 萬大軍擊退,迎得抗金首次重大勝利。
	宋金	1140 年	郾城之戰	宋名將岳飛率岳家軍重創金兀 的拐子馬騎兵,讓岳飛名揚天下,但卻遭宋高宗連下十二面金牌召回,不久後將其殺害。
	宋金	1161 年	采石大捷	金皇帝完顏亮率大軍進攻南宋,但不久金朝朝廷內訌(政變)完顏亮腹背受敵,最後決定與宋決戰於采石,結果全軍覆沒。
	宋蒙	1259 年	釣魚城之戰	蒙古第三任可汗蒙哥輕敵,進攻四川釣魚城時被南宋火炮擊成重傷而亡,忽必烈聞訊速與宋奸賈似道議和,北返爭汗位。
	宋元	1279 年	崖山海戰	宋室徹底被元軍殲滅,陸秀夫揹負年僅 8 歲少帝趙昺跳崖殉國。
元末		1363 年	鄱陽湖之戰	元末朱元璋擊滅強敵陳友諒水師,奠定明朝基業之戰。
明朝		1619 年	薩爾滸之戰	努爾哈赤發佈七大恨,叛明建立「後金」政權,明萬曆帝派大軍圍剿,結果在此役大敗,遼東相繼失陷,後金(清朝)開始崛起。
		1626 年	寧遠之戰	努爾哈赤輕敵,被明猛將袁崇煥用火炮擊傷不治,但不久明崇禎帝中了皇太極詭計,將袁處死,因此敲響了明朝滅亡喪鐘。
		1642 年	松錦之戰	清皇太極向遼東地區發動總攻擊,明將洪承疇,祖大壽相繼被俘降,是一場決定「明衰清興」的重要戰役。
		1696 年	昭莫多之戰	清康熙帝御駕親征準噶爾汗國,重創草原英雄噶爾丹,取得空前重大勝利,將蒙古劃入中國版圖。
清朝		1839 年	鴉片戰爭	清道光帝命林則徐南下虎門禁煙(鴉片)引發英國強烈不滿,因而發動戰爭,清大敗簽「南京條約」(割讓香港)。
		1856 年	第二次鴉片戰爭	清咸豐年間,英法聯軍藉故侵華,攻陷京師,火燒圓明園,簽定「天津條約」(讓鴉片買賣合法化)故被稱「第二次鴉片戰爭」或「英法聯軍之役」中國從此成為名副其實的「東亞病夫」。
		1895 年	甲午戰爭	中(清)日雙方為了朝鮮(韓國)東學黨起事,出兵鎮壓,最後雙方擦槍走火,引爆大規模的陸海大戰,結果清廷以大敗收場,簽定「馬關條約」(割讓台灣)日本成為世界新興強權國家。
		1900 年	八國聯軍	清廷縱容義和團濫殺洋人,引來了八國聯軍討伐,簽定中國史上賠款最多的辛丑條約(中國成為列強魚肉霸凌的對象)。

序	朝代	西元	戰役	軍事對比
1	商朝末期	前 1046 年	牧野之戰	周武王姬發 5 萬 VS. 商紂王 17 萬（武王伐紂）
2	戰國齊魏	前 575 年	馬陵之戰	齊軍師孫臏 3 萬 VS. 魏將龐涓 10 萬（減灶誘敵）
3	秦朝末期	前 207 年	鉅鹿之戰	西楚霸王項羽 4 萬 VS. 秦主帥章邯 30 萬（破釜沈舟）
4	西漢初期	前 204 年	井陘之戰	漢韓信 2 千 VS. 趙王歇 20 萬（背水一戰）
5	新朝末期	23 年	昆陽之戰	劉秀（東漢光武帝）2 萬 VS. 王莽大軍 42 萬
6	東漢末期	200 年	官渡之戰	曹操 2 萬 VS. 袁紹 16 萬（曹勝掌控華北）
7		208 年	赤壁之戰	孫劉聯軍 5 萬 VS. 曹操 30 萬（三分天下）
8	東晉中期	383 年	淝水之戰	東晉謝玄 8 萬 VS. 前秦符堅 80 萬（草木皆兵）
9	南宋初期	1140 年	郾城之戰	宋岳飛 2 萬 VS. 金完顏兀 12 萬
10	明朝末期	1619 年	薩爾滸之戰	後金努爾哈赤 6 千 VS. 明朝大軍 20 萬

★ 官渡之戰與赤壁之戰（三國志裡最重要的三大戰役之二），其特色有三：

　①都是運用火攻　②都是「以寡擊眾」的典範　③二次戰役的主角都是曹操

⊙唯一差異點是前者曹操大勝（掌控華北），後者則曹操大敗（三國鼎立）。

？

小常識

中國古代稱謂

- 汗青→史冊
- 社稷→國家
- 桑梓→故鄉
- 京畿→國都
- 異域→他鄉
- 杏林→醫生
- 桃李→學生
- 百里侯→縣長
- 丹青→畫家
- 騷客→詩人
- 金蘭→摯友
- 奸細→間諜
- 叫花子→乞丐
- 絲竹→音樂

- 堪輿→風水
- 螮蝀→彩虹
- 電鞭→閃電
- 羊角→狂風
- 爽約→失信、食言
- 歲末→年終
- 俸祿→薪水
- 昆玉（伯仲）→兄弟
- 伉儷→夫妻
- 內人→妻子
- 泰山→岳父
- 手足→同胞
- 布衣→百姓
- 理藩院→外交部

- 衙門→行政機關
- 干戈→戰爭
- 鄉愿→謹慎守舊、不求改變
- 孟浪→輕浮粗率的個性
- 腹誹→批評
- 鹿鳴→鄉試發榜後，設宴款待舉子，又稱「賓興宴」
- 翹楚→傑出
- 鷹揚→武科發榜後，設宴款待武舉，又稱「鷹揚宴」
- 熊羆（音皮）→勇士

第九節　中國十一位著名的悲劇英雄　伴君如伴虎

◎為國家犧牲奉獻卻因功高震主，使君猜忌（一生忠烈，最後換得一身罪孽）

1 戰國｜吳起（59歲）　歷侍過魯、魏、楚等三國，在楚國受楚悼王重用，實行吳起變法，使楚國開始富裕壯盛起來。他在歷史上的定位褒貶不一、正反兩極——正面：「信守諾言」、「為兵吸膿」；反面：「母喪不臨」、「殺妻求將」、「殺鄰止謗」其執行的變法，嚴重剝奪貴族利益，最後被亂箭射死，遺體被五馬分屍。

2 戰國｜白起（75歲）　戰國四大名將之首，帶兵30餘年，攻城70餘座，殲敵百萬眾無一敗績，使各諸侯國聽其名而聞風喪膽，稱其為「人屠」（殺人魔王），後因居功自恃、我行我素，激怒秦昭王而被賜死（前功盡棄不得善終）。

3 戰國｜李牧（62歲）　戰國四大名將之一，曾率趙軍大破匈奴，並多次擊退強敵秦軍，是秦國最畏懼害怕的猛將，秦用重金賄賂趙王寵臣郭開，使其出反間計，讓趙幽繆王以通敵罪將李牧誤殺（枉誅忠良、自掘墳墓），三月後趙亡國。

4 秦朝｜蒙恬（41歲）　秦末蒙恬奉命率30萬大軍征伐匈奴，而同時太子扶蘇也因反對李斯焚書坑儒政策觸怒龍顏，被秦皇遣送至前線監軍自我反省，然秦皇在巡行途中突然暴崩，李斯及趙高因曾得罪過太子，怕其報復於是矯旨賜死扶蘇（稱其不孝）、斬殺蒙恬（稱其不忠），兩人冤死後不久秦朝就滅國。

5 漢朝｜韓信（35歲）　他是中國歷史上最神勇的武將，被稱為「國士無雙」，曾用「明修棧道、暗度陳倉」之謀略攻佔關中，助漢滅楚，功高蓋世，劉邦建立漢朝後，想要收回其兵權，哪知他說道「帶兵不嫌少、多多益善」，引起劉邦強烈不滿與猜忌，最後與呂后合謀設計將其斬殺。

6 南北朝｜檀道濟　南朝劉宋名將曾幫助劉裕（宋恭帝）篡東晉而稱帝，成為開國元勳，與北魏作戰時屢建戰功，威名遠播，後引來新君宋文帝劉義隆的猜忌，最後藉機將其枉殺（自毀長城），從此劉宋急走下坡，其遺作「三十六計」留傳後世。

7 南北朝｜斛律光（58歲）　北齊猛將，官拜左丞相，敵人（北周）畏其如虎，昏君齊後主高緯聽信讒言，無罪將其冤殺，從此北齊無大將，不久後就被北周武帝宇文邕滅亡。

8 南宋｜岳飛（39歲）　宋高宗建立南宋後，只圖偏安江南，而岳飛率軍北伐、屢挫金兵、所向披靡，金主帥完顏兀朮道：「撼山易，撼岳家軍難」，於是成為宋金議和的最大絆腳石，主和派奸相秦檜向高宗讒言，隨後以十二道

認識中國歷代重要人物及大事件

79

金牌召回岳飛，以「莫須有」罪名被處死。

9 明朝｜藍玉（59 歲） 明初開國名將，臨戰勇猛，所向多捷，被朱元璋拜為大將，統率 15 萬軍，大破北元政權，凱旋而歸，被封為「涼國公」。後因自恃有功、專恣橫暴，被冠以圖謀不軌大逆罪，被抄家滅族受牽連者近萬人（明初四大案之一），一代開國元勳瞬為禍國元凶。

10 明朝｜于謙（59 歲） 明英宗朱祁鎮，自不量力，被宦官王振慫恿親征蒙古瓦刺部，結果兵敗被俘（土木堡之變），京師震撼，朝野諸臣大部分主張南逃避難，唯獨兵部侍郎于謙力主保衛京師，並擁立朱祁鈺為帝（明景宗）。隨後臨危受命，指揮守城老弱殘軍，奮力將蒙古瓦刺軍主帥也先擊退，取得空前勝利（史稱北京保衛戰）。隨後雙方議和，英宗被釋回遭幽禁在南宮，景帝病危時發生「奪門之變」，英宗復辟，于謙被以謀逆罪遭斬殺（一臣難侍二君、一山難容二虎）。

11 明朝｜袁崇煥（46 歲） 明朝末期，後金大汗努爾哈赤屢向明境用兵，蠶食鯨吞攻奪遼東大部地區，唯在寧遠之戰，被明將袁崇煥用紅夷大炮擊成重傷而亡。新君皇太極非常畏懼袁崇煥的威名，不敢與他正面交鋒，即施反間計假明崇禎帝之手除去心中大患（袁崇煥被以通敵謀逆之罪，遭凌遲處死），一代忠良含恨而終，自此敲響了明朝淪亡的喪鐘。

？

小常識

古今形容詞對照

- 生男→夢熊（弄璋誌喜、小兒郎）
- 生女→夢虺（弄瓦徵祥、小女娃）
- 男再娶→續絃
- 女重婚→再醮
- 夫無妻→鰥夫
- 妻無夫→寡婦
- 對方父親→令尊
- 對方母親→令堂
- 對方兒子→令郎
- 對方女兒→令媛

- 嫁女→出閣
- 訂婚→文定
- 嫁妝→陪門
- 媒人→紅娘
- 未嫁者→在室女
- 丈夫畏妻→河東獅吼
- 婦人主事→牝雞司晨
- 久旱下雨→甘霖（及時雨）
- 風調雨順→豐澤
- 考試中選→登科（雁塔題名）

- 考試未中→落第（名落孫山）
- 出試題所→闈場
- 盡心輔佐→弼亮
- 平定兵災→戡亂
- 望人包容→海涵
- 謝人接濟→河潤
- 僧家授徒→衣缽
- 新屋完工→落成

第十節　中國歷代宦禍　宦官亂政

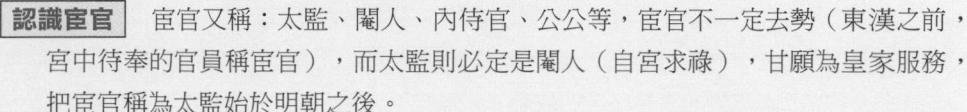

認識宦官　宦官又稱：太監、閹人、內侍官、公公等，宦官不一定去勢（東漢之前，宮中待奉的官員稱宦官），而太監則必定是閹人（自宮求祿），甘願為皇家服務，把宦官稱為太監始於明朝之後。

為何宮廷需要宦官　皇宮深院（後宮）是皇帝龍邸，無數后妃嬪妾宮女生活在其中，於是成為男人禁地，僅能依靠有男子力氣、而無男人性慾的閹人管理宮中事務最為安心。（閹者：體缺全、慾不達、志專精、宜役教）

宦官得勢　宦官因長期與皇室成員朝暮相處，每天侍奉皇族左右，成為君王們最信賴的得力助手及最貼心親近的忠僕，因此逐漸受到重用。

宦官的演化　宦官從早期打掃雜役→端茶備膳→值更巡檢→進化到出使監督→專征監軍→傳旨發詔→最後演變到宦官亂政。

★宦官到唐朝時期已能手握爵權，口含天授之命，動輒代表皇帝下達旨意，已擁有廢立弒君之通天本領，最終演變成「弱君強奴」的局勢。歷代宦禍以東漢、唐朝、明朝三朝最為嚴重（其中更以唐朝最烈）史稱「三次宦官時代」。

	序	朝代	起因	造成	重大事件	引發	結果
三次宦官時代	1	東漢	宦官擅權	朝廷遭殃	二次黨錮之禍	黃巾之亂	曹操挾天子以令諸侯
	2	唐朝	宦官專政	皇室遭殃	牛李黨爭	黃巢之亂	朱全忠稱帝背叛唐朝
	3	明朝	宦官專權	百姓遭殃	東林黨爭	流寇之亂	李自成攻陷北京

★漢唐兩朝代的宦官恃勢凌人、氣焰熏天，唯不同點為漢朝宦官勢力僅控制在朝廷，未危及宮外民間；而唐朝則大不同，宦官加官進爵、賜土封侯、出使監軍、授節使藩，勢力遍佈全國，宦官首領儼然成了朝廷主人。（演變成弱君強奴局面）

⊙明朝宦官掌控特務機關錦衣衛（東廠、西廠、內廠）拘緝殺戮，只要彈指之間草菅人命，並可與宮女相戀（對食），狐假虎威、仗勢欺人，流禍天下。

1 第一次宦官時代　東漢宦禍

時間　西元 88 年～西元 189 年，共計 102 年

對手　外戚

起因　東漢從第 4 任漢和帝起，至第 13 任漢少帝止，共有 10 位嗣位君主，皆為年幼登基，年齡多在 15 歲以下（不足 10 歲的超過半數），所以皆由母后輔

政、外戚專權（自恃驕橫），幼主長大後就開始聯合朝夕相處、親近忠誠的宦官，共謀抵制誅滅外戚強權；開啟宦官與外戚相互廝殺惡鬥（宦官外戚相誅不己，循環重演不止）。這就是東漢末期的政治寫照，最後引發二次黨錮之禍，朝廷內的賢良之士慘遭禁閉或被殺害，人民抗暴聲四起最後結局：宦官與外戚的鬥爭隨著「黃巾之亂」的爆發，兩敗俱傷、同歸於盡。

過程

	代數	帝名	登基時歲	在位年	宦官	外戚	內容
東漢宦禍過程表	第 4 任	漢和帝	10 歲登基	在位 17 年	鄭眾	竇憲	宦官參政開始（殺竇憲）
	第 6 任	漢安帝	13 歲登基	在位 19 年	江京	鄧騭	宦官再度扳倒外戚權臣
	第 8 任	漢順帝	11 歲登基	在位 19 年	王康	閻顯	首位由宦官擁立的皇帝
	第 10 任	漢質帝	8 歲登基	在位 1 年	──	梁冀	被外戚梁冀毒死的皇帝
	第 11 任	漢桓帝	15 歲登基	在位 21 年	單超	梁冀	第一次黨錮之禍（宦官再度竄紅）
	第 12 任	漢靈帝	12 歲登基	在位 22 年	曹節	竇武	第二次黨錮之禍（黃巾之亂起）
	第 13 任	漢少帝	14 歲登基	在位四個月	張讓	何進	董卓廢少帝另立漢獻帝

★ 第 4 任漢和帝劉肇與宦官鄭眾合謀，誅殺權臣竇憲（開啟宦官參政的惡例）。

第 6 任漢安帝劉祜與江京合謀殺外戚鄧騭（音志）。

第 8 任漢順帝劉保是由宦官王康發動政變所擁立的皇帝。

第 10 任漢質帝劉纘是由外戚權臣梁冀擁立，因說其是「跋扈將軍」結果被梁毒死。

第 11 任漢桓帝劉志聯合宦官單超誅權臣梁冀（宦官因功被封侯遂代外戚亂政）。

第 12 任漢靈帝劉宏寵信宦官曹節等「十常侍」，宦官氣焰更加囂張。

第 13 任漢少帝劉辯、外戚何進欲誅宦官不成反被殺，袁紹入京殺盡所有宦官。

第 14 任漢獻帝劉協、權臣董卓廢少帝、改立獻帝（東漢名存實亡進入三國時代）。

② 第二次宦官時代　唐朝宦禍

時間　西元 756 年～西元 904 年，共計 149 年

對手　朝臣

起因　唐朝從第 8 任唐肅宗開始就為宦禍所苦，其中第 12 任唐憲宗起至第 20 任唐昭宗止，共有 9 位皇帝是由宦官所立廢（擁立過 7 帝，誅殺過 2 帝）立君廢君弒君如同兒戲。宦官權力凌駕於皇帝，成為「弱君強奴時代」（故宦禍以唐最烈）

過程

	代數	帝名	宦官	內容
唐朝宦禍過程表	第 7 任	唐玄宗李隆基	高力士	幫玄宗取得皇位受到寵信（尚忠厚未干政）
	第 8 任	唐肅宗李亨	李輔國	被稱「五郎」，沒有賄賂他見不著皇帝（宦禍啟始者）
	第 9 任	唐代宗李豫	程元振	掌樞密出納，霸道氣焰超過李輔國
	第 10 任	唐德宗李適	典 掌	宦官開始領軍稱為「神策軍」（宦官掌兵權之始）
	第 12 任	唐憲宗李純	陳弘志	將憲宗殺害（宦官開始有弒君的通天本領）
	第 13 任	唐穆宗李恒	梁守謙	擁立穆宗為帝（宦官開始介入牛李黨爭）
	第 14 任	唐敬宗李湛	劉克明	將敬宗殺害（第二次宦官弒君事件）
	第 15 任	唐文宗李昂	王守澄	甘露事變：唐文宗不滿宦官專橫，密謀誅殺之，但因事洩，反被宦官鉗制，皇帝形同宦官傀儡
	第 16 任	唐武宗李炎	仇士良	仇擁立武宗為帝，武宗期間著手滅佛行動（會昌法難）
	第 17 任	唐宣宗李忱	馬元贄	宦官本以為帝愚昧而立之，但哪知宣宗賢明能幹，讓宦官吃足苦頭，為晚唐難得的賢君（大中之治）
	第 18 任	唐懿宗李漼	王宗實	王擁立懿宗為帝（懿宗一反武宗政策，非常敬佛）
	第 19 任	唐僖宗李儇	劉行深	劉擁立僖宗為帝（黃巢之亂起）
	第 20 任	唐昭宗李曄	楊復恭	楊擁立昭宗為帝（朱全忠叛變將所有宦官誅盡）

③ 第二次宦官時代 明朝宦禍

時間　西元 1435 年～ 1644 年，共計 209 年

對手　對手：東林黨人

起因　明初太祖朱元璋敕令宦官不得干政，否則凌遲處死，但是到了第 3 任明成祖時，在靖難之變中得到宦官鼎力幫忙（刺探建文帝隱事通風報信）即位後開始重用宦官（將宦官不得干政的祖訓拋於腦後），並在錦衣衛之外改另設「東廠」，交由宦官把持，開啟明朝宦禍的惡門。

※ 明朝宦禍從第 6 任明英宗起至第 16 任明思宗止（歷 11 位帝）近 200 年之久

過程

	代數	皇帝	宦官	經過內容
明朝宦禍期間	第 1 代	明太祖洪武帝	－－	創立錦衣衛特務機構（但不准宦官干政）。
	第 3 代	明成祖永樂帝	鄭和	創立東廠，命三保太監鄭和下西洋（賢良宦官）。
	第 6 代	明英宗正統帝	王振	慫恿英宗親征蒙古瓦剌，結果帝被俘（土木堡之變）。
	第 8 代	明憲宗成化帝	汪直	創立西廠，宦官氣焰更加囂張跋扈。
	第 10 任	明武宗正德帝	劉瑾	創立內廠，把持朝政，八虎之首，為非作歹。
	第 15 任	明熹宗天啟帝	魏忠賢	創立閹黨，權傾朝野，被稱為「九千歲」。
	第 16 任	明思宗崇禎帝	曹化淳 高起潛	誤信宦官花言巧語，冤殺忠勇猛將袁崇煥，導致流寇之亂，後金（清）之患，無力回擊，自縊而亡。

第十一節　中國歷代黨爭

拉幫結派，糾眾組成朋黨，對外鬥爭（朋黨之爭）

起因　東漢、唐朝、明朝三個朝代有嚴重的宦官之禍（首惡主體），隨後又延伸至朝臣、外戚或名士學人的互鬥抗爭，稱為「黨爭」。

※ 宋朝純為朝臣意見分歧，理念不合之爭（無宦官外戚參與）。

◆ 四大黨爭有三大共通點

① 當權皇帝均為懦弱昏庸之輩，對爭亂毫無約束力。

② 朝政敗壞，時局動盪不安，最終均導致滅國。

③ 黨人均以壯碩自己為目標，打倒異己為目的。

	朝代	東漢	唐朝	宋朝	明朝
中國四大朋黨之爭	名稱	**黨錮之禍**	**牛李黨爭**	**新舊黨爭**	**東林黨爭**
	期間	歷 2 帝（18 年）	歷 6 帝（40 年）	歷 3 帝（50 年）	歷 4 帝（40 餘年）
	起因	黨人揭露宦官惡行 宦官禁錮殺害黨人	揭露考試舞弊結仇另對藩 鎮意見不合	因變法而結怨 兩派相互攻訐	學士抨擊朝政 引來宦官殺機
	敵對雙方	名士聯合儒生 對抗專權宦官	進士派與門第派的對抗	實行新法與反對新法 的鬥爭	東林黨人與閹黨的對立
	重要人物	朝臣：李膺、陳蕃 宦官：曹節、王甫	牛黨：牛僧孺 李黨：李德裕	新黨：王安石 舊黨：司馬光	東林黨：顧憲成 閹黨：魏忠賢
	影響	賢良慘遭迫害 國家無才可用	政局動盪不安 朝政昏暗敗壞	賢良被黜 奸佞專權	朝野忠良盡失 外患流寇竄起
	引發	黃巾之亂	黃巢之亂	靖康之難	流寇之亂
	結果	曹操挾天子以令諸侯 （三國鼎立）	朱全忠篡唐（五代十國）	北宋淪滅 （南宋成立）	明崇禎自縊 （吳三桂引清兵入關）

① 東漢　黨錮之禍　歷時 18 年　⊙最後宦官派勝出

起因　東漢末期太學生與士大夫主持清議，批評朝政、抨擊宦官，而宦官則以「黨人」之罪名禁錮異議人士，史稱「黨錮之禍」。前後共發生過二次（第一次在漢桓帝晚期，第二次發生在漢靈帝初期）共歷時 18 年。

結果　黨錮期間，東漢賢良志士（菁英）全被誅連殆盡，使國家無才可用（文爭結束），最後引發「黃巾之亂」（武鬥開始），埋下東漢滅亡伏筆。

對手

宦官派	代表人：侯覽、曹節、王甫 ➡ 大獲全勝
朝臣派	代表人：李膺、竇武、陳蕃、杜密（禁錮誅連殆盡）

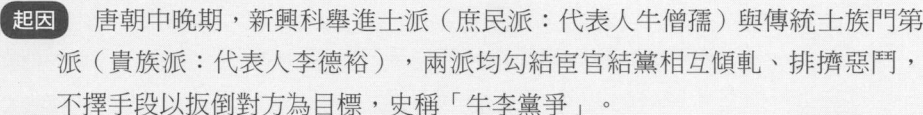

2 唐朝 牛李黨爭 歷時 40 年 ⊙最後牛黨勝出

起因 唐朝中晚期，新興科舉進士派（庶民派：代表人牛僧孺）與傳統士族門第派（貴族派：代表人李德裕），兩派均勾結宦官結黨相互傾軋、排擠惡鬥，不擇手段以扳倒對方為目標，史稱「牛李黨爭」。

結果 從唐憲宗開始到唐宣宗時結束，共歷 6 帝，長達 40 年的黨爭，最後由庶民為成員的牛黨獲勝，但也使唐末朝政敗壞、時局紛亂，加速衰亡的腳步。

對手

牛黨	代表人：牛僧孺、李宗閔
	新興進士（庶民）：強調改革
	對藩鎮主張安撫政策
李黨	代表人：李德裕、李吉甫
	士族門第（貴族）因循守舊
	對藩鎮主張圍剿政策

牛李黨爭	第 12 任	唐憲宗	牛李黨爭開始	歷6帝共計40年
	第 13 任	唐穆宗	牛黨得勢	
	第 14 任	唐敬宗	牛黨得勢	
	第 15 任	唐文宗	牛李平分秋色	
	第 16 任	唐武宗	李黨全盛期	
	第 17 任	唐宣宗	牛黨全盛期	

3 北宋 新舊黨爭 歷時 50 年 ⊙最後新黨勝出

起因 王安石針對北宋建國以後長期的積弊（重文輕武政策）進行改革（主在富國強兵），史稱「熙寧變法」或「王安石變法」，受宋神宗大力支持，勵行新政。

結果 新法立意雖好，但實施過於草率，引起朝廷內部政見分歧，導致相互結怨攻訐，反對派（舊黨）極力抵制阻撓，形成推行新政強烈的障礙（寸步難行）史稱：「新舊黨爭」，歷三帝共 50 餘年。

◆ 王安石變法失敗的主因

1	王安石自信堅而器量小，無法接受別人的建議
2	急於見功，推行求快，最後欲速則不達
3	用人不當，任用投機取巧、謀權貪污之佞官，激起民怨
4	舊黨極力阻礙攻訐舉足難行

對手

	新黨（改革派）	代表人：王安石（由皇帝支持）		
	舊黨（保守派）	代表人：司馬光（由皇太后做倚靠）		
舊黨	司馬光去世後舊黨又分成三派	1	洛派	理學家程頤為首	三派意見並非一致有時也會互相抨擊
		2	蜀派	文學家蘇軾為首	
		3	朔派	劉摯為首	
新舊黨爭	第 6 任	宋神宗	支持熙寧變法，但王安石被舊黨阻隢抨擊，兩度罷相
	第 7 任	宋哲宗	宣仁高太后任命舊黨司馬光為相，停止新法實施，罷黜新黨人士，太后卒，哲宗親政後再度重用新黨人士，罷黜舊黨官員
	第 8 任	宋徽宗	重用新黨佞臣蔡京為相（勾結宦官童貫）將北宋帶向滅亡

④ 明朝 東林黨爭　歷時 40 餘年　⊙初期閹黨得勢，末期東林黨後來居上

起因　明神宗萬曆帝期間，吏部郎中顧憲成為人正直，以事詆罵廷臣，語諷朝政，忤怒皇帝，被革職削官，歸里賦閒，在家鄉無錫開辦「東林書院」講學，繼續抨擊時政、議論廷官，被稱為「東林黨」。

結果　明熹宗天啟帝年間，大太監（閹黨首腦）魏忠賢，攬權擅政（自稱九千歲），敕令東廠錦衣衛，將各地東林黨人（清議派）拘捕緝拿，展開血腥屠殺，拆毀全國書院，並殃及邊防將帥，國家岌岌可危。

為時已晚　明思宗崇禎帝即位後，力行改革，開始剷除閹宦黨羽勢力，再度啟用東林黨人士，但朝野忠良盡失，內憂（流寇竄起）、外患（後金侵明）日烈，明如履薄冰，17 年後滅亡。

對手

東林黨	清議派	代表人：顧憲成	⟷	閹黨	宦官派	代表人：魏忠賢

東林黨爭	第 13 任	明神宗萬曆帝	顧憲成言諷朝政被革職，開辦「東林書院」，繼續抨擊朝廷，被稱為「東林黨」（清議派）
	第 14 任	明光宗泰昌帝	在位僅 29 天即暴斃（明末三大懸案之一：紅丸案）
	第 15 任	明熹宗天啟帝	是中國歷史唯一的文盲皇帝（魯班天子），重用宦官魏忠賢（九千歲），閹黨囂張狂扈，開始大加殺戮東林黨人，使國家忠良盡失，朝廷更加腐敗
	第 16 任	明思宗崇禎帝	即位不久後立即剷除魏忠賢等閹黨勢力，但卻冤殺忠勇猛將袁崇煥，使明朝踏上覆滅之路。

編者諧語　另類聖旨　輕鬆一下

【聖旨】

奉天沈運‧皇帝糟日
自覺腐媚‧身材賤美
眉清目銹‧含苞待販
胸懷大痣‧天生痢質
談笑瘋聲‧善解人疫
姿色療人‧樂善好屍
體貼入危‧伶牙俐恥
博學多吻‧過目不望
感恩圖抱‧柔情忘丈
溫柔賢吠‧嬌嫩貌霉
窈窕鼠女‧奉獻犧身
容光犯發‧能言擅盜
逢產作戲‧不同凡享
百醫百順‧淋漓盡治
自強不洗‧視死如龜
不滿現賺‧速來應召

86

第六章

認識中國皇帝

皇帝論 普天之下莫非王土，率土之濱莫非王臣，一代天驕，君臨天下、統馭萬物，口含天授聖命，手操生殺大權，一日為君，勝過萬載為民，君主為上天所授，人民所給、全以大綱為要、不著細微之事、聖君不會以己之私治天下、而以天下治天下（馬上得天下要懂得下馬治天下），有亂君無亂國、有治人無治法；得眾則得國、失眾則失國；民以君為心、君以民為體（君為舟、民為水，水能載舟亦能覆舟）；民為邦本、本固邦寧；魚不可脫於淵、君不可負於民（眾心成城、眾口鑠金）；國興聽於民、國將亡聽於神（國安無憂民、國危無樂君）；善用人則昌、不善則亡，人才眾則興、寡則衰；君視臣如手足、則臣視君如腹心（義不負心、忠不顧死）。

天子論 天子（君權神授）天天被高呼萬歲，但還是難保其能萬壽無疆，畢竟他只是皇帝（人）、並不是上帝（神），得需遵循大自然「生、老、病、死」的依序法則，以及皇朝興盛衰頹基業的變遷。賢君要具備臨危不亂的本事，明君常有居安思危的本能、暴君則是多行不義必自斃。他們所擁有的江山萬里及千秋大業，最後當如曇華一現，終將歸空無，唯一留下來的只有諸君生前的功過褒貶、歷史定位，讓後世子孫評頭論足。

基業四期	1	創世期	2	治世期	3	衰世期	4	亂世期
		開疆闢地		勵精圖治		淫亂奢侈		亡國喪邦
		創業（黎明）		守業（早上）		敗業（下午）		失業（黃昏）

?

小常識

歷代萬花筒

歷代昏暴之君最多的朝代

- 南北朝共有 50 位皇帝，昏暴之君有 15 位（佔 1/3），被喻為「禽獸王朝」。其中以南朝劉宋最多（8 位皇帝有 5 位是暴君，佔 63%）
- 北朝北齊次之（6 位皇帝中有 3 位是暴君）剛好一半。

完全沒有暴君的朝代

- 曹魏（5 帝）東魏（3 帝）五代後周（3 帝）元朝（11 帝）一般人均認為元朝應是暴君很多的朝代，其實不然。元朝皇帝非但不殘暴，且大多數是柔弱之君，主因是政策剛烈、權臣兇悍，對漢人極不友善，成為暴政時代（馬上得天下、馬上治天下的結果）
- 清朝（10 帝）清朝是中國 59 個王朝中，皇帝平均素質最優秀的朝代。

中國歷史最悲哀的朝代

- 北朝北魏有 11 位皇帝，其中 7 位被殺（約 63%）

中國歷代帝王良劣比較表

天地萬物、唯我獨尊、衣來伸手、飯來張口

★ 中國歷代（59 個王朝）共有 331 位帝王（含皇帝 221 位與藩王 100 位）

⊙ 其中弱君有 115 位（最多），平君 49 位

⊙ 良君（91 位）劣君（76 位）→良君比劣君多

⊙ 自然病死的帝王有 204 位（約六成），被殺或自殺的帝王有 127 位（約四成）

君別		內容	皇帝	藩王	合計	備註	自然死	他殺（自殺）		備註
良君	賢君	儉約克己、廣納諫言	2	0	2	Ⓐ	2	0		
	強君	開疆闢地、整頓吏治	17	9	26		24	2	帝 1+ 王 1	
	明君	勵精圖治、國泰民安	40	15	55		50	5	帝 4+ 王 1	
	仁君	仁慈輕刑、溫柔謙遜	3	0	3	Ⓑ	3	0		
	名君	先盛後衰、功大於過	4	1	5	Ⓒ	1	4	帝 3+ 王 1	
	合計		66	25	91		80	11	帝 8+ 王 3	
平君		平淡治理、無功無過	34	15	49		39	10	帝 8+ 王 2	
弱君	柔君	缺乏魄力、大權旁落	48	15	63		34	29	帝 21+ 王 8	
	哀君	自身難保、任人擺佈	27	21	48		8	40	帝 21+ 王 19	Ⓖ
	夭君	年幼天殤、未能親政	4	0	4	Ⓓ	3	1	帝 1	
	合計		79	36	115		45	70	帝 43+ 王 27	Ⓗ
劣君	霸君	好大喜功、但有建樹	2	0	2	Ⓔ	1	1	帝	
	暴君	殘暴恣虐、濫殺無辜	9	12	21		7	14	帝 6+ 王 8	
	昏君	淫亂奢侈、禍國殃民	36	11	47		29	18	帝 13+ 王 5	
	庸君	平庸無能、聽信讒言	5	1	6	Ⓕ	3	3	帝 3	
	合計		52	24	76		40	36	帝 23+ 王 13	Ⓘ
總計			231	100	331		204	127	帝 82+ 王 45	

Ⓐ **賢君只有二位：** ① 唐太宗李世民 ② 清聖祖康熙帝玄燁

Ⓑ **仁君有三位：** ① 三國漢昭烈帝劉備 ② 宋仁宗趙禎 ③ 明仁宗洪熙帝

Ⓒ **名君有五位：** ① 南朝梁武帝蕭衍 ② 唐玄宗李隆基 ③ 夏聖帝李元昊 ④ 金熙宗完顏亶 ⑤ 五代十國蜀後主孟昶（以上帝王均是前期賢明、後期昏庸，除了唐玄宗外其餘均是被殺死）

Ⓓ **夭君有四位：** ① 漢殤帝（在位八個月）② 漢嬰帝（在位七個月）③ 漢沖帝（在位六個月）④ 漢少帝（在位四個月）特色：全部集中在東漢。

Ⓔ **霸君有二位：** ① 秦始皇嬴政 ② 隋煬帝楊廣（兩人雖殘暴，但對國家有建樹）

F 庸君有六位：① 三國蜀漢後主劉禪（扶不起的阿斗）② 西晉惠帝司馬衷（何不食肉糜）③ 東晉安帝司馬德宗（昏庸無能）④ 南朝齊東昏侯蕭寶卷（以捉老鼠為樂）⑤ 南宋度宗趙禥（七歲才會說話）⑥ 五代十國南平貞懿王高保融（反應遲鈍）

G 哀君總數 48 位，其中有 40 位被殺，所以才會變成哀君。

H 弱君總數 115 位，其中有 70 位死於非命。

I 劣君總數 76 位，其中 36 位被殺。

第二節　各朝代良劣之君明細表

朝代	皇朝名稱		國祚	皇帝數	帝王考核別				壽考	
					良君	平君	弱君	劣君	自然死	他殺
秦朝			15	3	/	/	1	2	1	2
漢朝 426	西漢		214	14	6	1	6	1	10	4
	新（玄漢）		17	2	/	1	/	1	/	
	東漢		195	14	3	/	8	3	12	2
	小計		426	30	9	2	14	5	22	8
三國 46	曹魏		46	5	1	1	3	/	4	1
	蜀漢		43	2	1	/	/	1	2	0
	東吳		52	4	1	1	1	1	3	1
	小計		△	11	3	2	4	2	9	2
晉朝 156	西晉	52	4	/	/	2	2	1	3	
	東晉	104	11	/	5	5	1	8	3	
	小計		156	15	/	5	7	3	9	6
南北朝 162	南朝 170	宋	60	8	1	1	1	5	3	5
		齊	24	7	2	/	2	3	3	4
		梁	56	4	1	/	2	1	0	4
		陳	33	5	3	/	1	1	5	0
	北朝 196	北魏	149	11	6	/	4	1	4	7
		東魏	17	1	/	/	1	/	0	1
		西魏	22	3	/	/	3	/	1	2
		北齊	28	6	1	/	2	3	3	3
		北周	25	5	1	/	3	1	2	3
	小計		△	50	15	1	19	15	21	29
隋朝			38	3	/	/	/	3	0	3
唐朝			289	21	6	5	6	4	16	5

朝代	皇朝名稱	國祚	皇帝數	帝王考核別				壽考		
				良君	平君	弱君	劣君	自然死	他殺	
五代 53	後梁	17	3	/	/	1	2	0	3	B3
	後唐	13	4	1	1	1	1	1	3	A3
	後晉	10	2	/	/	1	1	2	0	A4
	後漢	4	2	/	1	/	1	1	1	
	後周	10	3	2	/	1	/	3	0	
	小計	53	14	3	2	4	5	7	7	
大漠	遼朝	210	9	5	/	/	4	6	3	
	西夏	190	10	3	2	4	1	6	4	
	金朝	120	10	5	2	2	1	5	5	
	小計	△	29	13	4	6	6	17	12	
宋朝	北宋	167	9	5	2	1	1	9	0	
	南宋	153	9	1	/	3	3	7	2	A5
	小計	320	18	6	4	4	4	16	2	A6
	元朝	90	11	2	/			8	3	
	明朝	276	16	5	3	3	5	13	3	
	清朝	268	10	3	3	4	/	10	0	
朝代合計		2132	231	66	34	79	52	149	82	
				29%	15%	35%	21%	65%	35%	
王朝時代										
十六國（東晉）		136	60	18	9	26	7	27	33	
十國（五代）		78	40	7	6	10	17	28	12	
	小計	△	100	25	15	36	24	55	45	
中國朝代總計		2132	331	91	49	115	76	204	127	
				27%	15%	35%	25%	60%	40%	

A 歷代皇帝結局最幸運的朝代 皇帝均為壽終正寢（病逝）無一橫禍

① 三國蜀漢（2帝）② 南朝陳朝（5帝）③ 五代後晉（2帝）④ 五代後周（3帝）

⑤ 北宋（9帝）⑥ 清朝（10帝） **註** 清光緒帝疑似被慈禧毒死（正史未記載）

B 歷代皇帝結局最淒涼的朝代 皇帝均死於非命（被殺）無一善終

① 南朝蕭梁（4帝）② 隋朝（3帝）③ 五代後梁（2帝）

第三節　皇帝的類別

1　何謂皇帝　天子萬邦之主、諸侯列國之君

● 皇帝一詞源於西元前 221 年，戰國時代末期，秦王嬴政併滅六國，自稱「德高三皇、功蓋五帝」，開始使用「皇帝」這個新名詞（以前皆稱天子或君主），故史稱其為「始皇帝」（秦始皇）。

2　皇帝的別稱　九五至尊

| 陛下 | 聖上 | 皇上 | 萬歲 | 聖駕 | 君主 | 天子 | 主公 | 國君 |

| 帝王 | 至尊 | 聖主 | 官家 | 元首 | **自稱** | 朕 | 寡人 | 孤家 |

| 聖諭｜皇帝之言 | 聖制｜皇帝之命 | 聖詔｜皇帝之令 | 聖旨｜皇帝行文 |

| 帝璽｜皇帝用印 | 帝陵｜皇帝墓園 | 玉牒｜皇帝祖譜 | 宗人府｜皇家管理處 |

3　皇帝的代名詞　各地稱謂

| 俄國｜沙皇 = 泰國｜泰皇 = 日本｜天皇 = 埃及｜法老 = 羅馬｜大帝 |

| 梵諦岡｜教皇 = 中東｜蘇丹 = 印地安｜酋長 = 匈奴｜單于 = 蒙古｜可汗 |

| 吐蕃(西藏)｜贊普 = 洪秀全｜天王 = 項羽｜霸王 = 女真｜大汗 = 台灣部族｜頭目 |

4　太子的別稱　➡ 皇儲 ➡ 殿下 ➡ 儲君 ➡ 皇嗣 ➡ 世子 ➡ 千歲

5　何謂太上皇　皇帝提前將皇位禪讓於新君，退位期間的頭銜被尊稱為「太上皇」。

★　**太上皇**　此詞聽起來好像是威風凜凜，其實不然，大多數是失意皇帝的代名詞（被迫），唯有清高宗乾隆堪稱是位高權重的太上皇（因不想超越祖父康熙在位 60 年的歷史紀錄），其他朝代的太上皇均屬鬱悶悲哀型。

A　被迫退位的太上皇類別　迫於形勢，非自願退位（毫無權力可言）。

1. 武力進逼、屈服退離→明英宗做 8 年（土木堡之變後）、隋煬帝做 2 年。

2. 不想當亡國君而提前交棒→宋徽宗做 2 年、西夏神宗做 3 年。

3. 萬念俱灰無心問政→唐高祖做 9 年、唐玄宗做 6 年。

B **內禪隱位的太上皇類別** 自動將政權釋出（仍掌握朝廷大權）

1. 提前交棒→宋高宗做 25 年（中國之最）、北朝魏獻文帝做 5 年。

2. 承諾誓言→清高宗乾隆帝做 3 年（最有權勢的太上皇）。

連三代的太上皇 南宋第一任宋高宗做 25 年（還算有影響力）→宋孝宗做 5 年
（深居內宮不問政事）→宋光宗做 6 年（因不孝被迫退位）。

6 **大行皇帝** 皇帝駕崩後，廟號未確認之前的稱謂

★「大行」即永遠離行之意。

★彌留之際—人將死還沒斷氣前的稱謂。

★「中陰」——人死後，還未投胎轉世之。

第四節 何謂廟號

皇帝駕崩後，在宗室太廟（宗廟）中奉祀時追尊的名號。

★帝王廟號均為後代子孫對先帝的追尊，而不是皇帝在生前預立。

★每個朝代開國君（首創者）均以「祖」為稱，隨後繼承接襲者以「宗」為廟
號。例如：唐高祖（李淵）→唐太宗（李世民）／宋太祖（趙匡胤）→宋太宗
（趙光義）。

元、明、清三朝代有多位以「祖」字輩為廟號的帝王

元朝｜入關前 元太祖（成吉思汗）追諡 **入關後** 元世祖（忽必烈）

明朝｜南京朝 明太祖（朱元璋） **北京朝** 明成祖（朱棣）

★明成祖朱棣，其原始廟號為「明太宗」，是百年後明世宗嘉靖帝改追尊以「成
祖」為廟號。

清朝｜入關前 清太祖（努爾哈赤）追諡 **入關後** 清世祖（順治帝）

統一全國後 清聖祖（康熙帝）

字意	太	開基立業之意（太祖）	高	功高德重之意（高祖）		
	世	世代奠基之意（世祖）	成	成就者（成祖）	聖	聖明者（聖祖）

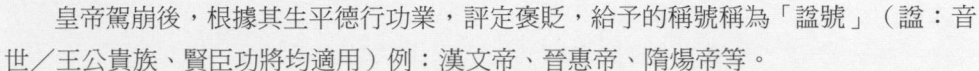

第五節　何謂諡號

皇帝駕崩後，根據其生平德行功業，評定褒貶，給予的稱號稱為「諡號」（諡：音世／王公貴族、賢臣功將均適用）例：漢文帝、晉惠帝、隋煬帝等。

★ 諡號因有蓋棺論定的思維，常形成子議父、臣論君的局面，為避免後世子民對前君的議論，唐朝開始改用「廟號」取代之，例：唐太宗、宋仁宗

諡號的分類　漢〇帝、唐〇宗、清〇宗，〇中間字義

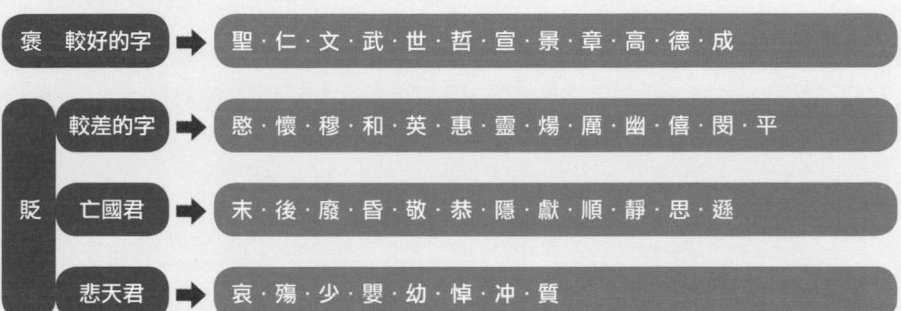

	褒 較好的字 →	聖・仁・文・武・世・哲・宣・景・章・高・德・成
	較差的字 →	愍・懷・穆・和・英・惠・靈・煬・厲・幽・僖・閔・平
貶	亡國君 →	末・後・廢・昏・敬・恭・隱・獻・順・靜・思・遜
	悲天君 →	哀・殤・少・嬰・幼・悼・沖・質

諡號字義的剖析

例1	惠	（恩惠）	原為良字，但歷朝諡號有「惠」的帝王，均是沒出息的皇帝
弱君	漢惠帝劉盈		大權落在母親呂后手中，形同傀儡（徒有帝王之名，而無帝王之實）
愚君	晉惠帝司馬衷		大權落在賈南風皇后手中，曾問朝臣「災民何不食肉糜」的笨皇帝
弱君	西夏惠帝李秉常		年幼登基，長期無法親政，憂憤而死（僅 27 歲）
弱君	元惠宗妥懽帖睦爾		元朝最後一位皇帝，被明太祖朱元璋趕回大漠，並稱他順乎天應乎地，賜其諡號「元順帝」（北元政權否認此封號）
哀君	明惠帝朱允炆		靖難之變，被皇叔朱棣（明成祖）奪位（惠帝因此失蹤，下落不明）

例2	仁	（善良的德行）	歷朝以「仁」為諡號的帝王，均有不錯的評價
明君	西夏仁帝李仁孝		與金、宋兩國和睦相處，是西夏的鼎盛期
仁君	宋仁宗趙禎		包公傳中「狸貓換太子」的主角，實行仁政
明君	元仁宗拔力八達		幼讀儒學，以儒治國整頓吏治（元朝興盛期）
仁君	明仁宗朱高熾		大赦天下，減少刑法，可惜在位僅十個月即病死
平君	清仁宗嘉慶帝		無功無過，以守成為政策

例3	聖	（聖明）	歷史上以「聖」為諡號者僅二位，均為聖君
強君	遼聖宗耶律隆緒		年幼登基，由蕭太后（燕燕）輔政，勵精圖治（遼鼎盛期）
賢君	清聖祖康熙帝		年幼登基，由孝莊太后（大玉兒）輔政，開創康乾盛世

例4	明	（光亮）	依常理而言，「明」為良字（光亮），諡號「明」者僅二位明君
明君	漢明帝劉莊		建立中國第一座佛寺（白馬寺），開創「明章之治」
平君	魏明帝司馬叡		有口吃，沈毅好斷，政績平平
平君	晉明帝司馬紹		幼年有小神童之稱，平定王敦之亂，政績平平
昏君	南朝宋明帝劉彧		迷信奢侈，對同胞兄弟大開殺戒
暴君	南朝齊明帝蕭鸞		篤信道教，一年內廢殺兩帝而篡位
弱君	北朝魏孝明帝元詡		被毒死，靈太后將元詡獨女偽稱為皇子，大震天下
弱君	北朝周明帝宇文毓		被權臣宇文護毒死
明君	五代後唐明宗李嗣源		和女婿石敬瑭一起兵變造反，殺李存勗，勤政愛民
衰君	元明宗和世㻋		在位僅八個月，被燕鐵木兒毒死

例5	順	（通暢）	歷代諡號「順」者的皇帝，皆為皇權不順
弱君	漢順帝劉保		重用宦官，朝廷內有外戚梁冀專權納賄
弱君	南朝宋順帝劉準		被迫禪位給權臣蕭道成（南齊高帝），隨後被殺
衰君	唐順宗李誦		創「永貞革新」，可惜在位僅八個月就中風而死
弱君	元順帝妥懽帖睦爾		雖扳倒權臣伯顏，但不久後被朱元璋趕回大漠（原元惠宗）

例6	章	（顯揚）	歷代以「章」為諡號者僅二位，均為明君
明君	東漢章帝劉炟		輕賦寬刑，與其父（明帝）合創東漢「明章之治」
明君	金章宗完顏璟		金朝鼎盛期，文化水平最高峰，史稱「明昌之治」

例7	世	（續代）	除了明世宗嘉靖帝外，其他均為明君
明君	後周世宗柴榮		整頓吏治、政治清明，見僧侶奢華曾滅佛（三武一宗法難）
明君	遼世宗耶律阮		頗有作為，在大改革中被謀殺
明君	金世宗完顏雍		停止侵宋活動，節儉樸實，創「大定盛世」，被稱「小堯舜」
昏君	明世宗嘉靖帝		崇信道教，前賢後昏，晚期怠政，差點被宮女掐死，寵信奸臣嚴嵩
強君	清世宗雍正帝		養廉制度，火耗歸公，攤丁入畝，改土歸流，國家強盛

例8	安	（平穩）	歷代諡號「安」者僅有二位，非昏即庸
昏君	東漢安帝劉祜		沈緬酒色，朝政腐敗
庸君	晉安帝司馬德宗		愚笨無能，曾被權臣恒玄貶為平固王，後被劉裕復立

例9	英	（精華）	歷代諡號「英」的皇帝，均為帝業坎坷之君
平君	北宋英宗趙曙		重用改革派大臣，但其體弱多病，在位僅3年就去世
衰君	元英宗碩德八剌		想大改革結果被謀殺（史稱：南坡之變，僅21歲）
弱君	明英宗朱祁鎮		土木堡之變被蒙古瓦剌軍俘擄，後獲釋（奪門之變後復立）

皇帝的自號

| 菩薩皇帝｜南朝梁武帝 | 聖母神皇帝｜唐武則天 | 教主道尊皇帝｜宋徽宗 |

| 古稀天子‧十全老人｜清高宗乾隆帝 | 趙大天王｜東晉十六國後趙武帝石虎 |

| 武威大將軍｜明武宗正德帝 | 兒皇帝｜五代後晉高祖石敬塘 | 西楚霸王｜項羽 |

| 至尊壽皇聖帝｜南宋孝宗 | 假皇帝｜漢末王莽（最後篡位成為「新朝」真皇帝） |

第六節　何謂年號

封建時代帝王所專用的紀年名號

★ 年號確切的記載年→西周共和元年（西元前 841 年）

★ 首創年號記年的皇帝→漢武帝劉徹‧建元元年（西元前 140 年）

★ 西元元年與中國對照→西漢平帝元始元年（西元元年）

改元｜更換年號　明朝之前的朝代，皇帝都有改元（更換年號）兩次以上的記錄其中以唐朝武則天為最（稱帝 15 年間用過 14 個年號）幾乎一年換一個。

各朝依據	隋朝之前的皇帝以	謚號	做稱呼（如：漢文帝、晉惠帝、隋煬帝）
	唐朝以後的皇帝以	廟號	做稱呼（如：唐太宗、宋仁宗、金世宗）
	明清兩朝的皇帝以	年號	做稱呼（如：明萬曆帝、清乾隆帝、清光緒帝）

範例	朝代	帝名	年號	廟號	謚號
	唐朝	李世民	貞觀	唐太宗	文武大聖大廣孝皇帝

左傳云：「周人以諱事神名，終將避之」（名諱習俗始於周朝）意為迴避君王或聖人的名號，以示謙遜或敬崇（不敢冒犯之意）又稱避諱或忌諱（敏感字眼不可直呼，否則被視為大不敬）。

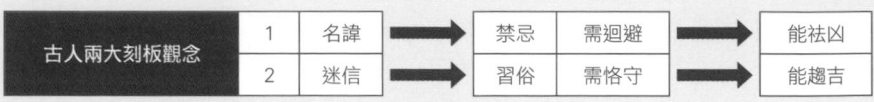

古人兩大刻板觀念	1	名諱	➡	禁忌	需迴避	➡	能袪凶
	2	迷信	➡	習俗	需恪守	➡	能趨吉

較特殊的名諱觀｜形音‧字句均要迴避

秦始皇嬴政	➡	正月改成端月
漢高祖劉邦	➡	（外邦）改成（外國）
漢文帝劉恒	➡	「恒山」改為「常山」、「姮娥」改成「嫦娥」
漢光武帝劉秀	➡	「秀才」改為「茂才」
漢明帝劉莊	➡	「莊子」改為「嚴子」
晉景帝司馬師	➡	姓「師」氏改成「帥」姓
唐高祖李淵	➡	龍淵改為龍泉
晉愍帝司馬鄴	➡	建鄴（南京）改為建康
宋仁宗趙禎	➡	「蒸」饅頭改為「炊」
唐太宗李世民	➡	觀世音改為觀音、三世改為三代、民部改成戶部、民風改為人風
後晉高祖石敬瑭	➡	姓「敬」被改為姓「苟」
明太祖朱元璋	➡	「元年」改為「始年」
清聖祖康熙帝玄燁	➡	玄天上帝改為元真上帝、玄武門改成神武門、唐玄宗被改為唐明皇
清道光帝旻寧	➡	廣寧門改成廣安門
清雍正帝	➡	孔子名丘將「丘」加耳成邱
清順治帝福臨	➡	春聯禁貼「五福臨門」橫匾
洪憲帝袁世凱	➡	將元宵（袁消）改成湯圓

第八節　歷代帝王（皇帝和藩王）在位期間比較表

在位最久的皇帝	清康熙帝（在位 61 年）

在位最短的皇帝	金末帝 完顏承麟（僅半日）

<table>
<tr><td rowspan="7">帝王在位比較表</td><td>在位期間</td><td>佔比</td><td>皇帝</td><td>藩王</td><td>合計</td></tr>
<tr><td>40 年以上的帝王</td><td>5%</td><td>14 位</td><td>0</td><td>14 位</td></tr>
<tr><td>39 ～ 30 年的帝王</td><td>4%</td><td>9 位</td><td>4 位</td><td>13 位</td></tr>
<tr><td>29 ～ 20 年的帝王</td><td>11%</td><td>29 位</td><td>9 位</td><td>38 位</td></tr>
<tr><td>19 ～ 10 年的帝王</td><td>27%</td><td>65 位</td><td>26 位</td><td>91 位</td></tr>
<tr><td>未滿 10 年的帝王</td><td>53%</td><td>114 位</td><td>61 位</td><td>175 位</td></tr>
<tr><td>總計</td><td>100%</td><td>231 位</td><td>100 位</td><td>331 位</td></tr>
</table>

Ⓐ

未滿 10 年的帝王	皇帝	藩王	合計
9 年～ 3 年的帝王	50 位	26 位	76 位
未滿 3 年的帝王	36 位	22 位	58 位
未滿 1 年的帝王	22 位	11 位	33 位
未滿百日的帝王	6 位	2 位	8 位
總計	114 位	61 位	175 位

Ⓑ

Ⓐ 在位期間超過 40 年的 14 位皇帝排行榜

序	評價	皇帝名稱	在位期	即位年齡	歲數	考評
1	賢君	清聖祖・康熙帝	61 年	8 歲	69 歲	勤政愛民、儉樸克己
2	明君	清高宗・乾隆帝	60 年	25 歲	89 歲	提前禪位（3 年太上皇）清朝鼎盛期
3	強君	西漢武帝・劉徹	54 年	16 歲	70 歲	雄才大略、開疆闢地（漢朝鼎盛期）
4	強君	西夏崇帝・李乾順	54 年	3 歲	57 歲	16 歲時誅滅梁氏，開始親政，勵精圖治
5	明君	西夏仁帝・李仁孝	54 年	16 歲	70 歲	與金宋兩國和睦相處（西夏鼎盛期）
6	強君	遼聖宗・耶律隆緒	49 年	12 歲	61 歲	幼時蕭太后輔政（遼國鼎盛期）
7	名君	南朝梁武帝・蕭衍	48 年	38 歲	86 歲	篤信佛教被侯景背叛俘虜遭餓死
8	昏君	明神宗・萬曆帝	48 年	10 歲	58 歲	前明後昏，怠政竟然 33 年未上朝
9	昏君	遼道宗・耶律洪基	46 年	24 歲	70 歲	不理朝政，聽信讒言
10	昏君	明世宗・嘉靖帝	45 年	15 歲	60 歲	崇信道教，寵信奸臣嚴嵩
11	名君	唐玄宗・李隆基	44 年	28 歲	78 歲	前明後昏，提前禪位（6 年太上皇）
12	庸君	三國蜀漢後主・劉禪	41 年	17 歲	65 歲	扶不起的阿斗，最後投降曹魏（7 年降臣）
13	仁君	北宋仁・宗趙禎	41 年	13 歲	54 歲	與西夏簽定「慶曆和議」（得半世紀和平）
14	昏君	南宋理宗・趙昀	40 年	20 歲	60 歲	信任奸臣賈似道，將宋朝帶向滅亡

B 在位期間不滿百日（三個月）的 8 位皇帝排行榜

序	朝代	帝王名稱	在位期	考評
1	金朝	金末帝·完顏承麟	半日	登基大典時元軍破城而入被殺（世界歷史之最）
2	北齊	北齊幼主·高恒	20 天	因先帝禪讓，僅作 20 天皇帝（被北周俘殺）年 8 歲
一	西漢	昌邑王·劉賀	27 天	在位 27 天做出 1127 件荒唐事，被霍光廢為海昏侯（未排入帝序）
3	明朝	明光宗·朱常洛	29 天	因亂服丹藥而喪命（明朝紅丸案）
4	元朝	天順帝·阿速吉八	30 天	朝廷政變（因而失蹤不知去向）
5	秦朝	秦子嬰	46 天	殺趙高向劉邦投降，後被項羽所殺
6	元朝	元寧宗·懿璘質班	53 天	年幼登基（7 歲）不久就夭殤（沒當皇帝的福分）
7	十六國	前趙隱帝·劉粲	60 天	被大將軍靳准所叛殺
8	十國	北漢少主·劉繼恩	60 天	被刺殺身亡
一	民國	洪憲皇帝·袁世凱	83 天	背叛民主、自立為帝，在全國討伐聲中憂憤而終（未排入帝序）

★ 在位不滿 10 年的皇帝以元朝最多，西元 1307 年～ 1332 年（25 年間）更替 8 位皇帝（總數 11 帝）。

★ 在位不滿 10 年的皇帝以清朝最少，僅一位（末代皇帝宣統在位 3 年）清朝共有 10 帝。

中國歷代前 5 名─壽命最長的皇帝				
序	皇帝名稱	歲數	即位年齡	在位期	備註
1	清高宗·乾隆帝	89 歲	25 歲	60 年	另當 3 年太上皇
2	南朝梁武帝·蕭衍	86 歲	38 歲	48 年	最後被餓死
3	唐朝女皇·武則天	82 歲	67 歲	15 年	臨朝專政 32 年
4	南宋高宗·趙構	81 歲	21 歲	36 年	另當 25 年太上皇
5	元世祖·忽必烈	80 歲	56 歲	24 年	另當蒙古大汗 11 年

歷代前 5 名─壽命最短的皇帝			
序	皇帝名稱	歲數	在位期間
1	東漢殤帝·劉隆	1 歲	8 個月
2	東漢沖帝·劉炳	3 歲	6 個月
3	元寧宗·懿璘質班	7 歲	53 天
4	北周靜帝·宇文闡	9 歲	2 年
5	南宋帝昺·趙昺	9 歲	10 個月

歷代前 5 名─登基時年齡最長的皇帝			
排名	皇帝名稱	即位年齡	在位期間
1	唐朝女皇武則天	67 歲	15 年
2	蜀漢昭帝劉備	61 歲	2 年
3	南朝宋武帝劉裕	58 歲	2 年
4	西漢高祖劉邦	55 歲	8 年
5	新莽帝王莽	54 歲	15 年

★ 元世祖忽必烈 45 歲時稱大汗，56 歲稱帝

歷代前 5 名─登基時年齡最小的皇帝			
排名	皇帝名稱	即位年齡	在位期間
1	東漢殤帝劉隆	出生百日	8 個月
2	東漢穆帝司馬聃	1 歲	18 年
3	東漢冲帝劉炳	2 歲	6 個月
4	西漢孺子嬰劉嬰	2 歲	2 年
5	西漢前少帝劉恭	2 歲	4 年

★ 清末帝宣統溥儀 3 歲即位，在位 3 年

嫡長子皇帝　中國歷代皇朝 231 位皇帝中以嫡長子身份即位的僅有 55 位（約 24%）

完全沒有嫡長子即位的朝代　① 西晉（4 帝）② 南梁（4 帝）③ 隋朝（3 帝）④ 五代（共 14 帝）⑤ 金朝（10 帝）⑥ 清朝（10 帝）

第九節　中國歷代兒皇帝簡介

★ 年幼登基（15 歲前）的皇帝，歷代共有 64 位（總數 231 位），約佔 28%。其中以東漢 11 位最多（全部 14 位佔 79%）秦朝與金朝則完全沒有兒皇帝。

特殊怪例　五代後晉高祖石敬瑭，為了求得帝位，竟然割讓燕雲十六州給遼朝（契丹），並以 45 歲之齡拜 34 歲的遼太宗為父，自稱兒皇帝而貽笑千古。

兒皇帝的種類　年幼皇帝因無執政能力，需靠母后（太后）臨朝稱制（垂簾聽政）或朝臣輔佐攝政，才能讓朝政順利運轉，但也因此常使皇帝大權旁落，成為傀儡皇帝，史稱：「權臣專政」或「弄權干政」。

1	嬰幼皇帝	三歲以前登基者	2	幼年皇帝	3 歲～6 歲的皇帝
3	童年皇帝	7 歲～12 歲的皇帝	4	少年皇帝	13 歲～16 歲的皇帝

① 中國人對年齡的名號稱謂

嬰兒期	母胎	胎兒
	初生	嬰兒：嬰指女生（女嬰）／兒指男生（孩兒）
	未滿周歲	襁褓之年
幼兒期	1歲	牙牙之年（學步）
	2歲	孩提之年（學語）
	3～5歲	幼稚之年（發問）
兒童期	7～12歲	統稱：總角或垂髫
	7歲女生	髫年（髫：音條）
	8歲	童齔之年（換牙）
	8歲男生	韶年
少年期	9歲	黃口之年（貪食）
	10歲	外傅之年（外出求學）
	12歲女生	金釵之年（月事來臨）
青少年期	13歲 女	荳蔻年華（含苞青春期）
	13歲 男	舞勺之年（長喉結變聲）
	15歲 女	及笄之年
	15歲 男	束髮之年
	16歲	二八年華（2*8=16）
	16歲 女	碧玉年華（亭亭玉立）
	16歲 男	舞象年華

襁褓

及笄

束髮

成年期	20歲	雙十年華
	20歲 女生	桃李之年（青澀貌美）
	20歲 男生	加冠之年（丁年）
	24歲女生	花信年華（女生最美期）
壯年期	30歲	而立之年
	36歲	本壽之年
	40歲	不惑之年（鼎盛期）
艾耆年	50歲	知命之年（半百）
	60歲	耳順之年（花甲）
老年	64歲	破瓜之年（瓜分開為八八二字）
	70歲	從心之年（古稀）
	77歲	喜壽之年
耄年	80歲	杖期之年（耄耋）★可持杖入朝
	88歲	米壽之年（八十八＝米）
	90歲	鮐背之年（生斑紋）
	95歲	珍壽之年（珍稀）
	99	白壽之年（百少一為九十九）
期年	100歲	期頤之年（人瑞）
	108歲	茶壽之年（上廿、下八十八）

2 歷代兒皇帝明細表　中國歷代共有 64 位兒皇帝（總數 231 位）其中僅有 10 位明君而已，其餘的兒皇帝均為柔弱之君，不成大器

代數	君別	皇帝名稱		即位年歲	在位期	壽考	輔佐攝政者
【西漢】	**4 個兒皇帝（總數 14 位，佔比 29%）**						
第 3 任	哀君	漢前少帝	劉恭	2 歲	4 年	被殺	呂雉（呂后）
第 8 任	明君	漢昭帝	劉弗陵	8 歲	13 年	病死	霍光（霍去病之弟）
第 13 任	弱君	漢平帝	劉衍	8 歲	6 年	毒死	王政君（在位最久的皇后）
第 14 任	哀君	孺子嬰	劉嬰	2 歲	2 年	被殺	王莽（篡西漢自立為帝）
【東漢】	**11 個兒皇帝（總數 14 位，佔比 79%）第 7 任漢嬰帝因年歲不詳，未列出**						
第 4 任	弱君	漢和帝	劉肇	10 歲	17 年	鬱卒	竇太后及權臣竇憲
第 5 任	夭君	漢殤帝	劉隆	百日	8 個月	夭折	鄧太后（鄧綏）
第 6 任	昏君	漢安帝	劉祐	13 歲	19 年	病死	
第 8 任	弱君	漢順帝	劉保	11 歲	19 年	病死	閻姬及梁妠
第 9 任	夭君	漢沖帝	劉炳	2 歲	6 個月	夭折	梁太后（梁妠）及權臣梁冀
第 10 任	弱君	漢質帝	劉纘	8 歲	1 年	毒死	
第 11 任	昏君	漢桓帝	劉志	15 歲	21 年	病死	
第 12 任	昏君	漢靈帝	劉宏	12 歲	22 年	病死	竇太后（竇妙）及權臣竇武
第 13 任	夭君	漢少帝	劉辯	14 歲	4 個月	自殺	何太后及何進
第 14 任	弱君	漢獻帝	劉協	9 歲	32 年	病死	董卓→曹操
【曹魏】	**3 個兒皇帝（總數 5 位，佔比 60%）**						
第 3 任	弱君	魏齊王	曹芳	8 歲	14 年	病死	司馬師
第 4 任	弱君	高貴鄉公	曹髦	14 歲	6 年	被殺	司馬昭（司馬昭之心、路人皆知）
第 5 任	弱君	魏元帝	曹奐	15 歲	6 年	病死	
【東吳（三國）】	**1 個兒皇帝（總數 4 位，佔比 25%）**						
第 2 任	弱君	會稽王（廢帝）	孫亮	10 歲	7 年	毒死	孫綝
【西晉】	**1 個兒皇帝（總數 4 位，佔比 25%）第 4 任晉**						
第 4 任	卑君	晉愍帝	司馬鄴	14 歲	4 年	被殺	賈疋
【東晉】	**4 個兒皇帝（總數 11 位，佔比 36%）**						
第 3 任	平君	晉成帝	司馬衍	5 歲	17 年	病死	庾文君太后及王導
第 5 任	平君	晉穆帝	司馬聃	1 歲	18 年	病死	褚太后（褚蒜子）及桓溫
第 9 任	平君	晉孝武帝	司馬曜	11 歲	25 年	悶死	
第 10 任	庸君	晉安帝	司馬德宗	15 歲	22 年	毒死	司馬道子及恒玄
【南朝劉宋】	**2 位兒皇帝（總數 8 位，佔比 25%）**						
第 7 任	暴君	宋後廢帝	劉昱	10 歲	5 年	被殺	蕭道成（篡劉宋建南齊）
第 8 任	弱君	宋順帝	劉準	9 歲	2 年	被殺	

認識中國皇帝

代數	君別	皇帝名稱		即位年歲	在位期	壽考	輔佐攝政者
【南朝南齊】	2 位兒皇帝（總數 7 位，佔比 29%）						
第 4 任	弱君	海陵王	蕭昭文	15 歲	4 個月	被殺	蕭鸞（殺帝自立）
第 7 任	弱君	齊和帝	蕭寶融	13 歲	2 年	被殺	蕭衍（篡南齊建南梁）
【南朝南梁】	1 位兒皇帝（總數 4 位，佔比 25%）						
第 4 任	弱君	梁敬帝	蕭方智	13 歲	3 年	被殺	陳霸先（篡南梁建南陳）
【南朝南陳】	1 位兒皇帝（總數 5 位，佔比 20%）						
第 3 任	弱君	陳廢帝	陳伯宗	13 歲	3 年	病死	陳頊（殺帝自立）
【北朝北魏】	5 位兒皇帝（總數 11 位，佔比 45%）						
第 3 任	強君	魏太武帝	拓跋燾	15 歲	29 年	被殺	被宦官宗愛所殺
第 4 任	明君	魏文成帝	拓跋濬	13 歲	13 年	病死	誅逆宦宗愛，建雲岡石窟
第 5 任	明君	魏獻文帝	拓跋弘	12 歲	6 年	禪讓	馮有（馮太后）
第 6 任	明君	魏孝文帝	拓跋宏	5 歲	28 年	病死	
第 8 任	弱君	魏孝明帝	元詡	6 歲	13 年	毒死	宣武靈皇后（胡太后）
【北朝東魏】	1 位兒皇帝（總數 1 位，佔比 100%）						
第 1 任	弱君	魏孝靜帝	元善見	11 歲	17 年	毒死	高歡（北齊奠基者）
【北朝北齊】	2 位兒皇帝（總數 6 位，佔比 33%）						
第 5 任	暴君	齊後主	高緯	10 歲	12 年	被殺	胡太后及和士開
第 6 任	哀君	齊幼主	高恒	8 歲	（20 天）	被殺	被高緯逼迫而禪位
【北朝北周】	1 位兒皇帝（總數 5 位，佔比 20%）						
第 5 任	哀君	周靜帝	宇文闡	7 歲	2 年	被殺	楊堅（篡北周建立隋朝）
【隋朝】	1 位兒皇帝（總數 3 位，佔比 33%）						
第 3 任	弱君	隋恭帝	楊侑	13 歲	2 年	被殺	李淵（篡隋建唐）
【唐朝】	2 位兒皇帝（總數 21 位，佔比 10%）						
第 19 任	昏君	唐僖宗	李儇	12 歲	15 年	病死	田令孜（宦官）
第 21 任	哀君	唐哀宗	李柷	13 歲	4 年	毒死	朱溫（全忠）
【五代後周】	1 位兒皇帝（總數 3 位，佔比 33%）						
第 3 任	哀君	周恭帝	柴宗訓	7 歲	6 個月	病死	趙匡胤（篡後周建立宋朝）
【遼朝】	1 位兒皇帝（總數 9 位，佔比 11%）						
第 6 任	強君	遼聖宗	耶律隆緒	12 歲	49 年	病死	蕭太后（燕燕）
【西夏】	3 位兒皇帝（總數 10 位，佔比 30%）						
第 2 任	弱君	夏毅帝	李諒祚	2 歲	19 年	傷亡	沒藏太后
第 3 任	弱君	夏惠帝	李秉常	7 歲	19 年	鬱卒	梁太后及權臣梁乙埋
第 4 任	強君	夏崇帝	李乾順	3 歲	54 年	病死	梁太后
【北宋】	2 位兒皇帝（總數 9 位，佔比 22%）						
第 4 任	仁君	宋仁宗	趙禎	13 歲	41 年	病死	劉娥（劉太后）
第 7 任	明君	宋哲宗	趙煦	9 歲	15 年	病死	高滔滔（高太后）
【南宋】	3 位兒皇帝（總數 9 位，佔比 33%）						
第 7 任	弱君	宋恭宗	趙顯	3 歲	2 年	被殺	謝道清（謝太后）
第 8 任	弱君	宋端宗	趙昰	7 歲	2 年	病死	文天祥

（西夏第2任、第3任壽考欄：母黨專政）

代數	君別	皇帝名稱		即位年歲	在位期	壽考	輔佐攝政者	
第 9 任	哀君	宋帝昺	趙昺	8 歲	10 個月	投海	陸秀夫	
【元朝】		3 位兒皇帝（總數 11 位，佔比 27%）						
第 7 任	哀君	元天順帝	阿速吉八	9 歲	（30 天）	失蹤	倒剌沙	
第 10 任	哀君	元寧宗	懿璘質班	7 歲	（53 天）	病死	卜答失里太后及燕鐵木兒	
第 11 任	弱君	元惠宗（順帝）	妥懽帖睦爾	14 歲	35 年	病死	伯顏	
【明朝】		4 位兒皇帝（總數 16 位，佔比 25%）						
第 6 任	弱君	明英宗・正統帝	朱祁鎮	9 歲	14 年	被俘	張太后及王振（宦官）	
第 10 任	昏君	明武宗・正德帝	朱厚照	15 歲	16 年	病死	劉瑾（八虎之首）	
第 11 任	昏君	明世宗・嘉靖帝	朱厚熜	15 歲	45 年	病死	嚴嵩	
第 13 任	昏君	明神宗・萬曆帝	朱翊鈞	10 歲	48 年	病死	張居正	
【清朝】		5 位兒皇帝（總數 10 位，佔比 50%）						
第 1 任	平君	清世祖・順治帝	福臨	6 歲	18 年	病死	孝莊	多爾袞
第 2 任	賢君	清聖祖・康熙帝	玄燁	8 歲	61 年	病死	太后	鰲拜
第 8 任	弱君	清穆宗・同治帝	載淳	6 歲	13 年	病死	慈禧太后及奕訢	
第 9 任	弱君	清德宗・光緒帝	載湉	5 歲	34 年	病死		
第 10 任	弱君	清末帝・宣統帝	溥儀	3 歲	3 年	病死	隆裕太后及載灃	

清朝不可思議的巧合

① 順治帝與同治帝（雙治皇帝）皆為 6 歲登基，同時都死於「天花」（出痘），順治帝享 24 歲（生母孝莊皇后）；同治帝享 19 歲（生母慈禧皇后）。

★ 兩位皇后左右清朝的「興」與「衰」

② 前二代為孝莊皇后輔政（賢明），將清朝帶向光明（強盛）

末三代為慈禧太后聽政（昏昧），將清朝推向衰敗（覆滅）

③ 清朝前二代（順治・康熙）登基時年齡相加為 14 歲；末三代（同治・光緒・宣統）登基時年齡相加恰巧也是 14 歲。更巧的是末三代皆無子嗣（斷子絕孫），不但斷了清朝二百多年的基業，同時也中止了中國兩千年的封建帝業。

第十節　先盛後衰的皇帝

前期賢明（勵精圖治）　後期昏庸（荒腔走板）

1	上古時期春秋五霸齊桓公	前期重用賢相管仲，尊王攘夷，稱霸中原，後期昏庸無能最後被餓死
2	西晉武帝司馬炎（在位 26 年）	前期創「太康之治」，後期君臣比富、荒淫奢靡。國力急衰
3	前秦昭宣帝苻堅（在位 29 年）	前期雄才大略，統一中國北方，後期驕矜自傲，被東晉擊敗（淝水之戰）
4	南朝宋文帝劉義隆（在位 29 年）	前期創「元嘉之治」，後期迷信，濫殺功臣
5	南朝梁武帝蕭衍（在位 48 年）	前期勵行儉約，創「梁武中興」，後期沉迷佛事，引發侯景之亂
6	北朝魏道武帝拓跋珪（在位 23 年）	前期稱霸華北，後期剛愎自用，猜忌多疑
7	北朝北齊文宣帝高洋（在位 10 年）	前期精明能幹，後期嗜酒如命，荒唐淫亂
8	唐玄宗李隆基（在位 44 年）	前期創「開元之治」，後期寵愛楊貴妃，引發「安史之亂」（唐走下坡）
9	十國後蜀孟昶（在位 31 年）	前期節儉樸實，後期貪圖逸事
10	西夏景帝李元昊（在位 11 年）	前期頗有建樹，後期好酒好色
11	金熙宗完顏亶（在位 14 年）	前期智勇雙全，借宋秦檜之手殺南宋猛將岳飛，後期嗜酒不理朝政
12	明憲宗成化帝（在位 23 年）	前期幫于謙昭雪，體諒民情，後期偏好方術，偷享安樂
13	明世宗嘉靖帝（在位 45 年）	前期剛毅果斷，後期寵奸臣嚴嵩，崇信道教而走火入魔，後 28 年怠政
14	明神宗萬曆帝（在位 48 年）	前期有名相張居正輔佐（萬曆中興），後期怠忽朝政，33 年未上朝
15	明思宗崇禎帝（在位 17 年）	前期剷除奸宦魏忠賢，後期近小人，遠君子，殺忠良，導致滅國

前期昏庸而後期賢明的表率性君王

上古春秋五霸｜楚莊王羋旅　不鳴則已，一鳴驚人；不飛則已，一飛沖天

第十一節　歷代開國君頭痛問題

在風雨中繼承的接班人

★ 歷代開國帝王在嗣立皇太子時，常忽略先人的前車之鑑：「安定時立長（嫡長子）、戰亂時立功（有功者）、混亂時立賢（賢明者）」的古訓，一昧以中國傳統舊思維的宗法祖制（立長立嫡）冊立儲君，結果常造成兄弟鬩牆、骨肉相殘的憾事一再發生。

歷代較知名的奪嫡篡位事件

	原先設定傳位人選		結果	後來接續登基大位的皇帝
秦	秦始皇（嬴政）	➡ 扶蘇（長子）	趙高、李斯篡改詔書	秦二世胡亥（幼子）
漢	漢高祖（劉邦）	➡ 劉如意（三子）	呂后誅殺戚夫人及如意	漢惠帝劉盈（長子）
隋	隋文帝（楊堅）	➡ 楊勇（長子）	楊廣擅於偽裝欺瞞其父	隋煬帝楊廣（次子）
唐	唐高宗（李淵）	➡ 李建成（長子）	玄武門之變奪位	唐太宗李世民（次子）
宋	宋太宗（趙匡胤）	➡ 趙德昭（三子）	斧聲燭影中即位	宋太宗趙光義（胞弟）
明	明太祖（朱元璋）	➡ 朱允炆（長孫）	靖難之變中奪位	明成祖朱棣（四子）
清	清太宗（皇太極）	➡ 豪格（長子）	多爾袞強勢介入	清世祖福臨（九子）
	清聖祖（康熙帝）	➡ 允礽（太子）	太子允礽不孝不義被廢	清世宗雍正帝（四子）

第十二節　歷代山寨皇帝

在古代天下大亂之際，正是各方梟雄擴張舞台的最佳時機，

他們常藉此混水摸魚，趁勢坐大，最後自立稱帝，尊享榮華富貴，備受萬民奉戴，但他們常因殺戮成性或投機取巧之輩，政權均維持不久，即以垮台告終，最後成為亂臣賊子留給後世貶謫（不列入正統皇帝排序），被定位成軍閥或叛賊。

曇華一現的虛擬王朝政權

朝代	帝號	帝名	在位期	經歷過程
秦末	楚義帝	羋熊心	1 年	楚懷王之孫，領導抗秦活動，最後被項羽謀殺
秦末	西楚霸王	項羽	4 年	封劉邦為漢王，最後被其打敗，自刎於烏江旁
東晉	桓楚帝	桓玄	6 個月	因不滿司馬道子專權、自立為帝、後被劉裕所擊滅
隋末	許帝	宇文化及	1 年	殺隋煬帝楊廣，自立為帝，但不久兵敗被斬殺
隋末	鄭帝	王世充	2 年	於河南稱帝，後投降於李世民，不久後被仇家殺死
隋末	涼帝	李軌	10 個月	於涼州（甘肅武威）稱帝，不久後被唐擊敗俘殺
唐朝	大燕光烈帝	安祿山	2 年	安史之亂首領，後被其子安慶緒殺死
唐末	大齊宣武帝	黃巢	4 年	唐末農民兵首領，被部下所殺
元末	小明王	韓林兒	12 年	白蓮教教主（紅巾軍領袖），被朱元璋謀殺
元末	天完帝	徐壽輝	10 年	紅巾軍南派首領，被部下陳友諒謀殺
元末	大漢皇帝	陳友諒	3 年	在安徽稱帝，鄱陽湖之戰被朱元璋擊敗被殺
元末	大周吳帝	張士誠	15 年	曾被元軍所敗，旋據江蘇，最後被朱元璋擊滅
元末	大夏皇帝	明玉珍	4 年	原為徐壽輝部下，與陳友諒不睦，自稱帝，不久後病死
元末	北元政權三位皇帝		20 年	元朝被朱元璋擊敗北遁漠北，建立北元政權（歷三代）
明末	大順闖王	李自成	1 年	曾攻陷北京，明思宗自縊（明亡）後被吳三桂擊敗
明末	大西皇帝	張獻忠	2 年	在四川稱帝，不久被清將豪格所滅
明末	南明政權四位皇帝		18 年	明滅亡後，舊遺臣在南方建立的流亡政權，歷四代
明末	大周太祖	吳三桂	4 年	叛明後又叛清（三藩之亂）病死其孫繼位，不久被殺
清末	太平天王	洪秀全	14 年	在南京建立「太平天國」後因內訌而瓦解
民國	洪憲皇帝	袁世凱	83 日	逼滅清朝，做過大總統，最後乾脆自立為帝，引發全國討袁行動，最後羞憤而死，在位僅 83 天
民國	康德皇帝	溥儀	12 年	日本所扶植的滿州國皇帝（二戰後成為戰犯）

第十三節　比較皇帝

1　最受爭議的兩位皇帝｜秦始皇 V.S 隋煬帝

他們兩人均以好大喜功、窮兵黷武、勞民傷財、暴虐無道而聞名於世，被歸類為暴君。但是近代史學家認為他們在國防戰備上及經濟發展上，曾對中國做出空前輝煌的貢獻（功大於過），故將他們平反除去暴君之惡名，改用以「霸君」稱之（兩人享年均為 50 歲）。

帝名	年歲	在位	功（褒）	過（貶）
秦始皇、嬴政	50 歲	38 年	12 年皇帝，築長城（鞏固國防阻止外侵）	勞師動眾
隋煬帝、楊廣	50 歲	15 年	2 年太上皇，開運河（暢通水路繁榮經濟）	勞民傷財

2　被敵人誇譽為天才的兩位皇帝｜孫權 V.S 李存勗

三國吳大帝、孫權	← 誇	曹操曰：「生子當如孫仲謀（權）」
五代後唐莊宗、李存勗	← 誇	朱溫（全忠）曰：「得子要得李亞子（存勗乳名）」

3　最奇特的兩位皇帝（難兄難弟）｜唐中宗 V.S 唐睿宗

他們兩兄弟因母后武則天、權慾薰天想當皇上，成為其母后的絆腳石（終遭被踢開）

兄｜唐中宗李顯　二次登基皆以悲劇收場

- 第一次登基（母后的傀儡）僅做 54 天皇帝，因不聽后訓被罷黜為「盧陵王」
- 第二次登基（妻后的傀儡）在位僅 5 年，被妻子韋后聯合女兒安樂公主將其毒死。

弟｜唐睿宗李旦　二次登基皆以鬱悶收場

- 第一次登基（6 年的傀儡皇帝）因政事全由母后武則天決議，淪為蓋章皇帝，因表不滿被廢黜軟禁於東宮，隨後武則天稱帝（大周聖神皇帝）。
- 第二次登基（3 年的鬱悶皇帝）因兒子李隆基與妹妹太平公主，聯合剷除韋后後，引發激烈的權力鬥爭，他在萬念俱灰無心問政下，將皇位禪讓給兒子（唐玄宗），自任太上皇（在位 3 年、以及做了 4 年太上皇）

4　命運多舛的父子皇帝｜宋徽宗 V.S 宋欽宗

- 北宋共有 9 帝，前 7 帝均是有所做為的良君，但到了第 8 任宋徽宗時開始沉迷奢華、潛心藝術（有書畫皇帝之稱），其治國昏庸無能，金兵南犯時，急於禪位給兒子（欽宗）。不久汴京（開封）城破而被俘擄，史稱「靖康之

難」，宋徽宗被金太祖貶封為「昏德公」，宋欽宗被封為「重昏公」。

⑤ 最不孝的皇帝｜南宋高宗趙構

- 「靖康之難」高宗之父（徽宗）及兄長（欽宗）被金人擄走，命在旦夕，高宗南逃臨安（杭州）登基稱帝建立南宋政權，一心只想偏安江南，保全皇位，不求金人釋放父兄，並極力阻擋多次北伐成功的抗金名將岳飛（最後以莫須有之罪將其殺害），後來因心虛愧疚，提前將皇位禪讓給養子（孝宗），當了近 25 年的太上皇（中國歷史之最）。

⑥ 連三代均提前禪讓皇位當太上皇的皇帝｜南宋前三代皇帝

南宋連三代		君別	帝名	在位	太上皇期間
	1	平君	宋高宗、趙構	35 年	提前交棒給孝宗，做 25 年的太上皇（仍掌權），80 歲病逝
	2	明君	宋孝宗、趙眘	27 年	提前禪位給光宗，做 5 年太上皇（不問政事），68 歲病逝
	3	庸君	宋光宗、趙惇	5 年	寵妖后李鳳娘，對孝宗不孝，被迫退位做 6 年太上皇，53 歲逝

⑦ 境遇最特殊的三位皇帝｜唐中宗、宋理宗、宋恭宗

❶ 唐中宗｜李顯　爸爸是皇帝（唐高宗、李治）、媽媽是皇帝（武則天）、弟弟是皇帝（唐睿宗、李旦）、兒子是皇帝（唐殤宗、李重茂，在位 16 天，未排入帝序）、侄子是皇帝（唐玄宗、李隆基），差一點連太太（韋后）、妹妹（太平公主）以及女兒（安樂公主）大家都搶著想當皇帝。

❷ 南宋理宗｜趙昀　他是南宋在位最久的皇帝（40 年），前 10 年為權臣史彌遠專政，後期為亂臣賈似道弄權，好色縱慾，召妓唐安安、寵妖妾閻妃，並聯合蒙古、滅掉金朝（自掘墳墓、引狼入室），讓南宋國力驟降。死後其陵寢被元朝蕃僧挖出，將他的頭蓋顱製成密宗法器（嘎巴拉），專供元朝帝師八思巴舉行法會時專用，下場極為淒涼（後被明朱元璋尋獲、幫其安葬）

❸ 南宋恭宗｜趙顯　3 歲時在臨安（杭州）即位為帝，5 歲時被謝太皇太后抱著向元朝投降，青年時在大都（北京）做了元朝降臣，中年時被遣入西藏當僧侶，晚年因文字獄被殺害，享年 53 歲（一生顛沛於大江南北，飽受卑屈侮辱的皇帝）。

⑧ 兩位御駕親征、命運大不同的皇帝｜宋眞宗 V.S 明英宗

成功	北宋真宗、趙恒	聽宰相寇準諫言御駕親征，大破南犯遼軍（澶州之戰） 雙方簽訂「澶淵之盟」（換得百年和平）
失敗	明英宗、朱祈鎮	信奸宦王振讒言，御駕親征，結果被蒙古瓦剌大將軍也先前後包抄慘敗遭俘擄，史稱「土木堡之變」。

⑨ 兩位只想偏安江南保帝位的皇帝｜東晉元帝 V.S 南宋高宗

1	東晉元帝、司馬睿	創建東晉	膽小如鼠	阻擾猛將祖逖北伐
2	南宋高宗、趙構	創建南宋	心胸狹小	阻擋名將岳飛討金

⑩ 三位從起義軍中小嘍囉一直到開國大皇帝｜漢高祖 VS 漢光武帝 VS 明太祖

1	西漢・劉邦	秦末陳吳之亂時、投奔楚義帝陣營，最後擊敗西楚霸王項羽稱帝（漢高祖）
2	東漢・劉秀	綠林赤眉之亂時加入更始帝陣營，最後擊敗莽軍及赤眉軍稱帝（東漢光武帝）
3	明朝・朱元璋	紅巾之亂時投入小明王陣營，最後擊敗陳友諒，張士誠而稱帝（明太祖）

⑪ 歷代兩位最窩囊的君王｜石敬瑭 V.S 劉旻

1	五代後晉高祖・石敬瑭	自稱兒皇帝	2	十國北漢世祖・劉旻	自稱侄皇帝

⑫ 最殘暴的兩位開國皇帝｜漢高祖 V.S 明太祖（兩位皆爲歷史僅有的平民皇帝）

1	漢高祖・劉邦	開國元勳，功臣猛將幾乎全被殺光（成為身敗名裂的亂臣賊子）
2	明太祖・朱元璋	

★ 明初時期被誅者從開國元勳到列侯裨將、部院大臣、諸司官吏到州縣胥史、進士儒生、富商農主、僧道屠沽至親兒侄甥，範圍之廣，無一倖免。

⑬ 最仁慈的兩位開國皇帝｜東漢光武帝 V.S 宋太祖

1	東漢光武帝、劉秀	開國元勳、功臣猛將，皆功成身退，在家含貽弄孫，安享天年
2	宋太祖、趙匡胤	

⑭ 終生傀儡的兩位樣板皇帝｜東漢獻帝 V.S 清光緒帝

1	東漢獻帝・劉協	9 歲時被董卓立為傀儡皇帝，16 歲時被曹操挾天子以令諸侯，當了 32 年的影子皇帝，寄人籬下毫無權力可言（如同乞丐）
2	清光緒帝・載湉	5 歲登基，當了 34 年的問安皇帝，他是慈禧太后手掌玩弄的木偶，御案前重要擺飾物，穿著龍袍的模特兒（展示品）

15 最痛恨貪官污吏的兩位皇帝｜明太祖 V.S 清世宗

1	明太祖、朱元璋	創立錦衣衛	2	清世宗、雍正帝	創密摺制度

16 完全無嗣（子女）的皇帝｜中國歷代有 5 位皇帝

1 西漢昭帝｜劉弗陵　2 明武宗正德帝
妻妾成群尋花問柳，並建蓋豹房成為性愛行宮，但諷刺的是他竟然沒有半個子女（※ 他荒誕淫亂，年號卻是正德）

3 清穆宗同治帝　4 清德宗光緒帝　5 清末帝宣統帝
★ 中國二千多年封建皇朝的最後三位皇帝（清末三代）接連均無子女出生（斷嗣），可謂皇朝氣衰、龍種盡絕，成為不可思議的巧合。

17 首創科舉制度及司法三審定讞的皇帝｜隋文帝、楊堅

① 創立分科舉人制度（科舉制）讓貧困有志求學才華之士，有機會參政為官（解除以往全由貴族士豪壟斷學習的特權現象），將國子寺改為「國子監」（全國最高學府）。此制度一直延續到清末 1905 年止（共計 1300 年）
② 死刑犯需移至大理寺復案（三奏定罪才准執行，避免冤案發生）
★ 以上兩項德政，讓隋文帝成為世界百大明君之一。

18 中國唯一的女皇帝｜唐武則天

● 武則天 14 歲時入宮成為唐太宗的才人，賜名武媚。太宗駕崩後到感業寺出家為尼，高宗即位後復召入宮為昭儀。武媚娘為求后位，親手窒死幼女嫁禍給王皇后，使自己取而代之。高宗本人體弱多病，武后趁機參政逐掌朝廷大權。高宗歿，她連續立廢兩個親兒子（唐中宗、睿宗），最後乾脆自立稱帝，國號「周」，自稱為「聖神皇帝」。14 歲入宮、32 歲成為皇后、67 歲成為皇帝（在位 15 年）享年 82 歲。

19 漢族中最威猛強勢的皇帝｜明成祖、朱棣

● 朱棣（音地）以燕王身分在「靖難之變」中奪取帝位，其一生親自參與南征北討，降服北方蒙古各部（北元政權）及安南（越南）各區，並遷都北京（形同天子親自固守邊疆局面）。並派鄭和七下西洋揚耀國威，使東南亞及鄰近國家紛紛前來朝貢學習。在位期間：「不敗戰、不割地、不賠款、不稱臣、不納貢、不和親」，堪稱一代英明強君（連漢唐盛世時期也無法與其比擬），史稱「永樂盛世」，在位期間賦入盈羨，國富民安，兵強馬壯，並著有文學瑰寶《永樂大典》。

20 最專業尊貴的全能皇帝｜清高宗乾隆帝

- 弘曆出生卑微，但不影響他的運勢，在康熙帝百餘孫中，他異軍突起、脫穎而出，備受祖父康熙的溺愛（時年 10 歲）。其父雍正登基時，他已成為隱藏版的地下皇太子（時年 12 歲），並以風華正茂之年榮登皇位（時年 25 歲），在位 63 年（含 3 年的太上皇），享年 89 歲（以上均為中國歷代皇帝之最），自稱「古稀天子」。

- 在位期間風調雨順、國泰民安、揚威異域、萬邦朝貢，六下江南巡遊，十大武功加持（十大戰役全勝），自詡「十全老人」，一生享盡榮華富貴、世間豔福，無憂無慮，酷愛打獵、遊山玩水、大興土木，醉心中國書畫藝術收藏及詩詞文化推廣，著有「四庫全書」，文治武功、文學造詣及國家疆域均達歷代皇朝最頂峰，是中國有史以來唯一能享有「福、祿、壽」三星集慶、五代同堂的太平盛君（亦是全世界各帝王中空前絕後的壯舉，無出其二者）。

21 因果報應、歷史重演的四位皇帝

因果報應	東漢 → 曹魏	東漢丞相曹操欺負漢獻帝（挾天子以令諸侯）	
		結果	其子曹丕篡東漢自立為帝（魏文帝），建立曹魏政權
	曹魏 → 西晉	曹魏晉王司馬昭欺負魏元帝（操之孫）「司馬昭之心，路人皆知」	
		結果	其子司馬炎篡曹魏自立為帝（晉武帝）建立西晉政權
歷史重演	後漢 → 後周	五代後漢隱帝因暴虐無道，大將郭威受將士鼓譟，撕裂「黃旗覆身」被擁立為帝（後周太祖），建立後周政權。	
	後周 → 宋朝	五代後周恭帝因年幼登基，大將軍趙匡胤在陳橋酒後被將士用「黃袍加身」擁立為帝（宋太祖），建立北宋政權。	

22 把叛軍變愛將的兩位君主｜上古春秋齊桓公 V.S 唐太宗、李世民

1	春秋齊桓公姜小白重用【敵人太子糾的謀臣管仲】（管仲曾用箭射傷過桓公）	
	結果	管仲為報答不殺之恩，實施改革（衣食足而後知榮辱），使齊國大興稱霸
2	唐朝唐太宗李世民重用【敵人太子李建成的謀臣魏徵】，他常勸太子殺掉世民	
	結果	任魏徵為重臣，每諫必改，使得李世民獲得「貞觀之治」的美名

23 天生反骨的三位君王｜朱全忠 V.S 吳三桂 V.S 袁世凱

1	唐末·朱全忠	原名為朱溫，唐末黃巢起義軍將領，後來降唐，被賜名全忠，最後又叛唐自立為帝（梁太祖、改名朱晃），滅掉唐朝建立五代後梁政權
2	明末·吳三桂	明朝將領因引清兵入關有功，被清廷封為「平西王」，幫清殲滅南明政權，後因清廷撤藩政策旋又叛清（三藩之亂），自立為帝（大周太祖）
3	清末·袁世凱	清末最大投機家，因想得到大總統一職，逼迫清帝遜位，建立民國 最後又背叛共和，自立稱帝（洪憲皇帝），建立中華帝國

24 超級變色龍皇帝｜大周太祖吳三桂（未被列入正統帝序）

變色四階	1	抵禦清軍	明朝時為遼東總兵，鎮守山海關	民間嘲諷其成為
	2	打擊流寇	明末時引清兵入關，圍剿大順流寇軍	**無三跪**
	3	殲滅南明	清初以平西王身份追剿南明政權	
	4	三藩之亂	最後以大周皇帝身分叛討清廷	

★ 其個性反覆無常善變，被視為漢奸、賣國賊、清廷走狗兼俱民族敗類

25 三叛皇帝｜民國洪憲皇帝、袁世凱（未被列入正統帝序）

第一叛	告密	戊戌變法時背叛光緒帝（帝黨），投向慈禧太后（母黨）
第二叛	投機	辛亥革命後背叛清廷，投向共和（逼迫清帝遜位／清亡）
第三叛	帝慾	民國成立後背叛民主，投向帝制（稱帝 83 天在全國討伐聲中暴斃）

★ 清末民初最大政治投機客，被謾罵為「獨夫民賊、竊國大盜」

26 三次登基三度退位的末代皇帝｜清宣統帝・溥儀

第一次登基	1908 年	時年 3 歲	宣統皇帝	在位 3 年	武昌起義（辛亥革命）被迫退位
第二次登基	1917 年	時年 12 歲		在位 12 天	被張勳復辟，不久被段祺瑞逼退
第三次登基	1934 年	時年 29 歲	康德皇帝	在位 12 年	日本所扶植滿州國皇帝，戰後被俘

★ 溥儀是唯一有洋名的中國皇帝（洋名：亨利），也是唯一被妻休掉（離婚）的皇帝

27 歷史上兩位燒書的皇帝｜秦始皇 V.S 南朝梁元帝

1	焚書坑儒	秦始皇為達成統一思想、剷除異己，依李斯策議，全國執行焚書令
2	因愛讀書而誤國焚書	南朝梁元帝蕭繹酷愛讀書，卷不離手，國家被西魏攻滅時，將十四萬卷宮中藏書全部焚毀，大聲哭嚎曰：「讀書誤朕」

28 有德無才的皇帝｜唐高宗・李治

● 李治為人正直柔和，但他寵信武媚娘（則天），且又體弱多病，將朝政交給武則天治理，差一點將大唐李氏社稷江山，斷送在武氏手中而淪亡。

第十四節　歷代皇帝的特性與偏好

1 信奉佛教的皇帝

● 佛教在東漢初正式興起，而在南北朝時大放異彩（北方重弘法、南方重修行）

東漢明帝劉莊	建立中國第一座寺院（白馬寺）
東漢桓帝劉志	中國第一位信奉佛教的皇帝
東晉孝武帝司馬曜	建造無數精舍禮佛
十六國後秦文桓帝姚興	奉鳩摩羅什為國師
十六國後趙明帝石勒	奉佛圖澄（中國佛教奠基者）為國師
十六國前秦宣昭王苻堅	奉釋道安（釋姓始祖）為國師
南朝梁武帝蕭衍	奉迎達摩及傅大士高僧，著作「梁皇寶懺」（出家人從此長期茹素）
南朝陳武帝陳霸先	恭儉勤政，開明豁達，以佛慈悲為懷
北朝魏文成帝拓跋濬	詔令在大同建造「雲岡石窟」表對其祖父曾滅佛興道的懺悔
北朝魏孝文帝拓跋宏	詔令在洛陽建造「龍門石窟」
北朝魏宣武帝元恪	因篤信佛教、廢除北魏百年的殉葬制、尊奉迎請供養西域僧人三千
隋文帝楊堅	奉智顗（天台宗始祖）為國師
唐太宗李世民、唐高宗李治	幫三藏法師玄奘建大慈恩寺（大雁塔）
唐武則天	在洛陽大興佛寺，被稱為「神都」
唐德宗李適、唐憲宗李純、唐懿宗李漼	三位皇帝均為虔誠佛教徒
遼道宗耶律洪基	篤信佛教，但卻又勞民傷財
五代十國後唐李後主李煜	詩詞聖手，禮佛皇帝
元武宗海山	大修佛寺（以密宗為主）
明太祖朱元璋	小時候曾在皇覺寺出家當過小沙彌
清順治帝福臨	親迎密宗教主達賴喇嘛五世，至北京弘法

★ 其中最虔誠的皇帝為梁武帝（中國十八羅漢之一）及清順治帝，兩位皇帝皆曾有拋棄皇位入空門出家的念頭（欲脫龍袍換袈裟）。

2 篤信道教的皇帝

● 唐朝初期道教被定為國教，因為道教祖師李耳（太上李老君）與皇帝為同宗本姓「李」，故受到尊崇，直到武則天當上皇帝後開始棄道宣佛（想轉移「李」氏的包袱，大力扶持佛教，道教開始式微）。

南朝齊明帝蕭鸞、北朝魏獻文帝拓跋弘（專門研究黃老之術）

唐玄宗李隆基（被奉為「梨園祖師」）

唐武宗李炎（信道士之言下詔滅佛）

宋真宗趙恒、宋徽宗趙佶（自稱「教主道君皇帝」）

明世宗嘉靖帝（為求丹藥，差點被宮女勒斃，史稱「壬寅宮變」）

③ 最討厭佛教的四位皇帝｜崇道滅佛，史稱「三武一宗法難」

三武一宗法難	一武法難（太武法難）	北朝北魏太武帝拓跋燾，得道士寇謙之，信行其術，崔浩乘機諫言滅佛興道，於是坑殺天下僧侶數萬（是為佛教大浩劫）
	二武法難（周武法難）	北朝周武帝宇文邕，信道士張賓言，焚經毀寺，令沙門還俗（未殺僧侶），佛寺頓時成廢墟
	會昌法難	唐武宗李炎，信道士趙歸真於會昌年間，下詔滅佛拆寺
	世宗法難	五代後周世宗柴榮，因見僧侶奢華不務農事，供人奉養下詔拆寺毀銅佛鑄錢幣，僧人淪為奴役

④ 歷代枉死的皇帝

❶ 因說錯話而被害死的皇帝

- **秦二世胡亥**——趙高「指鹿為馬」，凡不附和者，均被其所殺（包含胡亥）
- **東漢質帝劉纘**——對權臣梁冀不滿，說他是「跋扈將軍」（結果被梁毒死）
- **三國魏高貴卿公曹髦**——說「司馬昭之心、路人皆知」（結果被司馬昭殺死）
- **東晉孝武帝司馬曜**——酒後對張貴人說「你快 30 歲了，應該被廢了」（結果因酒後的玩笑話，當晚被張貴人悶死）
- **南朝劉宋廢帝劉昱**——常對朝臣說「明天殺了你」（結果被朝臣蕭道成所殺）
- **十國南唐後主李煜**——降宋後因寫《虞美人》「問君能有幾多愁，恰似一江春水向東流」激怒宋太宗被賜死

❷ 差點被宮女勒斃的皇帝｜明世宗嘉靖帝

　　嘉靖帝篤信道教，為求長生不老之藥，令方士以處女經血煉丹，宮女不堪其苦，由楊金英為首的十六名宮女，趁帝熟睡之際，企圖將其勒斃，但因緊張過度僅窒息未死（宮女全被處死）史稱「壬寅宮變」

❸ 宮廷火災被嚇到發瘋而死的君王｜十國吳越文穆王錢元瓘

❹ 死在香港九龍的皇帝｜南宋端宗趙昰（現尚留有「宋王台」遺跡）

❺ 被活活餓死的兩位君主｜上古春秋齊桓公・南朝梁武帝

❻ 亂服丹藥中毒而死的皇帝　　皇帝擁有天下一切，卻不能擺脫死亡，故很多皇帝想延年益壽（求長生不老之藥），亂服偏方中毒（提前暴斃）。

- ● 秦始皇　● 漢武帝　● 漢成帝（春藥）　● 東晉哀帝司馬丕
- ● 北魏道武帝拓跋珪　● 十國南唐高帝李昇
- ● **唐朝**：唐太宗・唐憲宗・唐穆宗・唐武宗・唐宣宗

- **明朝**：明仁宗洪熙帝‧明穆宗隆慶帝‧明光宗泰昌帝（紅丸案）
  ‧明熹宗天啟帝
- **清朝**：清世宗雍正帝

★唐朝及明朝因多位皇帝都死於毒害，被譏為「中毒世家」

5 歷代皇帝的愛情觀

1 同性戀皇帝　西漢哀帝劉欣不忍推醒熟睡中的男寵董賢，以刀割斷衣袖，「斷袖」一詞於是成為同性戀的代名詞。

2 怕太太的三位皇帝　① 西晉惠帝司馬衷（賈南風皇后）
　　② 隋文帝楊堅（獨孤皇后）　③ 唐中宗李顯（韋后）

3 只娶一位妻子的皇帝　明孝宗弘治帝（中國唯一行一夫一妻制的皇帝）

4 行為超級怪誕的皇帝　明武宗正德帝，他是孝宗弘治帝的獨子，從小備受溺愛，形成傲矜狂妄的個性（雙性戀），養豹當寵物，並蓋豹房成為春宮，常與朝臣換妻做愛，十分荒唐。

5 喜歡年長愛妃的怪皇帝　明憲宗成化帝愛上比他大 19 歲的奶媽萬氏（萬貴妃）。

6 最痴情的皇帝　清順治帝因董鄂妃（野史董小宛）去世，哭得死去活來、發狂喪命。

7 最荒淫亂倫的皇帝　五代後梁太祖朱全忠，淫亂如同禽獸，強暴大臣妻女、甚至連兒媳都不放過，最後被抓狂的兒子殺死。

8 喜歡玩多 P 性雜交的皇帝

※ 南宋度宗趙禥，愛美人不愛江山（賈似道專政）

※ 五代南漢後主劉鋹（喜洋妞玩大鍋炒雜交）

9 最討厭女色的皇帝　遼穆宗耶律璟，不近女色，喜飲酒睡覺殺人（被稱殺戮睡王）。

10 為真愛後悔莫及的兩位皇帝

漢元帝劉奭	王嬙（昭君）出塞下嫁匈奴單于時，帝才驚覺後宮竟然有如此大美女（搥胸）
隋煬帝楊廣	侯巧文寫痴情遺書自縊後、帝才發現，後宮居然有此專情才女（後悔莫及）

11 嗜服春藥的皇帝　漢成帝楊驁寵愛趙飛燕，嗜服春藥，一夜能駕御數女

12 戀童癖的皇帝　隋煬帝楊廣，愛戀男童幾近變態。

13 同時並立五位皇后的怪胎皇帝　南北朝北周宣帝宇文贇（音暈），在後宮同時並立五位皇后（中國獨創，最後縱慾過度暴斃）

14 沈迷女色的皇帝　① 西漢武帝劉徹（金屋藏嬌、子女數百）② 西漢成帝劉驁──寵趙飛燕（身輕如燕）③ 西晉武帝司馬炎（後宮佳麗數千，以羊車

巡停夜泊妾所）④ 南朝陳後主陳叔寶（寵張麗華）⑤ 北齊後主高緯（寵馮小憐）⑥ 唐玄宗李隆基（寵楊玉環，三千寵愛集一身）⑦ 北宋徽宗趙佶（寵李師師）⑧ 南宋理宗趙昀（寵唐安安）⑨ 明武宗正德帝（寵李鳳姐──香港電影遊龍戲鳳、江山美人女主角）⑩ 清世祖順治帝寵董鄂妃（董小苑）⑪ 大周昭武帝吳三桂（寵陳圓圓）

6 歷代帝王的個性

❶ 中了敵人離間之計的兩位戰國時代昏庸君王
　　① **趙孝成王**：棄老將廉頗→換上趙括（只會紙上談兵）
　　結果 被秦將白起，坑殺 40 萬趙軍（長平之戰、趙全軍覆沒）。
　　② **燕惠王**：棄猛將樂毅→換上騎劫（只會剛愎自用）
　　結果 被齊將田單用火牛陣擊潰，淪陷之地陸續被齊國光復。

❷ 節儉誤國的皇帝 清道光帝，他一改其祖父乾隆奢華風氣，省吃儉用（發明四菜一湯），龍袍補丁，上朝大會猶如丐幫大會。因淺視拙見、優柔寡斷，引發鴉片戰爭。

❸ 勤政誤國的皇帝 明思宗崇禎帝，不喜奢華、不近女色、勤於朝政（每天僅睡二小時），但卻寵信宦官、猜忌賢良誅殺忠臣，誤大事而亡國。

❹ 最勤政的皇帝 清世宗雍正帝，批閱奏摺至三鼓方休（有時批示文字比呈奏者還多，並會幫屬下更正錯別字）。在位 13 年，過勞而死。

❺ 最懶惰的皇帝 神宗萬曆帝在位 48 年，前期創「萬曆中興」；後期昏庸怠政，連續 33 年不上朝，偶而上朝，也只說過一句話：「拿下」。

❻ 萬事休帝王 十國荊南王高保勗，其父（文獻王）生氣時只要見到他就立刻怒氣全消，被稱為「萬事休」喜嫖妓、昏庸無能，最後把國家真得給休了（滅亡）。

❼ 最窩囊的皇帝
　　① **五代後晉高祖石敬瑭**，為了當皇帝割讓燕雲十六州給契丹（遼）並尊稱比自己小 10 歲的遼太宗耶律德光為父親，自己卑稱為「兒皇帝」（讓當時人民及後世子孫貽笑鄙視）。
　　② **十國北漢世祖劉旻**（後漢高祖劉知遠之弟）向遼乞援助其稱帝，自己卑稱為「姪皇帝」。

❽ 最卑屈的皇帝 西晉愍帝司馬鄴向前趙匈奴王劉曜投降時，被迫坦胸露背、口含玉璽、手牽羊車、跪爬俯首向前趙劉曜乞降，受盡侮辱。

❾ 最無福分的皇帝
明光宗泰昌帝朱常洛，當皇太子的時候，就不得父皇（萬曆帝）所喜愛，

常有被廢或改立寵妾鄭貴妃之子福王朱常洵的危機（每天過得提心吊膽生活）。他在驚濤駭浪中苦熬到 39 歲才正式稱帝，不料即位僅 29 天（未滿一個月）就猝逝（誤食偏方中毒而死，史稱「紅丸案」）他是中國歷代中最沒福分的皇帝。

7 皇帝的喜好

- **最喜歡貓的皇帝**——明世宗嘉靖帝（寵貓去世時，還幫牠舉行國葬）
- **最討厭貓的皇帝**——唐武則天（被蕭妃詛咒為鼠輩，誓言轉世為貓來捉她）
- **喜歡鬥蟋蟀及美食的皇帝**——明宣宗宣德帝（被稱為「蟋蟀天子」）
- **喜歡吃雞肉的君王**——十國南楚衡陽王馬希聲
- **喜歡玩鬥雞的皇帝**——南朝齊鬱林王蕭昭業、唐僖宗李儇
- **喜歡打馬球的皇帝**——唐穆宗李恆、宋徽宗趙佶
- **喜歡當乞丐的皇帝**——北朝北齊後主高緯
- **喜歡扮家家酒的皇帝**——漢靈帝劉宏、南朝宋少帝劉義府
- **喜歡捉老鼠為樂的皇帝**——南朝齊廢帝蕭寶卷
- **喜歡半夜捉狐狸的皇帝**——唐敬宗李湛喜打夜狐，並發明「風流箭」，只要被射中的宮妾就可陪帝侍寢一夜（風流箭出，人人願挨）
- **喜歡玩象棋的皇帝**——唐肅宗李亨（隨時攜帶象棋找人對弈）
- **喜歡吃驢腸的皇帝**——明穆宗隆慶帝
- **喜歡長生術的皇帝**——東晉哀帝司馬丕
- **喜歡睡覺的皇帝**——遼穆宗耶律璟（嗜睡愛殺，但不愛女色）

8 皇帝的著作

① **上古周文王姬昌**——《周易》（文王易經六十四卦）
② **西楚霸王項羽**——《垓下歌》力拔山兮氣蓋世
③ **漢高祖劉邦**——《大風歌》大風起兮雲飛揚
④ **三國曹操**——《短歌行》對酒當歌、人生幾何
⑤ **南朝梁武帝蕭衍**——《梁皇寶懺》（佛門長期茹素的源由）
⑥ **南朝梁簡文帝蕭綱**——《昭明太子傳》《老子義》
⑦ **南朝梁元帝蕭繹**——《金樓子》（滅國前將宮中十四萬卷藏書焚毀）
⑧ **唐太宗李世民**——《貞觀政要》《帝範》
⑨ **唐武周皇帝武則天**——《昇仙太子碑》（到嵩山封禪留宿猴山升仙太子廟感想）
⑩ **唐玄宗李隆基**——《鶺鴒頌》（描寫宮廷裡飛來大量鶺鴒駐留情景）
⑪ **五代十國南唐後主李煜**——《南唐二主詞》

⑫ 北宋眞宗趙恒——《勸學文》（書中自有黃金屋，書中自有顏如玉）

⑬ 明成祖永樂帝——《永樂大典》

⑭ 清聖祖康熙帝——《古今圖書集成》《康熙字典》

⑮ 清高宗乾隆帝——《四庫全書》（經、史、子、集四部）

⑯ 清末帝宣統帝—溥儀《我的前半生》（末代皇帝）

9 皇帝的才華

文學皇帝	草書皇帝	東漢章帝‧劉炟（被稱為章草）	
	賦詞皇帝	三國魏文帝‧曹丕（曹氏家族皆為賦詞聖家）	
	詩詞皇帝	南唐後主‧李煜（女性纏足的發起人）	
	詞曲皇帝	南朝陳後主‧陳叔寶（常為寵妾張麗華寫豔詞）	
	書畫皇帝	宋徽宗‧趙佶（創瘦金體書法，其繪畫生物栩栩如生）	
	狀元皇帝	西夏神宗‧李遵頊（中國唯一狀元郎當上皇帝者）	
	鑑賞皇帝	清乾隆帝，喜蒐集各類藝術品，對文學造詣頗深	
	佛學皇帝	南朝梁武帝，耽迷佛事，荒廢朝政（常想出家為僧）	

藝術皇帝	戲曲皇帝	十國後唐莊宗‧李存勗（喜歡唱戲，有時親自粉墨登場）	
	戲神皇帝	十國蜀後主‧孟昶（號孟郎君，其妻花蕊夫人為女詩人）	
	梨園皇帝	唐玄宗‧李隆基（愛好戲劇，被奉為「梨園祖師」）	
	木匠皇帝	明熹宗天啟帝（也是中國唯一文盲皇帝）	魯班天子
	建築皇帝	元惠宗（元順帝）擅長於建築技法	

特殊皇帝	精通占卜術的皇帝	十國南漢高祖‧劉龑（常幫朝臣算命）
	口吃皇帝	三國魏明帝‧曹叡（一句話講了老半天）
	獨眼龍皇帝	南朝梁元帝‧蕭繹（詩、畫造詣傑出，喜讀書而誤國）
	海龍王君主	十國吳越肅王‧錢鏐（杭州西湖旁，建有紀念他的錢王祠）
	大力士皇帝	金太宗‧完顏晟，力大無比能搏熊打虎，滅遼滅北宋，俘虜遼天祚帝、宋徽宗、宋欽宗三位皇帝（相當雄猛）

10 漢化程度較深的異族帝王

① 東晉十六國後趙高祖石勒

② 東晉十六國前秦宣昭王苻堅

③ 北魏道武帝拓跋珪

④ 北魏孝文帝拓跋宏（後改漢姓為「元宏」）

⑤ 元仁宗愛睿拔力八達（元朝明君，幼讀儒學，以儒治國）

胡化較深的漢族帝王　上古戰國時代趙武靈王（推行胡服騎射）

★一般人均認為北方胡人被中原文明逐漸漢化，其實不然，漢人有時也會風靡異族文化而胡化，如學胡琴、種胡瓜、烤肉、穿窄管衣服褲子等，連坐椅子

也是偷偷學習胡人的習慣（漢族以前不坐椅子，而是席地而坐，現代日本還保留此習俗）。

11 歷代的庸君（笨蛋皇帝）

① **秦二世胡亥**——秦始皇幼子，被李斯趙高矯旨立為帝（因他愚蠢又笨蛋較好控制）。

② **三國蜀漢後主劉禪**——扶不起的阿斗，被俘降期間悠然自在樂不思蜀。

③ **西晉惠帝司馬衷**——天生愚蠢，大權由悍忌皇后賈南風掌控，不食人間煙火，災民受凍挨餓時還說：「為何不食肉糜」貽笑千古。

④ **東晉安帝司馬德宗**——愚笨無能、冷熱分不清，吃穿都不能自理的傻瓜皇帝。

⑤ **十國荊南貞懿王高保融**——反應遲鈍，凡事問其弟高保勗（萬事休）。

⑥ **南宋度宗趙禥**——7 歲時才會講話，大權交給奸相賈似道把持，整天玩樂。

⑦ **明熹宗天啓帝**——文化程度極低（中國唯一文盲皇帝）。

12 歷代暴虐的皇帝｜他們都擁有以下 5 大共通點

① 人格分裂　② 精神異常　③ 心理變態　④ 舉止怪誕　⑤ 殺戮成性

● **三國吳末帝・孫皓**——喜怒無常殺人成癮

● **南朝宋前廢帝・劉子業**——開設皇家妓院，大玩性愛派對

● **南朝宋明帝・劉彧**——對同胞兄弟大開殺戒、全部死光

● **南朝宋後廢帝・劉昱**——嗜殺成性，見血就大樂

● **南朝齊明帝・蕭鸞**——1 年內廢殺二位皇帝而自立篡位

● **北朝北齊後主・高緯**－荒淫無道、誅殺名將、自掘墳墓

● **北朝北周宣帝・宇文贇**——荒淫殘暴，把殺人當成打獵狩獸

● **五代後梁太祖・朱全忠**——荒唐嗜殺、淫亂，連人臣妻女、兒媳均不放過

● **五代後漢隱帝・劉承祐**——生性猜疑，濫殺無辜

● **遼穆宗・耶律璟**——飲酒嗜殺愛睡覺，被稱為「殺戮睡王」

★ 以上諸代暴君以南北朝最多，故被稱為「禽獸王朝」

?

小常識

道教戲曲神明

● **梨園祖師**——唐玄宗・李隆基，喜歡戲劇栽培人才於梨園，故戲曲演員自稱「梨園弟子」，奉李隆基為「老郎神」，他是北管樂祖師，又稱「西秦王爺」，是戲班後台奉祀的主要神明。

● **戲神**——蜀後主・孟昶，別號「孟郎君」為南管樂祖師，喜好戲曲，成為戲神，是野台戲開演前所祭祀的神祇，其妻花蕊夫人將他附會成「送子張仙」一神，讓後世禮敬。

13 皇帝或名人對恩澤長輩的尊稱

尊稱	姓名	對象
尚父	姜子牙（呂尚）	西周武王姬發對他的尊稱
仲父	管仲（夷吾）	春秋齊桓公對他的尊稱
	呂不韋	秦王政（始皇帝）對他的尊稱
	張昭	三國吳大帝孫權對他的尊稱
	王導	東晉元帝司馬睿對他的尊稱
尼父	孔子（字丘）	後世讀書人對他的尊稱
相父	伍員（子胥）	春秋吳王夫差對他的尊稱
	諸葛亮（孔明）	三國蜀漢後帝劉禪對他的尊稱
義父	董卓	東漢呂布（義子）對他的尊稱
亞父	范增	西楚霸王項羽對他的尊稱
阿父	田令孜	唐僖宗李儇對他的尊稱
皇父	多爾袞	清世宗順治帝對他的尊稱
國父	孫文	中華民國國民對他的尊稱

?

小常識

中國人對於死亡的不同稱謂

英雄之死→**犧牲**	烈士之死→**就義**	為國而死→**捐軀**	戰爭之死→**陣亡**
救人之死→**獻身**	因公而死→**殉職**	遇險之死→**罹難**	勇者之死→**隕落**
帝王之死→**駕崩**	諸侯之死→**薨**（音轟）	士大夫之死→**卒**	士之死→**不祿**
佛陀之死→**涅槃**	僧侶之死→**圓寂**	道人之死→**羽化‧仙逝**	佛徒之死→**歸西**
基督徒之死→**蒙主寵召**	回教徒之死→**歸真**	道教徒之死→**往生**	他鄉之死→**客死**
親友之死→**永別**	長輩之死→**長眠**	因病而死→**病歿**	溺水而死→**滅頂**
雙親之死→**慇凶**	父之死→**先考**（失怙）	母之死→**先妣**（失恃）	兄弟之死→**折翼**
嬰兒之死→**夭折**	少女之死→**香消玉殞**	貴婦之死→**玉碎珠沈**	年輕而死→**辭世**
年邁而死→**終考‧作古**	自殺而死→**自戕**	罪犯之死→**斃命**	突然去世→**暴斃**
夫妻一方去世→**喪偶**	罪犯伏法→**處死**	意圖自殺→**尋死**	含冤而死→**屈死**
垂死之人→**臨終**	意外而死→**猝死**	偉人之死→**國殤**	動物滅亡→**絕跡**
出殯→**送終**	報喪→**訃聞**	慰問→**弔唁**（節哀）	居喪期→**守制**
墳墓→**佳城**	損其性命→**折壽**	哀悼贈語→**輓聯**	入棺儀式→**大殮**
停棺處→**靈堂**	死者之身→**大體**	死者在床→**屍**	放入棺內→**柩**

認識中國后妃及重要女傑

| 皇后｜皇帝的正配妻子 | （又稱正宮娘娘）➡ 妃 ➡ 嬪 ➡ 妾 |

| 皇太后｜皇帝的母親 ➡ 皇太后｜皇帝的祖母 |

| 懿旨｜皇后之命令 | 哀家｜皇后的自稱 |

第一節　歷代賢明皇后

賢后要具備以下4大要素：

1 儉樸　2 仁慈　3 賢淑　4 律己

　　律己無私無欲，母儀天下，相夫教子，守護忠良

1 西漢孝文皇后｜竇漪房

漢文帝劉恒皇后（漢景帝之母），出身貧寒（常挨餓受凍）溫慈儉約，是中國第一位麻雀變鳳凰的灰姑娘皇后，喜歡「以民生息，無為而治」的黃老治術，開創漢朝「文景之治」及「漢武盛世」，將漢朝推向強盛巔峰。

2 東漢光烈皇后｜陰麗華

東漢光武帝劉秀皇后，「仕宦當作執金吾，娶妻當得陰麗華」中的女主角，恭謹儉樸、仁慈孝順，母儀之風，成為一代賢后。

3 東漢熹皇后｜鄧綏

漢和帝劉肇皇后，知書達理、節儉寬仁，曾輔佐過二位幼帝（在位期間為東漢鼎盛期）她去世後東漢迅速走下坡。

4 隋朝文獻皇后｜獨孤伽羅

隋文帝楊堅皇后，曾輔助楊堅開創隋朝基業，她與文帝形影不離（政有所失，隨則匡正），創造「開皇之治」是中國歷史上最有影響力的賢內助（隋文帝成為懼妻皇帝）。

⑤ 唐朝文德皇后｜長孫無垢

唐太宗李世民皇后（長孫無忌之妹），生性儉約、深明大義，祖護朝廷諫臣（外有忠臣、內有賢后），佳偶良佐開創「貞觀之治」。

⑥ 唐朝懿安皇后｜郭皇后

唐憲宗李純皇后（唐穆宗之母／郭子儀孫女）一生歷經唐朝七代皇帝治世，其中五朝極盡尊貴，盡心輔佐，從不貪戀權勢，史稱「七朝五尊」，她是唐朝晚期影力最大的皇后。

⑦ 明朝孝慈皇后｜馬秀英

明太祖朱元璋皇后（明成祖之母／郭子興養女），擁有一雙天足，人稱「馬大腳」（露出馬腳一詞源於此人）。與朱元璋患難與共，慈德昭彰，曾力保挽救過不少開國功臣性命，深具國母風範。

⑧ 明朝仁孝皇后｜徐儀華

明成祖朱棣皇后（徐達之女），謹言慎行、節儉慈善，朱棣靖難起兵時，她留守北平城（北京），應命指揮擊敗來犯的建文帝中央軍隊（保衛北京），一生不以私欲為先，而以生民為念，常勸諫朱棣戒殺求賢，愛民如己，她是明十三陵首位下葬者。

★賢后中以明太祖的「馬皇后」及唐太宗的「長孫皇后」最具代表性。

第二節　歷代權欲薰心的惡皇后

① 西漢｜呂雉

漢高祖劉邦皇后，因劉邦晚年寵幸戚夫人，並有意改立其子如意為太子，令呂后深感不滿及憤怒，劉邦駕崩後她馬上將情敵戚夫人製成「人彘」（音志／斷其手足成為豬），其子漢惠帝見狀驚嚇到不敢理政，全由呂后專制，惠帝去世後她又先後連續立廢兩位傀儡少帝，臨朝稱制長達 15 年（是中國歷史第一位最具有權勢的女人）。

② 西漢｜趙飛燕、趙合德姊妹

漢成帝劉驁皇后，她們能歌善舞、身輕如燕（環肥燕瘦），令成帝神魂顛倒、沈迷酒色、終日廝混、國勢大衰。

3 西漢｜王政君

漢元帝劉奭皇后，她有計劃的引薦王氏親族（外戚）入朝為官，並以太皇太后之尊臨朝稱制，其姪子王莽篡漢稱帝，西漢實亡於王政君。

4 東漢｜閻姬

漢安帝劉祐的安思皇后，以才色入宮，生性猜忌，權慾極高，安排其兄弟（外戚），身兼要職，胡作非為，導致朝政腐敗，王朝衰落。

5 東漢｜何蓮

漢靈帝劉宏的靈思皇后，生性強悍、忌恨心強，其兄長權臣何進想誅滅宦官，但反被先殺，董卓趁機進宮誅盡宦官，最後將何太后毒死，廢漢少帝改立劉協（漢獻帝）為傀儡皇帝。

6 西晉｜賈南風

晉惠帝司馬衷皇后，其醜無比，因帝懦弱愚痴，得以專權，大肆斂財，引發「八王之亂」，將西晉推向滅絕之路。

7 南北朝｜胡仙眞

北魏宣武帝元恪的靈皇后（史書以宣武靈太后稱之；另有用胡太后稱之）。她是因宣武帝篤信佛教、廢除北魏百年陋習「殉葬制」所存活下來的罪孽妖后，勾結情夫、擅權亂政，並毒死親子（魏孝明帝），最後被大將爾朱榮擒捕，將其溺斃於黃河，史稱「河陰之變」。

8 唐朝｜武則天

唐高宗李治皇后，因高宗體弱多病，朝政逐漸掌握在媚娘手中，被稱為「二聖」。高宗去世後，連續立廢二位兒子（中宗、睿宗）為傀儡皇帝，最後乾脆自己稱帝（中國唯一女皇帝）。

9 唐朝｜韋香兒

唐中宗李顯皇后，中宗被其母武則天罷黜後，整天過著提心吊膽的幽禁生活，幸虧有韋后細心照料及鼓勵，才能度過難關。中宗復辟後，將朝政大權全委任給韋后訓政，使其權欲薰天、野心擴大，最後毒死中宗，並想效法武則天稱帝（但未能如願被殺）。

10 唐朝｜張良娣

唐肅宗李亨皇后，她愛慕虛榮、野心蠻橫，一心以武后及韋后為效法標竿，強勢介入朝政、干預朝廷並與宦官李輔國狼狽為奸，但最後卻因利益衝突雙方反目成仇，結果被李輔國先發制人遭斬殺，重病臥床的肅宗親眼目睹一切慘案發生而病發嚇死。

11 五代｜劉玉娘

後唐莊宗李存勗皇后，工於心計、貪婪斂財、心狠手辣、殘害忠良，並曾棒笞生父，與小叔通姦（歷史上「爾虞我詐、薄情寡義」的影射者）。

12 南宋｜李鳳娘

宋光宗趙惇皇后，陰險狡詐、野心勃勃、驕恣蠻悍、嫉妒濫殺，是中國排名第一的妒后，曾因不孝氣死公公太上皇（宋孝宗），逼瘋丈夫皇帝（宋光宗），背棄兒子皇帝（宋寧宗），搞得朝廷昏天暗地、國勢大衰。

13 南宋｜楊桂枝

宋寧宗趙擴皇后，她勾結主和派大將史彌遠，誅殺主戰派先鋒韓侂冑，與金朝簽定屈辱的嘉定和議，又與史彌遠合謀，擁立宋理宗趙昀為帝，使奸臣史彌遠更加專橫跋扈，養虎為患，將南宋推向滅絕。

14 清朝｜慈禧

清咸豐帝皇后，晚清最有權勢的女人，長期垂簾聽政（共計 47 年）剷除異己，奢華昏昧、忌恨洋人，簽定多項喪權辱國的不平等條約，將中國帶入次殖民地的悲慘歲月，也敲響了清朝喪鐘。

第三節　歷代最獲寵愛后妃

1 西漢｜趙飛燕、趙合德姐妹

漢成帝劉驁寵妃，後成為皇后，身輕如燕，曼妙舞姿讓成帝神魂顛倒，不思朝政、縱情聲色，國勢大衰。

2 南北朝｜馮小憐

北朝齊後主高緯妃子，北齊被北周滅亡後，高緯被俘擄時還厚著臉皮向北周武帝宇文邕，哭討著將馮小憐還給他（因為馮小憐比天下更重要），成為中國最痴情的亡國君。

3 南北朝｜潘玉兒

南朝齊廢帝蕭寶卷妃子，一雙小巧柔美的三寸金蓮（步步生金蓮）迷惑蕭寶卷，讓帝難以自拔，最後被梁武帝所滅，貶為「東昏侯」。

4 南北朝｜張麗華

南朝陳後主陳叔寶妃子，在金陵（南京）過著通宵達旦奢華糜爛的生活，隋軍破城後她與帝在枯井中被逮捕，十分狼狽。

5 五代十國｜花蕊夫人（費氏）

後蜀後主孟昶妃子，五代十國的女詞人，文采卓著，擅寫宮詞，為帝寵愛，被稱為「花蕊夫人」，亡國後被宋太祖強納為妾。

6 五代十國｜周娥

南唐後主李煜皇后，與姐姐周娥皇同時嫁給李煜，史稱「大小周后」，南唐亡國後被宋太宗趙光義強佔為妾。

7 唐朝｜楊玉環

唐玄宗李隆基妃子（楊貴妃），三千寵愛集一身，安史之亂後在馬嵬坡之變中被殺，她使唐朝的「開元之治」劃下句點，開始走下坡。

認識中國后妃及重要女傑

8 北宋｜李師師

宋徽宗趙佶的寵妓，青樓花魁，令宋徽宗沉迷狂戀，荒廢朝政，終至亡國，史稱「靖康之難」。　★李師師為野史人物

9 南宋｜唐安安

宋理宗趙昀的寵妓，能歌善舞，將理宗迷得團團轉。　★野史

10 明朝｜萬貞兒

明憲宗朱見深妃子，比憲宗大 19 歲（小時候的奶媽），深得憲宗寵愛（戀母情結），是中國歷代皇朝所罕見的奇聞，人稱「萬貴妃」。

12 明朝｜孝成皇后（張氏）

明孝宗朱祐樘的皇后，兩人感情融洽鍾愛一生，是中國歷代皇帝中獨行一夫一妻制的伉儷，使皇后更顯尊貴。

12 明朝｜李鳳姐

明武宗朱厚照的情人，武宗微服出巡江南梅隴鎮時與其邂逅，併發出深情連綿的愛情故事，是以前香港賣座電影「江山美人」及「遊龍戲鳳」中的女主角。　★野史

13 清朝｜陳圓圓

吳三桂（大周太祖）愛妾，明末流寇之亂中被闖王李自成擄走，三桂為此「衝冠一怒為紅顏」，遂引清兵入關，改寫中國歷史。

14 清朝｜海蘭珠

清太宗皇太極妃子，皇太極妃嬪眾多，唯獨鍾愛海蘭珠，但她因受愛子夭折刺激，不久病逝，皇太極悲慟欲絕，痛哭斷腸。

15 清朝｜董鄂妃

清世祖福臨妃子，順治帝愛她到如痴如醉的忘我境界，她生子夭折後不久辭世（與海蘭珠一樣無緣納福），順治帝為她痛哭如瘋如顛到捉狂地步，常有尋短（自殺）或出家（為僧）的念頭，半年後因哀思過度染痘（天花）而死。董鄂妃成為中國歷史上最受皇帝寵愛的女人（排名第一名）。　★野史把她附會成江南名妓董小宛。

第四節 歷代后妃個性概論

1 中國唯一處女皇后 | 張嫣

西漢惠帝劉盈皇后，他們兩人原為舅舅與外甥女的親戚關係，然而呂后權慾薰天，為了鞏固自己的地位，硬是搞出一場亂倫政治婚姻大戲（劉盈對年僅 10 歲的外甥女毫無興趣，始終都沒有碰過她）婚後不久，惠帝就駕崩，張嫣於是成為中國唯一的處女皇后。

2 命中註定當皇后的奇女人 | 王娡

西漢景帝劉啟皇后，王娡在未入宮之前即為人妻，並育有一女，有天一位命相師鐵口直斷她有大富大貴之命，於是與貧夫離婚，為避免遭到前夫糾纏而入宮當侍女，後來得到皇太子劉啟的寵愛，並為他生下劉徹（漢武帝），母以子貴，開始真的飛黃騰達起來。漢武帝登基後得知他還有位異姓姐姐流落民間，於是親自迎接眷養在宮中，了卻皇太后一樁心願。

3 程姬之疾的女主角 | 程姬

漢景帝劉啟妃子，景帝有天夜召程姬侍寢，恰巧她遇上月事來臨，不便說明，於是讓侍女假扮自己去陪駕，結果一夜春宵竟懷龍種（後來被封為唐姬），成為東漢皇族後裔。
★ 古代對有月事來臨不便說明時，即稱為有「程姬之疾」。

4 中國第一位被廢頭銜的皇后 | 薄阿渝

漢景帝劉啟皇后，她因為是政治聯姻，始終不得景帝寵愛，又無子嗣，最後被廢除后號。

5 因子貴而母死的倒楣皇后 | 趙婕妤（鉤弋夫人）

漢武帝劉徹的妃子，15 歲時嫁給年逾 60 歲的武帝，不久後生下劉弗陵（其 7 歲時被立為太子，後為漢昭帝），武帝臨終前怕生母專權，將其賜死，使她成為中國最倒楣的年輕皇后。

6 史上最年輕的太皇太后 | 上官小妹

漢昭帝劉弗陵皇后，6 歲時被立為皇后，漢昭帝駕崩時，年僅 15 歲的上官氏成為皇太后，28 歲時為太皇太后（史上最年輕），在位期間正逢西漢鼎盛期。

7 **命運多舛的皇后｜許平君**

漢宣帝劉詢皇后，和劉詢結婚時兩人皆為市井平民，後來其夫被尊立為皇帝，她成為皇后（麻雀變鳳凰），但在那險惡陰穢的宮廷內，與她個性格格不入，不久被權貴霍氏家族嫉恨下毒殺而亡。

8 **霸氣十足的皇后｜霍成君**

漢宣帝劉詢第二位皇后（權臣霍光之女），當時霍家滿朝權貴，故她從小生性習蠻、奢侈善妒，與平民出身的許平君形成強烈對比（不久將其毒死取而代之），霍光去世後頓失靠山，不久後被廢黜后位。

9 **壽命最長、在位最久的皇后｜王政君**

西漢元帝劉奭皇后，其相貌才識平凡，但只因憑子而貴（漢成帝劉驁之母）飛上枝頭。臨朝稱制期間，大封王氏宗族（形成西漢最大外戚集團）歷四朝母儀天下，但漢朝最後被其侄子王莽篡位，自立為帝（新莽帝），因此悲憤而亡，她在位期間長達 64 年（中國皇后之最）。

10 **獨守空閨的皇后｜傅氏**

漢哀帝劉欣皇后，因哀帝有斷袖之癖（深愛男寵董賢），而她卻成為花瓶（獨守空閨）。朝中又有外戚王莽專權，將她幽禁於冷宮，直到她自殺為止，始終未曾和哀帝共室侍寢過。

11 **東漢最大外戚集團的皇后｜梁妠**

東漢順帝劉保皇后，生性聰慧，但任用外戚不當，其兄梁冀專橫跋扈，致使東漢皇朝開始衰敗，逐漸走下坡。

12 **女中王者風範的皇后｜郭照**

三國魏文帝曹丕皇后，被稱為「郭女王」。因她美貌又聰慧，有女中豪傑之風，被稱為「女王」。她曾幫曹丕出謀獻策奪得皇位，一生勤儉嚴謹，不涉政事，但唯一憾事是為了爭寵而離間甄洛（洛神），害她被文帝賜死。

13 **被活活餓死的皇后｜楊艷**

晉武帝司馬炎皇后，被惡媳婦賈南風（晉惠帝皇后）羅織她與國丈楊駿合謀造反之罪，將后活活餓死。

14 中國唯一的兩國皇后｜羊獻容

晉惠帝司馬衷第二任皇后，其一生被四廢五立，西晉亡國後又成為前趙劉曜（匈奴王）的皇后，在當時漢胡對立的年代裡，成為非常罕見的異類皇后。

15 三次臨朝聽政的皇后｜褚蒜子

東晉康帝司馬嶽皇后，其一生扶持過六位皇帝，並曾三次臨朝聽政（她沒政治野心，只是身不由己的被拱出來聽政）。

16 推行漢化政策的皇后｜馮有

北魏文成帝拓跋洛皇后，強力進行漢化政策，輔佐過獻文帝（時年 12 歲）及孝文帝（時年 5 歲），將北魏推向鼎盛期。

17 最慧眼識英雄的皇后｜婁昭君

北齊神武帝高歡皇后（以上均被追諡），她是豪門千金大小姐，慧眼識英雄，願意下嫁給窮酸小吏高歡，並協助他開創北齊皇朝，育有六男二女，其中四位當上北齊皇帝，但是四位兒子中除了高澄（蘭陵王之父）及高演（齊孝昭帝）外，其他（高洋、高湛），均為變態昏暴之君，使婁昭君揹負「教子無方」之罵名。

18 淪為娼妓的兩位皇后｜胡氏及穆黃花

胡氏為北齊武成帝高湛皇后，與權臣和士開私通，又曾誘惑和尚破戒，十分淫蕩。北齊被北周滅亡後，她與媳婦穆黃花（北齊後主高緯皇后）一起去青樓淪為娼妓。

19 徐娘半老、風韻猶存的皇妃｜徐昭佩

南朝梁元帝蕭繹皇妃，她因與元帝感情不睦，常化「半面妝」讓獨眼龍的蕭繹更加厭惡之，她常紅杏出牆與朝中美男子之稱的季江私通，還常去勾引瑤光寺的僧侶（徐娘半老、風韻猶存的成語典故出於此人）。

20 中國最歷盡滄桑的皇后｜蕭美娘

隋煬帝楊廣皇后，一生侍奉過五位不同朝代的皇帝，成為國破家亡、歷盡滄桑的見證者：① 隋煬帝楊廣皇后➡ ② 許帝宇文化及的淑妃➡ ③ 夏王竇建德的寵妾➡ ④ 突厥頡利可汗的王妃➡ ⑤ 唐太宗李世民的昭容。

21 兒女均為曠世奇才的皇后｜竇氏

唐高祖李淵皇后（追諡），她長得甜美可愛，其父親用射屏風上的孔雀眼來招親，結果讓李淵一箭射中（雀屏中選成語典故源由）。她為李淵生下四男一女，個個都

是曠世奇才，長子李建成、次子李世民（唐太宗）、三子李玄霸、四子李元吉、女兒平陽公主（是為巾幗英雄，娘子關源於此女）。但遺憾的是，唐高祖未稱帝時她已逝（皇后是後來追封），如果竇后多活幾年的話，則「玄武門之變」骨肉相殘大事件則可能不會發生（歷史必定重寫）。

22 五代第一美女｜王氏（花見羞）

後唐明宗李嗣源貴妃，貌勝群花，人稱「花見羞」。身歷後梁、後唐、後晉、後漢，同時也是遼聖宗耶律德光的情人，其一生幾乎見證五代所有王朝的興衰。

23 五代第一賢后｜張惠

後梁太祖朱溫皇后，朱溫（全忠）生性殘暴、狡詐、淫亂，但對張惠皇后卻是十分敬重。她曾經搭救過無數朝臣，讓人敬崇不已，臨終前囑託夫君「戒殺遠色」，可惜朱溫本性難改，最後慘死在兒子刀下。

24 穿著龍袍未稱帝的皇后｜劉娥

宋真宗趙恒皇后，在小說「包公傳」裡是狸貓換太子的惡皇后，但正史中她卻是個剷奸除惡、機敏能幹的好皇后，盡心輔佐宋仁宗（時年12歲），對北宋貢獻頗多，史書將她與漢朝呂后及唐朝武后相提並論，稱為「有呂武之才，無呂武之惡」，她是中國唯一身穿龍袍祭祖卻沒稱帝的女人。

25 女中堯舜的皇后｜高滔滔

宋英宗趙曙皇后，與劉娥（章獻皇后）一樣，對年僅9歲的宋哲宗臨朝稱制，廉潔自奉、處世公正，並對高氏家族（外戚）要求甚高，以身作則，保有清譽之節，被稱為「女中堯舜」。

26 因禍得福的皇后｜孟嬋

北宋哲宗趙昀皇后，她一生被二廢二立，哲宗去世後因受劉清菁（元符皇后）嫉妒，聯合奸臣蔡京向新皇徽宗離間誣告，使她被廢后號貶為庶人。「靖康之難」北宋亡國，皇室成員均被擄走到金國，而她卻倖免於難（因禍得福），後被南宋高宗趙構尊迎至臨安（杭州），安享晚年，受盡尊崇禮遇。

27 斷臂陪葬的皇后｜述律平

遼太宗耶律阿保機皇后，她膽識過人，有一次遼太宗親征党項部族時，留下述律平坐鎮大本營，室韋部（女真）認為女人當家有機可乘，率大軍突擊，結果被述律平皇后打得落花流水，抱頭鼠竄，因而威名遠播，太祖駕崩時依祖制理應殉葬，結果

她斷臂從殉（成為斷臂皇后）。盡心輔佐遼太宗耶律德光並從後晉太祖石敬瑭手中，兵不血刃輕鬆取得燕雲十六州，使遼朝更加強盛。

28 中國唯一帶兵出征的皇太后｜蕭綽（燕燕）

遼景宗耶律賢皇后，小名「燕燕」，她足智多謀，文武雙全，由於景宗體弱多病，由她代夫臨朝稱制（當時她年僅 18 歲），重用漢人，明達治道，並擊敗非常瞧不起她的宋太宗趙光義，名震天下，党項、女真、回鶻等周遭部族，紛紛前來向遼稱臣納貢，她輔佐年僅 12 歲的新皇遼聖宗耶律隆緒，並曾率大軍南犯宋朝，逼簽「澶淵之盟」使雙方締結了近百年的和平，她是中國歷史上最傑出的統御型皇太后。

29 最倒楣的妃子｜李選侍

明光宗泰昌帝朱常洛妃子，其皇夫在位僅 29 天即因紅丸案（明末三大案之一）而猝死，他還來不及冊封最寵愛的李選侍為皇后（故她只是一位普通的妃子而已）。雖然新君（明熹宗朱由校）是由她撫養長大（因不是親生）故被群臣按大明祖制強行轟出正宮，史稱：移宮案（明末三大案之一），使她成為歷史上最倒楣的妃子。

30 中國唯一高麗人皇后｜完者忽都（奇皇后）

元順帝第 2 任皇后，她原為高麗王朝貢女，來元廷當侍才，因其乖巧伶俐、白皙可愛，深得順帝寵愛。權臣伯顏去世後，奇皇后的兒子愛猷識理達臘被立為皇太子，不久後明朝大軍壓境，順帝遁逃漠北（元朝亡），奇皇后成為亡國皇后，其子後來成為「北元政權」第一位皇帝（北元昭宗）。

第五節　中國歷史上的兩位醜王后個性大不同

良 上古春秋時代齊宣王后｜鍾無鹽（離春）

頭大髮疏、額突眼凹、鼻塌嘴歪、脖短腳大、膚黑皮糙，人們常用「貌似無鹽」來形容醜女。但她雖然其貌不揚，但卻是才華橫溢，人品端重，贏得齊宣王對她的寵敬，成為千古名后及傳奇人物。

劣 西晉惠帝皇后｜賈南風

體矮膚黑、眉後有痣、性悍善妒、攬權擴勢，其夫君是中國歷史上最庸蠢愚笨的皇帝（晉惠帝司馬衷），饑民挨餓時還譏問：「何不食肉糜」的白痴皇帝，所以讓權

欲薰天的賈后有機可乘掌握朝政，最後引發「八王之亂」，將西晉推向滅絕（史稱：南風熾虐、國喪身傾）。

第六節　中國四大美女

★ 其中貂蟬是小說虛構人物（正史未記載）

1　沈魚｜西施（施夷光） 情人眼裡出西施

幫助越王勾踐去迷惑吳王夫差（消磨其志、腐化其心），讓勾踐獲釋（臥薪嚐膽、東山再起）。

2　落雁｜王昭君（王嬙） 昭君出塞、平沙落雁

漢元帝一時不察將她賜婚給匈奴呼韓邪單于和親，在送別餞行會上才驚覺後宮有此大美女（後悔莫及）。

3　閉月｜貂蟬（任昌紅） 美人計出、英雄喪志

以姿色挑撥離間董卓及呂布義父子間的關係，讓雙方產生嫌隙，最後反目成仇（呂布殺義父董卓）。

4　羞花｜楊玉環（楊貴妃） 三千寵愛集一身

深獲唐玄宗百般溺愛，使帝玩物喪志，怠政休朝，最後讓「開元之治」劃下句點，盛唐結束開始走下坡。

第七節　中國三大舞蹈豔女

1	西漢	趙飛燕	漢成帝寵后（身輕如燕）使西漢國勢漸衰	**環肥燕瘦**
2	唐朝	楊玉環	唐玄宗寵妃（貴妃醉舞）使唐朝國勢漸衰	紅顏禍水
3	西晉	綠珠	石崇寵妻（石崇留客醉、綠珠當座舞）	

第八節　中國上古時代四大禍國妖姬

1	夏朝	妹喜（音末喜）	夏桀寵后——喜聽撕綢裂帛之音，導致夏朝亡
2	商朝	妲己（音達己）	商紂王寵妃——喜酒池肉林、炮烙仇人，導致商朝亡
3	周朝	褒姒（音包賜）	西周幽王寵妃——喜烽火戲諸侯，導致西周亡
4	春秋晉	驪姬（音離機）	晉獻公寵妃——野心狠毒，廢嫡立庶造成「驪姬之亂」

第九節　中國古代四大才女

1 西漢｜蔡琰（文姬）

中國第一位女詩人，博學多聞，精通音律（胡笳十八拍創作者）其一生命運坎坷，三嫁郎君，飽受戰亂顛沛流離之苦。

2 東漢｜班昭

她是中國第一位女歷史學家，其家族在東漢朝廷地位顯赫，其父班彪（史學家）、其兄班固（漢書作者）、班超（投筆從戎、大破匈奴），她所作「女戒」（以夫為重），被喻為大男人主義的始作俑者。

3 唐朝｜上官婉兒

唐中宗妃嬪，其祖父上官儀是高宗朝的宰相，因得罪武則天被誅族，獨留當年僅14歲、聰慧善文采的上官婉兒倖免於難，並受到武則天賞識重用，有「巾幗宰相」美名，但其在「唐隆之變」時，同韋后一起被李隆基（唐玄宗）殺害。
★ 其墓穴於 2013 年在咸陽被挖掘出土，因而轟動一時

4 南宋｜李清照

中國第一位女詞人（四大才女之首），自號「易安居士」，其文詞獨樹一格，被稱為「易安體」，深受後世文人讚嘆推崇。

第十節　蜀中四大才女

1 西漢｜卓文君

才貌雙全，家中富裕，當時有位窮書生司馬相如（詞賦家）以「鳳求凰」之作博得文君芳心，大膽追求愛情與他私奔（佳人才子成為後代自由戀愛的榜樣），他們住在「家徒四壁」的房子卻樂在其中。

2 唐朝｜薛濤

精詩文通音律，在歡場上侍酒賦詩，被稱為「詩伎」，曾受到劍南數十位節度使的敬重與厚愛，因此「女校書」一名不脛而走。

3 五代後蜀｜花蕊夫人

後蜀君主孟昶（被奉為戲神，又稱孟郎君）的貴妃，擅寫宮詞，後蜀亡國後，宋太祖趙匡胤久仰花蕊夫人的才華，故未殺其夫孟昶（後被第二任宋太宗所殺）。

4 明朝｜黃娥

自幼博通經史，能詩擅畫，又工於散曲，被譽為「曲中李易安（李清照別名）」，其才情甚富，旨趣閒雅，才冠群女。

第十一節　唐朝四大女詩人及三大才女

四大女詩人	1	李冶（音野）	女冠士	美豔女冠詩人（「女冠」意為道教的女修道者）
	2	薛濤	女校書	善歌舞、詩詞（「校書」為歌伎兼清客的通稱）
	3	魚玄機	名藝妓	易求無價寶、難得有情郎（唐朝豪放女）
	4	劉采春	女藝人	歌聲徹雲、擅長參軍戲（一種調笑性詼諧劇）

三大才女	1	上官婉兒（昭容）	其祖父上官儀（唐高宗時宰相），因得罪武則天遭滿門抄斬，獨留下僅 14 歲的上官婉兒，後因聰慧被武則天重用。
	2	關盼盼	燕子樓女詩人，曾讓白居易刮目相看讚賞有加。
	3	杜秋娘	唐憲宗李純妃子，多才多藝、能歌善舞，其所作「金縷衣」更能展現其直率的個性：「花開堪折直須折、莫待無花空折枝」。

第十二節　明末清初秦淮八豔

★ 雖然各個均身為青樓名妓，但又能彰顯民族氣節，為後人讚賞。

1 馬湘蘭（玄兒）
能詩善畫，曾打國舅一記耳光，下獄待決，後由錢謙益冒死救出。

2 卞玉京（賽賽）
吳偉業（梅村）之妻，明亡後看破紅塵，出家當女道士（玉京道人）。

3 李香君
侯方域之妻，《桃花扇》女主角，因被夫家歧視，抑鬱而終。

4 柳如是（影憐）
錢謙益之妻，八豔之首，明亡後曾四處奔波救夫，留為佳話。

5 董小宛（青蓮）
冒襄（辟疆）之妻，野史把她附會成順治帝愛妾董鄂妃。

6 顧橫波（眉生）
龔鼎孳之妻，曾被誥封為「一品夫人」，八豔中唯得善終之人。

7 寇湄（白門）
朱國弼之妻，曾籌銀兩為夫贖命，人稱「俠女」，八豔中最坎坷之人。

8 陳圓圓（玉庵）
吳三桂愛妾，明末時闖王李自成攻陷北京將其擄走，引發三桂「衝冠一怒為紅顏」
遂引清兵入關。

★ 江左三大家　● 錢謙益（柳如是夫）　● 吳偉業（梅村）卞玉京夫
　　　　　　　● 龔鼎孳（顧橫波夫）

第十三節　歷代巾幗女英雄

巾幗　原為古代女性的頭巾及髮飾配件，稱為「巾幗」。

巾幗英雄　此詞源於三國蜀漢丞相諸葛亮出祁山斜谷，數度挑戰曹魏主帥司馬懿，但他卻龜縮神隱避戰，而諸葛亮急於速戰速決，為了激怒司馬懿，派遣使者送巾幗給他（代表個性如同女流之輩，膽小怯懦，加以羞辱一番）。但司馬懿沒有中了諸葛亮的激將之計，反倒欣然接受賀禮，亦避不出城應戰，讓足智多謀的諸葛亮無計可施，大嘆遇到「巾幗英雄」（從此成為女性豪傑的代名詞）。

・中國歷代著名的巾幗英雄・

商朝	婦好	中國第一位女英雄，商武丁王之后，曾幫夫打下一片江山，是商朝的最鼎盛期。
新朝	遲昭平	組織農民起義軍，專門打擊貪官污吏、土豪鄉霸，給王莽政權帶來沈重打擊。
西晉	荀灌	單騎闖重圍討救兵，解宛城之圍，成為俠女，讓世人崇拜敬仰。
南北朝	冼英（冼夫人）	俚族女英雄，幼名百合，曾參與平定侯景之亂，歷經梁、陳、隋、三朝，促進漢俚民族融合，並協助治理嶺南（廣東）地區，被敕封為「譙國夫人」及「嶺南聖母」（周恩來譽她為巾幗英雄第一人）。
南北朝	花木蘭（花弧）	女扮男裝代父從軍，大破突厥屢建奇功，美國迪士尼曾將其事蹟拍成卡通影片，因而讓她享譽國際。
唐朝	平陽公主	李世民之妹，帶領娘子軍駐守渭北，功績卓越，該地後來被稱為「娘子關」。
唐朝	樊梨花	與夫薛丁山（薛仁貴之子）共同平定西北邊亂，其個性雖然倔強卻又能忍辱負重，曾被三休三請，成為戲劇精典橋段，流傳後世。
北宋	佘太君（賽花）	楊業（楊家將大當家）之妻，百歲掛帥率十二寡婦征討西夏。
北宋	穆桂英	楊門女將中，最傑出的人物（佘太君媳婦）曾大破遼蕭太后（燕燕）的天門陣。
南宋	梁紅玉	黃天蕩之役擊鼓助威，打敗強敵金兀朮大軍，岳飛被冤殺後，憤而與其夫韓世忠隱居杭州西湖畔，被封為「安國夫人」。
南宋	楊妙真	抗金女英雄，身著紅襖被稱為「紅襖軍」，勇悍善騎射，其梨花槍法天下無敵，令金人聞風喪膽。
明朝	唐賽兒	白蓮教領袖，自稱「佛母」，讓永樂帝吃盡苦頭，稱她為「女霸王」。
明朝	秦良玉	明末白桿軍統領，能文善武，被明思宗封為「鎮東將軍」，她是正史中唯一有記載的女將軍。
明朝	沈雲英	明末對抗流寇之亂的女中豪傑，張獻忠最心驚懼怕的女將領。
清朝	馮婉貞	咸豐年間與英法聯軍戰鬥，令洋人畏懼及另眼相看的女英雄。
清朝	洪宣嬌	太平天國天王洪秀全之妹（西王蕭朝貴之妻），豔絕一世，驍勇異常，是位頗具傳奇色彩的女中豪傑。
清朝	秋瑾	中國近代反清革命女烈士，其殉國遺言「秋風秋雨愁煞人」永留千古傳誦。

第八章

認識中國歷史朝代的更替

第一節　上古時代

1 中國文明的起源

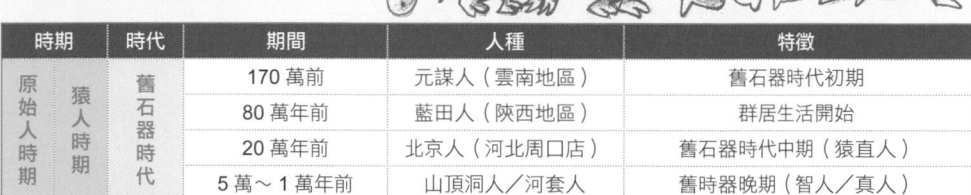

時期	時代	期間	人種	特徵
原始人時期	猿人時期	舊石器時代	170 萬前　元謀人（雲南地區）	舊石器時代初期
			80 萬年前　藍田人（陝西地區）	群居生活開始
			20 萬年前　北京人（河北周口店）	舊石器時代中期（猿直人）
			5 萬～1 萬年前　山頂洞人／河套人	舊時器晚期（智人／真人）

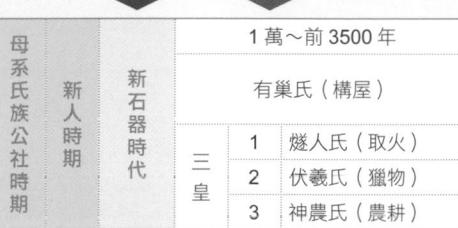

母系氏族公社時期	新人時期	新石器時代	1 萬～前 3500 年	
			有巢氏（構屋）	
			三皇	1　燧人氏（取火）
				2　伏羲氏（獵物）
				3　神農氏（農耕）

黃河流域系	長江流域系
仰韶文化（彩陶文化）	河姆渡文化
	馬家濱文化
斐李崗文化	大溪文化
半坡文化	屈家嶺文化
大汶口文化	

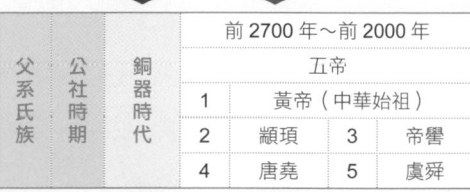

父系氏族	公社時期	銅器時代	前 2700 年～前 2000 年	
			五帝	
			1　黃帝（中華始祖）	
			2　顓頊　3　帝嚳	
			4　唐堯　5　虞舜	

黃河流域系	長江流域系
龍山文化（黑陶文化）	良渚文化
	薛家崗文化
馬家窯文化（甘肅）	

奴隸制度	青銅器時代	前 2000 年～前 256 年（約 1800 年）		
		上古三朝	1　夏朝	二里頭文化
			2　商朝	殷墟文化
			3　周朝	周原文化

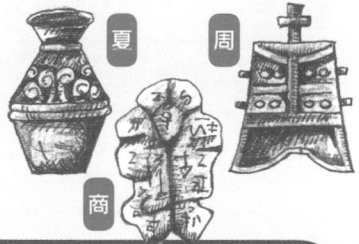

夏　周　商

? 小常識

何謂石器時代

● 原始人類最早謀生工具是用石頭製成故稱「石器時代」

物／時	舊石器時代		物／時	新石器時代
工具	粗糙簡易型石器工具		工具	精緻實用的石器工具
居住	逐水草而居（隨時移動）	進步	居住	結部落而居（固定群居）
生活	採集、捕撈、狩獵（採食）		生活	種植、農耕、畜牧（產食）
重心	求生存、找物、避野獸		重心	開始有社會互助合作觀念

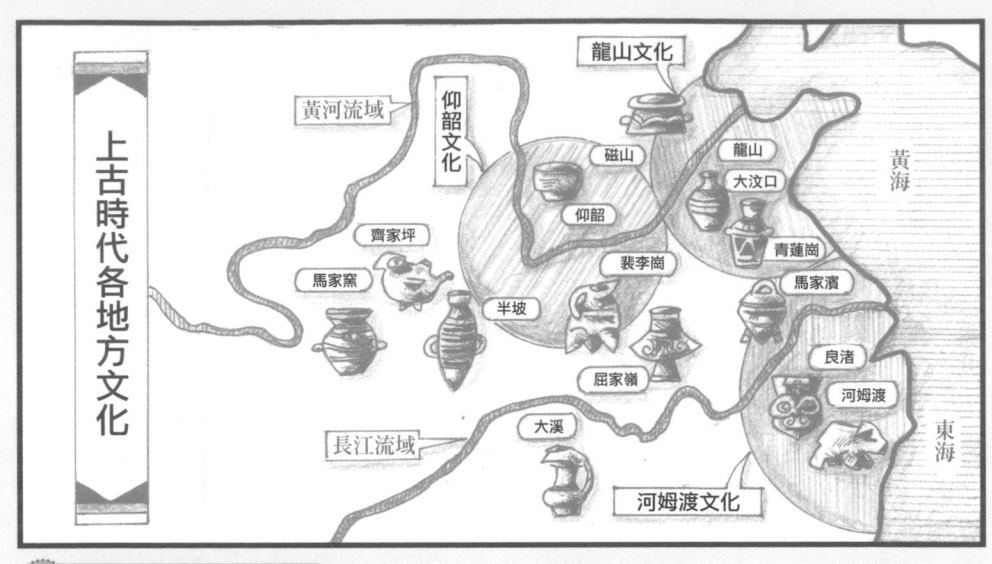

上古時代各地方文化

龍山文化

黃河流域

仰韶文化

磁山

龍山

大汶口

仰韶

青蓮崗

齊家坪

裴李崗

馬家濱

馬家窯

半坡

黃海

良渚

河姆渡

屈家嶺

東海

長江流域

大溪

河姆渡文化

② 三皇五帝｜傳說時代　上古時期，距今久遠，歷史真偽，無法考究（還沒紙筆發明），憑靠民間傳說或神話故事做為史料依據，流傳迄今。

版本繁多　三皇五帝因無史蹟可循，只能旁敲側擊，故版本眾多，較知名的如下：

三皇	書名	人物
	尚書大傳	燧人·伏羲·神農
	洛書	天皇·地皇·人皇
	白虎通	伏羲·神農·祝融
	春秋	伏羲·神農·女媧
	尚書序	伏羲·神農·黃帝

較主流版

五帝	書名	人物
	史記	黃帝·顓頊·帝嚳·唐堯·虞舜
	尚書序	少昊·顓頊·帝嚳·唐堯·虞舜
	禮記	太皥·炎帝·黃帝·唐堯·虞舜
	戰國策	伏羲·神農·黃帝·唐堯·虞舜
	資治外記	黃帝·顓頊·帝嚳·唐堯·少昊

★ 三皇五帝時代在沒有強力的文獻佐證下，歷史學家暫以《尚書大傳》中的三皇（燧人、伏羲、神農）和《史記》撰寫五帝本記（黃帝、顓頊、帝嚳、唐堯、虞舜）為主流版本。

★ 樹有根、水有源，中國人講求尋根溯源、落葉歸根、慎終追遠，故史學家將黃帝列為華夏民族始祖（龍的傳人）於是成為中國文明開啟者、我們成為炎黃子孫。

★ 黃帝紀年元年為西元前 2698 年（距今約 4700 年前）。

三皇				
	1	燧人氏（火祖）	鑽木取火（將茹毛飲血改成烤肉熟食）	征服洪水猛獸
	2	伏羲氏（太皥）	結網捕魚、飼養畜牧、製定八卦（河圖洛書）	
	3	神農氏（炎帝）	親嚐百草、播種農耕，被尊奉為「五穀祖師」	

五帝				
土	1	黃帝（有熊部）	軒轅氏	遠古部落聯盟共主，中華民族始祖
水	2	顓頊（音專序）	高陽氏	曾居於北方玄宮，被稱為水德之帝（玄帝）
火	3	帝嚳（音酷）	高辛氏	共工怒觸不周山，被帝嚳平定
金	4	帝堯（唐堯）	陶唐氏	被道教尊為三官大帝之首神（另有舜及禹）
木	5	帝舜（虞舜）	有虞氏	中國民間故事（廿四孝）之孝感動天主角

 **3** 上古時代重要人物

❶ 五方大帝 依五行顏色、五向方位所擬思出來的道教五方上帝。

| 黃帝 軒轅氏 | 青帝 伏羲氏 | 赤帝 神農氏 | 白帝 少昊 | 黑帝 顓頊（玄帝） |

❷ 黃帝｜姓姬／公孫（有熊部軒轅氏）

黃帝紀元始於西元前 2698 年（推算），他用指南車於涿鹿之戰擊敗東方九黎部首領蚩尤，取代神農氏（炎帝）前往泰山舉行封禪儀式，詔告天下而成為中原共主，尊號「黃帝」，炎黃兩部落最後融合成「華夏民族」，並成為中國人的始祖，史稱「炎黃子孫」。

> **妻子｜嫘祖** 教人種桑養蠶，取絲紡織製衣裳。

> **史臣｜倉頡** 創造文字，被稱為制字先聖（傳說他有雙瞳四目）。

> ★ **黃帝時期三大發明：** ●文字—倉頡 ●衣裳—嫘祖 ●指南針—黃帝。

❸ 唐堯 陶唐氏姓尹祁名放勳，能觀天象、製曆書（羲和治曆象）

❹ 虞舜 有虞氏，姓姚名重華（眼睛雙瞳之意），他是位孝子（中國民間廿四孝之一）

> **妻子｜娥皇（水神）及女英（湖神）** 她們兩姐妹是唐堯的女兒，舜帝死後，兩姐妹跳入湘江殉死，被道教尊奉為「湘夫人」供後世憑弔。

> **三官大帝** 堯、舜、禹被道教尊奉為三官大帝（又稱三界公）。

| 天官 | 紫微大帝 | 唐堯 | 地官 | 清虛大帝 | 虞舜 | 水官 | 洞陰大帝 | 夏禹 |

❺ 三賢禪讓 上古時代王位傳賢不傳嫡的美德，引為佳談，但到禹時而中斷。

唐堯 ➡ 虞舜 ➡ 夏禹 ➡ 皋陶比禹早卒、未得位 ➡ 伯益 遭夏部落反對未得位

【公天下】

啟 夏禹的兒子啟、受群臣擁護而繼承王位 ➡ 【家天下】

【開啟中國家天下之始啟者】

認識中國歷史朝代的更替

第二節　夏商周三朝綜述

1 夏商周年代未定論　中國歷史明確的記載年，始於西周共和元年（西元前 841 年），在此之前的歷史紀年均為推算或傳說（有世無年）為主，故眾說紛紜，版本繁雜難以憑證。

1 中國斷代工程版本　中國大陸有鑑於此，於 1995 年邀請 200 多位權威專家、歷史學者，共同來研究推算西周之前的這段模糊斷續的時代史料，並於 2000 年發表成果報告，此計劃被稱為「夏商周斷代工程」。但其結果還是有很多地方與文獻記載資料略有出入，無法吻合，其精確度令人質疑，存有爭論異議，為求慎重起見，予以保留原貌，未做最後定案。

2 台灣教課書版本　台灣以民國初期教育部所頒佈的版本加以修訂，迄今未做太大改變，其最大特色為下：

春秋時代	採用魯國編年史、孔子修著的《春秋》為起迄年 ◎西元前 722 年（魯隱公元年）至西元前 481 年（魯哀公十四年）
戰國時代	以《資治通鑑》所記述三家分晉年（西元前 403 年）為戰國始紀年
兩岸各自表述	雖然兩岸三地對年代認定有所差異，看法不同，各自表述，但整體對歷史事件及人文脈絡的見解是一致的。

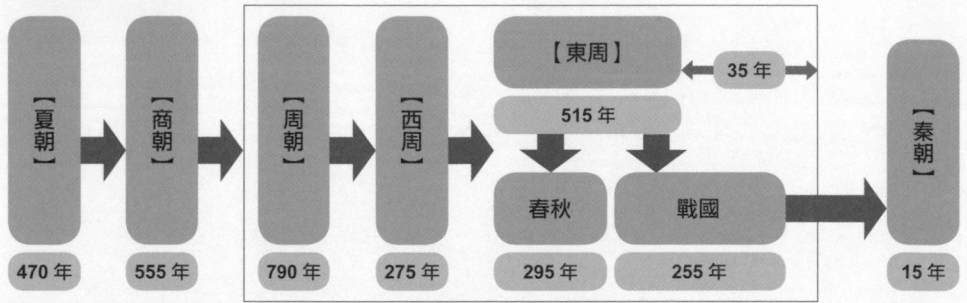

版本	1	大陸斷代工程版本	2	台灣教科書版本	3	重編國語辭典版本
朝代	國祚	期間	國祚	期間	國祚	期間
夏朝	470	前 2070～前 1600 年	432	前 2183～前 1752 年	442	前 2070～前 1600 年
商朝	555	前 1600～前 1046 年	640	前 1751～前 1111 年	644	前 1765～前 1122 年
周朝	790	前 1046～前 256 年	856	前 1111～前 256 年	873	前 1121～前 249 年
西周	275	前 1046～前 771 年	341	前 1111～前 771 年	351	前 1121～前 771 年
東周	515	前 770～前 256 年	515	前 770～前 256 年	522	前 770～前 249 年
春秋	295	前 770～前 476 年	242	前 722～前 481 年	295	前 770～前 476 年
戰國	255	前 475～前 221 年	182	前 403～前 221 年	255	前 475～前 221 年

◎其中以大陸斷代工程版本較為主流（因較有連貫性）

2 夏商周三朝代比較表　本表國祚以大陸斷代工程版本為主

朝代	① 夏朝		② 商朝		③ 周朝（西・東周）	
國祚	【470 年】17 位王		【555 年】30 位王		【790 年】37 位王	
期間	西元前 2070～前 1600 年		西元前 1600～前 1046 年		西元前 1046～前 256 年	
國都	初期	陽城（河南登封）	初期	亳（河南商丘）	初期	鎬京（陝西西安）
	晚期	斟鄩（河南偃師）	晚期	殷（河南安陽）	晚期	雒邑（河南洛陽）
特色	★家天下的開始		★甲骨文、金文出現		禮制	封建制度
						宗法制度
	中國第一個王朝		崇信鬼神、重視祭祀			井田制度
文化	二里頭文化		殷墟文化		周原文化	
疆域	部落聯盟		城邦聯盟		諸侯爭霸	
開國君	夏禹（姒文命）		成湯（天乙）		周武王（姬發）	
亡國君	夏帝桀（履癸）		商紂王（帝辛）		西周	周幽王（姬宮涅）
					東周	周赧王（姬延）
亡國戰役	鳴條之戰敗給成湯		牧野之戰敗給周武王		犬戎之禍敗給其子（西周亡）	
亡國妖姬	妹喜（音末喜）		妲己（音達己）		褒姒（音包賜）	
愛好	撕絹裂帛而笑		酒池肉林、通宵達旦		烽火戲諸侯	
歡心處	傾宮瑤台		鹿台摘心樓		戲諸侯烽火台	

★**亡國三大妖姬特色：**亂孽惡道、縱情淫樂、紅顏禍水、傾國傾城。

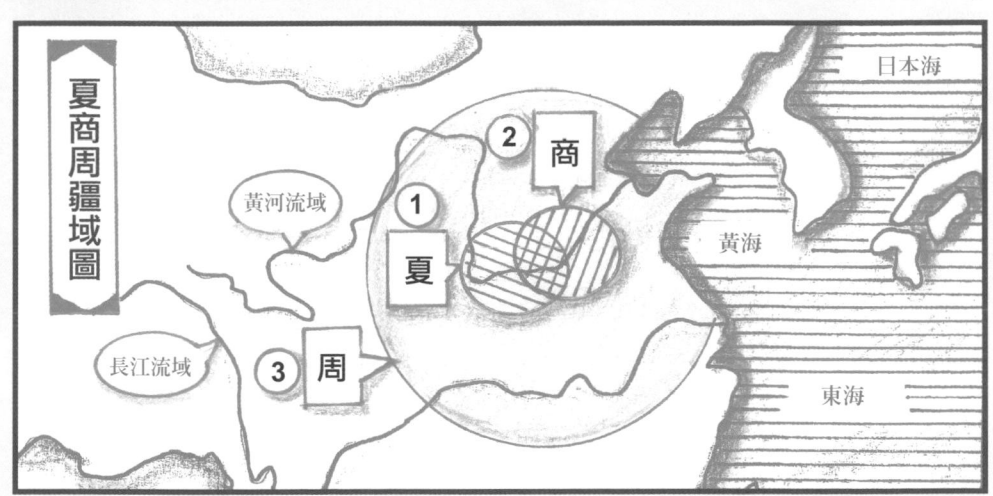

● 夏亡於喜、商亡於己、周亡於姒，君惜美女成亡國之物。

3 夏朝｜中國第一個王朝　西元前 2070 年～前 1600 年，共 470 年（17 位王）

華夏民族　夏朝是中華民族第一個王朝，又稱「華夏民族」（成為中國的代名詞）。

- 夏王啟是家天下世襲制度的始啟者，從西元前 2070 年起至清朝末帝宣統止（西元 1911 年），共歷經 3981 年王權封建專制時代。

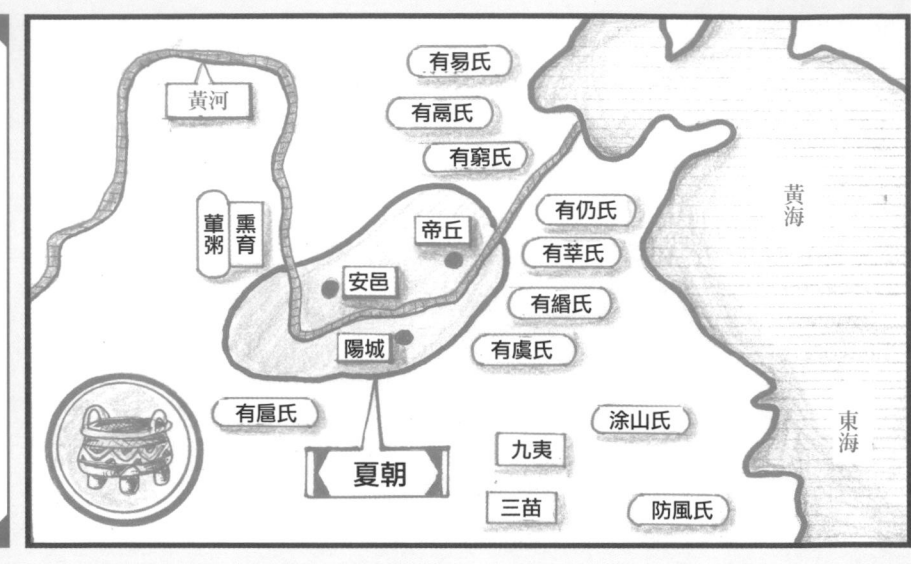

夏朝時期各地方部落圖

	君王	在位	備註	
1	夏禹	45 年	定都：陽城（河南登封），另有一說在安邑（山西夏縣）劃定九州	
2	啟	9 年	遷都：陽翟（河南禹州），家天下（世襲）啟始者	
3	太康	29 年	「太康失國」→沉迷狩獵，被后羿放逐流亡異鄉	40年真空黑暗時期
4	仲康	13 年	「仲康傀儡」→后羿代夏（2 年）→寒浞篡夏（38 年）	
5	相安	28 年	「相安被誅」定都：帝丘（河南濮陽）	
6	少康	22 年	「少康中興」→擊敗寒浞復興夏朝	
7	帝杼	17 年	遷都：原（河南濟源）後再遷老丘（河南開封），發明皮甲和矛	
8	帝槐	26 年	在位期間社會安定、經濟發展，夏朝鼎盛期	
9	帝芒	18 年	為求黃河之神庇護，而開始有了沉祭大典	
10	帝泄	18 年	賜封九夷各部爵位	
11	帝不降	59 年	討伐九苑，是夏朝在位最久的君王	
12	帝扃	21 年	音冏，定都：西河（河南安陽），在位期間空中妖光連現十天	
13	帝廑	20 年	音緊，又稱「胤甲」，因其無子，由堂兄孔甲繼承王位	
14	帝孔甲	31 年	「孔甲亂夏四世而隕」，淫亂無道，好方神鬼，不理朝政	
15	帝皋	3 年	音高，諸侯已不來朝覲，國勢日衰滑落	
16	帝發	22 年	帝發七年泰山大地震（世界最早地震記錄）	
17	帝桀	52 年	寵幸妹喜，沉迷酒色，暴虐嗜殺，諸侯群起抗暴	

【 夏朝歷代君王列表 】

? | 在位期間年．未定論，因版本眾多，算法不一，故只能僅供參考

1 夏朝開國君｜夏禹

第一任姒文命，字高密，號禹（又稱大禹）其父鯀（音滾，意為大魚）整治黃河採用圍堵法失敗，釀成巨災被處死，禹於是改用疏導法成功將水患制止（治水期間三過家門而不入），受萬民尊崇，被虞舜封為「夏伯」，後來將王位禪讓給禹，故稱為「夏禹」，在位 45 年，死後葬於浙江會稽山。

2 家天下開啟者｜夏啟

第二任啟、被各部落族長推薦為王，開啟了家天下世襲制度，因他非出於禪讓、違反慣例，反對者亦不乏其數，但皆被啟所殺，他制度九韶神樂（九歌）。

3 少康中興

后羿及寒浞篡夏，使夏朝出現 40 年的真空黑暗期，第五任君相安被謀殺時，其王后正好懷有身孕，逃奔回娘家生下少康（第六任君王），當他成年後聚集夏朝殘部勢力，擊敗寒浞、復興夏室，史稱「少康中興」。

4 帝桀覆夏

第十七任王君履發（桀）暴虐淫亂，寵幸妹喜，誅殺賢良，引發仁德之士商湯聯合諸侯群起抗暴，在鳴條之戰徹底擊滅夏朝。

· 夏朝歷代國都表 ·　本表以《古本竹書記年》所載的都城為依據。

① 第 1 任｜夏禹｜陽城（河南登封）｜另有一說：★安邑（山西夏縣）
② 第 2 任｜啟｜陽翟（河南禹州）　➡ ③ 第 3 ～ 4 任｜太康、仲康｜斟鄩（河南偃師）
④ 第 5 ～ 6 任｜相安、少康｜帝丘（河南濮陽）
⑤ 第 7 ～ 12 任｜帝杼～帝扃｜杼先定於原（河南濟源）後遷　➡ ⑥ 老丘（河南開封）
⑦ 第 13 ～ 16 任｜帝厪～帝發｜西河（河南安陽）
⑧ 第 17 任｜帝桀｜斟鄩（河南偃師）二里頭文化發源地

其他古書記載夏都還有：★平陽（山西臨汾）　★晉陽（山西太原）

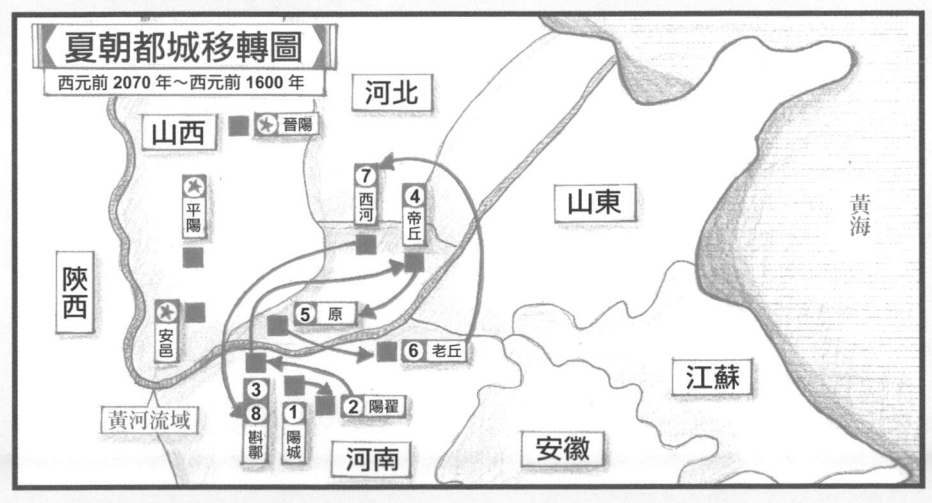

4 **商朝** 西元前 1600 年－前 1046 年，共 555 年，歷 30 位君王

● 商的始祖為「子契」，在舜帝時期因幫禹治水有功，被封地于「商地」，其後第 14 代子孫成湯（天乙）推翻夏朝，而建立「商朝」。

1 **商朝又分為前期及後期** 亳商與殷商（君王均以干支紀年為名號）

前期	亳商	第 1 任～第 18 任君王（以**兄終弟及**傳位為主）特色：屢遷國都（5 次）
前 1600～前 1300 年		此階段 18 位君王僅三位明君（第 1 任商湯、第 4 任太甲、第 9 任太戊）
後期	殷商	第 19 任～第 30 任君王（以**父死子繼**傳位為主）特色：定都於殷（殷商）
前 1300～前 1046 年		此階段 22 位君王中僅二位明君（第 19 任盤庚、第 22 任武丁）

【商朝君王列表】	【前期（亳商）】	**1** 成湯（天乙） 在位 13 年（若再加商族首領 17 年，合計 30 年 ➡ 太丁（未即位）➡ **2** 外丙 在位 2 年 ➡ **3** 仲壬 仲壬｜在位 4 年 **4** 太甲 在位 33 年 ●**第一次興盛期**（以上三任為賢相伊尹輔政） **5** 沃丁 在位 29 年 ➡ **6** 太庚 在位 25 年 ➡ **7** 小甲 在位 17 年 **8** 雍己 在位 12 年 ▼**第一次衰落期**（諸侯不來朝） **9** 太戊 在位 75 年 ●**第二次復興期**（商朝在位最久的賢君）	■定都於「亳」
【九世之亂】		**10** 仲丁 在位 11 年 ➡ **11** 外壬 在位 15 年	■第一次遷都至「囂」
		12 河亶甲 在位 9 年 ▼**第二次衰落期** ➡	■第二次遷都至「相」
		13 祖乙 在位 19 年 ●**第三次復興期** ➡	■第三次遷都至「邢」
		14 祖辛 在位 16 年 ➡ **15** 沃甲 在位 25 年 **16** 祖丁 在位 32 年 ➡ **17** 南庚 在位 25 年	■第四次遷都至「庇」
		18 陽甲 18｜陽甲｜在位 7 年 ▼**第三次衰落期**	■第五次遷都至「奄」
【後期】殷商		**19** 盤庚 行湯之政，讓百姓安寧，殷道復興，定都於殷，從此不再遷都（故稱殷商） **20** 小辛 ➡ **21** 小乙 以上三任期間，共計 50 年（前 1300 年～前 1251 年） **22** 武丁 在位 59 年 ●**武丁盛世**商朝鼎盛期（前 1250 年～前 1192 年）	
【八世之衰】		**23** 祖庚 ➡ **24** 祖甲 ➡ **25** 廩辛 ➡ **26** 庚丁 （以上四任在位期間共計 44 年） **27** 武乙 在位 35 年於河渭之間田獵，被暴雷劈斃（前 1147 年～前 1113 年） **28** 文丁 在位 11 年比干、箕子、帝乙之父，忌憚周族（前 1112 年～前 1102 年） **29** 帝乙 在位 26 年**帝乙歸妹**其妹嫁給周文王（前 1101 年～前 1076 年） **30** 帝辛（紂王） 在位 30 年以朝歌為行宮，寵妲己，酒池肉林，在位 30 年（前 1075 年～前 1046 年）濫殺忠良，最後在牧野之戰被周武王擊滅（史稱「武王伐紂」）	
【商朝】	歷代國都	**1** 亳 河南商丘 ➡ **2** 囂 河南鄭州附近 ➡ **3** 相 河南安陽黃縣 **4** 邢 河北邢台 ➡ **5** 庇 山東鄆城 ➡ **6** 奄 山東曲阜 **7** 殷 河南安陽｜從此不再遷都（殷商）■陪都｜朝歌｜河南淇縣	

小常識

商朝小常識

【商朝小常識】

- 商朝以玄鳥為圖騰（吉祥物）
- 商湯伐桀（鳴條之戰滅夏建商）武王伐紂（牧野之戰滅商建周）歷史稱商湯及周武王（姬發）為「湯武革命」（順乎天應乎人）
- 商紂三仁（紂王時期，朝廷中三位忠良諫臣）
  ① 比干（被挖心）　② 箕子（被囚禁）　③ 微子（被放逐）
- 商滅後其王室後裔均棄政而從事生意買賣，成就非凡（「商人」的源由）

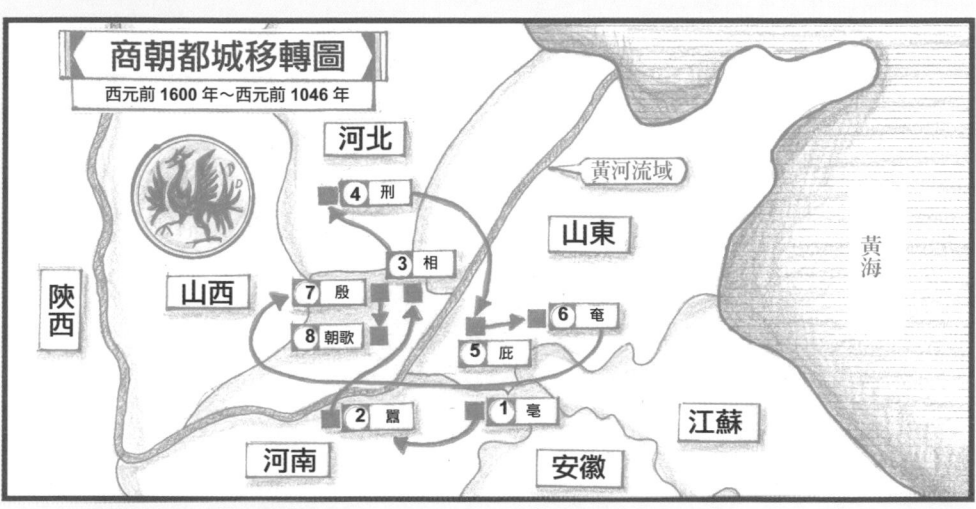

商朝都城移轉圖
西元前 1600 年～西元前 1046 年

河北

黃河流域

山東

黃海

4 刑

3 相

陝西

山西

7 殷

8 朝歌

6 奄

5 庇

2 囂

1 亳

江蘇

河南

安徽

① 商朝重要人物簡介

成湯伐桀　開國君成湯於鳴條之戰，擊敗殘暴的夏桀，被百姓擁戴為王，建立商朝，建都於亳（河南商丘），史稱「商湯」（邦畿千里、泱泱大國）

中國首位賢相　伊尹被商湯立為相，以仁義施政，湯死後繼續輔佐過三位天子（外丙、仲壬、太甲）盡心輔政毫無異心。

太甲訓三篇　第 4 任太甲繼位後，殘暴百姓，被名相伊尹放逐，親自執政，三年後見太甲改過自新，便將王權主動歸還給太甲，復辟後的太甲，開始勤政愛民，終成仁君，並作《太甲訓三篇》流傳後世。

九世之亂　從第 10 任仲丁起至第 18 任陽甲止（共九世近百年）政治紛亂，屢次遷都（共計五次），使王朝中落、諸侯不朝。

盤庚遷殷　第 19 任盤庚在眾臣極力反對下，毅然決定遷都至殷（河南安陽），從此安定下來，行湯之政，國家興盛，後世稱為「殷商」。

武丁盛世　第 22 任武丁以傅說（音父岳）為相，其妻子婦好（中國第一位女將軍），攻克鬼方、土方、荊楚等週遭鄰敵，後世稱其為「殷之大仁」，是商朝國勢最鼎盛的時期，史稱「武丁盛世」。

祖甲改制	第 24 任祖甲廢除「兄終弟及」制，實行王位由嫡長子繼承制度。
武乙射天	第 27 任武乙蔑視巫士祭司，將天神木偶高掛射之取樂，一次在河渭附近田獵時忽然風雲變色，被疾雷劈斃。
帝乙歸妹	第 29 任帝乙將其妹嫁給西伯侯姬昌（周文王），中國最早的政治聯姻。
紂王暴虐	第 30 任帝辛（紂王），情迷妖姬妲己（音達己）、酒池肉林、炮烙亂刑、濫殺忠良，終遭西伯侯姬昌之子、周武王（姬發）聯合朝廷忠良義士群起抗暴，最後在牧野之戰徹底擊潰商紂主力軍，紂王兵敗逃回朝歌（河南淇縣），於鹿台引火自焚而亡（商滅）。

紫微斗數	號稱「天下第一神算」的紫微斗數，是依據「封神榜」（武王伐紂）神話故事裡的傳奇人物制定成各級星曜主人，推演出命理運勢盤，其中以十四顆星宿最為重要（主星）。

・紫微斗數中主要的十四顆甲級主星・

	序	星宿	化氣	五行	主	代表人	評	備註
【紫微星系六星】	1	紫微星	帝	陰土	尊貴	伯邑考	○	周文王之子、武王之兄、被紂王製成肉丸慘死
	2	天機星	善	陰木	智能	姜子牙	○	周朝開國軍師，被賜名太公望
	3	太陽星	貴	陰火	光明	比干	○	為人正直，被紂王挖心而成仁的諫臣
	4	武曲星	財	陰金	勇敢	周武王	○	打敗紂王，建立周朝（武王伐紂）
	5	天同星	福	陽水	親切	周文王	○	武王之父，曾推演出周易 64 卦
	6	廉貞星	囚	陰火	多慮	費仲	×	商紂朝裡的大奸臣（助紂為虐）
【天府星系八星】	1	天府星	令	陽土	豐饒	姜皇后	○	紂王的王后，非常賢慧、善良（與王強烈對比）
	2	太陰星	富	陰水	貞潔	賈夫人	○	黃飛虎之妻，為貞節堅拒紂王淫行而亡
	3	貪狼星	慾	陽木	善變	妲己	×	魅惑紂王的千年狐狸妖精
	4	巨門星	暗	陰水	是非	馬千金	×	姜子牙的潑辣夫人，喜歡說長論短
	5	天相星	印	陽水	謹慎	聞仲	○	商朝國師，謹守為臣本分盡心盡力（愚忠）
	6	天梁星	蔭	陽土	紀律	李靖	○	托塔李天王（四大天王之一，哪吒之父）
	7	七殺星	將	陰金火	衝動	黃飛虎	×	其妻被紂王逼死，而叛商投效周武王
	8	破軍星	耗	陰水	損耗	紂王	×	荒淫無道，濫殺忠良，被周武王滅國

⑤ 周朝 西元前 1046 年～前 256 年，共計 790 年，歷 37 位王（西周＋東周）

周朝始祖「棄」，是堯帝的農師，舜帝時被受封於邰國，號「后稷」（音季），傳至九世古公亶（音膽）時，他帶領周人遷徙至歧山下、土地肥沃的周原定居，周族開始繁盛起來，於是古公亶被周人尊為「太王」是周王朝的奠基人。

① 周朝又分為西周、東周　（東周朝內又分春秋及戰國時代）

	序	朝名	都城	期間（西元）	國祚	合計	王數	合計	備註
【周朝】	1	西周	鎬京	前 1046～前 771 年	275 年	790 年	12 位王	37 位王	封建宗親以藩屏周
	2	東周	雒邑	前 770～前 256 年	515 年		25 位王		又分「春秋」與「戰國」

②西周　前1046年～前771年，共275年，歷12位王。國都：鎬京（陝西西安）
周召共和時期始有確切的記年出現（西元前841年）在之前的年表均為推算。

【西周歷代君王列表】	追	周文王姬昌（追謚號）	他是古公亶的孫子，被商紂王封為「西伯侯」		
	1	周武王姬發	在位4年	於牧野之戰擊滅商紂，建立周朝，定都於鎬京	
	2	周成王姬誦	在位22年	周公輔政七年，平定管蔡之亂，勤政愛民	成康之治
	3	周康王姬釗（音昭）	在位25年	繼行德政，為周百姓所敬仰	
	4	周昭王姬瑕（音霞）	在位25年	南征荊楚，回師至漢水時不幸溺斃	
	5	周穆王姬滿	在位55年	民間故事：「穆天子騎八駿馬遊崑崙山瑤池，受西王母款待」	
	6	周共王姬緊扈（音依附）	在位23年	在青銅器的銘文裡，稱他為龔王	
	7	周懿王姬（音覲）	在位8年	戎狄交侵，王室衰落	
	8	周孝王姬辟方	在位6年	在位期間非子養馬有功，賜地於秦（成為秦國發源地）	
	9	周夷王姬燮（音謝）	在位8年	有惡疾，行為暴虐，周室更衰	
	10	周厲王姬胡	在位37年	殘暴無道，民怨沸騰，在動亂中被推翻，遭放逐	
		【周召共和】	前841～前828年共計14年	中國歷史確切記錄年（之前均為推算）	
			厲王被放逐期間由共伯和聯合攝政，厲王死後將王位還給其子宣王即位		
	11	周宣王姬靜	前828～前728年	在位46年	宣王即位後進行大改革，史稱「宣王中興」
	12	周幽王姬宮湼	·前781～前771年	在位11年	幽王常以烽火戲諸侯來博得寵姬褒姒一笑，並想廢掉太子宜臼，改立妖姬之子伯服為新儲君，於是引發申侯（宜臼外公）強烈不滿，聯合犬戎部族，在驪山下殺死幽王，西周滅亡

③西周王朝重要人物簡介

西伯囚姜　姬昌（周文王）被商紂王封為西伯，因常苦諫冒犯聖顏，被囚禁於姜里（音有里），也因此推演出周易64卦，史稱「文王易經」（簡稱周易）。被釋放後於渭水巧遇奇才姜子牙（被封為太公望），拜他為國師，使其領地部落日益強大。

武王伐紂　西伯去世後，其子姬發即位，任姜子牙為軍師，發出討檄文（孟津之誓），親率大軍伐紂，於牧野之戰大獲全勝，紂王逃回朝歌，于鹿台自焚而亡。

?

小常識

西周小常識

【西周小常識】
★文、武、成、康、昭、穆是西周的鼎盛期，「宣」則為周朝的中興朝，共、懿、夷、厲是周朝的衰落期，「幽」則是周室淪亡期
● 以上單字成為往後各歷朝代君王廟號的取用重要參考資料
★宗周指國都鎬京（陝西西安）成周指陪都雒邑（河南洛陽）
● 以上兩大都市成為周王朝的政治中心，同時也是經濟中心，更成為往後西漢、東漢、盛唐時期的西、東兩大燦爛輝煌的京城（同時也是中古世紀世界上最文明進步的繁華大都市）

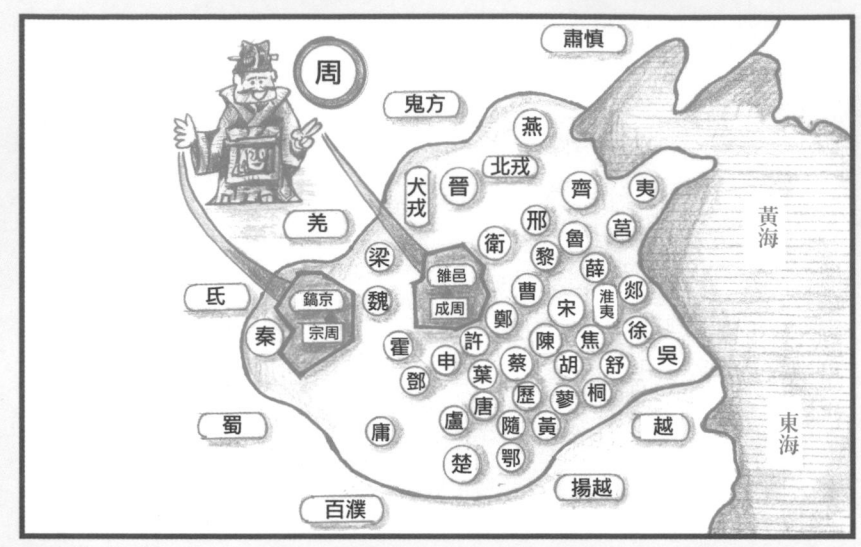

周朝初期主要諸侯國

（共有七十一國）的分佈圖

地圖標示：肅慎、周、鬼方、燕、北戎、晉、齊、夷、犬戎、邢、魯、莒、衛、黎、薛、羌、梁、魏、雒邑/成周、曹、宋、淮夷、郯、鎬京/宗周、秦、鄭、陳、焦、徐、氐、霍、申、許、蔡、胡、舒、桐、吳、鄧、葉、唐、歷、蓼、蜀、庸、盧、隨、黃、鄂、越、楚、揚越、百濮、黃海、東海

周朝建立	開國君姬發（周武王）定都鎬京（陝西西安），並追諡其父姬昌為「周文王」。
周公攝政	武王去世後，年僅 12 歲的太子誦即位（周成王），由周公旦（武王弟）攝政。
管蔡之亂	周朝初創時，武王為籠絡民心，封紂王之子武庚管理殷地，並派管叔（鮮）、霍叔（處）及蔡叔（度）三叔去監視他（史稱三監）。周成王年幼，由周公旦輔政，引發管叔與蔡叔不滿，造謠周公想篡謀王位，聯合武庚叛亂（史稱管蔡之亂或三監之亂），但不久即被周公平定（歷時 3 年）。
制禮作樂	周公平定亂事後開始作禮制：封建制度、宗法制度、井田制度。
成康之治	天下局勢逐漸安定下來，等成王成年後，周公將王權奉還給成王親政（周公攝政七年）。成王勤政愛民、儉約克己，其後康王也繼續奉行成王時的德政，兩父子在位期間 46 年內，天下沒有盜賊，刑罰也停用多年，國泰民安，可謂太平盛世，史稱「成康之治」。
宣王中興	厲王死後朝臣推擁仁慈的太子靜即位（第 11 任周宣王），初期奉行成康之道，朝政明顯有所起色（宣王中興），但隨年紀老邁開始力不從心（國家漸衰）。
烽火戲諸侯	末代周幽王寵褒姒，常以烽火戲諸侯取悅美人歡心，並廢掉太子宜臼，種下西周滅亡禍根。太子宜臼得外公申侯援助聯合犬戎部落，攻陷鎬京，其父幽王被殺於驪山下（所以他被冠上弒父篡位不名譽的罵名），因此決定東遷國都於雒邑（洛陽），離開此悲愴含恨的傷心地。※ 成為西周及東周的分水嶺。

第三節　東周（春秋戰國）綜述

① 東周　西元前 770 年～前 256 年，共計 515 年，歷 25 位王，國都：雒邑（河南洛陽）

封建制度是西周的根源，但卻成為東周的禍源　西周時以周王室為中心，大封宗親貴族、功臣勳將為諸侯（多達七十一個諸侯），較有影響力的為十四國，作為王室屏障，鞏固周天子的統治基業，史稱「封建宗親、以藩屏周」。但是到了東周時期卻成為列國諸侯紛爭騷動的亂源，史稱「王室衰落、禮崩樂壞」

【東周歷代君王列表】

時代	序	君王	姓名	在位	期間
【春秋時代】 前770～前476 共計295年	1	周平王	姬宜臼	51	前 770～前 720
	2	周桓王	姬林	23	前 719～前 697
	3	周莊王	姬佗	15	前 696～前 682
	4	周釐王	姬胡齊	5	前 681～前 677
	5	周惠王	姬閬	25	前 676～前 652
	6	周襄王	姬鄭	33	前 651～前 619
	7	周頃王	姬壬臣	6	前 618～前 613
	8	周匡王	姬班	6	前 612～前 607
	9	周定王	姬瑜	21	前 606～前 586
	10	周簡王	姬夷	14	前 585～前 572
	11	周靈王	姬泄心	27	前 571～前 545
	12	周景王	姬貴	25	前 544～前 520
	13	周悼王	姬猛	數月	前 520
	14	周敬王	姬匄	44	前 519～前 477
【戰國時代】 前475～前221 共計255年	15	周元王	姬仁	7	前 476～前 469
	16	周貞定王	姬介	28	前 468～前 441
	17	周哀王	姬去疾	數月	前 441 兩王合計11 個月均被殺害
	18	周思王	姬叔		
	19	周考王	姬嵬	15	前 441～前 426
	20	周威烈王	姬午	24	前 425～前 402
	21	周安王	姬驕	26	前 401～前 376
	22	周烈王	姬喜	7	前 375～前 369
	23	周顯王	姬扁	48	前 368～前 321
	24	周慎靚王	姬定	6	前 320～前 315
	25	周赧王	姬延	59	前 314～前 255

列國諸侯大事紀

周平王東遷國都於雒邑（洛陽）史稱東周

前 707 年周桓王被鄭莊公打敗（周室威信盡失）

前 685 年齊桓公以管仲為相進行改革

前 679 年齊桓公稱霸

前 659 年秦穆公用蹇叔，百里奚為相
前 658 年晉獻公假虞滅虢

前 638 年宋襄公爭霸中原失利（泓水之戰）
前 632 年晉文公城濮之戰勝，成為新霸主
前 623 年秦穆公稱霸於西戎

前 608 年楚莊王成為霸主（問鼎中原）

前 579 年第一次珥兵之盟（休戰）
前 575 年晉楚鄢陵之戰（晉勝）

前 546 年晉楚第二次珥兵之盟（雙方稱霸）

前 506 年吳王闔閭以伍子胥為相，孫武為將
前 494 年越王勾踐向吳國投降（夫椒之戰）
前 482 年吳王夫差會諸侯於黃池，完成霸業

前 473 年越王勾踐臥薪嚐膽滅吳國

前 453 年三家滅智　戰國策記事由此開始
前 445 年魏文侯任李悝改革（戰國初期霸主）

《資治通鑑記事由此開始》　魏‧李悝改革

前 403 年三家分晉（韓、趙、魏被封為諸侯）

楚‧吳起變法

前 390 年楚悼王任吳起變法
前 386 年田氏伐齊（田和被封為齊國諸侯）

秦‧商鞅變法

前 359 年秦孝公命商鞅變法
前 355 年韓昭侯命申不害變法
前 334 年齊魏合談（徐州相王）

韓‧申不害變法

趙胡服騎射改革

前 307 年趙武靈王「胡服騎射」軍事改革
前 256 年周赧王向秦昭王投降，東周滅

1 春秋五霸

2 晉楚對立

3 吳越相爭

1 周朝國祚是中國歷史之最　周朝（西周＋東周）國祚 790 年，歷 37 位君王。

2 春秋、戰國　東周時期諸侯崛起，列強爭霸，後世史學家用「春秋」及「戰國」兩個時代，來詮釋東周王朝動盪混亂的局勢。

3 東周開國君王　西周幽王的太子宜臼，因不滿遭父廢黜，在獲得外公申侯大力支持下聯合犬戎部族擊敗其父周幽王，隨後被諸侯國擁立為王（即周平王），因鎬京（西安）在戰火中被摧殘得滿目瘡痍，已成廢墟，於是把國都東遷到陪都雒邑（洛陽），史稱「東周王朝」。

王室衰落　東遷後的周王室（東周）領土縮小，人口減少，王室權力迅速衰落，反觀各諸侯列國、勢力卻加倍膨脹，危及王權（形成王弱侯強局面）。

衰落原因　王命不聽、列國作亂、諸侯兼併、戎狄橫行。

禮崩樂壞　東周第 2 任君主周桓王時期，因鄭莊公不行朝覲之禮，桓王親率大軍討伐，結果大敗而歸，周王室威信盡失，朝禮崩壞，對諸侯列公毫無約束力，聲譽每況愈下，「周天子」僅存象徵性，權威蕩然無存。

4 東周末代君王　第 25 任君主周赧王（赧：音腩）是周朝 37 位君王中（西周＋東周）在位最久的君王（在位 59 年）即位時周王室已經十分衰弱，每天都在憂心忡忡的壓力下求生存，為了對付強大的秦國，於是號召六國聯合攻秦，並向境內富家籌借軍資，購買武器糧餉，大量發行債券。

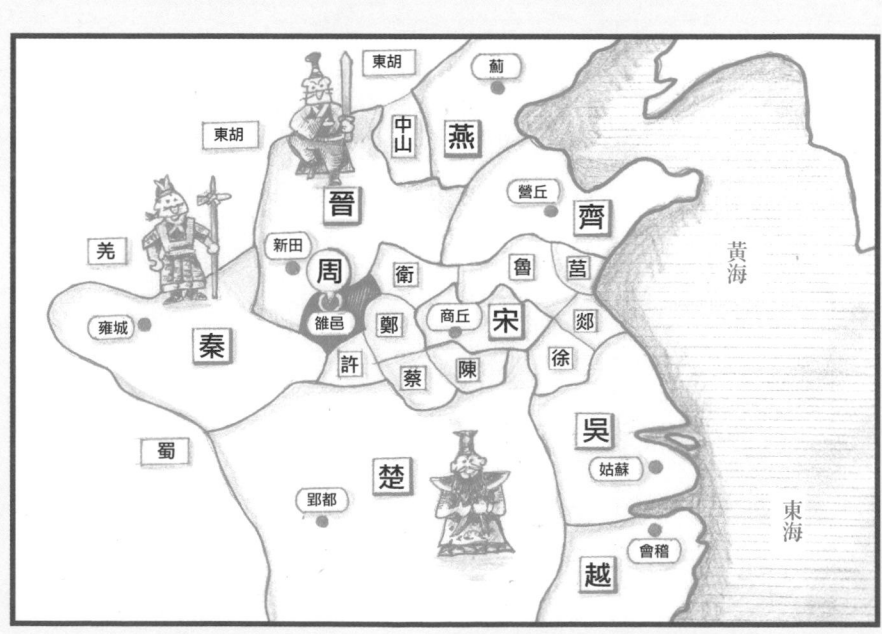

東周　春秋時代形勢圖

債台高築　周赧王因向富家借貸（承諾勝利後會加倍奉還），所以伐秦只能成功不能失敗，但事與願違（不堪一擊），於是大批債主跑來討債，周赧王無奈只好躲在後宮高台上避債，成為逃債台（高築債台成語源由）。

向秦乞降　赧王見周王朝大勢已去，深知秦王決不善罷甘休，不如趁早投降，結局或許會好些，在萬般無奈下率宗室朝臣向秦昭王乞降請罪，東周亡。

3 春秋時代　《春秋》此詞是引用魯國編年史、孔子修訂《春秋》一書而得名。講述奴隸制度崩壞的歷史，期間有二個較知名的版本。

1 大陸斷代工程版本　以周平王東遷雒邑（洛陽）定為起迄年（此版本較主流）。

時期　西元前 770 年（周平王元年）至西元前 476 年（周敬王 44 年）止，共計 295 年。

重要事件　早期——桓公稱霸、中期——晉楚對立、後期——吳越相爭。

2 台灣教科書版本　以魯史《春秋》內容定為起迄年（較不連貫，見下圖）。

時間　西元前 722 年（魯隱公元年）至西元前 481 年（魯哀公 14 年）止，共計 242 年。

重要事件　早期——禮樂崩壞、中期——五霸興衰、後期——吳越興起。

4 戰國時代　《戰國》此詞是引用西漢劉向的《戰國策》一書而得名。講述封建制度確立的歷史，期間有三個不同的版本。

1 大陸斷代工程版本　以《史記》定為起迄年（因有連貫性，較具代表性）。

時間　前 475 年（周元王元年）至前 221 年（秦王政 26 年）止，共計 255 年。

重要事件　越王勾踐臥薪嚐膽，再度揮兵攻吳。

2 通用版本　以《戰國策》定為起迄年。

時間　前 453 年（周貞定王 16 年）至前 221 年（秦王政 26 年）止，共計 233 年。

重要事件　三家滅智（韓、趙、魏三家聯合滅掉智伯）。

3 台灣教科書版本　以《資治通鑑》定為起迄年。

時間　前 403 年（周威烈王 16 年）至前 221 年（秦王政 26 年）止，共計 182 年。

重要事件　三家分晉（韓、趙、魏三家被周天子封為諸侯，瓜分晉國）。

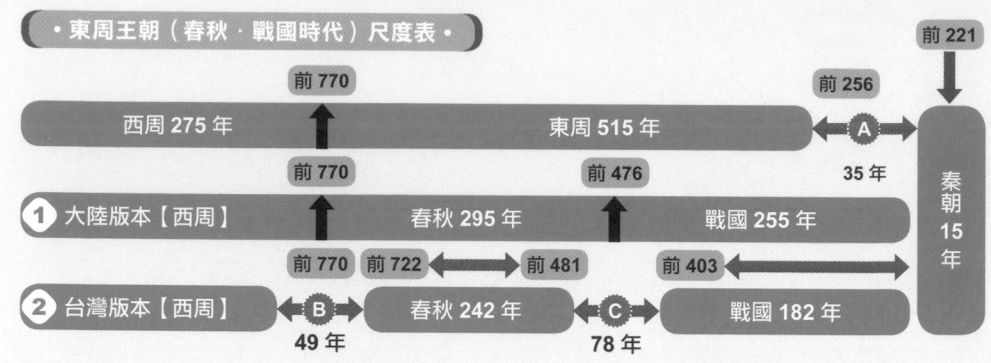

- **東周王朝（春秋‧戰國時代）尺度表‧**

前 221

西周 275 年 — 前 770 — 東周 515 年 — 前 256 — Ⓐ — 35 年 — 秦朝 15 年

① 大陸版本【西周】 — 前 770 — 春秋 295 年 — 前 476 — 戰國 255 年

② 台灣版本【西周】 — 前 770 ／ 前 722 — Ⓑ — 49 年 — 春秋 242 年 — 前 481 — Ⓒ — 78 年 — 前 403 — 戰國 182 年

Ⓐ 35 年天下無主的群雄混亂期：前 256 年（東周滅）至前 221 年（秦朝建立）

Ⓑ 49 年的空窗期：前 770 年（西周滅）至前 722 年（春秋始）

Ⓒ 78 年的空窗期：前 481 年（春秋結束）至前 403 年（戰國開始）

★ 由於台灣教科書版本如上圖 B、C 出現兩個合計 127 年的空窗期，故較不連貫性。

⑤ 速解春秋戰國各諸侯國興衰簡史表

【西周】周武王所敕封十四個諸侯國之始祖			【東周】又分春秋‧戰國時代			
			【春秋十四國】		【戰國七雄】	
國別	始封者	與周室關係	序	國名	序	國名
秦	非子	顓頊後裔	1	秦國	① 秦國	前 246 年
衛	康叔	周武王八弟	2	衛國		前 209 年
齊	姜子牙	周武王軍師	3	齊國姜氏	② 齊國田氏	前 386 年／前 221 年
曹	曹振鐸	周武王十三弟	4	曹國		前 487 年
宋	微子啟	商紂王庶兄	5	宋國		前 286 年
燕	召公奭	周武王宗室	6	燕國	③ 燕國	前 222 年
鄭	桓公友	周厲王庶子	7	鄭國		前 375 年
晉	唐叔虞	周武王三子	8	晉國		

前 403 年周威烈王封韓、趙、魏為新諸侯　三家分晉

韓	景侯虔	④ 韓國	前 230 年
趙	烈侯籍	⑤ 趙國	前 228 年
魏	文侯斯	⑥ 魏國	前 225 年

國別	始封者	與周室關係	序	國名	序	國名
楚	熊繹	顓頊後裔	9	楚國	⑦ 楚國	前 223 年
陳	胡公滿	虞舜後裔	10	陳國		前 479 年
蔡	蔡叔度	周武王五弟	11	蔡國		前 447 年
魯	周公旦	周武王四弟	12	魯國		前 256 年
越	無餘	夏少康後裔	13	越國		前 306 年
吳	太伯	周文王伯父	14	吳國		前 473 年

秦國（秦王政時期）26 年　前 221 年　秦國　秦始皇

★ 周武王姬發創建西周時為籠絡人心，大封宗室、功臣及商朝王族，賜地封爵，成為屏障周諸侯藩王（多達七十一位諸侯）。較有影響力的如上表十四國。

● 前 386 年田氏代齊。　● 前 403 年三家分晉（韓、趙、魏取代晉國為諸侯）。

6 春秋五霸及後期二霸

1 齊桓公　姜小白、在位 43 年（91 歲）、國都：營丘（山東臨淄）

重用仇人　齊桓公本為平之庸之輩，但他聽從上卿鮑叔牙的舉薦，大膽重用曾經射傷過他的仇人管仲（夷吾）為相（盡釋一箭之仇）。

葵丘會盟　管仲十分感激桓公不殺之恩，盡心輔政籌策改革，提倡「衣食足而後知榮辱」，使齊國在短期內興盛強大起來，並以「尊王攘夷」（尊勤君王、攘斥外夷）為旗號，幫助周王室驅逐戎狄，並在葵丘創會盟制度成為首位盟主，是春秋前期首位霸主。

晚景淒涼　自從管仲去世後，桓公開始昏庸怠政，重用易牙（食神）、豎刁、顯朋等小人輔政，最後在內亂中餓死，其死後五子奪位，互相殘殺、亂箭紛飛，多箭射中桓公屍體無人收殮，曝屍 67 天任憑腐爛，晚景淒涼，齊國國勢因此由盛而急衰。

鮑管之交　鮑叔牙是齊桓公的老師，他發覺管仲的才華超越自己，於是舉薦他為齊相，管仲曾說「生我者父母，知我者鮑叔」。

2 宋襄公　子茲甫、在位 14 年（歲不詳）、國都：商丘（河南商丘，古稱亳）

婦人之仁　宋襄公是個自不量力的仁義之君，齊桓公死後齊國衰落，而他圖謀稱霸，但被楚國（成王）所阻撓，於是興兵討伐楚國。

泓水之戰　宋楚兩軍會戰至泓水時，楚軍冒險渡河，宋謀臣子魚建議襄公迅速出兵圍剿截殺，但襄公自認是「仁義之師」（不能乘人之危），堅持要等楚軍全部上岸列陣完成後再對戰，結果錯失良機，反被楚軍殺得潰不成軍，重傷而亡。

宋襄之仁　毛澤東生前最鄙視的君主就是宋襄公，曾譏諷笑道「宋襄之仁，天下至蠢」。

3 晉文公　姬重耳、在位 9 年（70 歲）、國都：新田（山西臨汾）

流亡諸國　姬重耳是晉獻公之子，因受妖女王妃驪姬陷害，流亡異國長達 19 年，後來得到秦國（穆公）的援助，才得以回晉國繼承王位（時年已 61 歲高齡）是為晉文公。

整頓內政 在位期間積極勤修國政、使晉國更加強盛，而此時南方的楚國突然圍攻宋國，宋派使者向晉求援，於是晉文公命大將先軫（音枕）討楚救宋。

城濮之戰 晉文公早年落魄，流亡異國期間，曾受楚成王的恩惠（接濟款待），為報答此恩情，他不顧將士反對而命令所有軍隊退避三舍（九十里），以逸待勞，讓楚軍得寸進尺，而得意忘形，晉軍在毫無退路的情況下奮勇殺敵，最後決戰於城濮，使楚軍大敗而歸。

踐土之盟 勝戰後的晉文公在踐土主持會盟，各諸侯國簽訂盟約互不侵犯公約，並誓言效忠周王室，周襄王敕封他為「侯伯」（意為諸侯之長），因此晉文公成為春秋新的霸主。

④ 秦穆公 嬴任好、在位 39 年（歲不詳）、國都：雍城（陝西鳳翔）

舉賢任能 秦穆公雄才大略重視人才，以五殺羊皮贖得被楚國俘擄的囚徒百里奚（後被稱為：五殺羊大夫）為相，使秦國國勢壯大起來（兼併十二國。掠地千里）逐霸西戎。

心胸寬擴 秦穆公的名貴愛馬被三百多名流浪漢（野人）盜殺分食，但不久後全被緝補到案，穆公不但沒有怪罪他們，反而派人賞錢奉酒後、全被釋回，令眾野人感動不已。

野人報恩 秦、晉因事交戰，穆公兵敗被晉軍包圍，在緊要關頭裡，忽見一群衣衫襤褸的怪漢（三百野人）趕來相救，讓秦轉敗為勝。

⑤ 楚莊王 芈（音米）旅／熊旅、在位 23 年（歲不詳）、國都：郢都（湖北荊州）

一飛沖天、一鳴驚天 楚莊王是春秋五霸中最強的霸主，登位初期沈迷酒色、縱情享樂、荒廢政事，凡勸諫之臣均遭責罰，致使無人敢再直諫，唯獨士大夫伍舉敢大膽隱喻道稱：「楚國高地有隻鳳鳥，棲息三年不飛不鳴，猶如呆鵝，讓百姓譏笑。」楚莊王自知此意境在嘲諷自己，就說「此鳥三年不飛，一飛沖天；不鳴則已，一鳴驚人。」從此節制聲色、勤勉治國，重用伍參、蘇從、孫叔敖、子重等賢臣整頓內政，使國家煥然一新、威名遠播。

問鼎中原 楚莊王北伐時，曾斗膽向周天子使者詢問九鼎（帝王的象徵）重量與大小，略有奪取周朝天下之勢，使者孫滿巧智回答：「一個國家的興亡在於仁義德行，不在乎鼎的大小輕重。」使楚莊王在羞澀領悟下退出周疆，專心治理南方，並嘆曰：「周德雖衰，天命未盡」

莊王葬馬 楚莊王的一匹愛馬，因被恩寵過度肥胖而亡，莊王竟想以士大夫之禮葬之，眾臣反對但遭王苛責，唯獨諫臣優孟逆向思考，向莊王哭訴：「天下第一寶馬，只以士大夫之禮葬之，太過吝嗇，應以君王之禮葬之才

能突顯其尊貴。」莊王面有難色無言以對，只好取消葬馬念頭。

⑥ 吳王闔閭　姬光、在位 19 年（42 歲）、國都：姑蘇（江蘇蘇州）

殺僚奪位　闔閭派專諸去刺殺吳王僚，奪取王位，以楚國舊臣伍員（子胥）為相，齊人孫武（孫子）為將，大力改革內政及軍事，鑄「干將」和「莫邪」寶劍，揚耀國威，並制定以破楚為首務的戰略目標。

威震華夏　前 506 年吳軍終於攻克強敵楚國首府郢都（偃城之戰），楚昭王出逃入秦乞援，使楚國霸業一蹶不振，伍子胥掘楚平王墳墓並鞭屍三百，以洩其殺父之仇，吳勝楚後威震華夏，稱霸中原。

踢到鐵板　吳楚交戰之際，鄰近的越國不時趁機偷襲吳境，因此結為世仇，前 496 年吳王闔閭趁越國新君（勾踐）登位之際，興兵討伐越國，越王勾踐掛袍親征，浴血奮戰，越軍士氣大振，將吳王闔閭射傷，不久病死，其子夫差繼承大業並誓報父仇。

⑦ 吳王夫差　在位 32 年（歲不詳）

破越復仇　夫差繼王位後，誓為其父雪恥報仇，而勵精圖治，擴充軍備，前 494 年越王勾踐奇襲吳國，夫差聞報，調兵遣將前往抵禦，兩軍相遇於夫椒，吳軍訓練有素，同仇敵愾，獲得大勝。越派使者乞求議和，因此勾踐成為吳王夫差的奴僕兼降臣。

破越復仇　戰勝後的夫差，招集中原諸侯於黃池歃血為盟，成為春秋後期新的霸主，也因此開始驕矜自傲起來，並釋放勾踐以示德行（縱虎歸山）每口與曠世美女西施形影不離，縱情享樂，並賜死忠良諫臣伍子胥，自掘墳墓，最後被捲土重來的勾踐擊敗，在羞恨中自刎而亡。

⑧ 越王勾踐　在位 22 年（歲不詳）、國都：會稽（浙江紹興）

卑身事夫差　勾踐曾打敗過天下第一雄師（吳闔閭大軍），但不久就被其子夫差、為父雪仇所擊敗，於會稽山簽訂議和，成為夫差奴僕（親嚐糞便、幫馬刷背）卑身事夫差，受盡恥辱。

臥薪嚐膽　勾踐忍辱負重，讓夫差失去戒心，騙得其信賴，三年後被釋回越國，回國後的勾踐，隨時惕勵自己不忘「會稽之恥」，養精蓄銳，立志雪恨，（三年嚐糞問安、七年臥薪嚐膽，十年生聚、十年教訓）經過十年的反省磨練，奮發圖發，國勢大增，趁吳國連年征戰、國力凋敝之際，一舉大破吳軍，夫差乞降遭拒後自殺（吳國滅）。

最後霸主　勾踐滅吳後遷都琅琊（安徽滁州），並在徐州與各諸侯會盟，周元王封其為「東方伯長」，成為春秋時代最後一位霸主。

⑦ 春秋時代後期的吳越相爭　夫差 VS 勾踐（古銘文作「句踐」）

越王勾踐輕敵被夫差圍困於會稽山，派士大夫文種去賄賂吳國太宰伯嚭（音皮）說服吳王夫差接受越國的議和請求，夫差不顧上卿伍子胥的勸阻（主張消滅越國以絕後患之建議），接受越王的乞降。

美人計出英雄喪志 勾踐投降後成為夫差的人質（奴僕），其謀臣范蠡以江南第一美女西施進獻給夫差為妾（以消磨其志、腐化其心），使夫差最後答應釋放勾踐回到越國（縱虎歸山，讓勾踐有了東山再起機會）。

中國文財神 范蠡（音理）是越國首席謀臣，深受勾踐信賴（曾獻西施給夫差幫勾踐解危）越王復興後，他卻以「越王可共患難、不可共安樂」為由，急流勇退，告老還鄉，隱姓埋名，到處經商而成為鉅富，自號「陶朱公」，被譽為「商聖」，成為中國道教所侍奉的文財神。（武財神為趙光明）

★ 而反觀另一謀臣文種命運就大不同，他自認立下汗馬功績，眷戀於權勢，貪圖利益，最後因功高震主，被賜劍自殺（敵國破、謀臣亡）。

⑧ 戰國七雄 東周王朝後期較強大的七個諸侯國「**韓、趙、魏、楚、燕、齊、秦**」（依被滅亡順序排列）。口訣：「**含**」「**照**」「**胃**」鏡，清「**楚**」「**驗**」「**棋**」「**琴**」。

？
小常識

25 史

中國歷代的 25 部紀傳體史書（除史記是通史外，其餘皆為斷代史），從上古時代黃帝起至清末帝（宣統帝）止，記錄了中國近五千年的歷史，使中國的文學史料資案延續下來，凌駕全世界。

序	書名	作者	卷數	內容期間	序	書名	作者	卷數	內容期間
1	史記	西漢司馬遷	130 篇	黃帝→漢武帝	14	北史	唐李延壽	100 卷	北朝
2	漢書	東漢班固	120 篇	漢高祖→王莽	15	隋書	唐魏徵	85 卷	南朝→隋
3	後漢書	南朝宋范曄	120 篇	東漢時期	16	舊唐史	後晉劉昫	200 卷	唐朝
4	三國志	晉陳壽	65 卷	魏→晉	17	新唐史	宋歐陽修	225 卷	唐朝
5	晉書	唐房玄齡	130 卷	兩晉	18	舊五代史	宋薛居正	152 卷	後晉→後周
6	宋書	南朝梁沈約	100 卷	南朝劉宋	19	新五代史	宋歐陽修	75 卷	後梁→後周
7	南齊書	南朝蕭子顯	59 卷	南朝蕭齊	20	宋史	元脫脫	496 卷	兩宋
8	梁書	唐姚思廉	56 卷	南朝蕭梁	21	遼史	元脫脫	116 卷	遼朝
9	陳書	唐姚思廉	36 卷	南朝陳	22	金史	元脫脫	135 卷	金朝
10	魏書	北齊魏收	124 卷	北魏→北齊	23	元史	明宋濂	210 卷	元朝
11	北齊書	唐李百藥	50 卷	東魏→北齊	24	明史	清張廷玉	336 卷	明朝
12	周書	唐令狐德棻	53 卷	西魏→隋	25	清史稿	民國趙爾巽	536 卷	清朝
13	南史	唐李延壽	80 卷	南朝					

1 韓 國都：陽翟（河南禹州）

七國中的緩衝國，因韓人不尚武，又居天下中心地區，故屢遭鄰國的覬覦霸凌。

韓昭侯 韓武，前362年即位，在位30年，韓昭侯任申不害為相進行變法，使國家逐漸強大，但在四周強敵環伺下屢被烽火波及，所幸韓有著名兵器「弩」為各國所畏懼（天下強弓勁弩皆出韓手），韓是秦國遠交近攻政策下第一個被下毒手的對象。

2 趙 國都：邯鄲（河北邯鄲）

趙成侯 趙種，前374年即位，在位25年，在位期間遭到正逢盛世的魏國（魏惠王）命大將龐涓攻趙，其國都邯鄲被圍，因而求助於齊國，齊威王用「圍魏救趙」之策，才使趙國解除危機。

趙武靈王 趙武靈王：趙雍，前326年即位，在位27年，有鑑于趙國積弱，而推行「胡服騎射」軍事改革，獎勵耕戰，使趙國擁有戰國時期最強壯的騎兵隊，隨後滅掉世仇中山國而稱霸一時。

趙惠文王 趙何，前298年即位，在位33年，在位期間擁有名相藺相如（完璧歸趙），及名將廉頗（負荊請罪），左右門神把關，國家強盛，各諸侯群雄列強不敢來犯（是趙國鼎盛期）。

趙孝成王 趙丹，前265年即位，在位21年，孝成王非常昏昧，中了秦國離間計，棄老將廉頗不用，而改任只會紙上談兵的趙括（趙奢之子）為大將，結果在長平之戰被秦大將白起坑殺四十萬趙軍，趙都邯鄲被秦佔領長達三年之久，所幸魏國的信陵君「竊符救趙」，與楚國春申君聯合相助擊敗秦軍，才轉危為安，但趙國國力已受重創，一蹶不振。

趙幽繆王 趙遷，前235年即位，在位8年，他曾以李牧為大將，重創秦國大軍，並封李為「武安君」，秦甚畏懼李牧，乃用離間計誣陷李牧圖謀造反，結果幽繆王竟聽信讒言，將李牧冤殺，其死後三個月趙既被秦所滅。

3 魏 國都：大梁（河南開封），魏國是戰國初期的超級強國。

魏文侯 魏斯，前445年即位，在位50年，他用李悝（音虧）為相，實施變法，成效卓越，使魏國成為戰國初期的首位霸主。

魏惠王 魏罃（音英），前369年即位，在位51年，魏國國都原在安邑（山西夏縣），惠王時遷都至大梁（河南開封），是魏國的全盛期，但隨後發生兩次與齊大戰中均以慘敗收場（桂陵之戰及馬陵之戰），主將龐涓戰死，魏國最精銳的部隊「武卒」全軍覆沒，最後失去東方霸主的地位。

魏安釐王 魏圉（音宇），前276年即位，在位34年，其弟魏無忌（信陵君）禮賢下士，廣招門客，曾竊符救趙，打敗強敵秦國，因怕其兄安釐王怪罪，留居趙國10年，後因秦國攻魏，被安釐王赦罪回國，擔任五國聯軍

統帥，再度將秦軍逼退至函谷關外使他威名遠播，但卻使魏王對其更加猜忌，因而託病還鄉整日與美女廝混，最後卻因縱慾而亡，18 年後魏國因無強將的窘境下被秦國所滅亡。

④ 楚 國都：壽郢（安徽壽縣），中國南方第一強國，被視為「南蠻」（最令秦懼畏的國家）。

楚悼王 熊疑，前 401 年即位，在位 21 年，重用吳起為令尹，實施變法，使楚稱霸江南。

楚威王 熊商，前 339 年即位，在位 11 年，在位期間併滅越國及鄰近其他小國，成為楚國的中興君王（楚鼎盛期），但其死後國勢就一落千丈。

楚懷王 熊槐，前 328 年即位，在位 30 年，懷王個性心胸狹窄，眼光短拙，被秦國謀士張儀的三寸不爛之舌（連橫策略）騙得團團轉，不但將忠良諫臣屈原放逐，最後甚至被騙到秦國遭到扣押，含恨客死他鄉（咸陽）。

楚考烈王 熊元，前 262 年即位，在位 25 年，任用黃歇（春申君）為令尹，助趙國解邯鄲之圍，又領兵滅掉魯國，使楚國一度復興強盛起來，考烈王去世時，春申君在奔喪途中遭國舅李園暗殺，從此楚國開始衰落。

亡秦必楚 楚國人民對秦國懷有咬牙切齒之恨，民間歌頌：「楚雖三戶，亡秦必楚」，後來證明叛亂起事者陳勝、吳廣、項羽、劉邦皆為楚人。

⑤ 燕 國都：薊（北京）戰國七雄中最弱的北方國家，屢遭齊國欺凌及外族侵略。

燕昭王 姬職，前 313 年即位，在位 35 年，其即位後勵精圖治，拜郭隗為師，築黃金台召納天下賢才，因長期被齊國侵侮，決心復興燕國，報仇雪恥。前 286 年齊國滅宋，引起各國震撼，推動反齊聯盟，燕昭王見時機成熟，派大將樂毅聯合五國伐齊，齊國毫無招架之力，五年內狂失七十餘城池，只剩莒和即墨兩城，燕取得空前勝利，但不幸賢明的燕昭王卻在此時突然去世。

燕惠王 姬戎人，前 278 年即位，在位 8 年，惠王當太子時，與大將樂毅有嫌隙，即位後中了齊國的離間計，以騎劫為統帥，取代樂毅（燕國第一猛將），結果被齊田單用火牛陣打得潰不成軍，齊國陸續收回失土（燕齊兩國為此戰爭兩敗俱傷、元氣大傷）。

燕王喜 姬喜，前 254 年即位，在位 33 年，燕太子丹派荊軻去行刺秦王政，暗殺未果，激怒秦王，引來滅國噩運，其父燕王喜見事態嚴重，殺太子丹獻秦王請罪，但秦大軍已攻破燕都薊城，活捉喜，燕國滅。

⑥ 齊 國都：營丘（山東臨淄）前 386 年周安王封田和成為齊國諸侯，史稱「田齊」（之前為姜齊）。

齊威王 田因齊，前 356 年即位，在位 37 年，威王重視人才，以騶（音鄒）忌為相，田忌為大將，孫臏為軍師，在桂陵之戰（圍魏救趙）及馬陵之戰

（伐魏救韓），兩次打敗強敵魏國，迫使魏惠王與齊威王相會於徐州，互尊為王，史稱「會徐州相王」。

齊宣王 田辟疆，前319年即位，在位19年，他在位期間是齊國的全盛期，曾出兵攻打正在內亂的燕國，並差點將燕國滅亡（種下燕齊結為世仇主因）

齊湣王 田地，前300年即位，在位17年，因他到處征戰而使國力驟降，此時世仇燕國在燕昭王的大力改革下國勢大增，派大將樂毅率五國聯軍伐齊，齊軍兵敗如山倒，狂失七十餘城池，只剩莒和即墨兩城（齊都臨淄淪陷長達5年），齊湣王被殺。

齊襄王 田法章，前283年即位，在位19年，湣王死後，法章被莒城人推為齊王。

● **【田單復國】**齊被燕軍包圍，即墨城齊人推舉田單為太守，他用離間計使燕國陣前換將（立騎劫、棄樂毅）再用火牛陣奇襲突破燕營，收回失地。

● **【毋忘在莒】**田單的復國故事讓蔣介石印象深刻，他在金門最前線的大武山壁刻上「毋忘在莒」斗大標語，訓勉島人努力學習田單精神。

齊王建 田建，前264年即位，在位44年，秦國實行「遠交近攻」政策，籠絡齊國，開始陸續殲滅各諸侯國，齊王建袖手旁觀、事不關己，甚至還派專使至秦國道賀，秦王政最後掀掉虛偽的面紗，將箭頭指向齊國時，齊王建才悔不當初，獻城伏降，劃下戰國時代休止符（六國歸秦）。

7 秦 國都：咸陽（陝西）結束戰國時代的最後霸主。

秦獻公 嬴師隰，前384年即位，在位23年，他在洛陰（陝西大荔）擊敗魏韓聯軍，使秦國能在戰國初期在強敵環顧下偏安西戎。

秦孝公 嬴渠梁，前361年即位，在位24年，他大力支持商鞅變法，並將國都雍城（陝西鳳翔）遷到咸陽，使秦壯盛起來（為日後統一中國奠定基礎）。

秦惠文王 嬴駟，前337年即位，在位27年（其妻是電視劇羋月傳中的女主角）即位不久就將商鞅以謀逆之罪處車裂之刑（五馬分屍），但他並未廢除其變法政策，用張儀為相，組成連橫聯盟（與秦結盟），粉碎六國合縱陣線（與秦對抗）。

秦昭襄王 嬴稷，（簡稱秦昭王）前306年即位，在位56年，自稱西帝，尊齊湣王為東帝（東西稱帝，引起各諸侯國不滿，隨後取消帝制），以宰相范雎（音雖）的「遠交近攻」策略，離間六國合縱聯盟。

● **【東周覆滅】**前256年東周末代天子周赧（音腩）王，向秦昭王服降（東周滅）

秦莊襄王 嬴異人（子楚），前250年即位，在位3年，異人不蒙寵愛，年輕時被父親安國君（後為秦孝文王）送往趙國作為質子，秦趙交惡時，其命

在旦夕,幸虧富商呂不韋在趙國巧遇失意中的異人,認為他氣宇非凡(奇貨可居),於是大力資助扶植下,使他得以回到秦國繼承王位(秦莊襄王),可惜即位僅三年就病逝。

秦王政 秦嬴政,前 246 年嬴政 13 歲繼承王位,由仲父呂不韋輔政,其 21 歲親政後即罷呂不韋相職,隨後大刀闊斧的將秦國推向獨霸地位(併滅六國)其 38 歲時建立中國第一個皇朝,自稱始皇帝(秦始皇)。

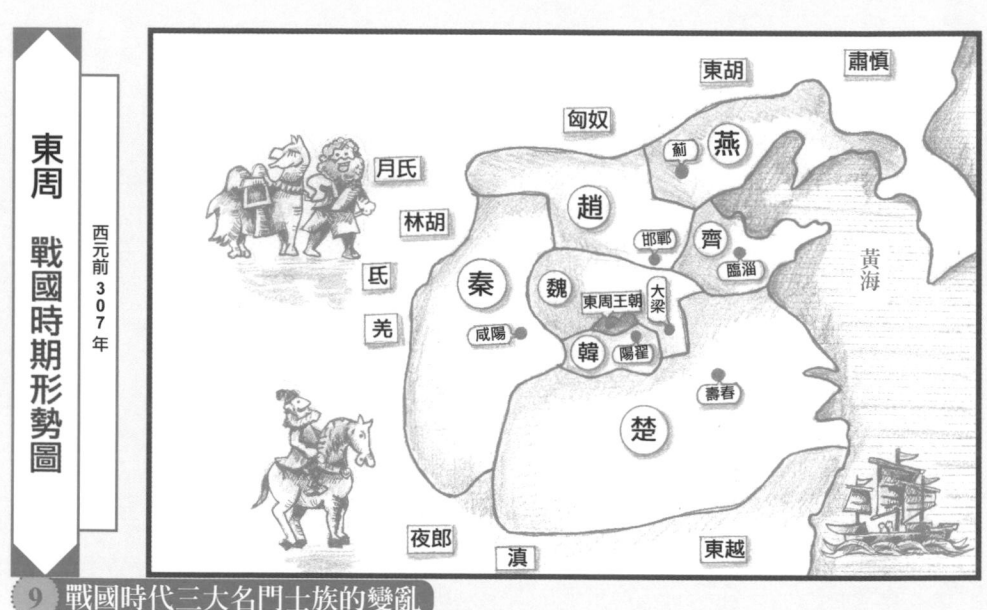

東周 戰國時期形勢圖

西元前 3 0 7 年

9 戰國時代三大名門士族的變亂

1 三家分晉 從晉國六卿到三家分晉

晉國原有六位士大夫共同輔政(智氏、范氏、中行氏、韓氏、趙氏、魏氏),合稱為「六卿」,因互相爭權奪利而大動干戈,范氏及中行氏先被排擠瓜分掉,最後韓、趙、魏三家聯合於西元前 453 年消滅強大的智伯(史稱「三家滅智」),晉國君主反成為三家的附庸國之君。

◎ 到了前 403 年,周朝天子(周威烈王)敕封三家為諸侯取代晉國(史稱「三家分晉」),隨後韓、趙、魏三家躋身成為戰國七雄(此事件成為春秋與戰國的分水嶺)。

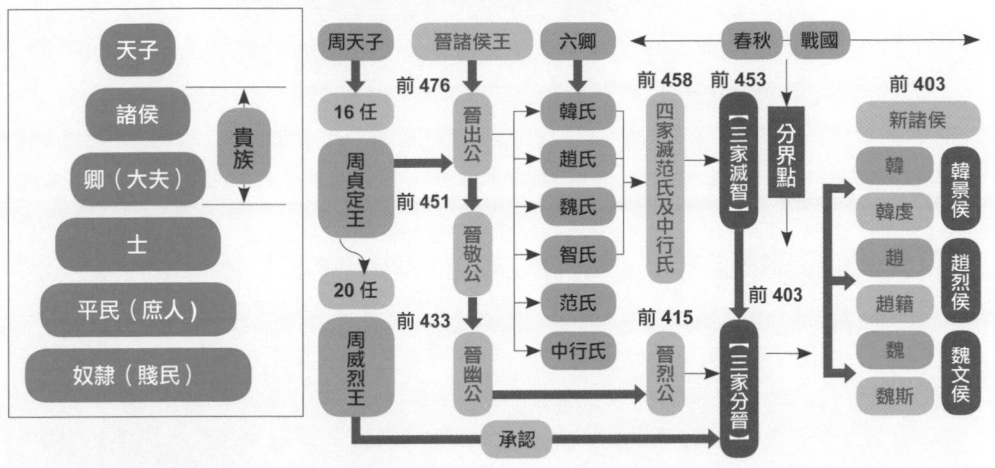

・三家（韓、趙、魏）分晉圖・ 西元前 403 年

② 田氏代齊 齊國始祖為姜子牙（因伐紂有功被封於齊地），史稱「姜齊」。

「姜齊」到了齊景公時，公家開始腐敗，朝廷逐漸被士大夫田乞掌握，直至西元前 386 年，田和完全控制住朝廷，周天子（周安王）封田氏為齊國新諸侯（史稱田齊）。

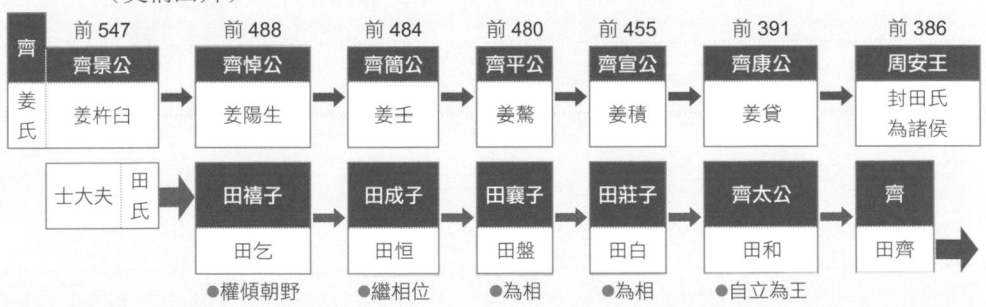

③ 魯國三桓

魯國三位卿大夫（季孫氏、叔孫氏、孟孫氏）合稱「三桓」，他們為了權勢而相互傾軋，但有時又為了共同利益而互相合作，三人掌控魯國朝政致使朝廷昏天暗地，直至魯穆公即位（前 415 年）實施改革逐漸收回政權奉法循理，擺脫「三桓專政」，確立魯國權威，但不幸到前 256 年懦弱的魯頃公被楚國（考烈王）派春申君給滅亡。

⑩ 戰國四大公子 齊孟嘗君、趙平原君、魏信陵君、楚春申君

四大公子以浮誇奢華蔚成風氣，各自廣招賓客、禮賢下士，以網羅天下奇才為榮，因此聲望凌駕於各國君主，樹大招風使諸王有所忌憚猜疑，故各個均為仕途坎坷。

① 齊國｜**孟嘗君田文** 賓客入座，屏後察言，禮賢下士，籠絡人心

他曾被邀請入秦拜相而被困於秦，其門下以雞鳴狗盜之法，幫其脫離險境，又用狡兔三窟之計復位齊相，後因受毀謗而被罷黜相職，病死。

② 趙國｜**平原君趙勝** 瘸疾賓客遭妾取笑，斬其妾賠罪以樹德

趙孝成王在長平之戰大敗，國都邯鄲被秦軍圍城，危急艱難時其門下毛遂（毛遂自薦）自告奮勇去說服楚王與趙結盟抗秦，終於合力擊退秦軍，解邯鄲之圍，他三去相又三復相，歷兩代君主病死。

③ 魏國｜**信陵君魏無忌** 以誠相求，以禮相交，不敢以其富貴而成驕士

信陵君曾私自竊符救趙，雖擊潰秦軍，但因怕魏王不諒解而怪罪，故留在趙國十年，不敢回魏，後因秦軍再度犯魏才被赦罪召回抗敵，他率領五國聯軍再度將秦軍逐退到函谷關，因而名震天下。因屢次擊敗秦國，使秦對他恨之入骨，故用離間計，讓魏王對其猜疑，後他託病還鄉、不聞政事，整天與美女廝混，醇酒享樂，最後縱慾而死。

④ 楚國｜**春申君黃歇** 蘇州人奉其為城隍（守護神），定期祭祀

黃歇因幫楚考烈王繼承王位，被任命令尹，封號春申君（唯一沒有王室血統之人），曾與趙平原君、魏信陵君聯合擊潰強大的秦軍，解除邯鄲之圍，並北伐滅掉魯國，風光一時，後來又被推舉為六國合縱聯軍統帥，但卻在攻秦時失利，聲望跌入谷底，被楚王冷落，楚考烈王去世時，他不聽門客勸阻，在奔喪途中遭國舅李園派人埋伏刺殺身亡。

★ 春申君的門客多為逞凶好鬥之徒及奢侈浮華之士，曾經讓趙國訪客平原君的門下相形失色，自嘆不如。

11 戰國時代四大變法改革比較表

名稱	1	魏李悝改革	2	楚吳起變法	3	秦商鞅變法	4	韓申不害改革
時期		前445年魏文侯時		前390年楚悼王時		前359年秦孝公時		前355年韓昭侯時
人物		**李悝（音虧）** 法家重實派代表		**吳起** 兵家戰術派代表		**商鞅（公孫鞅）** 法家重法派代表		**申不害** 法家重術派代表
強調		食有勞而祿有功		漸收爵位漸減俸祿		抑制達官顯貴特權		不在其位不謀其政
注重		鞏固經濟、富國強兵		汰換冗官加強國防		賞罰分明壟斷濫權		君主專制群臣效法
內容		廢除官爵世襲制 增加官田租稅收入 選賢任能治田勤耕		節約經費用於戰備 明法申令整治吏治 封侯次第收回爵位		廢井田制重置田界 無功不受祿重農抑商 推連坐法統一度量衡		君臣如本與末不能倒置 循功論次第 君主獨斷駕馭群臣
結果		使魏國成為戰國初期 富裕壯盛的強國		被其剝奪權利的貴族殺 死，變法也告終		壓抑權貴作法自斃 其法續行發揚光大		修術行道國治久安 使各諸侯國不敢來犯

① 四大變法改革重點 四大變法以秦商鞅變法最成功，韓申不害改革最無感

李悝改革 專以經濟為首務，學習管仲的「衣食足而後知榮辱」策略，首先讓百姓富裕，如此國家就能興盛，並製定「法經」（中國封建刑法的基礎）。

吳起變法 他是衛國人，事從過魯國、魏國再到楚國才受到重用，但因他曾殺妻求將、誅鄰止謗、母喪不臨，為人們所詬病而藐視之，其變法內容衝擊楚國的貴族利益，楚悼王去世後，被憤怒的豪門仕族亂箭將其射殺。

商鞅變法 他重視農桑（廢井田制）獎勵軍功（賞罰分明），兩次變法均得到秦孝公大力支持，因其變法大幅剝奪權貴的利益特權，且又有連坐制度，受牽連者不計其數，被恨得牙癢癢，秦孝公死後被以謀反罪處車裂之刑（五馬分屍）。

申不害改革 其法的特點是將權力集中到君王身上（但如此常有風險），如遇賢君則國必昌，若遇到昏君則國必滅（只能防止朝臣奪權），對國家發展並無實質幫助，故其變法效果不如其他國家（韓在七雄中終屬弱勢）。

⑫ 諸子百家　中國文化基本思想（百家爭鳴、百花齊放）

何謂諸子百家

● 諸子：學術思想代表人物（人名）。
● 百家：學術流派代表名稱（派名）。
　【西周】學校設於官府公辦講堂（貴族壟斷獨享學術）。
　【東周】學校邁向民間教學私塾（平民百姓教育普及化）。
　★ 東周（春秋‧戰國）時期又被稱為「先秦諸子百家爭鳴時期」

十大流派

● **諸子百家最主要有四大流派：儒家、道家、墨家、法家。**
● **史記略序六大流派：**以上四家再加上「**名家**」及「**陰陽家**」。
● **漢書略序九流十家：**以上六家再加上「**農家**」、「**雜家**」及「**縱橫家**」、「**小說家**」（當中小說家不入流，故稱九流十家）。

	序	派名	人物	強調	備註
【九流十家代表人物表】	1	儒家	【孔孟思想】	中庸	● 賢其賢，而親其親（仁愛忠恕）
			孔子（孔丘）	仁	● 有教無類、因材施教、學而時習之、溫故而知新
			孟子（孟軻）	義	● 人性本善、民為貴，社稷次之，君為輕、己所不欲勿施於人
			荀子（荀況）	禮	● 人性本惡、以教規善、以禮蔽惡（又稱為顯學）
	2	道家	【老莊思想】	道德	● 天地與我共生，萬物與我合一（道家宗旨）
			老子（李耳）	無為	● 無為而治，萬物皆由道生
			莊子（莊周）	自然	● 清淨自然，德潤天下道濟萬民
			列子（列禦寇）	修道	● 循名責實，御風而行
	3	墨家	墨子（墨翟）	兼愛非攻	● 兼相愛、交相利、反對戰爭、講求和平、環保節儉

序	派名	人物	強調	備註
4	法家	韓非子	大成派	● 集法家之大成者，治國以法為尊，屬行賞罰
		管仲（夷吾）	重實派	● 衣食足而後知榮辱 — 務實主義，強調調富國強兵
		李悝		● 食有勞而祿有功
		商鞅（公孫鞅）	重法派	● 嚴刑峻罰，言必行，行必果
		申不害	重術派	● 不在其位，不謀其政，君臣為本與末，不能倒置
		慎到	重勢派	● 威勢可定暴，德厚不能定亂
5	名家	惠施·公孫龍		● 辨別名實存異，邏輯因明辯證（邏輯學鼻祖）
6	陰陽家	鄒衍		● 五德終始説（陰陽五行的變化理論）
7	農家	許行·陳相		● 播百穀、勤耕桑、以足衣食
8	雜家	呂不韋		● 兼儒墨名法（其長在博、其短在雜）
9	縱橫家	張儀·蘇秦		● 謀士辯客，翻手為雲、覆手變雨（三寸不爛之舌）
10	小説家	（七嘴八舌）		● 因出於稗官野史、街談巷語、道聽途説，故不入流

（左側直排）【九流十家代表人物表】

★ 十家之外較重要流派是「兵家」孫武（孫子）及吳起為代表，提倡「知己知彼、百戰不殆」。

★ 九流是以上十家扣除小説家（因內容不入流）稱為「九流十家」。

法家皇帝	秦始皇：強調嚴刑峻罰、富國強兵（順我者昌、逆我者亡）
道家皇帝	漢文帝·景帝（文景之治）：以道家的修養生息為主
儒家皇帝	漢武帝：任董仲舒為相，罷黜百家獨尊儒學（使儒教成為國學）

主流四家——對小偷處理態度

13 戰國時代四大名將 秦國：白起、王翦 趙國：廉頗、李牧

1 白起 四大名將之首，一生征戰沙場 30 餘年，挫敵百萬眾，而未嘗過敗績，使六國諸侯君主聞風喪膽，被秦昭王封為武安侯（戰神），其他諸侯國稱他為「人屠」（殺人魔王），後因功高震主，被賜劍自刎而死。

2 王翦 王翦（音剪）和其子王賁（音畢）聯手率秦大軍，九年內依序破滅六國，使秦國能一統天下，其父子功不可沒。他每次出征前均會向秦王請求賞賜良田豪宅，令其手下大惑不解，他感嘆曰：「秦王多猜忌，如此貪婪奢求，反而表明心無大志，只圖享樂，讓秦王更加放心」是明哲保身之法。

★ 歷史評論秦國以上二將為「起尺有所短，翦寸有所長」

3 廉頗 頗他曾向藺相如負荊請罪，留為千古佳談，秦國非常畏懼老將廉頗，於是用讒言使趙王中計，撤換廉頗，改任只會紙上談兵的趙括為大將軍，結果在長平之戰，趙國 40 萬大軍全被秦白起給殲滅，被剝奪兵權的廉頗聞訊後感嘆萬千，不久後因憂鬱而病死。

4 李牧 戰國時代最優秀的武將，曾大破匈奴、北胡以及秦國的鐵騎，讓敵人畏懼害怕不敢來犯。昏庸的趙幽繆王聽信被秦國暗中賄賂的郭開告密，說其有謀反叛逆之心，結果被冤殺而亡，其死後三個月，趙國因無猛將，馬上被秦國滅亡。

第四節 大秦帝國綜述

源起 秦的始祖為非子（顓頊後裔）在西周孝王時，因善養馬被封於秦邑（甘肅天水），賜姓為「嬴」（又稱秦嬴），秦襄公護送周平王（東周第 1 任君王）東遷有功，獲封秦伯（正式成為諸侯）。春秋時代第 9 任秦穆公以百里奚為謀臣，稱霸西戎，建都於雍城（陝西鳳翔）成為春秋五霸之一，第 24 任秦獻公打敗魏韓聯軍，使秦成為戰國七雄之列。第 25 任秦孝公命商鞅實施變法改革，使秦更加茁壯強盛。第 26 任秦惠文王以張儀連橫政策，阻絕六國團結。第 28 任秦昭王滅東周王朝，並以范雎的「遠交近攻」為國策，離間六國合縱聯盟。第 30 任秦莊襄王以呂不韋為相，奠定秦國強盛基礎。

1 秦朝發跡表　戰國時代後期至秦朝成立，秦王主要的施政內容。

秦序	君主	姓名	在位	年份	內容
24	秦獻公	嬴師隰	23	前 384 ～前 362	前 359 年命商鞅實行變法
25	秦孝公	嬴渠梁	24	前 361 ～前 338	前 299 年秦昭王將楚懷王騙囚於秦
26	秦惠文王	嬴駟	27	前 337 ～前 311	前 284 年燕樂毅攻齊，只剩莒與即墨兩城
28	秦昭王	嬴則	56	前 306 ～前 251	前 283 年藺相如訪秦完璧歸趙，廉頗負荊請罪
29	秦孝文王	嬴柱	1	前 250	前 279 年田單復國（毋忘在莒）
30	秦莊襄王	嬴子楚	3	前 249 ～前 247	前 278 年秦白起破楚都，屈原投汨羅江殉國

前 266 年秦相范雎提「遠交近攻」政策
前 260 年秦白起長平之戰，坑殺趙 40 萬大軍
前 258 年戰國三公子聯合破秦（白起被賜死）
前 256 年秦昭王滅東周王朝

前 249 年秦莊襄王以呂不韋為相國

秦王政時期執政大事紀

31	秦王政	嬴政	年歲	西元	大事紀	
戰國時代（秦國）秦王政時期	西元前 246 年 ～ 西元前 221 年 （共計 26 年）		13 歲	前 246 年	嬴政 13 歲即位，由仲父呂不韋輔政	
			21 歲	前 238 年	平定假宦官嫪毐之亂（開始親政）	
			22 歲	前 237 年	罷黜呂不韋相職，並放逐之	
			24 歲	前 235 年	賜死呂不韋，以李斯為相	
			26 歲	前 233 年	李斯嫉才毒殺來秦共事的同學韓非子	
			29 歲	前 230 年	滅韓國（史勝領軍）	9 年依序併滅六國
			31 歲	前 228 年	滅趙國（王翦領軍）	
			32 歲	前 227 年	燕太子丹使荊軻刺秦王（失敗）	
			34 歲	前 225 年	滅魏國（王賁領軍）	
			36 歲	前 223 年	滅楚國（王翦、蒙武領軍）	
			37 歲	前 222 年	滅燕國（王賁領軍）	
	秦朝		38 歲	前 221 年	滅齊國（王翦、王賁父子領軍）稱帝	

・秦朝歷任皇帝年表・　西元前 221 年～ 207 年、共計 15 年、歷 3 帝，國都：咸陽。

序	評語	帝名	姓名	關係	在位年份	即位時歲	在位期	歲數	壽考	備註
1	霸君	始皇帝	嬴政	開創	前 221 ～前 210	38 歲	12 年	50 歲	病死	僅 15 年
2	昏君	秦二世帝	嬴胡亥	政幼子	前 210 ～前 207	21 歲	3 年	24 歲	被殺	
3	哀君	秦王	子嬰	政孫子	前 207（在位僅 46 天）	46 天	不詳		被殺	

2 從秦王至秦帝　秦王時期（在位 26 年）加秦帝時期（在位 12 年）共計 38 年

併滅六國　秦王政（嬴政）13 歲即位，由仲父呂不韋輔政，21 歲時開始親政，不久藉由假宦官嫪毐（音烙矮）之亂，罷黜呂不韋相職，將其放逐至巴蜀荒地，最後令其自盡，改李斯為相，尉繚（音玉瞭）為軍師，王翦（音簡）王賁（音畢）父子為大將，由近至遠（遠交近攻）離間諸國、各個擊破，9 年內依序漸次併滅六國，統一全中國。

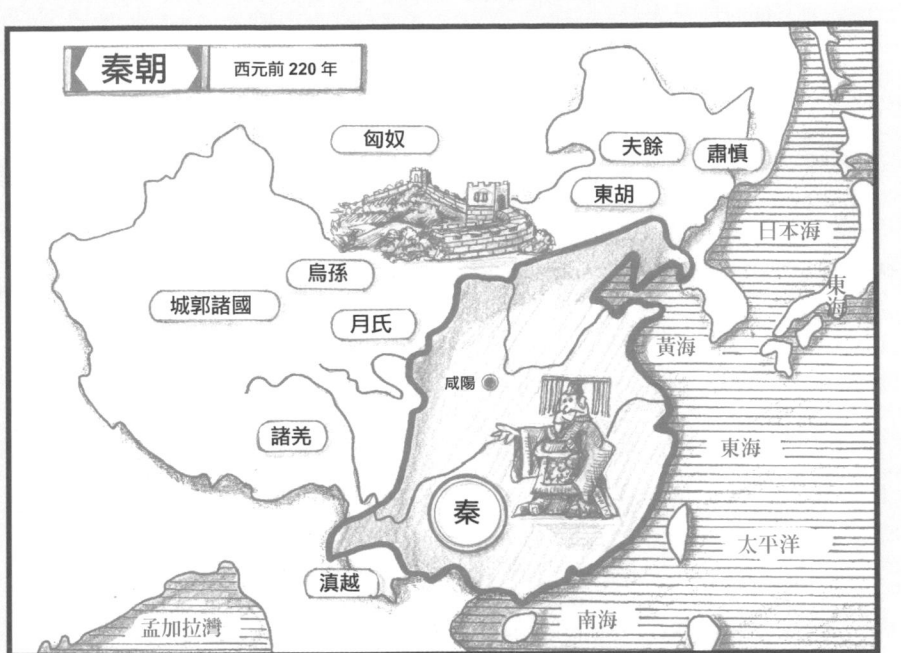

秦朝行政疆域圖

地圖標示：
秦朝　西元前 220 年
匈奴　夫餘　肅慎　東胡　日本海　烏孫　城郭諸國　月氏　黃海　咸陽　東海　諸羌　東海　秦　太平洋　滇越　南海　孟加拉灣

始皇帝　西元前 221 年，38 歲的秦王政一統天下，自認「德高三皇、功蓋五帝」，自稱「始皇帝」，建立中國第一個中央集權的強大帝國，史稱「秦始皇」。

秦始皇的功與過　秦皇以前被定位為暴君，但近代學者認為他功大於過。

- 【功】統一中國，同時也統一文字、貨幣、度量衡（書同文、車同軌），修築長城（抵禦外侵）、興建水利、廢封建行郡縣制（將全國劃分為三十六郡）。

- 【過】焚書坑儒、推崇法家（嚴刑峻罰）、苦役重賦，建阿房宮及驪山陵寢，勞民傷財，民怨載道（最後引發民變）

沙丘之變　秦始皇稱帝後，前後共進行五次威服天下的巡遊視察，其中第三次巡行至博浪沙時，被張良與力士埋伏用百斤重槌差點給砸斃。雖然逃過此劫，但卻暴崩在最後一次巡遊到沙丘途中，李斯與趙高秘不發喪，並矯詔賜死在前線與匈奴作戰的監軍扶蘇（稱起不孝）及大將軍蒙恬（稱其不忠），隨後立秦始皇幼子胡亥繼承皇位（認為他庸愚較好控制），是為秦二世。

李斯矯詔趙高改旨　李斯的焚書坑儒政策，讓長子扶蘇相當痛心，上呈激情勸諫書，卻觸怒聖顏，被罰至北方前線監軍自我反省。不料秦皇突然暴崩於沙丘，李斯深怕扶蘇報復，乾脆聯合趙高矯旨，除掉心頭大患，使秦朝國祚急剎，三年後即滅亡。

| 指鹿為馬 | 秦二世胡亥即位，朝廷被郎中令趙高掌控，他先用計腰斬李斯、並誅其三族，奪取相職，開始專橫跋扈起來。他為了試探自己在朝廷中的威信，硬將鹿說成馬，群臣竟無人敢揭其過（沈默者活，匡正者殺），秦二世驚駭想除之，但被趙高先發制人給殺害，改立子嬰為帝（扶蘇之子）。 |

指鹿為馬 秦二世胡亥即位，朝廷被郎中令趙高掌控，他先用計腰斬李斯、並誅其三族，奪取相職，開始專橫跋扈起來。他為了試探自己在朝廷中的威信，硬將鹿說成馬，群臣竟無人敢揭其過（沈默者活，匡正者殺），秦二世驚駭想除之，但被趙高先發制人給殺害，改立子嬰為帝（扶蘇之子）。

秦朝夭亡 趙高弄權，視民如糞土，引起貧農陳勝、吳廣揭竿起義，口號「伐無道暴秦」，頓時天下響應，群雄叛變，秦王子嬰（去帝號自稱王）即位五天後就迅速誅殺罪魁禍首的趙高，但此時秦大將章邯在鉅鹿之戰中被項羽殲滅，而沛公劉邦軍隊也兵臨城下（入武關、駐霸上），秦咸陽城一片嘩然，子嬰見大勢已去，開城向劉邦投降，在位僅 46 天，大秦帝國僅 15 年即告滅亡。

③ 秦併滅六國的秘密武器

地理說 以陝西為根據地，地理位置及環境優越，進可攻、退可守

君臣說 君明（雄才大略）、臣賢（人才備出）

內政說
① 秦孝公時以「商鞅變法」，奠定秦強盛的基礎
② 秦惠文王時以張儀的連橫說，粉碎六國合縱聯盟
③ 秦昭王時以范雎的「遠交近攻」為作戰策略
④ 秦王政時以李斯的「各個擊破」為滅敵戰術

外交說
① 賄賂各國政要（使其成為內應）
② 破除各國合縱（使其各懷鬼胎）
③ 離間各國君臣（使其猜忌賢良）
④ 計誅各國猛將（假敵君之手，幫其掃除障礙）
⑤ 漸奪各國領地（使秦從蠶食變鯨吞）

秦始皇的怪癖	1	海外求仙	為求長生不老之藥，派徐福至東海聖山找仙丹（結果有去無回）。
	2	長治久安	秦始皇為讓秦朝基業永續流長，開萬世之宗主，皇權以「世」流傳，即二世、三世……但只傳二世（胡亥），秦朝江山即一夕瓦解（僅 15 年）。
	3	深信預言	巫士預言道「亡秦必胡」他深信不已乃派大將蒙恬討伐北方匈奴胡人，並建萬里長城禦胡入侵（結果「胡」是指秦二世胡亥，而非指北方胡人）。
	4	一語成讖	民間流傳「楚雖三戶、亡秦必楚」，秦始皇認為楚國已被滅掉，而不以為然，但最後倒秦起事人士（陳勝、吳廣、項羽、劉邦）全皆為楚人。
	5	迷信方術	秦始皇非常敬崇戰國陰陽家鄒衍的五德終始說，認為秦屬水德色澤黑，故華章及衣服全以黑色為主，數字以「六」為吉數。

第五節　大漢帝國綜述

　　漢朝總計為 426 年（其間又分為西漢 214 年、新朝 15 年、玄漢 2 年、及東漢 195 年）共歷四個階段，有 30 位皇帝治世，是東方世界第一大強國，與西方的羅馬帝國（大秦），並肩主宰當時全世界，也因此中國人被稱為「漢人」。

西漢行政疆域圖

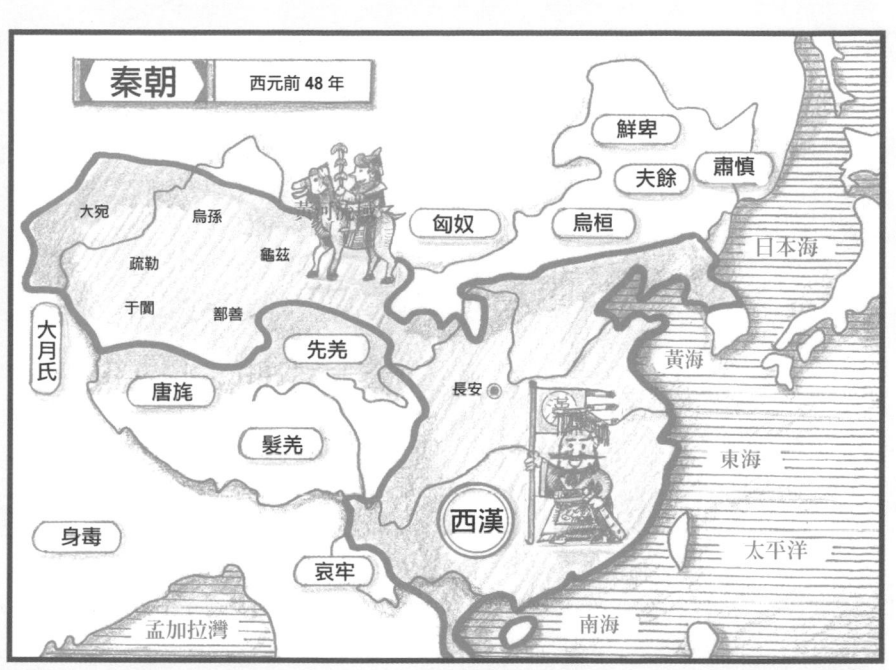

1 西漢歷任皇帝年表　西元前 206 年～ 8 年，共計 214 年，歷 14 帝，國都：長安

序	評語	帝名		姓名	關係	在位年份	即位時歲	在位期	歲數	壽考	備註
	秦末兵變	（楚義帝）		羋熊心	△	前 208 ～前 206	不詳	2 年	不詳	被殺	楚漢相爭
	楚漢相爭	（西楚霸王）		項羽	△	前 206 ～前 203	26 歲	4 年	30 歲	自縊	
1	強君	漢高祖		劉邦	創立	前 202 ～前 195	55 歲	8 年	62 歲	病死	第一位平民皇帝
2	弱君	漢惠帝		劉盈	邦長子	前 195 ～前 188	17 歲	7 年	24 歲	病死	呂后專制（蕭規曹隨）共計 15 年
3	哀君	呂后專政	前少帝	劉恭	盈長子	前 188 ～前 184	2 歲	4 年	6 歲	被殺	
4	哀君		後少帝	劉弘	盈四子	前 184 ～前 180	不詳	4 年	不詳	被殺	
5	明君	漢文帝		劉恒	邦四子	前 180 ～前 157	23 歲	23 年	46 歲	病死	文景之治（黃老治術）共計 39 年
6	明君	漢景帝		劉啟	恒長子	前 157 ～前 141	32 歲	16 年	48 歲	病死	
7	強君	漢武帝		劉徹	啟十子	前 141 ～前 87	16 歲	54 年	70 歲	病死	漢武盛世

序	評語	帝名	姓名	關係	在位年份	即位時歲	在位期	歲數	壽考	備註
8	明君	漢昭帝	劉弗陵	徹幼子	前 87～前 74	8 歲	13 年	21 歲	病死	昭宣之治（霍光輔政）共計 39 年
	被廢	（昌邑王）	劉賀	陵侄子	前 74	19 歲	27 天	34 歲	病死	
9	明君	漢宣帝	劉詢	邦曾孫	前 74～前 48	18 歲	25 年	43 歲	病死	
10	平君	漢元帝	劉奭	詢長子	前 48～前 33	26 歲	16 年	42 歲	病死	元成之衰共計 41 年
11	昏君	漢成帝	劉驁	奭長子	前 33～前 7	18 歲	26 年	45 歲	病死	
12	弱君	漢哀帝	劉欣	驁侄子	前 6～前 1	19 歲	7 年	26 歲	病死	哀平之敗（王莽輔政）不久後篡位共計 15 年
13	弱君	漢平帝	劉衎	欣堂弟	前 1～5	8 歲	6 年	14 歲	毒死	
14	哀君	孺子嬰	劉嬰	詢玄孫	6～8	2 歲	2 年	21 歲	被殺	

2 **劉邦崛起表**　平民→亭長→沛公→關中王→漢王→漢高祖

斬白蛇起義期（3 年）	沛公	前 209 年	● 秦二世胡亥即位，（陳勝、吳廣揭竿起義，國號「張楚」）
		前 208 年	● 項羽・劉邦投奔楚義帝（楚懷王之孫）陣營，約定「先入關中者王之」
		前 207 年	● 鉅鹿之戰（項羽破釜沈舟大敗秦軍主力）趙高殺胡亥立子嬰為帝
楚漢相爭前 206～前 202（4 年）	關中王	前 206 年	● 劉邦入關中，秦子嬰殺趙高投降，劉邦與咸陽百姓約法三章
			● 項羽破函谷關至鴻門，劉邦親赴請罪（鴻門宴）
			● 項羽入咸陽城殺子嬰，燒宮殿自稱「西楚霸王」（封劉邦為漢王）
	漢王	前 205 年	● 項羽謀殺楚義帝，彭城之戰擄獲劉邦父親及妻子（呂氏）
		前 204 年	● 楚漢對峙於滎陽，英布背楚歸附劉邦
		前 203 年	● 項羽與劉邦定鴻溝為界（楚河漢界）
			● 項羽東歸，劉邦毀約追擊項羽
		前 202 年	● 項羽在垓下被劉邦包圍（四面楚歌），隨後突圍至烏江畔
			● 項羽自覺對不起江東父老自刎而亡，劉邦稱帝（漢高祖）
漢高祖	漢朝開始		● 史學家將漢朝的起點定於秦亡之年（前 206 年）故國祚為 214 年
			● 真正漢朝成立於前 202 年（前面有四年的楚漢相爭）

① **秦末亂世**　秦朝末期，法治嚴苛、民不聊生，陳勝、吳廣斬草為兵、揭竿起義，群雄響應，其中以項羽、劉邦所擁戴的楚義帝（楚懷王之孫）勢力最為堅強。

② **反秦聯盟**　楚義帝遣將立約「先入足關中者王之」（誰先進入關中者為王），開始伐秦。

項羽猛攻　項羽於鉅鹿之戰，破釜沈舟，以一當十銳不可擋，大破秦將章邯主力軍（九戰九勝）威名遠播。

劉邦避戰　劉邦採用張良計策，迂迴前進招降秦軍，避免攻堅，保持實力，結果順利進入關中，紮營霸上，秦帝子嬰見大勢已去，獻城投降。

約法三章　劉邦進入咸陽城後被榮華景象迷眩，開始妄圖享樂，被張良諫阻才及時醒悟過來，將皇宮財寶封存、並與咸陽百姓約法三章：① 殺人者死、

② 傷人者罪、③ 偷盜者刑（廢除秦朝苛政大受好評、深獲民心）隨後退出咸陽、回駐霸上。

鴻門宴 項羽消滅秦主力大軍後、聽聞劉邦已捷足先登、攻陷咸陽、怒不可遏、逐率大軍進入函谷關與劉邦對峙、劉邦自知實力遠不如項羽為表臣服禮讓而親赴鴻門謝恩請罪、項羽非常得意不納亞父范增之計（項莊起舞、即殺沛公）讓劉邦死裡逃生。

3 楚漢相爭 項羽抵達咸陽後惱羞成怒、殺秦王子嬰、火燒阿房宮、自立為「西楚霸王」、定都彭城（徐州）、分封 18 位王、其中劉邦被分封為「漢王」領得偏遠落後的巴蜀漢中之地、隨後又到處征伐。

楚河漢界 劉邦趁項羽軍力分散之際、明修棧道、暗渡陳倉、殺得項羽措手不及、於是在鴻溝議和、定出楚河漢界二分天下。

4 四面楚歌 劉邦見項羽兵退、立即背信毀約、發動突襲、楚軍被圍困在垓下（垓：音該）身陷十面埋伏、夜聞四面楚歌、軍心渙散、士氣瓦解、最後被逼退到烏江畔、他自覺無顏見江東父老、自刎而亡（年僅 30 歲）。

霸王別姬 中國古典戲劇裡膾炙人口的劇幕「霸王別姬」就是描述項羽寵妾虞姬（虞美人）、為避免拖累西楚霸王突圍垓下（讓其無後顧之憂）自縊而亡的感人愛情故事。項羽本來可以渡江東山再起、但覺得自己連最心愛的女人都保護不住、還有什麼顏面渡江見江東父老、於是選擇自刎了結一生。

3 劉邦 VS 項羽｜兩人個性大 PK

1 猛獅 PK 狡狐 項羽（猛獅）與劉邦（狡狐）的志向

① 兩人見到秦始皇巡行時的排場陣仗後各有評斷：

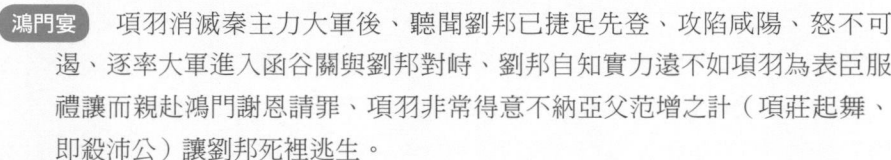

劉邦	大丈夫當是如此（知人善用、人才聚集）
項羽	吾定可取而代之（剛愎自用、疏遠人才）

② 兩人都曾經進入咸陽城（秦朝國都）：

劉邦	與咸陽百姓「約法三章」（深獲民心）
項羽	驅離百姓，殺害秦帝，燒阿房宮（人心背離）

2 項羽的雙重人格 雄心鐵膽 VS 婦人之仁（有勇無謀，不成大器）。

鉅鹿之戰 破釜沈舟，以一當十，大破秦軍（神勇）。

鴻門宴 優柔寡斷，錯失良機，縱虎歸山（昏昧）。

3 厚黑學之祖 劉邦臉皮厚如銅牆，心肝黑如墨汁，當項羽擄獲其父（劉太

認識中國歷史朝代的更替

公）及妻子（呂氏）時逼他議和，而他卻漫不經心的說道：我們曾經稱兄道弟過，我父也是你父，要殺食之也無妨，但要記得分我一杯羹（與曹操誤殺恩人時說：寧可我負天下人、莫教天下人負我，一樣薄情寡義）另又在鴻溝議和後立即背信毀約，殺得項羽措手不及，只求權勢利益，不知禮義廉恥是何物，劉邦最後贏了天下，卻輸了評價，於是成為中國厚黑學祖師爺。

④ 漢初五傑　劉邦能得天下，建立漢室江山的五位傑出功臣：

	序	姓名	年齡	負責	現代職稱	評語
興漢三傑	1	韓信	35 歲	征戰	營運長	領兵國士無雙，帶兵多多益善
	2	張良	77 歲	謀略	行銷長	黃石公稱頌其「孺子可教也」
	3	蕭何	65 歲	補給	財務長	成也蕭何、敗也蕭何
	4	陳平	不詳	傳達	資訊長	捧呂后，誅呂后（黃老之術始祖）
	5	樊噲	54 歲	護衛	保安長	鴻門宴護駕救劉邦

⑤ 白馬之誓　劉邦分封功臣爵位及領地，但又深怕其壯大實力，隨後造反，於是訂立誓約「非劉氏而王者，天下共擊之」以杜絕異姓覬覦皇位野心，從此「內任外戚、外建宗室」（成為漢朝外戚及宦官亂權的禍源）。

❶ 大殺功臣　飛鳥盡、良弓藏，狡兔死、走狗烹，敵國破、謀臣亡。

七位異姓諸侯王，僅封地最小的長沙王吳芮沒受波及，其他均不得善終。

① 楚王──韓信　② 梁王──彭越　③ 淮南王──英布　④ 燕王──臧荼

⑤ 趙王──張敖　⑥ 韓王──韓信（與楚王同名逃到匈奴）

⑥ 西漢歷任皇帝簡介

❶ 呂后專政　第 2 任漢惠帝劉盈即位後，呂皇太后（呂雉）立刻將高祖寵姬戚夫人製成「人彘」（音志意為豬），其子趙王如意被毒死，漢惠帝（時年 17 歲）生性懦弱仁慈，見狀驚嚇到心靈受到嚴重創傷，不敢問政，朝廷政權遂落入呂后手中，不久後即病死（時年 24 歲）。呂后又先後連立兩位少帝（前少帝、後少帝）當傀儡皇帝，自己臨朝稱制，時間長達 15 年。（★史書記載，漢惠帝徒有帝王之名，而無帝王之實）

蕭規曹隨　呂后雖然對情敵及政敵心狠手辣，但其稱制期間，政治還算清明安定，因為有賢明宰相蕭何輔政，後來繼任的曹參也都沿用舊規，使朝政都能步上正軌，史稱「蕭規曹隨」。

❷ 文景之治　第 5 任漢文帝劉恆（民間廿四孝之一），呂后死後重臣陳平與周勃聯手剷除呂氏外戚集團，迎立沒有強大外戚關係的代王劉恆即位為新君，

他節欲愛民，其皇后（竇漪房是位平民皇后，中國歷史上的灰姑娘）尊崇道家黃老治術，採輕徭薄賦、勤儉克奢，其子第 6 任漢景帝、劉啟在位期間，也能奉行這種清淨無為、與民休養生息政策，使百姓安居樂業，國泰民安，史稱「文景之治」。

七國之亂 又稱七王之亂，漢景帝三年（前 154 年），以吳王劉濞（音屁）為首的七位劉姓宗室，因不滿御史大夫晁錯（音潮錯）提議削藩政策，以「誅晁錯、清君側」為口號，起兵叛亂，但三個月內即被太尉周亞夫及大將竇嬰平定。

3 漢武盛世 第 7 任漢武帝劉徹，16 歲登基，在位期間長達 54 年，雄才大略、開疆闢地，將大漢帝國推向空前的強盛期。

政治方面 採用董仲舒的「罷黜百家、獨尊儒術」（棄軟弱的黃老治術，奉行賢良，直言極諫之道），奠定中國以儒家思想為國學的基礎，並命張騫（音千）出使西域，打開漢人視野，讓中西國度文化接軌交流。

★大漢帝國及羅馬帝國是當時世界東西方兩大超級強國。

軍事方面 取銷和親聯姻政策，命李廣、衛青、霍去病（衛青姪子）三次討伐匈奴，開通絲綢之路，但晚年時李陵（李廣之孫）軍事失利被俘，才緩和討伐匈奴政策。匈奴被武帝強擊後，力量大為衰竭，遂轉向西方（西亞及東歐）另行發展。

愛情方面 漢武帝鍾愛的四位后妃命運皆為坎坷。

- 【陳阿嬌】金屋藏嬌的女主角，被立為皇后，後因無子嗣而失寵，被冷落到長門宮，曾託司馬相如寫「長門賦」，盼能喚起武帝當年一本初衷的情感，結果武帝無動於衷。

- 【衛子夫】（衛青之姐）在巫蠱之禍中，其子（太子劉據）被誣告謀反被處死，而她也因悲傷過度自縊而亡。

- 【李夫人】（李延年之妹）美若天仙，但卻紅顏薄命，臨終前多次拒絕武帝探望，她對侍女說：「以色事人，色衰而愛弛，愛弛則恩絕」（武帝愛其美貌，如被看到憔悴醜態，武帝就不會再愛她了）可見她不但美麗，而且是個有智慧之人。

- 【鉤弋夫人】（音溝益）嫁給武帝時年僅 14 歲，而武帝已經 60 歲了，她幫武帝生下兒子，被立為太子（後來的漢昭帝），結果不但沒有母以子貴，反而招來噩運，武帝逝世時被命賜死殉葬（怕幼帝又被母后挾持專制，歷史重演）。

4 霍光輔政 第 8 任漢昭帝、劉弗陵因 8 歲年幼即位，由霍光（霍去病之弟）輔政，昭帝仁慈聰慧，可惜僅 21 歲即病逝，因昭帝無子嗣，故由堂弟昌邑王劉賀繼承帝位，不料劉賀在位 27 天竟做出 1127 件荒唐事，被霍光廢掉貶為

海昏侯，另立劉詢為帝（漢宣帝）。

★ 海昏侯劉賀古墓於 2011 年 4 月 15 日在江西南昌被人發現，轟動世界。

⑤ 昭宣之治　第 9 任漢宣帝劉詢，因生長在民間，深知民間疾苦，好學又勤政，在位期間匈奴呼韓邪單于率部降漢，來朝納貢稱臣，正式納入中國藩屬國，使漢朝國力達到巔峰，又稱「昭宣中興」。

⑥ 衰於元成　第 10 任漢元帝劉奭（音世），在文藝方面頗有造詣，但治國方面昏庸無能，政權落在宦官手中，吏治敗壞、放縱享樂，他曾不察將宮女王昭君（四大美女之一）賜親給來長安朝覲的匈奴呼韓邪單于為妃，在餞行送別酒會中，才驚覺後宮有此天驕美女，懊惱不已（殺畫師及選妃官員）。

⑦ 飛燕亂朝　第 11 任漢成帝劉驁沉迷酒色，常微服出宮巡幸，後來又迷戀趙飛燕姐妹（中國四大妖女之一），終日廝混、不理朝政，讓外戚勢力集團開始膨脹坐大，活躍於朝中。

外戚干政　元帝在位時政權全落在宦官手中，皇后王政君開始有計劃的引薦王氏親族（外戚集團）入朝為宮；到了成帝時開始變成外戚集團逐漸掌握大權，而長期干政。

⑧ 敗於哀平　第 12 任漢哀帝劉欣喜歡董賢、搞同姓戀（斷袖之好），並著手罷黜王氏外戚集團，但他在位僅 7 年就去世，王政君再以太皇太后之尊，召王莽回京復職（王莽雖被哀帝革職，但他處世圓融，深受朝臣敬仰）王莽迎立年僅 8 歲的劉衍為帝。

⑨ 外戚專制　第 13 任漢平帝劉衍年幼即位，王政君太皇太后臨朝稱制，但實際上大權全落在外甥大司馬王莽手中，他開始剷除異己，最後乾脆毒殺平帝，另立年僅 2 歲的孺子嬰為帝。

⑩ 王莽篡漢　第 14 任皇帝孺子嬰 2 歲即位，王莽代理行事，自稱「假皇帝」，2 年後索性篡位逼宮自立為帝，當起「新朝」的真皇帝（西漢滅亡）。

⑦ 新朝　西元 9 年～西元 23 年，共計 15 年，歷 1 帝，國都：長安（陝西西安）

① 新朝夭殤　王莽篡漢，建立「新朝」，是為新莽帝，即位後做了很多改革，但是政令繁瑣，又朝令夕改，紊亂無章，此時屋漏又偏逢連夜雨，天災不斷（旱災、蝗災），政治日益腐敗，社會動蕩不安，經濟凋敝、人心浮動、百姓流離失所，最後演變成饑民群起作亂的局面，最主要的有三支隊伍：
① **赤眉軍**——山東樊崇　② **綠林軍**——荊州王匡　③ **春陵軍**——湖北劉秀

② 劉玄崛起　劉秀的春陵軍（春：音充）最後與綠林軍合體，共同擁立有漢室血緣的劉玄為帝，此時王莽派兵進圍昆陽，更始帝命劉秀突圍，劉秀以寡擊眾大敗新莽軍（史稱昆陽之戰），王莽逃回長安，在未央宮漸台被絞死，新

朝滅。

★王莽以「新」為國名，本希望開創一番新氣象，結果人心思漢，了無新意。
◎新朝與秦朝國祚都僅 15 年（短命），可謂是奇妙的巧合。

⑧ 玄漢政權　西元 23 年～西元 25 年，共計 2 年，歷 1 帝，國都：洛陽→長安。

❶ 更始伐莽　劉玄因有漢室皇族血統，被反莽集團綠林軍推舉為帝（更始帝），以王匡、王鳳為上公，劉縯（劉秀之兄）為大司徒，同年太常偏將軍劉秀，帶領 1 萬精兵，以寡擊眾在昆陽之戰大敗新莽 42 萬精銳之師，並攻克長安，王莽被絞殺，劉玄由洛陽入長安，建立玄漢政權。

❷ 圖逸享樂　劉玄稱帝後只圖享樂、昏庸迂腐、重用小人、猜忌賢良，嫉殺大司徒劉縯（劉秀之兄），不久後被同為反新莽集團赤眉軍所擒殺，成立僅 2 年的政權迅速瓦解崩滅。

★「**綠林**」一詞後來成為黑社會及江湖人士的代名詞

・新朝與玄漢皇帝年表・

新朝皇帝年表		西元 9 年～西元 23 年　共計 15 年　僅 1 帝　國都：長安						
序	評語	帝名	姓名	在位年份	即位時歲	在位期	歲數	壽考	備註
1	平君	新莽帝	王莽	9～23	54 歲	15 年	69 歲	被殺	篡漢為帝、迅速崩滅

玄漢皇帝年表		西元 23 年～西元 25 年　共計 2 年　僅 1 帝　國都：洛陽→長安						
序	評語	帝名	姓名	在位年份	即位時歲	在位期	歲數	壽考	備註
1	昏君	更始帝	劉玄	23～25	不詳	2 年	不詳	被殺	綠林軍首領、被赤眉軍殺

⑨ 東漢歷任皇帝年表　西元 25 年～西元 220 年，共計 195 年，歷 14 帝，國都：洛陽

序	評語	帝名	姓名	關係	在位年份	即位時歲	在位期	歲數	壽考	備註
1	強君	漢光武帝	劉秀	創立	25～57	30 歲	32 年	62 歲	病死	光武中興
2	明君	漢明帝	劉莊	秀四子	58～75	30 歲	18 年	48 歲	病死	明章之治
3	明君	漢章帝	劉炟	莊五子	75～88	18 歲	13 年	31 歲	病死	

序	評語	帝名	姓名	關係	在位年份	即位時歲	在位期	歲數	壽考	備註
4	弱君	漢和帝	劉肇	炟四子	88～106	10歲	17年	27歲	病死	東漢開始衰敗
5	夭君	漢殤帝	劉隆	肇幼子	106	嬰兒	八個月	未滿1歲	夭折	中國最短命皇帝
6	昏君	漢安帝	劉祜	隆堂兄	106～125	13歲	19年	32歲	病死	天災人禍不斷
7	夭君	漢嬰帝	劉懿	祜堂弟	125	不詳	七個月	不詳	病死	在位僅200餘天病死
8	弱君	漢順帝	劉保	祜幼子	125～144	11歲	19年	30歲	病死	
9	夭君	漢冲帝	劉炳	保獨子	144～145	2歲	六個月	2歲	病死	外戚梁冀專權
10	弱君	漢質帝	劉纘	炟玄孫	145～146	8歲	1年	9歲	毒死	
11	昏君	漢桓帝	劉志	炟曾孫	146～168	15歲	21年	36歲	病死	第一次黨錮之禍
12	昏君	漢靈帝	劉宏	炟玄孫	168～189	12歲	22年	34歲	病死	第二次黨錮之禍
13	夭君	漢少帝	劉辯	宏長子	189	14歲	四個月	14歲	自殺	董卓專權
14	弱君	漢獻帝	劉協	辯弟	189～220	9歲	32年	54歲	病死	曹操挾天子令諸侯

（壽考欄中「均為年幼登基、外戚宦官惡鬥時期」跨多列）

東漢行政疆域圖

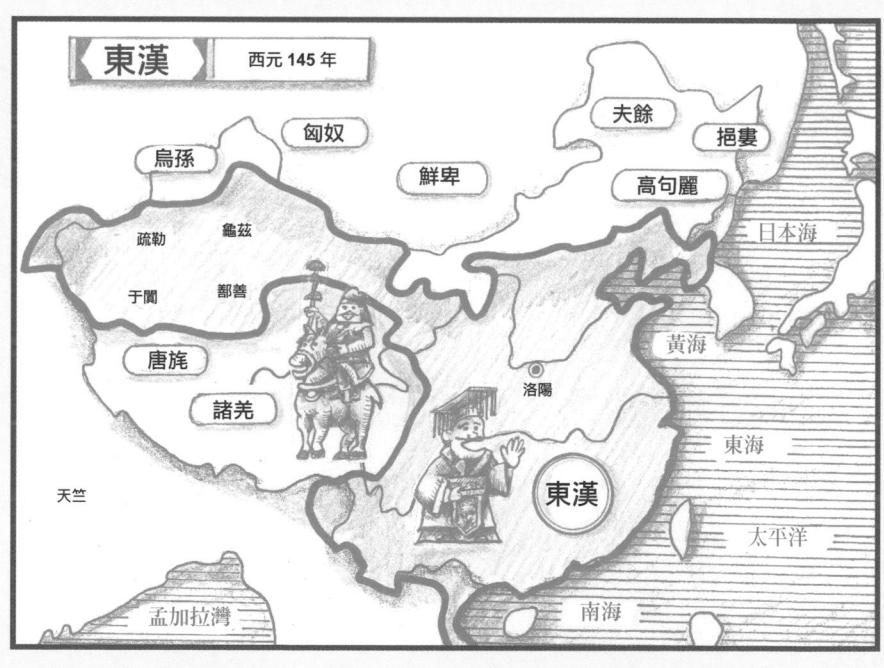

10 劉秀崛起的重要事件 春陵軍→綠林軍→玄漢破虜大將軍→漢光武帝

1 舉兵起義 劉縯、劉仲、劉秀三兄弟是為漢室後裔，王莽篡漢時，他們在宛城結識李通、李軼兄弟，立盟約「劉氏當興、李氏當輔」，開始干戈浴血，到處征戰，號稱「舂（音充）陵軍」。後來與綠林軍結合，共同擁立劉玄為

帝（更始帝），並於昆陽之戰以寡擊眾、大破新莽主力軍，三兄弟名威天下。

2 隱忍待機 劉秀兄弟威望日昇，引起更始帝的疑慮猜忌，不久後以上朝失禮之罪名將其兄劉縯斬殺，劉秀得到噩耗，強忍哀戚、明哲保身，親自去謁見更始帝，代兄賠罪，更始帝也覺得心虛內疚，於是加封劉秀為破虜大將軍（蕭王）以示慰之。

3 掃平群雄 劉秀奉更始帝之命，開始對河北用兵（逐漸擺脫玄漢政權的控制），他因軍紀嚴明、政令寬仁，賢能志士紛投其麾下，深得民心；反觀更始帝卻在長安每日沉溺於酒色，縱情享樂，終被同為反莽集團的赤眉軍攻陷長安被俘殺，同年劉秀在部將的擁戴下稱帝（東漢光武帝）。

4 光武中興 漢光武帝、劉秀定都洛陽（史稱東漢），得到雲台 28 將的效忠征伐，終於討平所有地方的割據勢力，完成「光武中興」大業。

5 御下寬厚 光武帝對功臣勳將尊重禮敬，大都長保富貴、安享天年。在位期間息武修文、國泰民安，是歷史上難能可貴的仁慈開國賢君。

6 劉秀宏願

★劉秀早年在長安見到王莽巡駕時前導的御林軍儀杖隊，雄壯威武、聲勢浩大，感嘆曰：「仕官當作執金吾，娶妻當得陰麗華」，後來他真的娶到了才女陰麗華（即位後被立為皇后），但他永遠當不了執金吾（衛隊司令官），因為他當了皇帝。

11 東漢歷任皇帝簡介

1 明章之治 第 2 任漢明帝劉莊在位期間，佛教正式傳入中國，並建立中國第一個寺院（洛陽白馬寺），明帝非常重視文教，常親到太學旁聽學習。

★第 3 任漢章帝劉炟（音打）即位後，承襲明帝的文學風采，政治清明，吏稱其官，民安其業，史稱「明章之治」。

儒道同輝 東漢的「明章之治」（儒家之學）媲美西漢「文景之治」（道家之學）。

三班同耀 漢明帝時班固受詔撰寫《漢書》，其弟班超投筆從戎，出使西域，以「不入虎穴、焉得虎子」的精神，清除匈奴勢力，使西域地區劃入中國版圖。他們兩的父親班彪也是著名的史學家，曾為＜史記＞補敘，作〈史記後傳〉65 篇，班氏三父子為東漢作出重大貢獻，史稱「三班」。班彪之女（班固、班超之妹）班昭也是中國第一位女史學家，班彪姑母～班婕妤是西漢成帝的嬪妃，故班氏一族在朝廷地位非常顯赫。

❷ **漢和轉衰** 第4任漢和帝劉肇（音照）即位時年僅10歲，由年輕的竇太后臨朝聽政，和帝年長後因看不慣外戚的專權，於是聯合宦官誅殺外戚權臣竇憲（竇太后之兄），開啟了東漢外戚與宦官長期惡鬥爭權的局勢，朝政由盛轉衰。

改良紙張 漢和帝時宦官蔡倫改良造紙術，使中國文化更加躍進。

★ 中國兩大優秀宦官：① 東漢蔡倫（造紙術）、② 明朝鄭和（下西洋）。

❸ **外戚弄權、宦官亂政** 東漢從第4任漢和帝開始至東漢滅亡止（約133年間），歷經11位皇帝均為年幼登基（最高年齡不超過15歲），政權都由母后（外戚）把持，等幼主稍長後，長年服侍皇帝左右的宦官（隨侍）加以從中煽動，彼此相結，共謀誅殺外戚權臣，演變成東漢中晚期一再循環重演的宮廷互鬥相誅大戲，皇威每況愈下，皇室逐漸衰落，皇朝更加腐敗。

❹ **殤帝夭折** 第5任漢殤帝劉隆，出生僅百日就被拉出來當皇帝，但在位僅8個月就去世（成為中國歷代皇帝中，即位年齡最小、壽命最短者）。

❺ **六任同哀** 從第5任漢殤帝起至第10任漢質帝止，歷經6位皇帝，共計40年，除第6任漢安帝及第8任漢順帝在位期間皆19年外，其他4位皇帝在位期間不超過1年（數月而已），此階段也是外戚和宦官惡鬥的高峰期，最後由外戚權臣梁冀（梁太后之兄）勝出，總攬大權，凶橫驕恣、招財納賄長達20年，漢質帝曾氣憤的罵他為「跋扈將軍」，結果被梁冀毒殺。

❻ **兩次黨錮之禍** 第11任漢桓帝劉志，朝廷內郭泰、賈彪、李膺主持清議，公然抨擊宦官亂政，而宦官也不甘示弱以誹謗朝廷、結交朋黨等謀亂罪名將黨人逮捕入獄，終身禁錮，史稱「黨錮之禍」。

★ 第12任漢靈帝劉宏時，竇太后臨朝稱制，以竇武（竇太后之父）為大將軍，陳蕃為太傅，竇武痛恨宦官專權，遂與陳蕃聯手，試圖消滅宦官勢力，不料事機洩露，被宦官搶先發難，大開殺戒，黨人相繼被害，此為第二次黨錮之禍。

十常侍禍國 兩次黨錮之禍，東漢所有忠貞賢良之士殆盡，宦官氣焰更加囂張，而漢靈帝除了昏庸荒淫、沉緬酒色外，還一昧的寵信宦官，並封張讓為首的十位宦官為「十常侍」，讓東漢更加黑暗、病入膏肓。

❼ **黃巾之亂** 東漢末期靈帝重用宦官，巧立名目搜刮錢財，貪昧弄權，百姓恨之入骨，又逢天災蝗害、瘟疫盛行，此時鉅鹿張角三兄弟，創太平道，以符水咒語治病，信徒激增，實力雄厚，最後以「蒼天（指東漢）已死、黃天（黃巾軍）當立，歲在甲子、天下大吉」為口號，頭綁黃巾，興兵反漢，史稱「黃巾之亂」。

遍地開花 雖然亂事不久後就被政府軍鎮壓平定下來，但已敲響東漢滅亡的喪鐘，全國進入群雄割據混亂的局面（三國時代）。

8 董卓之亂　第 13 任漢少帝劉辯 14 歲即位，大將軍何進（何太后之兄），密召董卓進京誅殺宦官，不料事機敗露，何進反先被殺，宮廷陷入混亂，宦官挾持少帝出逃，董卓趁機殺進京城（洛陽），廢少帝（在位僅 4 個月）。

廢少立獻　第 14 任漢獻帝劉協，原為陳留王，是被董卓所擁立的末代皇帝（時年 9 歲），董卓自任相國，帶刀上殿，入朝不跪，毫無君臣之禮，於是引起群雄結成「反董聯盟」討伐之，並共推袁紹為盟主。

難逃美人關　董卓攻陷京城（洛陽），終結了困擾東漢皇朝百年來的「外戚專政」和「宦官弄權」的混亂局面（最後同歸於盡）。董卓在朝專橫跋扈，但最後被貂蟬（四大美女之一）施美人計，慫恿其義子呂布將其刺死。

9 挾天子以令諸侯　董卓死後，天下再度陷入混亂局面，漢獻帝過著顛沛流離的落難生活，在京城外尋求庇護。此時兗（音演）州牧史曹操聞訊乘機迎獻帝到許昌登位（說曹操、曹操就到的源由）。

傀儡皇帝　末代皇帝漢獻帝在位期間，東漢皇朝已名存實亡，獻帝是被董卓所擁立，因宦官綁架漢少帝時，被董卓攔截帶回，在詢問事發過程中，14 歲的漢少帝語無倫次，反而年僅 9 歲的陳留王劉協能完整詳述實情，於是董卓廢少帝、改立劉協為新帝。但此大喜之事，卻成為劉協其一生悽慘帝運的開端，最後淪為曹操帳下的寄生蟲（是中國歷史上最窩囊的兩位皇帝之一，另為清光緒帝）。

10 官渡之戰　曹操挾天子以令諸侯，對內完全掌控朝廷，對外開始與各方豪傑爭奪霸權，最後與實力最堅強的袁紹決戰於官渡，袁的兵馬為曹十倍，戰力雄厚，曹操避其主鋒，繞道對袁紹輜重糧草大本營烏巢展開突襲，瞬間將其後勤補給物資全數燒毀殆盡，使袁軍士氣重挫、軍心瓦解、大敗而歸，袁紹從此一蹶不振，不久病死。

11 曹操稱霸　曹操在官渡之戰大勝後，遂掌握華北地區自任大丞相，開始漸次揮兵南下，以奪取江東吳地為目標，東吳新主孫權非常驚恐慌張，是投降或決戰舉棋不定，朝中也壁壘分明分成兩派（主戰派、主和派、終日爭論不休）。

12 孫劉聯盟　此時劉備派謀士諸葛亮到江東遊說，提議聯合孫劉共同抵抗曹操，此案受到大都督周瑜與上卿魯肅的大力支持，孫權於是下定決心聯合劉備，與曹操一決雌雄（孫權拔刀砍下几案角，誓曰：再有人提降曹者當是如此）

13 赤壁之戰　曹操 80 萬大軍壓境南下，聲勢浩大，但軍中以北方騎兵居多，不習南方水性，為防止官兵暈船，將船艦首尾用鐵鍊串結為連環船，減少顛簸如履平地，東吳大都督周瑜指使老將黃蓋，以苦肉計詐降曹營，曹操大喜而得意忘形，但沒想到迎來的不是東吳降將，而是一把烈火，燒得曹軍措手不及，瞬間曹操的無敵艦隊瞬間化為烏有。

14 三國鼎立 　赤壁之戰曹操慘敗而歸，十年內不敢南犯江東，孫權接受魯肅建議，將荊州借給劉備管理，共抗曹操，形成三國鼎立局面。
★鼎二足而不立（需三足以上方能立）故稱「三國鼎立」。

15 各懷鬼胎 　孫劉同盟取得赤壁之捷，隨後各有自己的盤算，而矛盾日益顯現，最後曹操與孫權結盟，攻打劉備，猛將關羽大意失荊州，敗走麥城被吳將呂蒙擒殺。

16 曹魏篡漢 　孫權斬殺蜀漢大將關羽後，深怕劉備為其義弟報仇，立刻將關羽首級轉送給曹操，曹見狀大驚，患了嚴重頭疾不久去世，其子曹丕立即篡漢自立為帝（東漢亡）。

第六節　三國時代綜述

「三國」一詞以小說《三國演義》而得名，然中國史學家以「曹魏」為正統，故歷史課本會以「魏、晉、南北朝」來加註（三國時代成為虛名）。

1 三國時代各國歷任皇帝表

① 曹魏歷任皇帝表				西元 220 ～ 265 年，共計 46 年，歷 5 帝，國都：洛陽					
序	評語	帝名	名字	關係	在位年份	即位年歲	在位期	歲數	壽考	備註
追諡		魏武帝	曹操	魏王期	216 ～ 220	曹魏奠基者		65 歲	病死	中國賦詩之能手
1	強君	魏文帝	曹丕	操次子	220 ～ 226	34 歲	7 年	40 歲	病死	
2	平君	魏明帝	曹叡	丕長子	226 ～ 239	22 歲	13 年	35 歲	病死	有口吃，沈毅好斷
3	弱君	齊王	曹芳	叡義子	240 ～ 254	8 歲	14 年	43 歲	病死	司馬氏家族專權期間（司馬昭之心路人皆知）
4	弱君	高貴卿公	曹髦	丕孫	254 ～ 260	14 歲	6 年	20 歲	被殺	
5	弱君	魏元帝	曹奐	操之孫	260 ～ 265	15 歲	6 年	57 歲	病死	

② 蜀漢歷任皇帝表				西元 221 ～ 263 年，共計 43 年，歷 2 帝，國都：成都					
序	評語	帝名	名字	關係	在位年份	即位年歲	在位期	歲數	壽考	備註
1	仁君	漢昭烈帝	劉備	創立	221 ～ 223	61 歲	2 年	63 歲	病死	桃園結義三顧茅蘆
2	庸君	漢後主	劉禪	備長子	223 ～ 263	16 歲	41 年	65 歲	病死	扶不起的阿斗

③ 東吳（孫吳）歷任皇帝表				西元 229 ～ 280 年，共計 52 年，歷 4 帝，國都：建業（南京）					
序	評語	帝名	名字	關係	在位年份	即位年歲	在位期	歲數	壽考	備註
追諡		吳武烈帝	孫堅	吳王	△	△	△	37 歲	傷亡	有「江東猛虎」之稱
追諡		吳桓王	孫策	堅長子	△	△	△	26 歲	傷亡	有「小霸王」之稱
1	明君	吳大帝	孫權	堅次子	229 ～ 252	47 歲	24 年	71 歲	病死	生子當如孫仲謀
2	弱君	會稽王	孫亮	權少子	252 ～ 258	10 歲	7 年	18 歲	毒死	權臣孫綝專權
3	平君	吳景帝	孫休	權六子	258 ～ 264	24 歲	6 年	30 歲	病死	計殺孫綝
4	暴君	吳末帝	孫皓	權孫	264 ～ 280	23 歲	16 年	42 歲	病死	暴虐無道

② 三國時代重大事紀

① 彝陵之戰 曹操死，其子曹丕嗣魏王位，同年逼迫漢獻帝禪位（東漢滅亡），曹丕篡漢稱帝（魏文帝），劉備不服也在成都稱帝（漢昭烈帝）。隨後不聽諸葛亮及趙雲苦諫，執意親率大軍伐吳，誓言為其義弟關羽報仇，但在彝（音夷）陵駐軍紮營時，遭東吳將領陸遜用火攻突襲（火燒連營），傷亡慘重。敗走至白帝城時，一病不起，召來諸葛亮託孤（照顧兒子），隨後病卒。

扶不起的阿斗 蜀漢後主劉禪（阿斗）天性愚昧，諸葛亮受劉備託孤時表明將鞠躬盡瘁、死而後已，盡心輔佐，並上〈出師表〉，五次北伐曹魏。

樂不思蜀 劉禪（阿斗）降魏後，吃香喝辣，得意自在，完全沒有亡國的恥辱感。

② 吳王稱帝 曹魏（曹丕）、蜀漢（劉備）相繼稱帝，孫權自稱吳王靜觀其變，後認為時機成熟，西元 229 年在建業（南京）稱帝是為吳大帝（開啟真正的三國時代）。

③ 三國歸晉 曹魏時謀臣司馬懿（仲達）長得如：鷹視之狀、狼顧之相，曹操對他頗為忌憚，存有戒心，有天曹操夜裡夢到群馬在吃草，大驚而醒（司馬氏吃掉曹氏），於是告誡曹氏宗親要多加提防城府很深、野心很大的司馬家族，但結果曹魏終究被其孫司馬炎給篡位了。

三國行政疆域圖

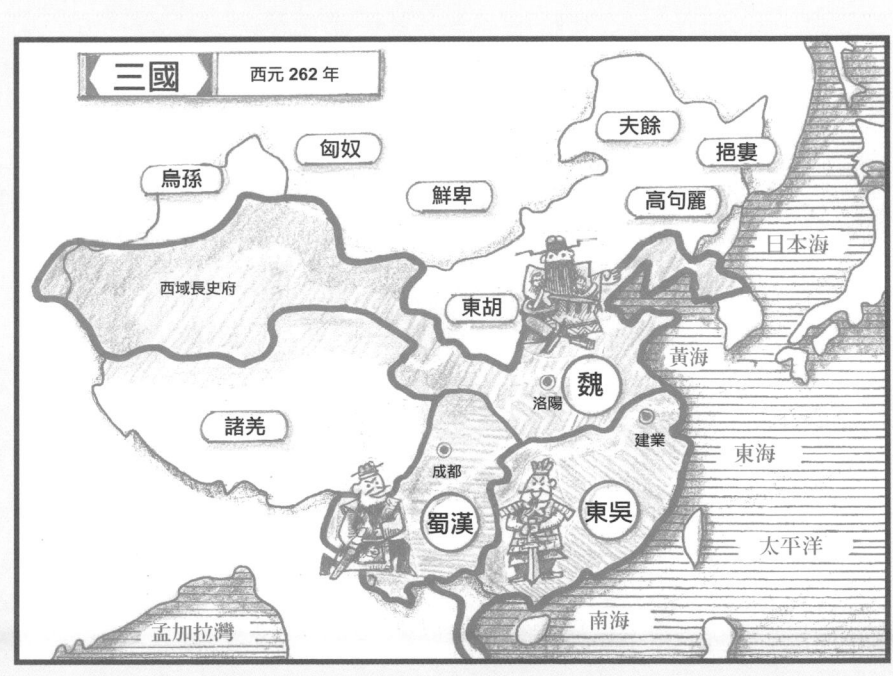

三國　西元 262 年

夫餘
挹婁
匈奴
烏孫
鮮卑
高句麗
日本海
西域長史府
東胡
黃海
魏
洛陽
建業
東海
諸羌
成都
蜀漢
東吳
太平洋
孟加拉灣
南海

3 三國時代的藝術 戲劇與著作

❶ 三國劇目　現代以三國故事為戲劇中、最精彩的兩段精典橋段劇碼。

1、《群借華》：《群英會》＋《借東風》＋《華容道》。

2、《失空斬》：《失街亭》＋《空城計》＋《斬馬謖（音素）》。

❷ 三國著作

1、《三國志》，晉陳壽著（以曹魏為正統，曹操為主角）。

2、《三國演義》，明羅貫中著（以蜀漢為正統，尊劉抑曹為主）。

★ 史學家對《三國演義》的評語為「劉備忠厚而似偽、諸葛亮足智多謀而近
妖」，全書被評斷為「七分實、三分虛」。

三國演義　明羅貫中的《三國演義》一書使三國時代的人文典故、歷史故事廣
為流傳在民間，家喻戶曉、耳熟能詳，同時在海外也能聞名遐邇、大受好
評（各國譯本眾多），尤其在日本、韓國更成為「商業謀略」、「經營管
理」及「人際關係」最佳選讀聖典。

★ 三國時代真正的期間僅 46 年而已，（以曹魏為主流時代），但卻是國人最
津津樂道、經常提及的朝代之一。

❸ 三國時代的版本眾多　「三國」此詞因書而得名（《三國志》、《三國演
義》），事實上，史學家用「魏（三國）、晉（西晉、東晉）、南北朝」來
接續中國歷史的脈流（曹丕篡東漢為「魏」、司馬炎篡魏為「晉」，「三
國」一詞成為虛名）

	序	各式版本	期間	年數	備註
三國時代的版本	A	小說版本	184～280	97 年	從黃巾之亂始起至三國（東吳）歸晉止
	B	廣義版本	208～280	73 年	赤壁之戰三國分立起至三國（東吳）歸晉止
	C	通用版本	220～280	61 年	曹丕篡漢（東漢亡）起至三國（東吳）歸晉止
	D	史學版本	220～265	46 年	曹丕篡漢（東漢亡）起至司馬炎篡魏（曹魏亡）止
	E	共存版本	229～263	34 年	孫權（東吳）稱帝起至劉禪（蜀漢）滅亡止

・各種版本期間年數與重大事件・

各種版本 期間年數	期間 （西元）	重大事件
	184	漢靈帝期間「黃巾之亂」開始（劉關張桃園三結義）
	189	漢少帝即位（在位僅四個月）董卓進入洛陽，廢少帝改立漢獻帝，曹操暗殺董卓失敗，被追捕而逃亡
	190	反董卓聯盟成立，袁紹被推為盟主，曹操任參謀
	192	董卓被義子呂布弒殺（孫堅戰死，其子孫策繼承吳王位）
	196	曹操挾天子以令諸侯，遷都許昌（建安元年）
	200	官渡之戰曹操大勝袁紹，掌控北方（孫策死，其弟孫權即位）★此年曹操46歲、劉備40歲、孫權18歲
	207	劉備三顧茅廬，迎請諸葛亮出隆中
	208	赤壁之戰（三國分立），曹操任大丞相
	210	劉備向東吳借荊州，曹操建銅雀台，東吳周瑜卒
	216	曹操進爵為「魏王」
	219	劉備自立為漢中王，關羽被東吳呂蒙擒殺
	220	曹操卒，曹丕篡漢（東漢亡）自稱帝，國號魏（曹魏）

（左側縱欄：各種版本期間年數）

A 小說版本（三國演義）184年～280年（97年）
B 廣義版本 208年～280年（73年）
C 通用版本 220年～280年（61年）
D 史學版本 220年～265年（46年）
E 共存版本 229年～263年（34年）

（期間欄：東漢末期 184～220）

曹魏 220年～265年（共46年）5帝
① 魏文帝曹丕 220～227（8年）
② 魏明帝曹叡 227～240（14年）
③ 魏齊王曹芳 240～254（16年）249年司馬懿掌權 251年司馬懿卒
④ 高貴鄉公曹髦 254～260（7年）
⑤ 魏元帝曹奐 260～265（5年）

蜀漢 221年～263年（共43年）2帝
① 漢昭烈帝劉備 221～223（2年）
② 蜀漢後主劉禪 222～263（41年）225年孔明擒孟獲 228年街亭之戰敗北 234年諸葛亮卒
← 263年劉禪降魏

東吳 229年～280年（共52年）4帝
孫權自稱吳王 222年國都武昌
① 吳大帝孫權 229～252（31年）稱帝、國都、建業
② 會稽王孫亮 252～258（7年）
③ 吳景帝孫休 258～264（7年）
④ 吳末帝孫皓 264～280（17年）

| | 265 | 司馬炎篡魏為晉 |
| | 280 | 【晉朝】三國歸晉（西晉）晉朝滅東吳統一全國（終結三國時代） ← 280年東吳降晉 |

三國時代三巨頭個性（品格）比較表

國名	曹魏	蜀漢	東吳（孫吳）
期間	西元 220 年～ 265 年（46 年）	西元 221 年～ 263 年（43 年）	西元 229 年～ 280 年（52 年）
國都	國都：洛陽　　歷 5 帝	國都：成都　　歷 2 帝	國都：建業（南京）　　歷 4 帝
姓名	曹操（孟德）66 歲	劉備（玄德）63 歲	孫權（仲謀）71 歲
重視	重權謀（天時）	重德信（人和）	重戰略（地利）
評語	治世之能臣，亂世之奸雄	桃園結義，三顧茅廬	生子當如孫仲謀
志向	曹操有吞併天下之野心	劉備以復興漢室為己任	孫權有逐鹿中原之雄志
作為	挾天子以令諸侯	寄人離下等待時機	雄據江東，乘機而動
個性	從失敗中記取教訓	為人謙虛，廣結英豪	適應時勢，調整戰略
用人	唯才是用，重才不重德	才德兼備，均獲重用	用人不疑，疑人不用
大將	曹魏五子良將	蜀漢五虎大將	東吳四英傑（大都督）
姓名（年歲）	●張遼（文遠）53 歲——傷亡 ●樂進（文謙）——病死 ●于禁（文則）——鬱卒 ●張郃（儁義）——戰死 ●徐晃（公明）——被射殺	●關羽（雲長）58 歲——被殺 ●張飛（翼德）55 歲——被殺 ●趙雲（子龍）73 歲——病死 ●黃忠（漢升）75 歲——戰死 ●馬超（孟起）51 歲——病死	●周瑜（公瑾）36 歲——氣死 ●魯肅（子敬）46 歲——病死 ●陸遜（伯言）63 歲——鬱卒 ●呂蒙（子明）42 歲——瘋死

5 三國時代最具決定意義的三大戰役

序	戰役	時間	過程	策略	結果
1	官渡之戰	西元 200 年	曹操大勝袁紹	燒糧	曹操掌控北方
2	赤壁之戰	西元 208 年	孫劉大勝曹操	燒船	三分天下
3	彝陵之戰	西元 222 年	孫權大勝劉備	燒營	三國鼎立

★ 三國時代三大戰役的共通點均用火攻（燒糧、燒船、燒營）。

★ 官渡之戰與赤壁之戰的主角均為曹操，兩次戰役的共通點是「以寡擊眾」，而相異點是前者曹操大勝、後則曹操大敗。

6 三國時代天下最神奇的家族（諸葛家族）

　　三國時代時的諸葛家族人才輩出、彰姓揚名，但不巧各事其主、相互為敵；但很奇怪的又能兼具手足情誼、公私分明（中國最奇特的政治家庭）。

諸葛家族	關係	姓名	字號	歲數	服侍國別	職稱	評價
	弟	諸葛亮	孔明	53 歲	蜀漢	大丞相	蜀漢得一龍（神算）
	兄	諸葛瑾	子瑜	68 歲	東吳	大將軍	東吳得一虎（勇猛）
	堂弟	諸葛誕	公休	68 歲	曹魏	大司徒	曹魏得一犬（忠心）

★ 臥龍（諸葛亮）、鳳雛（龐統）兩者得一可安天下，然劉備兩者兼得。

三國時代重要人物簡介

❶ 三國時代第一謀師｜諸葛亮（孔明），年 53 歲

> **三顧茅廬** 劉備以三顧茅廬之禮迎請為軍師，視其「猶如興周之姜尚（子牙）、旺漢之張良（子房）」，如魚得水、如虎添翼。

> **隆中對** 在草廬中為劉備建構出一幅三分天下的藍圖。

> **新官上任三把火** 劉備以禮相待，言聽計從，引起拜把兄弟關羽與張飛極度不滿，認為他只會高談闊論，毫無本事可言。結果諸葛亮掛帥初征，放了三把火，大勝而歸，使關張二兄弟佩服得五體投地，不敢再傲慢輕視。

三把火	第一把火	博望坡之戰
	第二把火	新野之戰
	第三把火	赤壁之戰

→ 火攻燒敗 →

魏	**夏侯惇**	10 萬大軍
魏	**張遼**	15 萬大軍
魏	**曹操**	80 萬主力大軍

> **白帝城受託孤** 答應劉備全力輔佐幼帝（鞠躬盡瘁、死而後已）。

> **七擒孟獲** 收復南蠻地區（攻心為上、使其心服口服）。

> **出師表** 六出祁山、北伐曹魏。

> **隕落五丈原** 出師未捷身先死、長使英雄淚滿襟。

> **魂嚇司馬懿** 死孔明嚇走活仲達（司馬懿）。

❷ 三國時代最神勇的武將｜關羽（雲長），年 58 歲

　　關羽（關公）與劉備、張飛桃園三結義，義薄雲天、高潔情操，被封為「武聖」，其生前最被津津樂道之事：溫酒斬華雄（董卓部將）、托刀斬顏良、誅文醜（袁紹二大將）、過五關斬六將（曹操部將）、掛印封金（千里戰騎尋兄）、華容道義釋曹操、單刀赴會、水淹七軍、刮骨療毒、談笑自如（華陀神醫）、大意失荊州，敗走麥城。

　　關公雖然神勇無比，連曹操、孫權都為之敬畏，但其也不免有驕矜倨傲、狂妄不拘之氣質，他被吳將呂蒙活擒時曰：「玉可碎，而不可改其白；竹可焚，而不可毀其節」結果被殺，其忠義無人能比，被儒、釋、道三教奉為神明，民間香火鼎盛，是中國最受喜愛敬崇的神明。

儒教稱其為「文衡聖君」最有名的廟宇為台北行天宮（拿書像）。

佛教稱其為「伽藍尊者」（與韋馱天共同維護寺院法藏）。

道教稱其為「關聖帝君」或「協天大帝」（拿刀像）。

❸ 蜀漢第一猛將｜趙雲（子龍），年 73 歲

　　常山趙子龍武藝高超、一身是膽，截江奪阿斗（護幼主），陪了夫人又折兵（護夫人），一世英猛、一生饒勇，未嚐敗績，最後以 73 歲高齡壽終正寢，劃下一生完美句點。

④ 東吳第一大將｜周瑜（公瑾），年 36 歲

周瑜英俊挺拔，人稱「周郎」，為東吳主帥與孫策形同手足，並分別娶大喬小喬姐妹使兩人親上加親，孫策死後其弟孫權繼承王位，他被封為「大都督」，並在赤壁之戰大顯神威，擊潰曹操而盛名遠播。

◎ 雖然他智勇雙全，但其一生中卻被諸葛亮玩弄於手掌心之中，被耍得團團轉，最後因瞋憤氣恨、吐血而亡，死時年僅 36 歲。（演義版本）

孔明三氣周瑜	一氣周瑜	取南郡	周瑜詐死，計退曹仁，得意時才發現南郡早已被孔明先搶走
	二氣周瑜	賠夫人	周郎妙計安天下「賠了夫人又折兵」
	三氣周瑜	識詭計	周瑜的計謀全被孔明拆穿，氣憤到吐血落馬，口中喃喃著：「既生瑜、何生亮」而亡

⑤ 東吳奇才｜呂蒙（吳下阿蒙），年 42 歲

★ 呂蒙（子明）本為一介文盲武夫，後經孫權勸學，而發奮圖強，大有進長，人稱：「卿今者才略，非復吳下阿蒙；士別三日，令人刮目相看」，因智擒蜀漢猛將關羽而聲名大噪。

⑥ 三國時最牛的投機者｜呂布（奉先），年 48 歲

★ 呂布驍勇善戰、英姿煥發，人稱「馬中赤兔，人中呂布」，但其性情輕狡反覆、猜疑多變、唯利是圖、見利忘義，最後在下邳被曹操擒殺。

1	見利忘情	為了赤兔馬及寶物		殺	養父	丁原（建陽）
2	見色忘義	為了得到美女貂蟬	→		義父	董卓（仲穎）

⑧ 三國時代因太聰明而惹禍上身的四大奇才

① 曹植｜子建，年 41 歲 曹操三男，熱愛詩賦，為兄長曹丕所妒忌，曾作〈七步詩〉躲過其兄逼殺，人稱「天下之才十斗，子建獨得八斗」（才高八斗）。

② 孔融｜文舉，年 56 歲 建安七子之首，四歲時就知道要將較大的梨子謙讓給兄長吃（孔融讓梨），自幼聰慧，其師曰：「小時了了，大未必佳」，他馬上回師道：「想師君小時必了了」，使師愕然，因忠於漢室，與曹操唱反調，最後被殺。

③ 楊修｜德祖，年 45 歲 楊修恃才倨傲，因常能輕易猜穿曹操內心想法，為曹所忌憚，如曹娥碑裡的字謎（絕妙好辭），楊修一眼即破解謎題，而曹操卻想了三十里才悟出其解，有天曹操喃喃說「雞肋」，眾人不解，只有楊修去收拾行李準備撤軍，結果為了「雞肋」（食之無味、棄之可惜）兩字，被告以洩露軍機而命喪黃泉。

④ 田豐｜元皓，歲不詳 袁紹的軍師他在官渡大戰之前，因極力諫阻袁紹伐曹，被冠以「渙散軍心、打擊士氣」之罪名入獄監禁，然而不出其所料，袁

紹灰頭土臉大敗而歸，有人立即去大牢向田豐道賀說：「盟主不聽你言才會如此狼狼不堪，往後會大加重用你了」，結果田豐悲傷泣道：「如果戰勝，小命還可保存，如今戰敗則吾命休矣」果不出所料，惱羞成怒的袁紹一回來就拿田豐開刀。

第七節　晉朝綜述

晉朝總計 156 年，期間又分西晉 52 年、東晉 104 年（剛好是西晉的倍數），兩晉共有 15 位皇帝治世。

1 西晉歷任皇帝年表　西元 265 年～ 316 年，共計 52 年，歷 4 帝，國都：洛陽

序	評語	帝名	名字	關係	在位年份	即位年歲	在位期	歲數	壽考	備註
1	昏君	晉武帝	司馬炎	創立	265 ～ 290	30 歲	25 年	55 歲	病死	前「太康之治」後昏庸
2	愚君	晉惠帝	司馬衷	炎次子	290 ～ 306	32 歲	17 年	48 歲	毒死	「八王之亂」
3	弱君	晉懷帝	司馬熾	衷之弟	307 ～ 311	23 歲	5 年	30 歲	毒死	「永嘉之禍」
4	卑君	晉愍帝	司馬鄴	熾侄子	313 ～ 316	14 歲	4 年	18 歲	被殺	卑屈受俘

2 東晉歷任皇帝年表　西元 317 年～ 420 年，共計 104 年，歷 11 帝，國都：建康（南京）

序	評語	帝名	名字	關係	在位年份	即位年歲	在位期	歲數	壽考	備註		
1	弱君	晉元帝	司馬睿	鄴堂弟	317 ～ 322	42 歲	6 年	47 歲	鬱卒	王導專權		偏安江南
2	平君	晉明帝	司馬紹	睿長子	322 ～ 325	24 歲	3 年	27 歲	病死			王敦之亂
3	平君	晉成帝	司馬衍	紹長子	325 ～ 342	5 歲	17 年	22 歲	病死			蘇峻之亂
4	平君	晉康帝	司馬岳	衍之弟	342 ～ 344	20 歲	3 年	23 歲	病死			書法家皇帝
5	平君	晉穆帝	司馬聃	岳長子	344 ～ 361	1 歲	18 年	19 歲	病死	桓溫專權		桓溫北伐
6	弱君	晉哀帝	司馬丕	聃堂兄	362 ～ 365	21 歲	4 年	25 歲	病死			
7	弱君	晉廢帝	司馬奕	丕之弟	366 ～ 370	24 歲	6 年	45 歲	病死			被桓溫所廢
8	弱君	晉簡文帝	司馬昱	丕堂叔	371 ～ 372	51 歲	250 天	52 歲	憂死			在位僅 250 天
9	平君	晉孝武帝	司馬曜	昱三子	372 ～ 396	11 歲	25 年	36 歲	悶死			淝水之戰大捷
10	庸君	晉安帝	司馬德宗	曜長子	396 ～ 418	15 歲	22 年	37 歲	毒殺			劉裕專權掌政
11	弱君	晉恭帝	司馬德文	宗之弟	418 ～ 420	34 歲	3 年	37 歲	悶死			

3 西晉歷代皇帝簡介　共歷四位皇帝：炎（昏）、衷（痴）、熾（弱）、鄴（卑）。

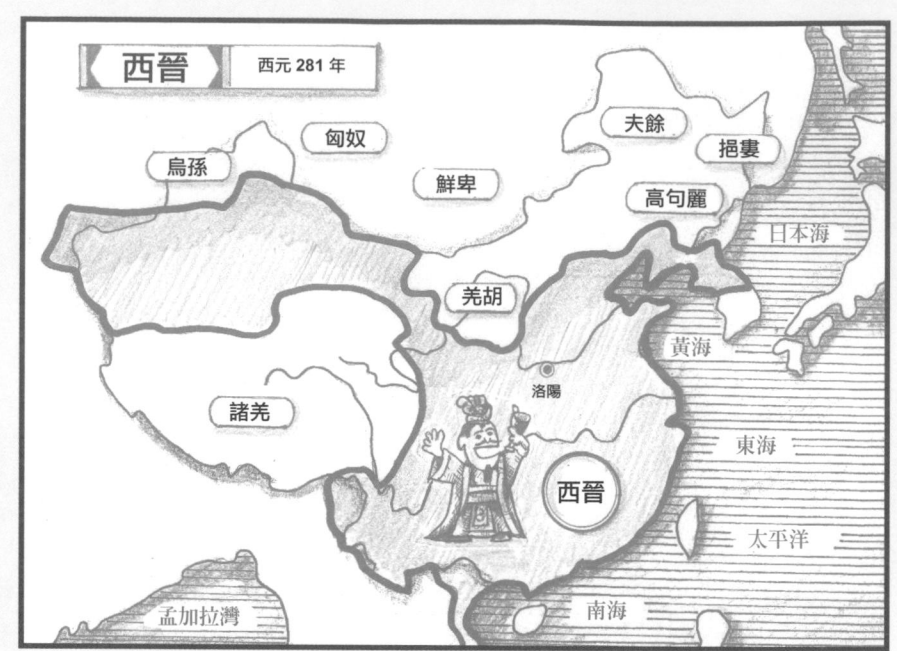

西晉行政疆域圖

西晉　西元 281 年

匈奴　烏孫　鮮卑　夫餘　挹婁　高句麗

羌胡　諸羌

日本海　黃海　東海　太平洋　南海　孟加拉灣

洛陽　西晉

❶ 晉篡曹魏　三國時代司馬懿擊敗政敵曹爽後，逐漸掌握曹魏朝政大權，懿死後其子司馬師繼承父業，師死後其弟司馬昭被封為晉公，從此更加專橫跋扈，視皇帝如臣子，第 4 任魏帝曹髦氣憤說道：「司馬昭之心，路人皆知」，結果被司馬昭弒殺，但他還不敢公然篡位，只另立第 5 任魏元帝曹奐為傀儡皇帝，昭死後其子司馬炎立即廢掉元帝篡位為帝。

❷ 太康之治　第 1 任晉武帝、司馬炎即位初期勵精圖治，曾出現一片繁華氣象，史稱「太康之治」，但晚期則開始荒怠縱欲、奢侈腐化、昏庸無能、君臣比富、貪杯納賄，朝政大衰（從此司馬炎被定位為昏君）。

❸ 白痴皇帝　第 2 任晉惠帝司馬衷是歷史上最知名的低能愚笨皇帝，百姓飢荒挨餓時，還會反問朝臣、譏笑災民「何不食肉糜」，留下千古笑譚。

八王之亂　惠帝有位惡皇后賈南風（權臣賈充之女）是個陰險潑辣之人，見帝愚蠢無知，趁機干政，引發諸侯王室不滿，開始內訌作亂，演變成 16 年的消耗國力的內戰，惠帝最後被東海王司馬越毒死。

❹ 永嘉之禍　第 3 任晉懷帝司馬熾，年號「永嘉」，因被推擁為皇帝（有人不服），大權旁落，諸王內訌殺戮未止，此時雜處在中國境內的外族胡人趁機叛變，攻破皇都（洛陽），晉懷帝被俘殺（又稱五胡亂華）。

❺ 啣璧屈降　第 4 任晉愍帝司馬鄴是在懷帝被俘兩年後、於長安被擁立為帝，此時西晉已病入膏肓，岌岌可危，完全沒有作戰能力可言，最後他含淚口啣玉璧，在百般羞辱的情況下向前趙匈奴王劉曜投降（在位 4 年、西晉滅）。

4 **西晉迅速衰亡的主因** 朝政腐敗、自相殘殺

1 **八王之亂**

源起

司馬炎創立晉朝初期，有鑒於曹魏宗室力量薄弱，家族彼此猜忌，導致王室變得孤立無援，大權逐漸掌握在異姓權臣手中，因而衰敗滅亡。

大封宗室 有鑒於此，晉武帝即位後就大封宗室（司馬氏），親屬為藩王，加強鞏固中央皇權，所以宗親貴族手握重兵，種下往後諸王爭權奪利、骨肉相殘的禍根（八王之亂）。

始料未及 司馬炎精心設計的千秋大業「諸藩屏皇」政策瞬間成為西晉敗亡的間接罪孽。

2 **基因突變** 司馬氏一族在曹魏時代，家族以才智機敏、陰險狡詐為特質，但是建立晉朝後的司馬氏卻變成昏昧無能、愚蠢無知的二楞子家族。

3 **衣冠南渡** 晉懷帝永嘉年間，胡人大舉入侵中原，懷帝被擄殺，大批漢人豪族權貴、巨富仕紳舉家南遷避難，是中國歷史上第一次大規模的遷徙移民行動，使南方（南蠻）文化水準大幅提昇。因大部分移民均為高知識分子、或有才能之士，故史稱「衣冠南渡」或「永嘉南渡」。

4 **屈辱亡國** 司馬鄴（建鄴（南京）為避其名諱，改為建康）是中國歷史上投降受俘中最被羞辱的皇帝，赤背露肩、口啣玉璽、披覆青衣、牽拉羊車、彎腰曲膝、散髮狼狽相，三跪儿叩向前趙匈奴王劉曜請降，飽受凌虐、百般羞辱。

所謂青衣 青衣是古代賤民所穿的衣服顏色，故妓院或風化場所常被稱為「青樓」，代表下流卑賤（司馬鄴受降時被迫披覆青衣）。

5 **因果報應** 話說司馬氏家族在曹魏朝廷裡總攬大權、專橫跋扈，欺凌曹魏末三代幼帝，然而晉朝（西晉）末三代君主也是重蹈覆轍，極度遭受到羞辱欺凌，有過之而無不及，可謂「因果循環」（種惡根得惡果）。

5 **東晉王朝簡介** 西元 317 年～ 420 年，共計 104 年，歷 11 帝，國都：建康（南京）

1 **南遁立國** 司馬睿在西晉時期襲封瑯琊王，因未捲入八王之亂，晉懷帝時被封為安東將軍，晉愍帝時曾任過宰相職，西晉滅亡後，在王導及王敦堂兄弟的擁戴下，又獲得江南地區世族的大力支持，在建康（南京）稱帝，史稱「東晉」。

2 王馬共天下　　第 1 任晉元帝司馬睿，膽小如鼠，又無才幹，全靠宰相王導及大將軍王敦（王導堂兄）撐腰下，形成「王與馬共天下」之局勢（王氏兄弟實為東晉政權的奠基者）。

偏安江南　　晉元帝建立「東晉」後，胸無大志，只圖偏安江南，不思北伐中興晉室，讓很多滿腔熱血的民族義士，壯志未酬、含恨而終。初期有猛將祖逖、劉琨（聞雞起舞），隨後又有陶侃（音砍）、盧諶（音陳）在北伐作戰中略有斬獲，結果卻得到晉室消極支援，因此前功盡棄，將北伐的成果瞬間化為烏有。

擊楫中流　　豫州刺史祖逖曾與劉琨共褥同寢、聞雞起舞，志向宏遠。在中原大亂（五胡亂華）、國家危難時親自招募兵馬，在長江中流擊楫發誓光復晉土，但晉元帝只想劃地自限，毫無復國之心，不時還牽制祖逖北伐、使其心灰意冷，最後憂憤成疾而死。

王敦之亂　　王敦是東晉開國元勳，掌握軍事大權，因司馬睿（晉元帝）在江南聲望極低，王敦逐漸目無君主、我行我素，成為「王（王氏）騎馬（司馬氏）治天下」形勢，讓晉元帝開始心寒，懼怕王氏勢力坐大，開始有計劃的提拔劉隗（音偉）等人來抗衡王氏集團，此舉引發王敦強烈不滿，最後以討伐劉之名義叛亂。

明哲保身　　王導得知堂兄王敦叛亂時（兩人實為東晉奠基者），心驚動魄的率宗親子姪 20 多位，親向晉元帝請罪，誓言效忠晉室，元帝大喜，給予寬恕

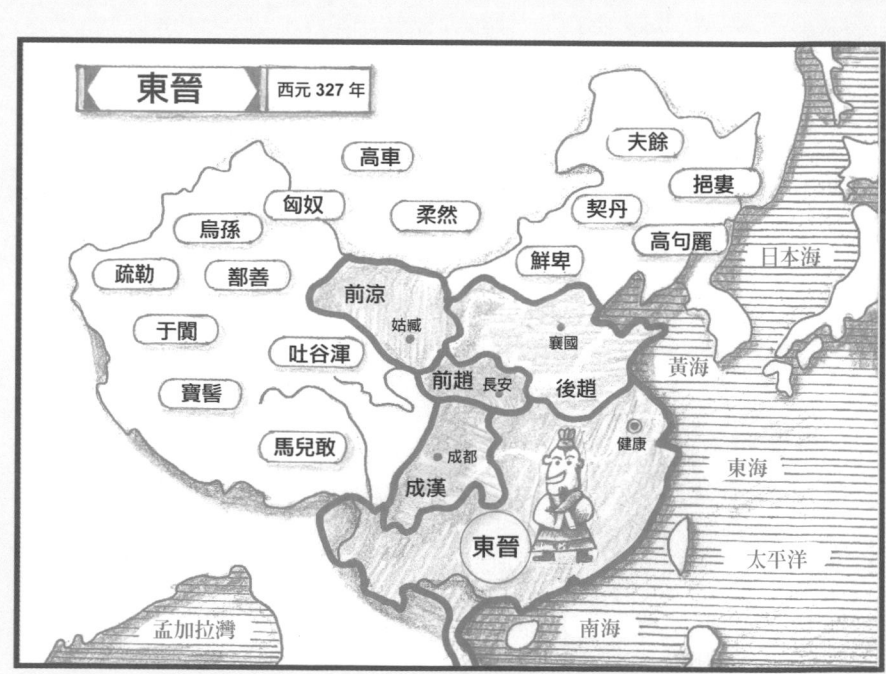

東晉（十六國）行政疆域圖（一）

並嘉許，以致亂事平定後，王導仍處高位（宰相），續獲明帝、成帝的信任重用。

③ 神童皇帝 第2任晉明帝司馬紹、其小時候被稱為「小神童」，深得司馬睿疼愛，元帝因王敦之亂憂憤而死。王導受遺詔輔政，並平定「王敦之亂」，但司馬紹在位僅3年，就以27歲之英年早逝。

④ 蘇峻之亂 第3任晉成帝司馬衍5歲幼齡即位，庾太后臨朝稱制，王導及外戚庾亮（太后兄）共同輔政，此時平定王敦之亂的大功臣蘇峻，手握精兵，恃功而驕，行為枉縱，庾亮認為這是朝廷日後隱憂及未來的禍害，遂想削奪其兵權，果不出所料，立刻激起蘇峻與祖約的反抗叛變，史稱「蘇峻之亂」，最後被溫嶠與陶侃合力平定。第4任晉康帝司馬岳，在位僅3年，是中國有名的書法家。

⑤ 桓溫三次北伐 第5任晉穆帝司馬聃（音單）1歲多時即位，由褚太后臨朝稱制，此時桓溫（晉明帝女婿）率兵直攻成都，滅掉成漢政權，聲名大噪，被封為征西大將軍。

第一次北伐 打敗前秦軍隊直到關中，但因軍糧不濟被迫撤軍。

第二次北伐 此次成功收復故都洛陽（奏請朝廷遷都於此），但晉室消極看待（覺得沒必要），不久後又被前燕政權攻奪，因而退出洛陽。

第三次北伐 西元369年，桓溫已掌握朝中大權，他為大展威望，再度發動第三次北伐，但此次踢到大鐵板，被前燕與前秦聯手截斷其糧道，慘敗而歸。

⑥ 桓溫專權 雖然三次北伐均以失敗告終，但桓溫在朝中地位卻扶搖直上，地位愈加顯赫，（是晉穆帝、哀帝、廢帝、簡文帝四朝權臣），其中第7任晉廢帝、司馬奕被其廢為海西公（因第三次北伐慘敗，惱羞成怒）。第8任晉簡文帝、司馬昱（晉元帝幼子）以51歲高齡即位，因每天提心吊膽怕被桓溫所廢或殺害，在步步驚心中憂愴而死，在位僅250天（未滿一年）。

⑦ 淝水之戰 軟弱的東晉打敗華北第一雄師（前秦苻堅大軍）

前秦方面 西元376年前秦宣昭帝苻堅（氐族人）陸續消滅前燕、代國、前涼等割據軍閥，完成統一中國北方各族大業。他以漢人王猛為相，改革內政，國家日益強盛。苻堅躊躇滿志，秣馬厲兵，一直想南侵東晉統一全國，但都被宰相王猛阻止而作罷。猛死後他立即率大軍南犯東晉。

東晉方面 第9任晉孝武帝司馬曜11歲登基，權臣桓溫已去世，由謝安任宰相，司馬曜24歲那年，前秦苻堅統一華北，遂親率百萬雄師南犯，並發下豪語「投鞭斷流」，表示勢在必得。東晉王室在此危難關頭，主戰派宰相謝安臨危不亂，派其弟謝石及侄子謝玄帶領僅8萬的北府精兵，於淝水南岸駐軍，阻擋前秦大軍去路。

草木皆兵 西元 383 年，東晉與前秦雙方軍隊於淝水兩岸對峙，前秦苻堅見晉軍佈陣嚴整、士氣高昂，而山頭上草木被風吹拂搖動，誤以為晉軍有重兵埋伏，不由得開始心虛膽怯起來，史稱「草木皆兵」。

風聲鶴唳 晉軍想速戰速決，主動出擊，強行渡河，而前秦想騰出交戰場地，下令稍微往後移動，再藉機發動突擊，但此舉被不知情況的前秦後方部隊，誤以為前線潰敗退逃，自亂陣腳，謠言滿天飛。此時又有疾風吹勁草，加上野鶴嚎鳴，更誤認以為是晉軍突擊圍剿過來而驚慌失措，同一時間又傳來主將苻融被殺陣亡消息，而一發不可收拾，軍心潰散，慘敗而歸，史稱「風聲鶴唳」。

歷史評價 「淝水之戰」是中國歷史上最著名的戰役之一，其最大特點為「以寡擊眾」（1：10），而且最難能可貴的是柔弱的漢人打趴慓悍胡人。

苻堅慘敗的原因 ① 恃眾而驕、倨傲輕敵。　② 連年征戰、兵疲馬困。③ 軍士雜編、不能同心。　④ 風聲鶴唳、草木皆兵。

★ 經此一敗，前秦政權土崩瓦解，宣昭帝苻堅兩年後被後秦姚萇（羌族人）所殺，北方再度陷入分裂混戰的群雄割據局面，東晉也乘機收復黃河流域以南的許多失地。

❽ 寵妃悶死帝 淝水之戰大捷後，宰相謝安功高權重，遭到晉孝武帝親弟司馬道子的猜忌排擠，不久後病死。司馬道子接掌朝政大權（宰相）與孝武帝兩兄弟整日飲酒作樂，不理朝政（清醒日少、昏醉時多），導致朝政大衰。有日孝武帝司馬曜因酒醉對其寵妃張貴人開玩笑說：「妳快 30 歲了，也該被廢棄了」，結果被激怒的張女給悶死。

❾ 孫恩、盧循之亂 第 10 任晉安帝司馬德宗 15 歲即位，叔父司馬道子輔政，因他沈溺于酗酒（酒醉相王），朝政腐敗，孫恩因不滿昏庸朝廷，以五斗米道為號召，率農民起事叛亂，但不久後就被劉裕所平定，剩餘叛軍繼續由他的妹婿盧循帶領到處作亂，最後還是被劉裕給擊敗，盧循投海身亡，結束這場長達 11 年、耗盡東晉國力的亂事。

❿ 桓玄篡位 桓玄（桓溫之子）因司馬道子在朝弄權，並曾用言語侮辱過其故父（桓溫），令桓玄氣得咬牙切齒，決定舉兵奪權叛變並成功的將司馬道子擒拿流放，並將愚庸無能的晉安帝司馬德光廢為平固王。

★ 桓玄篡晉自立為帝，國號楚，史稱「桓楚帝」

⓫ 劉裕義軍 桓玄篡晉後驕奢荒侈，不得民心，大將軍劉裕率義軍擊敗桓玄，迎接晉安帝復位，於是掌握東晉朝政大權，隨後又出兵滅南燕、後秦，以及平定孫恩、盧循內亂，戰功彪炳、威震天下，被任命為「相國」，加封宋王，從此平步青雲。

⑫ 劉裕崛起 劉裕擊敗篡晉的桓玄（桓楚帝）後，恢復東晉政權，又平定內亂及北伐成功，聲望人氣扶搖直上，完全獨掌東晉朝廷。後因見晉安帝昏庸不成器便將他毒死。

⑬ 劉裕篡晉 第 11 任晉恭帝司馬德文是劉裕所擁立的傀儡皇帝，不久後他在朝臣支持下強迫恭帝禪位（東晉亡）。

6 晉朝的萬花筒

❶ 晉朝皇帝書法家族 西晉第 1 任帝司馬炎及東晉第 1 任帝司馬睿，其子司馬紹、其孫司馬岳及曾孫司馬丕等，都對「書法」情有獨鍾且造詣甚高（書聖王羲之也是東晉時代的人）。

❷ 談玄學 東晉時期，學者南渡，厭惡當官，鄙視世俗，不問政事，喜歡群聚深野避世，整天縱酒佯狂，箕踞隱居山林，消磨時間，不遵禮法，終日空談玄學，專以老莊「自然」「無為」為題材，講虛無奧妙之理，最具盛名為「竹林七賢」，世人稱其為「魏晉風度」。

> **竹林七賢** 阮籍、嵇康、山濤、向秀、王戎、阮咸、劉伶（吟詩作賦、彈唱品酒）

❸ 清談成為空談而誤國 清談崇尚虛無，完全無視國家興亡，百姓疾苦的頹風，使當官者苟且偷生、讀生人消極墮落，視勤勞為庸、讀書為恥，專談玄虛。輕視名節，飲酒作樂，導致政事虛耗、道德淪喪，致使國家更加衰敗。

★ **歷史上的巧合**：西晉國祚 52 年、東晉 104 年（剛好是西晉的倍數，純屬巧合）。

★ **東晉時期強大的氏族勢力：**

王導、王敦（堂兄弟）→ 桓溫 → 謝安、謝石（弟）、謝玄（侄子）→
司馬道子（孝武帝親弟）→ 桓玄（桓溫子）→ 劉裕（篡晉，建立南朝劉宋）

第八節 東晉十六國簡介

又稱「五胡十六國」或「五胡亂華」

> **五胡** 「胡」有鄙視輕蔑之意，而「十六國」也不全然是五胡所立（另有其他民族，包括漢族），故現代史學家都將「胡」字去掉，改為「東晉十六國」。以前的教科書稱為「五胡亂華」（匈奴、鮮卑、氐、羌、羯）。

> **十六國** 十六國是由北魏史學家崔鴻撰寫《十六國春秋》一書而得名，其實此階

也不止十六國而已（實際約 23 國）

❶ 紛亂動盪時代

①東晉十六國的興衰更替，並不在同一時期內，它跨越西晉後期（西元 303 年）至南北朝初期（西元 439 年）共計 136 年。

②若從西晉滅亡（西元 317 年）至隋朝成立（西元 581 年），期間內有東晉十六國及南北朝對立時代（約 264 年），是中國歷史上分治紛亂動盪的時期之一。

★另有春秋戰國時代（550 年）及五代十國、西夏、遼、金、宋朝時期（370 年）。

1 東晉十六國（實際二十三國）

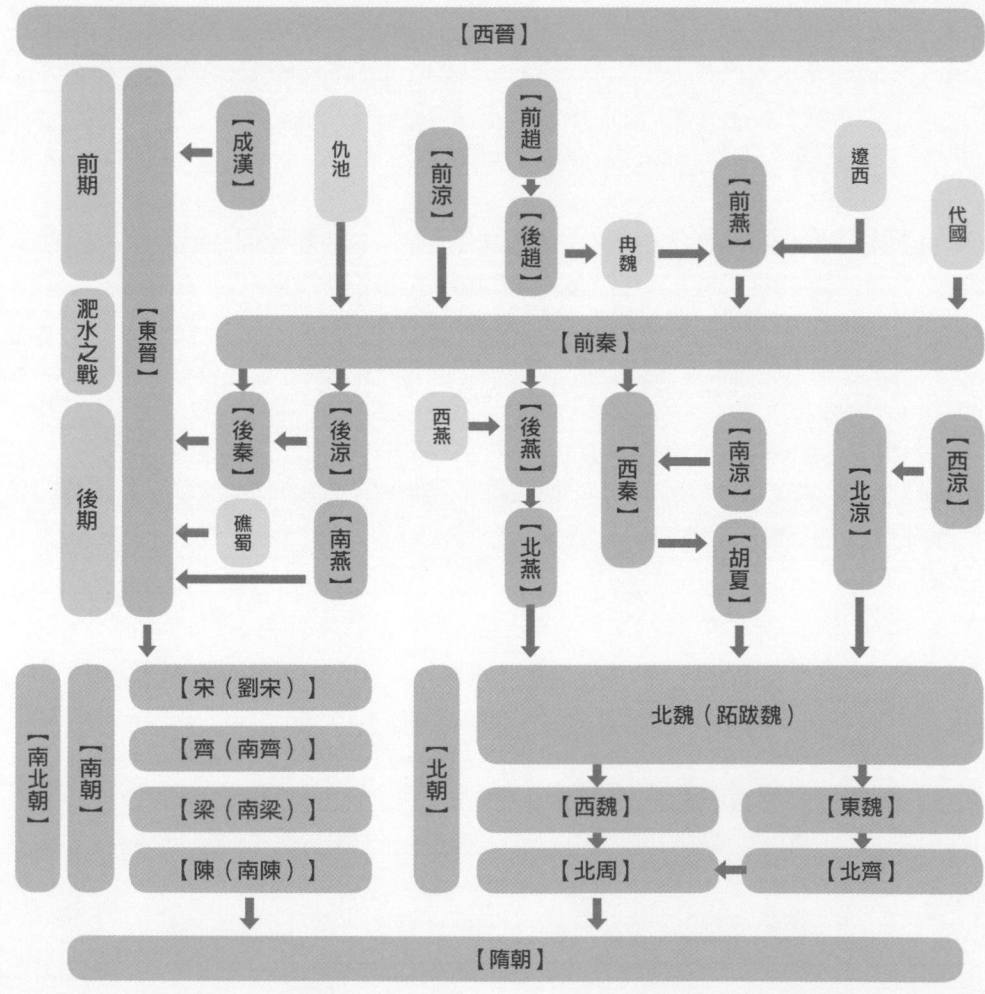

② 東晉十六國時代各軍閥割據國總表　　實際為 23 國

★ 十六國藩王總計為 60 位（不列入中國歷代皇帝排列序）

期別	序	國名	族別	期間	國祚	王數	開國君	國都	亡於
前期	／	（仇池）	氐族	296～371	（76 年）	（11 位）	楊茂搜	仇池	前秦
	／	（遼西）	鮮卑	303～376	（67 年）	（6 位）	段務勿塵	遼寧	前燕
	1	成漢	氐族	304～347	43 年	5 位	李雄	成都	東晉
	2	前趙	匈奴	304～329	26 年	4 位	劉淵	平陽→長安	後趙
	3	前涼	漢族	314～376	63 年	7 位	張實	姑臧	前秦
	4	後趙	羯族	319～351	33 年	5 位	石勒	襄國→鄴城	冉魏
	5	前燕	鮮卑	337～370	34 年	3 位	慕容皝	龍城→鄴城	前秦
	／	（代國）	鮮卑	338～376	（38 年）	（1 位）	拓跋什翼犍	盛樂	前秦
	／	（冉魏）	漢族	350～352	（3 年）	（1 位）	冉閔	鄴城	前燕
	6	前秦	氐族	351～394	44 年	6 位	符健	長安	後秦
後期	7	後燕	鮮卑	384～407	24 年	4 位	慕容垂	中山	北燕
	／	（西燕）	鮮卑	384～394	（11 年）	（2 位）	慕容泓	長子	後燕
	8	後秦	羌族	384～417	34 年	3 位	姚萇	長安	東晉
	9	西秦	鮮卑	385～431	46 年	4 位	乞伏國仁	金城	胡夏
	10	後涼	氐族	386～403	18 年	3 位	呂光	姑臧	後秦
	／	（北魏）	鮮卑	386～534	（149 年）	（17 位）	拓跋珪	平陽	分裂
	11	南涼	鮮卑	397～414	18 年	3 位	禿髮烏孤	樂都	西秦
	12	北涼	匈奴	401～439	39 年	2 位	沮渠蒙遜	張液	北魏
	13	南燕	鮮卑	398～410	13 年	3 位	慕容德	廣固	東晉
	14	西涼	漢族	400～421	22 年	3 位	李暠	敦煌	北涼
	／	（譙蜀）	漢族	405～413	（9 年）	（1 位）	譙縱	成都	東晉
	15	胡夏	匈奴	407～431	25 年	3 位	赫連勃勃	統萬	北魏
	16	北燕	漢族	407～436	30 年	3 位	慕容雲（高雲）	龍城	北魏

★ **古都現名**：仇池（甘肅隴南）、姑臧（甘肅武威）、盛樂（內蒙和林）、襄國（河北邢台）、鄴城（河北臨漳）、中山（河北定縣）、長子（山西長子）、金城（甘肅蘭州）、平陽（山西臨汾）、樂都（青海樂都）、廣固（山東青州）、統萬（內蒙白子城）、龍城（遼寧朝陽）

> 十六國口訣　五涼四燕三秦二趙一漢一夏（均用東、西、南、北及前、後區分）。

② 各民族所成立的割據國

鮮卑	南涼、前燕、後燕、南燕、西秦
匈奴	前趙、北涼、胡夏
氐族	後涼、前秦、成漢
羯族	後趙
羌族	後秦

認識中國歷史朝代的更替

195

前涼、西涼、北燕

★「五胡十六國」不僅只有五胡，另有漢族所建立的國家，故改稱為「東晉十六國」。

3 東晉十六國（五胡亂華）時代十個階段 西元 304 年～ 439 年，共計 136 年

東晉十六國，又稱「五胡十六國」以西元 383 年淝水之戰做為分水嶺，分「前期」、「後期」。

★「前期」後趙石勒稱霸。「中間」前秦苻堅稱霸。「後期」北魏拓跋珪稱霸。

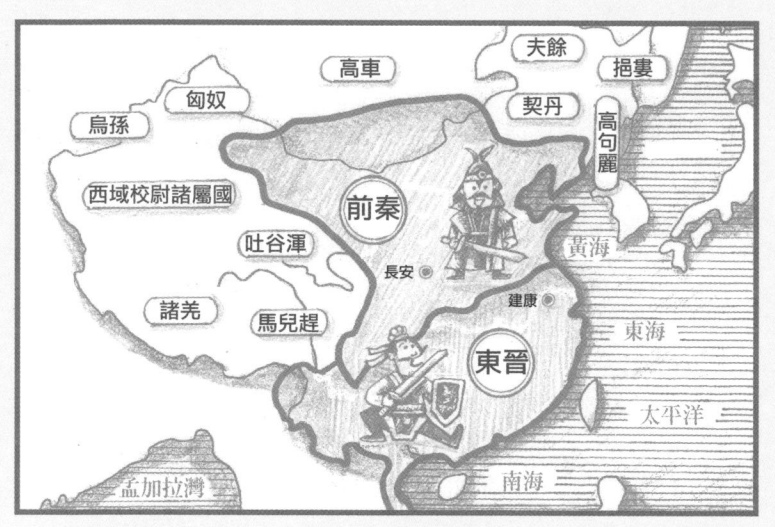

期別	階段	重大事件	期間	年數	期間	結果
前期	第一階段	五胡亂華	304～319	15年	西晉懷帝時	「八王之亂」導致五胡亂華
	第二階段	兩趙相爭	320～329	9年	東晉元帝時	前後趙相爭（後趙石勒勝）
	第三階段	後趙稱霸北方	330～352	21年	東晉成帝時	**石勒開始稱霸北方**
	第四階段	燕秦相爭	352～370	17年	東晉穆帝時	前燕前秦相爭（前秦勝）
	第五階段	前秦統一北方	370～376	6年	東晉簡文帝時	**前秦苻堅稱霸北方**
	第六階段	淝水之戰	376～383	7年	東晉武帝時	東晉前秦大戰（東晉勝）
後期	第七階段	北方分崩離析	384～394	10年	東晉孝武帝時	前秦敗，北方開始大分裂
	第八階段	涼州混戰	395～410	24年	東晉安帝時	後燕被北魏併滅
	第九階段	劉裕北伐	410～420	10年	東晉安帝時	東晉劉裕北伐，滅南燕後秦
	第十階段	北魏統一北方	422～439	17年	南朝劉宋時	**拓跋魏統一中國北方**

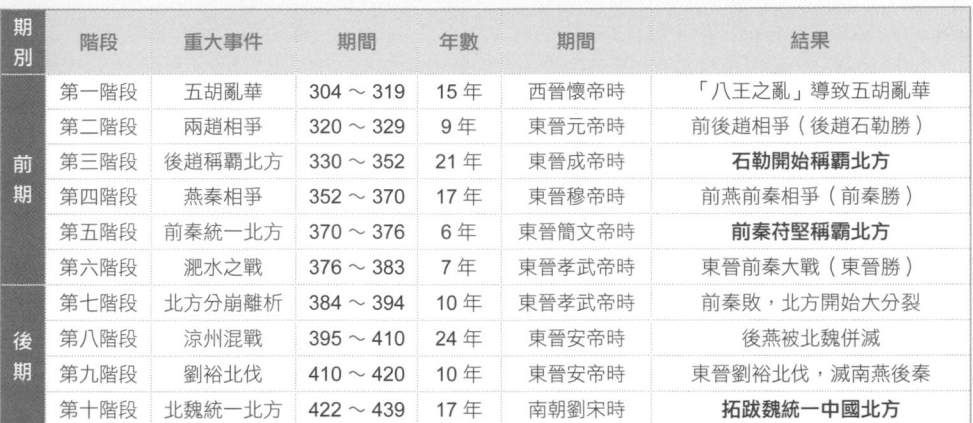

(4) 東晉十六國各國歷代藩王列表　　總計 60 位藩王（不列入皇帝排序）

① 成漢國　西元 304 年～347 年，共計 43 年，歷 5 位藩王，國都：成都

序	評語	藩王名	名字	關係	在位年份	即位年歲	在位期	歲數	壽考	備註
1	平君	武帝	李雄	氐族	304～334	31 歲	30 年	61 歲	病死	叛東晉自立為帝
2	哀君	哀帝	李班	雄姪子	334	47 歲	四個月	47 歲	被殺	被李雄之子弒殺
3	暴君	隱帝	李期	雄四子	335～338	22 歲	3 年	25 歲	被殺	暴虐無道被廢殺
4	平君	中宗	李壽	班姪子	338～343	39 歲	6 年	45 歲	病死	改國號為「漢」
5	暴君	歸義侯	李勢	壽長子	343～347	△	5 年	△	鬱卒	被桓溫破城殺害

② 前趙國　西元 304 年～329 年，共計 26 年，歷 4 位藩王，國都：平陽→長安

序	評語	藩王名	名字	關係	在位年份	即位年歲	在位期	歲數	壽考	備註
1	明君	光义帝	劉淵	匈奴	304～310	△	6 年	△	病死	西晉時為建威將軍
2	強君	昭武帝	劉聰	淵四子	310～318	△	9 年	△	病死	滅掉西晉
3	哀君	隱帝	劉粲	聰之子	318	△	60 天	△	被殺	被大將軍靳准所殺
4	弱君	後主	劉曜	淵姪子	318～329	△	12 年	△	被殺	被後趙石勒所殺

③ 前涼國　西元 314 年～376 年，共計 63 年，歷 7 位藩王，國都：姑臧

序	評語	藩王名	名字	關係	在位年份	即位年歲	在位期	歲數	壽考	備註
1	明君	昭王	張寔	漢族	314～320	44 歲	6 年	50 歲	被殺	西晉亡時自立為帝
2	明君	成王	張茂	寔之弟	320～324	44 歲	4 年	48 歲	病死	勤政愛民
3	平君	文王	張駿	寔之子	324～346	18 歲	22 年	40 歲	病死	不求霸業只求安邦
4	平君	桓王	張重華	駿二子	346～353	20 歲	7 年	27 歲	病死	英年早逝
5	哀君	威王	張祚	華之兄	354～355	△	2 年	△	被殺	篡位成功，但不久被殺
6	哀君	沖王	張玄靚	華幼子	355～362	6 歲	9 年	15 歲	被殺	年幼登基，被皇叔所殺
7	哀君	悼公	張天賜	華之弟	363～376	36 歲	14 年	61 歲	病死	被前秦所滅，投奔東晉

④ 後趙國　西元 319 年～351 年，共計 33 年，歷 5 位藩王，國都：襄國→鄴城

序	評語	藩王名	名字	關係	在位年份	即位年歲	在位期	歲數	壽考	備註
1	強君	明帝	石勒	羯族	319～333	46 歲	15 年	61 歲	病死	漢化較深的皇帝
2	哀君	海陽王	石弘	勒二子	333～334	20 歲	2 年	22 歲	被殺	被權臣石虎篡殺
3	暴君	武帝	石虎	勒姪子	334～349	40 歲	16 年	56 歲	病死	遷都鄴，天生猜忌
4	哀君	義陽王	石鑒	虎之子	339～350	△	103 天	△	被殺	被石閔所殺
5	哀君	趙王	石祇	虎之子	350～351	△	1 年	△	被殺	被部將劉顯叛殺

⑤ 前燕國	西元 337 年～ 370 年，共計 34 年，歷 3 位藩王，國都：龍城→鄴城								
1	強君	文明帝	慕容皝	鮮卑	337～348	41 歲	12 年	53 歲	病死	西晉亡時自立為帝
2	平君	景昭帝	慕容儁	皝二子	348～360	30 歲	13 年	43 歲	病死	被東晉封為燕王
3	弱君	幽帝	慕容暐	儁三子	360～370	11 歲	11 年	35 歲	被殺	被前秦苻堅所殺

⑥ 前秦國	西元 351 年～ 394 年，共計 44 年，歷 6 位藩王，國都：長安								
1	明君	景明帝	苻健	氐族	351～355	34 歲	5 年	39 歲	病死	原為前趙部將
2	暴君	厲王	苻生	健三子	355～357	22 歲	2 年	24 歲	被殺	被東海王苻堅所殺
3	強君	宣昭王	苻堅	生堂弟	357～385	20 歲	28 年	48 歲	縊殺	統一華北，後敗亡
4	哀君	哀平王	苻丕	堅長子	385～386	△	2 年	△	被殺	被東晉馮該所殺
5	哀君	高帝	苻登	堅之孫	386～394	44 歲	8 年	52 歲	被殺	被後秦姚興俘殺
6	哀君	末帝	苻崇	登之子	394	△	三個月	△	被殺	被西秦乞伏氏所殺

⑦ 後燕國	西元 384 年～ 407 年，共計 24 年，歷 4 位藩王，國都：中山								
序	評語	藩王名	名字	關係	在位年份	即位年歲	在位期	歲數	壽考	備註
1	強君	武成帝	慕容垂	鮮卑	384～396	59 歲	12 年	71 歲	病死	原前秦將軍
2	哀君	惠愍帝	慕容寶	垂四子	396～398	42 歲	2 年	44 歲	被殺	被舅父蘭汗所殺
3	弱君	昭武帝	慕容盛	寶長子	398～401	26 歲	3 年	29 歲	自殺	被部下射傷自殺
4	弱君	昭文帝	慕容熙	垂幼子	401～407	17 歲	6 年	23 歲	被殺	被北燕馮跋所殺

⑧ 後秦國	西元 384 年～ 417 年，共計 34 年，歷 3 位藩王，國都：長安								
1	強君	武昭帝	姚萇	羌族	384～394	55 歲	10 年	64 歲	病死	殺前秦苻堅之人
2	明君	文桓帝	姚興	萇長子	394～416	29 歲	22 年	51 歲	病死	乘東晉內亂陷洛陽
3	哀君	後帝	姚泓	興長子	416～417	29 歲	1 年	30 歲	被殺	被東晉劉裕所殺

⑨ 西秦國	西元 385 年～ 431 年，共計 46 年，歷 4 位藩王，國都：金城								
1	明君	宣烈王	乞伏國仁	鮮卑	385～388	△	4 年	△	病死	原前秦將軍
2	平君	武元王	乞伏乾歸	仁之弟	388～412	△	25 年	△	被殺	被侄子乞伏公府殺
3	強君	文昭王	乞伏熾磐	歸長子	412～428	△	17 年	△	病死	平乞伏公府之亂
4	暴君	後主	乞伏暮末	磐二子	428～431	△	4 年	△	被殺	降夏後被殺

⑩ 後涼國	西元 386 年～ 403 年，共計 18 年，歷 3 位藩王，國都：姑臧								
1	強君	懿武帝	呂光	氐族	386～399	49 歲	13 年	62 歲	病死	原前秦將軍
2	哀君	靈帝	呂慕	光長子	399～401	△	2 年	△	被殺	被呂超所殺
3	弱君	建康公	呂隆	光侄子	401～403	△	3 年	△	被殺	向後秦投降

⑪ 南涼國	西元 397 年～ 414 年，共計 18 年，歷 3 位藩王，國都：樂都								
1	明君	武王	禿髮烏孤	鮮卑	397～399	△	3 年	△	墜馬	墜馬而亡
2	明君	康王	禿髮利鹿孤	烏孤弟	400～402	△	3 年	△	病死	大興教育珍惜人才
3	平君	景王	禿髮傉檀	鹿孤弟	402～414	38 歲	12 年	51 歲	毒死	征西秦失利被毒死

⑫ 北涼國	西元 401 年～ 439 年，共計 39 年，歷 2 位藩王，國都：張液								
追諡		涼王	段業	匈奴	397～401	△	(4年)	△	被殺	被沮渠氏篡殺
1	強君	武宣王	沮渠蒙遜	開創	401～433	34 歲	32 年	66 歲	病死	滅西涼
2	弱君	哀王	沮渠牧健	遜三子	433～439	△	7 年	△	被殺	向北魏投降被殺

⑬ 南燕國	西元 398 年~ 410 年，共計 13 年，歷 2 位藩王，國都：廣固									
1	平君	獻武帝	慕容德	鮮卑	398 ~ 405	63 歲	7 年	70 歲	病死	原後燕范陽王
2	哀君	末帝	慕容超	德之子	405 ~ 410	21 歲	5 年	26 歲	被殺	被東晉劉裕俘殺

⑭ 西涼國	西元 400 年~ 421 年，共計 22 年，歷 3 位藩王，國都：敦煌									
1	明君	武昭王	李暠	漢族	400 ~ 417	50 歲	17 年	67 歲	病死	是個文學家
2	昏君	後主	李歆	暠二子	417 ~ 420	△	3 年	△	被殺	被北涼所殺
3	哀君	△	李恂	暠六子	420 ~ 421	△	2 年	△	被殺	被北涼圍殺

⑮ 胡夏國	西元 407 年~ 431 年，共計 25 年，歷 3 位藩王，國都：統萬									
1	弱君	烈武帝	赫連勃勃	匈奴	407 ~ 425	27 歲	18 年	45 歲	病死	原為後秦將軍
2	哀君	昌泰王	赫連昌	勃三子	425 ~ 428	△	4 年	△	被殺	被北魏俘殺
3	哀君	平原王	赫連定	勃五子	428 ~ 431	△	3 年	△	失蹤	被吐谷渾敗失蹤

⑯ 北燕國	西元 407 年~ 436 年，共計 30 年，歷 3 位藩王，國都：龍城									
序	評語	藩王名	名字	關係	在位年份	即位年歲	在位期	歲數	壽考	備註
1	哀君	惠懿帝	慕容雲（高雲）	漢族	407 ~ 409	△	2 年	△	被殺	被寵臣所殺
2	平君	文成帝	馮跋	自立	409 ~ 430	△	21 年	△	病死	高雲死後自立為帝
3	暴君	昭成帝	馮弘	跋之弟	430 ~ 436	△	7 年	△	被殺	被北魏所滅

5 東晉十六國特色比較 開國國君幾乎都是明君（16 國裡有 12 位是明君）

1 東晉十六國 12 位開國明君

1、前趙光文帝劉淵（原為西晉的建威將軍）

2、成漢武帝李雄（成都稱帝）

3、前涼昭王張寔（以姑臧為中心）

4、後趙明帝石勒（漢化程度較深的君主）

5、前燕文明帝慕容皝（勇武多謀）

6、前秦景明帝苻健（勤政節儉崇儒）

7、後秦昭武帝姚萇（原為前秦龍驤將軍）

8、後燕武成帝慕容垂（慕容皝之子）

9、西秦宣烈王乞伏國仁（原前秦將軍）

10、後涼懿武帝呂光（原前秦征西將軍）

11、南涼武王禿髮烏孤（自稱大單于平西王）

12、西涼武昭王李暠（文學家）

2 東晉十六國 60 位藩王比較 明君共有 18 位（約 30%，其中開國君王就佔 12 位），昏暴君王有 7 位（約 12%），自然病死的君王有 27 位，被殺的有 33 位（過半）。

★ 在位最久的君王為北涼武宣王沮渠蒙遜（在位 32 年），其次為前秦宣昭

王，在位最短的為前趙隱帝劉粲（在位僅二個月）。

★ 國祚最長的為前涼共計 63 年，最短的為南燕才 13 年。

★ 版圖疆域最大的為前秦，最小的為北燕及南燕。

③ 東晉十六國第一強君

前秦宣昭王苻堅　西元 383 年淝水之戰之前，中國北方有六大割據國（見 194 頁）相互殺戮征伐，最後被前秦第 3 任君王苻堅併滅，完成統一中國北方大業。他以漢人王猛為相，改革內政，使前秦日趨強盛，開始想染指南方的東晉王朝，但因太過輕敵，在淝水之戰慘敗而歸，而一蹶不振，最後甚至被部下姚萇背叛所殺，使北方又進入另一階段的分裂混戰局勢（十六國後期）。

各自為政、自立為王　前秦覆滅後苻堅的部將開始自立門戶，皆相繼稱王。

苻堅四大部將	1	後秦武昭帝	**姚萇**——原前秦龍驤將軍，後背叛前秦，俘殺苻堅（為兄報仇）
	2	後燕武成帝	**慕容垂**——原為前秦大將軍，淝水之戰後自立為王
	3	西秦宣烈王	**乞伏國仁**——其父原為前秦鎮西將軍，淝水之戰後自立為王
	4	後涼懿武帝	**呂光**——原為前秦破虜大將軍，得知前秦瓦解後自立為王

★ 以上四位自立為王的開國君王都是明君

④ 民族大融合　東晉皇室南遷建康（南京）建都後，開始偏安江南，而中原地區遭受外族入侵（五胡亂華）而淪陷，「永嘉南渡」大批漢族菁英知識份子移居南方，使得被稱為「南蠻」地區的百姓人文素質大幅提升；而北方的外族君王也大都傾慕中國文化，積極推行漢化政策，並透過民族通婚，漸漸融合成一個更強大更壯盛的大中華民族，使其在紛亂不休的時代裡，稍得慰藉。

⑤ 胡人改漢姓　又稱為「鮮卑漢化」

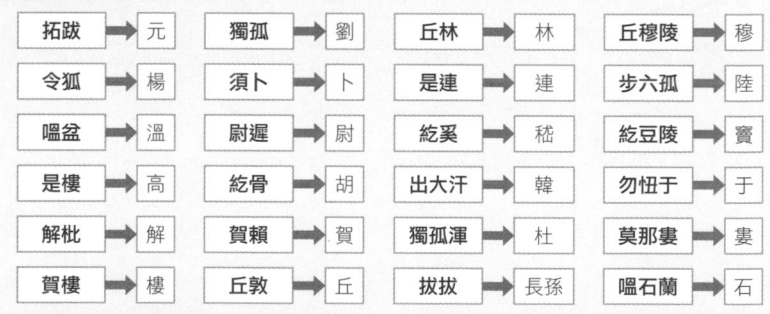

拓跋	➡ 元	獨孤	➡ 劉	丘林	➡ 林	丘穆陵	➡ 穆
令狐	➡ 楊	須卜	➡ 卜	是連	➡ 連	步六孤	➡ 陸
嘔盆	➡ 溫	尉遲	➡ 尉	紇奚	➡ 嵇	紇豆陵	➡ 竇
是樓	➡ 高	紇骨	➡ 胡	出大汗	➡ 韓	勿忸于	➡ 于
解枇	➡ 解	賀賴	➡ 賀	獨孤渾	➡ 杜	莫那婁	➡ 婁
賀樓	➡ 樓	丘敦	➡ 丘	拔拔	➡ 長孫	嘔石蘭	➡ 石

⑥ 東晉以長江為屏障　東晉十六國中除了成漢國外，其餘的國家均在長江以北，故東晉又名為「江南國」（以長江為屏障）。

第九節　南北朝綜述

西元 420 年～ 581 年，共計 162 年（晉朝後形成南北對峙局勢）

源起　東晉（南方）與十六國（北方）相互殺戮爭戰不休，百年間，深居北方的漢人備受生靈塗炭之災、民不聊生之苦；反觀南方的漢人就顯得較安居樂業，淝水之戰後，北方更顯紛亂混戰局面（群雄割據、互相攻擊），最後收拾這個殘破局勢是新興的鮮卑族、拓跋珪所建立的魏國（史稱北魏）。

南北對峙　北魏拓跋珪擊滅北方五胡割據的各國，統一北方，隨後與南方劉裕所創立的「宋國」（史稱劉宋），開始進入南北對峙新的局面。

南朝　有宋、齊、梁、陳四朝替變（西元 420 年～ 589 年，共計 170 年）。

北朝　有北魏、東魏、西魏、北齊、北周五朝更迭（西元 386 ～ 581 年共 196 年）。

<table>
<tr><td rowspan="6">【南北朝 162 年（50 帝）】</td><td colspan="5">【南朝 170 年（24 帝）】</td></tr>
<tr><td>國名</td><td>期間</td><td>國祚</td><td>帝數</td><td>國都</td></tr>
<tr><td>宋（劉宋）</td><td>420 ～ 479</td><td>60 年</td><td>8 帝</td><td rowspan="4">建康
（南京）</td></tr>
<tr><td>齊（南齊）</td><td>479 ～ 502</td><td>24 年</td><td>7 帝</td></tr>
<tr><td>梁（南梁）</td><td>502 ～ 557</td><td>56 年</td><td>4 帝</td></tr>
<tr><td>陳（南陳）</td><td>557 ～ 589</td><td>33 年</td><td>5 帝</td></tr>
</table>

<table>
<tr><td colspan="5">【北朝 196 年（26 帝）】</td></tr>
<tr><td>國名</td><td>期間</td><td>國祚</td><td>帝數</td><td>國都</td></tr>
<tr><td>北魏</td><td>386 ～ 534</td><td>149 年</td><td>11 帝</td><td>平城→洛陽</td></tr>
<tr><td>東魏</td><td>534 ～ 550</td><td>17 年</td><td>1 帝</td><td>鄴城
（河北臨漳）</td></tr>
<tr><td>北齊</td><td>550 ～ 577</td><td>28 年</td><td>6 帝</td><td></td></tr>
<tr><td>西魏</td><td>535 ～ 557</td><td>22 年</td><td>3 帝</td><td>長安
（陝西西安）</td></tr>
<tr><td>北周</td><td>557 ～ 581</td><td>25 年</td><td>5 帝</td><td></td></tr>
</table>

1　南北朝成立前架構及六朝古都（形成）

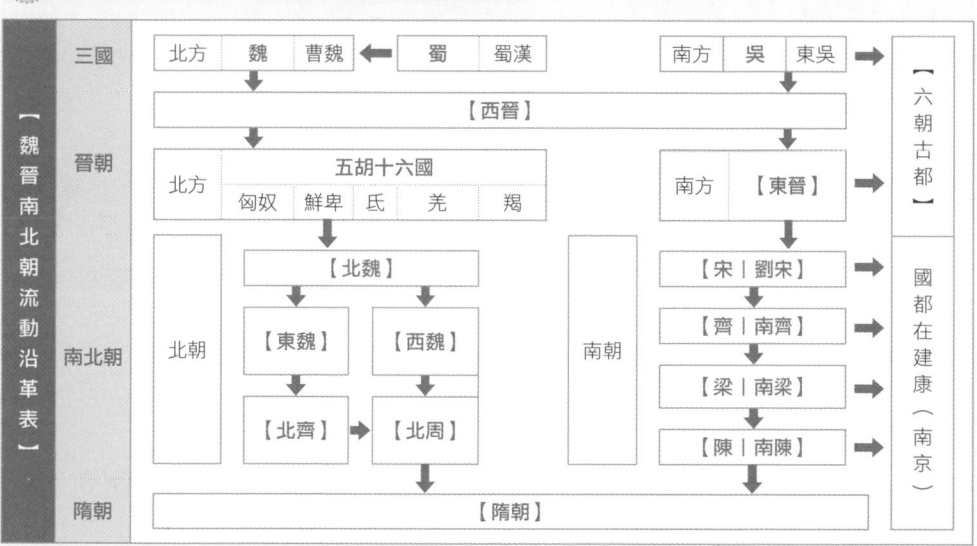

① 宋（劉宋）		西元 420 年～479 年，共計 60 年，歷 8 帝，國都：建康（南京）								
序	評語	帝名	名字	關係	在位年份	即位年歲	在位期	歲數	壽考	備註
1	明君	宋武帝	劉裕	開創	420～422	58 歲	2 年	60 歲	病死	原東晉大將軍
2	昏君	宋少帝	劉義符	裕長子	422～424	17 歲	2 年	19 歲	被殺	被廢黜後被殺
3	平君	宋文帝	劉義隆	裕三子	424～453	18 歲	29 年	47 歲	謀殺	元嘉之治，被謀殺
／	暴徒	（自立）	劉邵	隆長子	453	△	三個月	30 歲	斬殺	弒父即位後被殺
4	昏君	宋孝武帝	劉駿	隆三子	453～464	24 歲	11 年	35 歲	病死	篤信佛教但又亂倫
5	暴君	宋前廢帝	劉子業	駿長子	465	16 歲	1 年	17 歲	被殺	荒淫殘暴
6	昏君	宋明帝	劉彧	隆十一子	465～472	26 歲	8 年	34 歲	病死	迷信奢侈
7	暴君	宋後廢帝	劉昱	彧長子	472～477	10 歲	5 年	15 歲	被殺	喜怒無常
8	弱君	宋順帝	劉準	彧三子	477～479	9 歲	2 年	13 歲	被殺	被權臣蕭道成篡位

（非昏即暴）

② 齊（南齊）		西元 479 年～502 年，共計 24 年，歷 7 帝，國都：建康（南京）								
1	明君	齊高帝	蕭道成	開創	479～482	52 歲	4 年	56 歲	病死	原劉宋大將軍
2	明君	齊武帝	蕭賾	成長子	482～493	43 歲	11 年	54 歲	病死	永明之治
3	昏君	鬱林王	蕭昭業	成之孫	493～494	20 歲	七個月	21 歲	被殺	喜鬥雞，生事
4	弱君	海陵王	蕭昭文	成之孫	494	15 歲	四個月	15 歲	被殺	被權臣蕭鸞篡殺
5	暴君	齊明帝	蕭鸞	成之姪	494～498	43 歲	4 年	47 歲	病死	篤信道教
6	昏君	東昏侯	蕭寶卷	鸞二子	498～501	16 歲	3 年	19 歲	被殺	以捉老鼠為樂
7	弱君	齊和帝	蕭寶融	鸞八子	501～502	13 歲	2 年	15 歲	被殺	被梁王蕭衍篡位

③ 梁（南梁）		西元 502 年～557 年，共計 56 年，歷 4 帝，國都：建康（南京）								
1	名君	梁武帝	蕭衍	開創	502～549	38 歲	48 年	86 歲	餓死	梁武中興．菩薩皇帝
2	弱君	梁簡文帝	蕭綱	衍三子	549～551	47 歲	2 年	49 歲	悶死	侯景之亂
／	被廢	豫章王	蕭棟		551	△	四個月	△	浸死	（三帝均為傀儡）
／	被廢	武陵王	蕭紀		552～553	45 歲	七個月	45 歲	被殺	
3	昏君	梁元帝	蕭繹	衍七子	552～555	44 歲	3 年	47 歲	悶死	下令燒毀十四萬卷書
／	被廢	貞陽侯	蕭淵明		555	△	△	△	毒死	北齊所支持的傀儡
4	弱君	梁敬帝	蕭方智	繹九子	555～557	13 歲	3 年	16 歲	被殺	被陳霸先篡位

④ 陳（南陳）		西元 557 年～589 年，共計 33 年，歷 5 帝，國都：建康（南京）								
1	明君	陳武帝	陳霸先	開創	557～559	55 歲	3 年	58 歲	病死	原南梁名將
2	明君	陳文帝	陳蒨	先姪子	560～566	38 歲	7 年	45 歲	病死	南朝第一明君
3	弱君	陳廢帝	陳伯宗	蒨長子	566～568	13 歲	3 年	16 歲	病死	陳頊專政
4	明君	陳宣帝	陳頊	蒨之弟	568～582	39 歲	14 年	53 歲	病死	政治清明國家安定
5	昏君	陳後主	陳叔寶	頊長子	583～589	30 歲	6 年	52 歲	病死	被隋朝俘擄

3 北朝歷代皇帝在位期間年表　共歷五個朝代，合計 196 年，共計 26 帝

① 北魏				西元 38 年～ 534 年，共計 149 年，歷 11 帝，國都：平陽（大同）→洛陽						
序	評語	帝名	名字	關係	在位年份	即位年歲	在位期	歲數	壽考	備註
1	昏君	魏道武帝	拓跋珪	開創	386～409	16 歲	23 年	39 歲	被殺	猜忌多疑
2	明君	魏明元帝	拓跋嗣	珪長子	409～423	18 歲	15 年	32 歲	病死	打敗南朝劉宋
3	強君	魏太武帝	拓跋燾	嗣長子	423～452	15 歲	29 年	44 歲	被殺	滅佛運動
／	被廢	南安王	拓跋餘	燾幼子	452	△	232 天	△	被殺	被廢殺
4	明君	魏文成帝	拓跋濬	燾之孫	452～465	13 歲	13 年	26 歲	病死	國家安定
5	明君	魏獻文帝	拓跋弘	濬長子	465～471	12 歲	6 年	23 歲	毒死	馮太后稱制（漢化運動，將姓名改元宏）
6	明君	魏孝文帝	拓跋宏	弘長子	471～499	5 歲	28 年	33 歲	病死	
7	明君	魏宣武帝	元恪	宏次子	499～515	17 歲	16 年	33 歲	病死	北魏鼎盛期
8	弱君	魏孝明帝	元詡	恪三子	515～528	6 歲	13 年	19 歲	毒死	六鎮之亂
9	哀君	魏孝莊帝	元子攸	宏姪子	528～530	22 歲	2 年	24 歲	被殺	爾朱榮專權（皇帝成傀儡）
／	被廢	長廣王	元曄	燾曾孫	530～531	△	四個月	△	被殺	
10	哀君	魏節閔帝	元恭	弘姪子	531～532	34 歲	1 年	35 歲	被殺	高歡專權
／	被廢	定安王	元朗	恭堂弟	531～532	19 歲	八個月	20 歲	被殺	
11	弱君	魏孝武帝	元修	宏之孫	532～534	23 歲	2 年	25 歲	被殺	

② 東魏				西元 534 年～ 550 年，共計 17 年，歷 1 帝，國都：鄴城（河北臨漳）						
1	弱君	魏孝靜帝	元善見	開創	534～550	11 歲	17 年	28 歲	毒死	高歡所立的傀儡

② 西魏				西元 535 年～ 557 年，共計 22 年，歷 3 帝，國都：長安（陝西西安）						
1	弱君	魏文帝	元寶炬	開創	535～551	29 歲	16 年	45 歲	病死	宇文泰所立的傀儡
2	哀君	魏廢帝	元欽	炬長子	551～554	27 歲	3 年	30 歲	毒死	被廢黜不久被殺
3	哀君	魏恭帝	拓跋廓	炬四子	554～557	18 歲	3 年	21 歲	被殺	被迫禪位給宇文覺

③ 北齊				西元 550 年～ 577 年，共計 28 年，歷 6 帝，國都：鄴城（河北臨漳）						
追諡	神武帝	高歡		北齊奠基者				51 歲	病死	原北魏權臣
1	昏君	齊文宣帝	高洋	開創	550～559	24 歲	10 年	34 歲	病死	嗜酒如命
2	弱君	齊廢帝	高殷	洋長子	559～560	16 歲	1 年	17 歲	被殺	生性愚弱
3	明君	齊孝昭帝	高演	歡六子	560～561	26 歲	1 年	27 歲	墜馬	北齊唯一明君
4	昏君	齊武成帝	高湛	歡九子	561～565	25 歲	4 年	32 歲	縱慾	禪位，縱慾而亡
5	暴君	齊後主	高緯	湛長子	565～577	10 歲	12 年	22 歲	被殺	溺愛寵幸馮小憐
6	哀君	齊幼主	高恆	緯長子	577	8 歲	20 天	8 歲	被殺	被北周俘殺

④ 北周				西元 557 年～ 581 年，共計 25 年，歷 5 帝，國都：長安（陝西西安）						
追諡	周文帝	宇文泰		北周奠基者				49 歲	病死	原北魏朝臣
1	弱君	周孝閔帝	宇文覺	泰三子	557	16 歲	數月	16 歲	被殺	宇文護專權（連殺兩帝）
2	弱君	周明帝	宇文毓	泰長子	557～560	24 歲	3 年	27 歲	毒死	
3	明君	周武帝	宇文邕	泰四子	560～578	18 歲	18 年	36 歲	病死	北周唯一明君
4	暴君	周宣帝	宇文贇	邕長子	578～579	20 歲	2 年	22 歲	縱慾	荒淫無道
5	哀君	周靜帝	宇文闡	贇長子	579～581	7 歲	2 年	9 歲	被殺	被迫禪位給楊堅

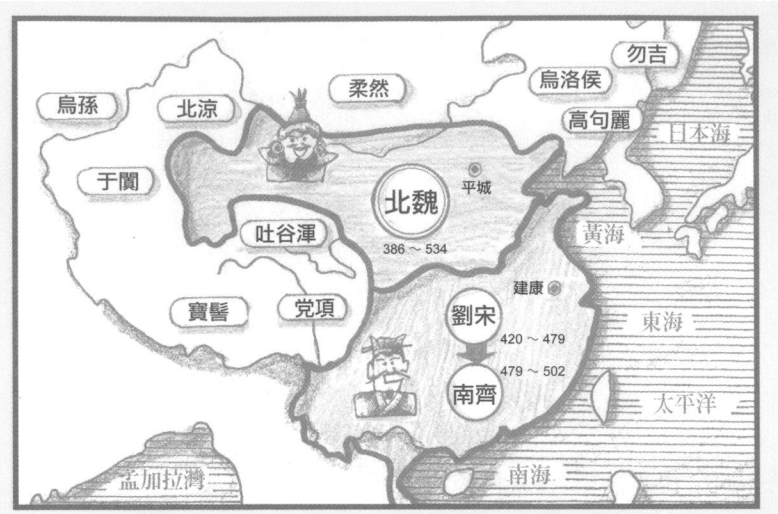

南北朝行政疆域圖（一）

西元449年

南北朝行政疆域圖（二）

西元前546年

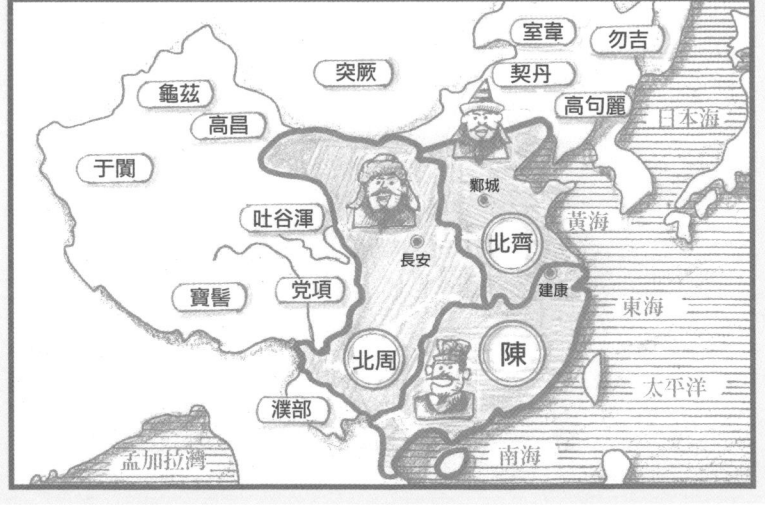

南北朝行政疆域圖（三）

西元572年

4　南北朝時代的特點

① 禽獸皇朝　南北朝時代是中國歷史上最昏暗時期，暴君特別眾多，被戲稱為「禽獸皇朝」。

> **南朝**　四個皇朝總計有 24 位皇帝，昏暴之君佔 10 位（其中劉宋、南齊二朝就佔 8 位）歷史之最。

> **北朝**　五個皇朝總計有 26 位皇帝，昏暴之君佔 5 位（北齊就佔 3 位）。

★ 南北朝（九個皇朝）總共 50 位皇帝，昏暴之君佔 15 位。

② 盛行禪讓遊戲　南北朝非常流行「禪讓皇位」遊戲（被迫讓位）。

> **南朝**
> ① 劉裕（劉宋武帝）逼迫東晉恭帝（時年 36 歲）禪讓皇位（東晉亡）。
> ② 蕭道成（南齊高帝）逼迫劉宋順帝（時年 11 歲）禪讓皇位（劉宋亡）。
> ③ 蕭衍（梁武帝）逼迫南齊和帝（時年 15 歲）禪讓皇位（南齊亡）。
> ④ 陳霸先（南陳武帝）逼迫南梁敬帝（時年 16 歲）禪讓皇位（南梁亡）。

> **北朝**
> ① 高洋（北齊文宣帝）逼迫東魏靜帝（時年 28 歲）禪讓皇位（東魏亡）。
> ② 宇文覺（北周孝閔帝）逼迫西魏恭帝（時年 21 歲）禪讓皇位（西魏亡）。
> ③ 楊堅（隋文帝）逼迫北周靜帝（時年 9 歲）禪讓皇位（北周亡）。

③ 幸運與悲哀

> **悲哀**　南朝的南梁共歷 4 帝，全部被殺（一被餓死、二被悶死、一被毒死）。
> **幸運**　南朝的南陳共歷 5 帝全部病死（壽終正寢，無一橫死）。

★ 南北朝總共有 50 位皇帝，其中 29 位被殺（被殺率高達 59%）歷史之最。

④ 六朝古都　建康（南京）歷三國東吳、東晉、南朝（宋、齊、梁、陳）共有六個皇朝定都於此，故被稱「六朝古都」，延伸為「六朝文化」。

⑤ 魏晉南北朝佛道爭寵　北朝時期統治者多數信奉佛教，開鑿石窟禮佛，最著名為山西雲岡石窟（北魏文成帝時建造）、洛陽龍門石窟（北魏孝文帝時建造）。

> **佛教**
> ●**法顯大師**——佛教旅行者（以水路赴印度取經。）
> ●**鳩摩羅什**——中國四大譯師之一，被後秦姚興奉為國師。
> ●**慧遠大師**——淨土宗始祖，東晉桓玄（楚桓帝）親臨東林寺聽道。
> ●**佛圖澄**——中國佛教奠基者，被後趙石勒、石虎奉為國師。
> ●**釋道安**——佛教釋姓始祖，被前秦苻堅奉為國師。
> ●**達摩祖師**——禪宗始祖，曾被南朝梁武帝禮敬尊崇。
> ●**智顗大師**——天台宗始祖，南陳、隋朝二朝帝師。

認識中國歷史朝代的更替

道教 以黃老治術，清談玄理為道

- 北魏太武帝拓跋燾得道士寇謙之信行其術，崔浩乘機諫言滅佛興道，坑殺天下僧侶數萬，是佛教大浩劫（三武一宗法難之一）。
- 北朝北周武帝宇文邕信道士張賓言，焚經毀像，令沙門還俗（三武一宗法難之一）。

5 南朝各朝代皇帝簡介 共歷四個朝代（宋、齊、梁、陳）

① 宋（劉宋） 西元 420 年～ 479 年，共計 60 年（一甲子），歷 8 帝，國都：建康（南京）

篡晉建宋 第 1 任開國君劉裕原為東晉將領，在孫恩、盧循之亂時嶄露頭角，隨後又發起義軍，擊敗篡東晉皇權自立為帝的桓玄（桓楚帝），恢復東晉政權，正式登上歷史舞台，不久後掌握朝政，派人毒殺愚笨昏庸的晉安帝，另立晉恭帝司馬德文為傀儡皇帝，進爵宋王。

高齡即位 宋王劉裕最後逼迫恭帝禪位（東晉亡），建立南朝第一個政權「宋」。他為削弱強藩，行中央集權制，降低租稅，促進經濟快速發展。可惜即位時年紀已 58 歲高齡，在位 2 年就病逝，享年 60 歲。

放蕩世子 第 2 任宋少帝劉義符 17 歲即位，在守父喪期間，行為不檢、放蕩昏昧，做不到 3 年就被廢為營陽王，隨後被殺（年僅 19 歲）。

元嘉之治 第 3 任宋文帝劉義隆（劉裕三子），年號「元嘉」，在位 29 年、前期政治清明、經濟繁榮，一度使國家興盛，史稱「元嘉之治」。

自毀長城 宋文帝雖然治國有方，但心胸狹隘，忌憚開國元勳檀道濟的盛名與威望，藉故將其殺害，國家頓失棟樑，三次北伐均以大敗收場（自毀長城）。

晚年內亂 宋文帝與太子劉邵關係緊張，想將其廢黜，結果風聲走露，深夜被太子闖進御所，將文帝刺殺。

迅速平亂 第 4 任宋孝武帝劉駿（文帝三子）三個月內將弒父、大逆不道的太子劉邵斬殺而即位，劉駿雖篤信佛教，但卻又好色淫亂，國勢大衰。

劉宋昏天暗日 劉宋皇朝從第 4 任宋孝武帝起，接連三位皇帝非昏即暴，共歷 25 年。

★ 第 5 任宋前廢帝劉子業荒淫殘暴，強姦臣妻、亂倫姑嫂，被皇叔劉彧所殺

★ 第 6 任宋明帝劉彧（音育）迷信奢侈，對同胞兄弟姪子大開殺戒，半個不留

★ 第 7 任宋後廢帝劉昱（音育）喜怒無常，人格分裂，以殺人為興趣，最後被齊王蕭道成的衛士所殺。

傀儡皇帝 第 8 任宋順帝劉準 9 歲時被權臣蕭道成擁立為帝，隨後被迫禪位。

②齊（南齊） 西元 479 年～ 502 年，共計 24 年，歷 7 帝，國都：建康（南京）

齊之良君 第 1 任齊高帝蕭道成，原為劉宋皇朝的領軍衛尉，身逢青春時期的幼年暴君劉昱（宋後廢帝），嗜殺成性，常以大胖子蕭道成的圓肚子當箭靶，讓蕭道成嚇到冷汗直流，每天過著膽戰心驚的生活，最後昏暴無道的劉昱被其衛士所殺，他擁立劉準為傀儡皇帝（宋順帝），不久後篡宋建齊，但在位 4 年病逝，享年 56 歲。

永明之治 第 2 任齊武帝蕭賾（音責），年號「永明」，崇尚節儉、勤政愛民，與北魏通好，國家安定，史稱「永明之治」，在位 11 年（南齊在位最久的皇帝）。

昏君比爛 武帝去世後接連 5 任皇帝，又重蹈劉宋皇朝覆轍，開始上演非昏即暴的歷史大劇，短短九年內歷經 5 帝（每位平均不到 2 年任期）。

★ 第 3 任鬱林王蕭昭業當太子時期表現良好，即位之後馬上原形畢露，荒誕淫亂，喜鬥雞跑馬，常微服在街坊鬧事鬼混，最後被廢為鬱林王（在位僅七個月），不久後被蕭鸞（皇叔）所殺。

★ 第 4 任海陵王蕭昭文在位僅四個月，被權臣蕭鸞（皇叔）謀殺。

★ 第 5 任齊明帝蕭鸞 1 年內連續廢殺兩位皇帝，最後自己稱帝，因他篤信道教，求神煉丹，最後走火入魔病死。（在位 4 年）

★ 第 6 任東昏侯蕭寶卷是中國最昏庸荒唐的皇帝之一，以捕捉老鼠為樂趣，濫殺六位輔政大臣，最後被看不下去的朝臣王珍國所殺，年僅 19 歲，隨後被廢帝號貶為「東昏侯」。

★ 第 7 任齊和帝蕭寶融 13 歲即位，二年後被梁王蕭衍逼迫禪位。

③梁（南梁） 西元 502 年～ 557 年，共計 56 年，歷 4 帝，國都：建康（南京）

前明後昏 第 1 任梁武帝蕭衍乘南齊內亂之際，一舉成就帝業，初期勵精圖治，提倡節儉，頗有一番作為，史稱「梁武中興」，中期虔誠事佛，終年茹素，荒怠朝政，有三次欲脫龍袍換袈裟捨身出家的歷史鬧劇。

姑息養奸引狼入室｜侯景之亂 梁武帝晚期嘴巴常掛著「慈悲為懷」的信念（被稱為菩薩皇帝），他接受東魏叛將侯景的投誠，結果引狼入室，不久後引發「侯景之亂」，帶給江南百姓嚴重浩劫，武帝也被圍困於台城，最後被活活餓死（在位 48 年，是南北朝 50 帝之最）。

軟腳皇帝 第 2 任梁簡文帝蕭綱（武帝三子）他是文人出身不懂軍事，侯景攻破台城後，在侯景的授意下繼承皇位（傀儡），但 2 年後被幽禁且遭殺害，侯景再立豫章王蕭棟為傀儡皇帝，四個月後又將其所殺（未排入帝序）。

讀書誤朕 第 3 任梁元帝蕭繹（音易）在內戰中、先殺在成都自立為帝的武陵王蕭紀，隨後派江州刺史王僧平定「侯景之亂」（歷經 3 年 8 個月，使南梁元氣大傷），之後在江陵（湖北荊州）即位，他酷愛讀書，對文學造詣頗高，此時西魏軍隊攻破江陵，蕭繹（梁元帝）哭喊「讀書誤朕」，竟然下令將宮中十四萬藏書焚毀（繼秦始皇之後中國文學史上第二次浩劫），他最後被西魏軍用土袋活活悶死，在位 3 年。

梁末代皇帝 第 4 任梁敬帝蕭方智是權臣陳霸先所擁立，因此大權旁落，此時南梁皇朝一分為二，西梁蕭詧（梁宣帝）是西魏所扶植的傀儡皇帝（定都江陵），而南梁敬帝最後被陳霸先逼迫禪位（在位 3 年、時年 16 歲），隨後被陳所殺。

南梁皇朝的特殊現象 南梁皇朝國祚 56 年，其間開國君梁武帝在位就佔 48 年（約 86%），其餘 8 年三帝在位期間，南梁已是名存實亡。

★ 梁武帝（中國十八羅漢之一）篤信佛教虔誠禮佛（中國歷史上有二位想出家當和尚的皇帝，另為清順治帝）他的「慈悲為懷」政策，成為「姑息養奸」惡策，使其子孫各個慘死刀下，成為中國歷史朝代中，皇帝結局最淒涼悲慘的皇族。

★ 梁武帝著有《梁皇寶懺》一書（將終身茹素定為戒律）。

4 陳（南陳） 西元 557 年～ 589 年，共計 33 年，歷 5 帝，國都：建康（南京）

開國明君 第 1 任陳武帝、陳霸先篡梁建陳，即位時年齡已 55 歲，他謙虛勤政、開明豁達、能謀善武，可惜在位僅 3 年即病逝。

交棒侄子 第 2 任陳文帝陳蒨（音欠），他是陳霸先最疼愛的侄子（其兄長子），曾說過此兒是陳氏家族最優秀的人才，果不出所料，文帝勵精圖治，整頓吏法，國家強盛，是南朝最優秀的賢君。（惜在位僅 7 年、享年 45 歲）

伯宗被廢 第 3 任陳廢帝陳伯宗 13 歲即位，由叔父安成王陳頊（音序）輔政，2 年後伯宗被廢黜為臨海王，陳頊自立為帝。

國泰民安 第 4 任陳宣帝陳頊，39 歲時自立為帝，輕徭薄賦，政治清明，國家安定，在位 14 年（陳朝之最）享年 53 歲。

奢愛妖女 第 5 任陳後主陳叔寶（頊長子）從小嬌生慣養，生活奢侈，擅長文學筆墨，寵愛長髮美女張麗華，淫亂揮霍、昏庸無能，上朝時常讓張麗華坐在自己大腿上聽政，讓朝臣臉紅耳赤、目瞪口呆，均不敢抬頭直視。

縱樂誤國 隋朝晉王楊廣率大軍南下時，陳叔寶自認有長江天險作屏障，不當一回事繼續縱酒淫樂，當隋楊廣大軍兵臨城下時，來不及逃亡，躲在枯井裡，被狼狽的拉出來擒俘，時年 37 歲。

★ 他被俘擄時幸運的沒遭受到侮辱、也沒有被殺，安享天年至 52 歲。

⑤ 南陳皇朝的特殊現象

★ 陳朝是中國歷史上唯一以帝王姓氏（陳）為國名的朝代。

★ 陳朝歷任 5 位皇帝全部壽終正寢（病死），無一橫死（被殺）。

★ 南朝有四個朝代（宋、齊、梁、陳）共計 24 位皇帝，其中以陳朝政治最為安定，皇帝素質較優良的朝代。

⑥ 北朝各朝代皇帝簡介　共歷五個朝代（北魏、東魏、西魏、北齊、北周）

① 北魏　西元 386 年～ 534 年，共計 149 年，歷 11 帝，國都：平陽（山西大同）→洛陽

源起

五胡十六國時期，代國國君拓跋什翼犍之孫子拓跋珪，趁淝水之戰、前秦政權土崩瓦解、北方各諸侯混戰之際，即任為代王，重建代國。

改代為魏　第 1 任魏道武帝拓跋珪、將「代國」改國號為「魏」，史稱「北魏」（拓跋魏），開始開疆闢地，併吞鄰國，逐漸稱霸華北。

前明後昏　拓跋珪雖雄才大略，但晚期嗜服寒食散，使其性情大變，開始剛愎自用、猜忌多疑、暴躁嗜殺，人心背離，最後被同樣是心狠手辣的次子拓跋紹利用暗夜突襲刺死，享年 39 歲。

大吃劉宋豆腐　第 2 任魏明元帝拓跋嗣（原太子）在衛士的擁護下殺掉大逆不道的二弟拓跋紹，即位為帝，並藉南朝明君宋武帝劉裕去世之際，趁機向劉宋出兵奪地三百里（第一次南北對峙戰爭），惜其英年早逝（32 歲）。

統一華北　第 3 任魏太武帝拓跋燾 15 歲即位，小字佛狸，他具有天生的軍事才能，善於指揮作戰，所向披靡，於西元 439 年終結五胡十六國紛亂時代（統一華北）。

太武滅佛　魏太武帝受崔浩及道士寇謙之影響，尊道排釋、毀寺滅佛，史稱「三武一宗法難」（佛教大浩劫），他最後被宦官宗愛所殺，享年 44 歲（北魏之最、其他 10 位皇帝壽命均不超過 40 歲）。

昏庸世子　拓跋餘（南安王）繼承皇位後每夜縱酒狂歡、笙歌暢飲，最後又被宦官宗愛所殺，在位僅 232 天（未列入皇帝排序）。

文成復佛　第 4 任魏文成帝拓跋濬 13 歲即位，不久後殺掉逆賊宗愛等宦官，下令復興佛教，並在平陽（山西大同）建造佛門聖地「雲岡石窟」（表對祖父滅釋毀佛的懺悔），與民生息，國泰民安，惜早逝（26 歲）。

開疆闢地　第 5 任魏獻文帝拓跋弘 12 歲即位，由馮太后臨朝稱制（因其生母李貴人按魏習俗殉葬制度而被賜死），在位期間奪取南朝劉宋皇朝大面積版圖與疆域。

獻文禪位 獻文帝因熱衷道教黃老之術,無心問政,提前禪位,時年 19 歲(是中國歷史上最年輕的太上皇)但 4 年後因殺了馮太后寵臣(被報復毒死)。

元宏漢化 第 6 任魏孝文帝拓跋宏(元宏)因父皇(獻文帝)提前禪讓(當太上皇),5 歲時即位,由漢人祖母馮太后臨朝稱制,大力推行漢化政策,首先將鮮卑姓「拓跋」改為漢姓「元」,稱為元宏,改著漢服(禁穿胡服),並嚴厲鎮壓反對改革的守舊貴族勢力(六鎮之亂的導因)。

遷都洛陽 孝文帝為了加強漢化,學習中原文化,將國都南遷到洛陽,並建造佛教聖地「龍門石窟」,在位期間北魏國勢大增,史稱「孝文中興」,對中國文化發展上作出貢獻,在位 28 年(但享年僅 33 歲)。

宣武盛世 第 7 任魏宣武帝元恪(音克)因篤信佛教廢除北魏百年來的陋習「殉葬制」(讓其妻宣武靈皇后倖免一死、成為北魏衰亡的妖女),並對南朝蕭梁政權發動一連串的攻勢,使北魏疆域更向南拓展,是北魏的全盛期,可惜晚期外戚高肇專權,朝政昏暗,國勢由盛轉衰,死時年僅 33 歲。

胡后亂政 第 8 任魏孝明帝元詡(音許)6 歲即位,由年輕的胡太后(又稱宣武靈皇后)臨朝稱制,她勾結情夫擅權亂政,引起成年後的魏孝明帝強烈不滿,發密詔命爾朱榮率兵前來幫忙,不料風聲走露,被親生母親(胡太后)毒死,年僅 19 歲。

河陰之變 胡太后權慾薰天,為了繼續臨朝稱制,將孝明帝獨生女佯稱為皇子,擁立為帝,並大赦天下,後來又怕露出馬腳,再改立 3 歲的元釗(音召)為帝,天下震驚,由此認定胡太后曾下毒手毒死孝明帝,契丹酋長爾朱榮藉此事件進軍洛陽,俘擒並溺殺胡太后及幼帝元釗。(史稱河陰之變)

六鎮之亂 「六鎮」原為抵禦北方柔然族入侵所設立的六個邊鎮,魏孝文帝元宏實行漢化政策,遷都洛陽,嚴重損及六鎮鮮卑貴族及將士利益,開始抱怨離心,到了孝明帝時六鎮地區連年旱災饑荒,加速他們的痛恨,於是起兵造反,雖不久就被爾朱榮鎮壓下來,但叛亂一直延續到北魏分裂後才結束。

爾朱氏專權 第 9 任魏孝莊帝元子攸是由爾朱榮所擁立的傀儡皇帝,爾朱榮家族「家世豪擅、財貨豐贏」,娶南安王(文成帝之弟)女兒(北鄉公主),因鎮壓宮廷內亂及六鎮兵變而竄起,成為強大軍閥世家,因此在朝中專橫跋扈、權傾朝野、並覬覦皇位最後被孝莊帝佈局斬殺。

爾朱氏欺帝 孝莊帝親手殺了眼中釘權臣爾朱榮後,得意不到三個月,爾朱氏家族開始大反撲,爾朱兆攻進洛陽,絞死孝莊帝立長廣王元曄(音頁)為帝,但四個月後又被爾朱世隆所廢(未列入帝王序)。

高歡起事 第 10 任魏節閔帝元恭是爾朱世隆擁立的傀儡皇帝,此時在信都的

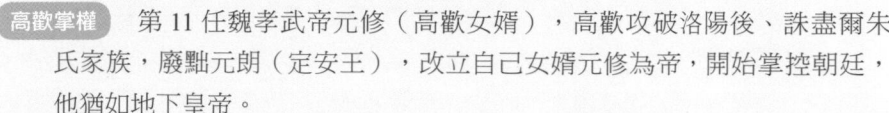

高歡（胡化漢人）為魏孝莊帝舉喪，誓言聲討忤逆無道爾朱氏家族所擁立元朗（定安王）為帝的偽政權，開始進軍洛陽，討伐爾朱氏家族。

高歡掌權 第 11 任魏孝武帝元修（高歡女婿），高歡攻破洛陽後、誅盡爾朱氏家族，廢黜元朗（定安王），改立自己女婿元修為帝，開始掌控朝廷，他猶如地下皇帝。

孝武遁逃 孝武帝因凡事受岳父權臣高歡擺佈非常不滿，對其驕縱的女兒皇后更加厭惡（政治聯姻），開始另結新歡，使雙方矛盾加劇，最後決裂。孝武帝偕同新歡愛人連夜逃往關中，投奔長安妻舅元寶炬之妹婿宇文泰處尋求庇護（北魏也因孝武帝的逃亡、而宣告終結滅亡）。

② 東魏 西元 534 年～ 550 年，共計 17 年，歷 1 帝，國都：鄴城（河北臨漳）

樣板皇帝 東魏孝靜帝元善見（北魏清河王元亶之子）11 歲時被高歡擁立為帝，（因北魏孝武帝元修，西奔逃難至長安投靠宇文泰）高歡隨後遷都至鄴城（河北臨漳），史稱「東魏」，朝政大權完全掌控在高歡手中，孝靜帝成為傀儡皇帝。

僅此一代 高歡死後其子高澄（電視連續劇「蘭陵王高長恭之父」）繼任相國被封為齊王，權勢更張，但其不久在意外事件中被家廚刺死，由其弟高洋取代其王職，隨後逼迫孝靜帝禪位，東魏亡（僅一代、在位 17 年）。

③ 西魏 西元 535 年～ 557 年，共計 22 年，歷 3 帝，國都：長安（陝西西安）

傀儡皇帝 西魏文帝元寶炬（宇文泰的大舅子）他曾協助北魏孝武帝元修逃離洛陽，（避其岳父高歡追殺）受其妹婿宇文泰保護。但不久後宇文泰以「淫亂無方」為由，將北魏末帝元修殺害（雖出虎穴、又入狼口），改立有皇室血統的自己大舅子元寶炬為帝（時年 29 歲），定都於長安（陝西西安），史稱「西魏」，然而宇文泰掌控朝廷，魏文帝元寶炬毫無實權可言。

元欽被廢 第 2 任魏廢帝元欽（宇文泰女婿）因強烈不滿岳父宇文泰擅權專制，密謀誅殺之，但因事洩被廢（不久被毒死），在位 3 年。

恭帝禪位 第 3 任魏恭帝元廓 18 歲即位，宇文泰將皇姓改復為鮮卑姓拓跋氏（故史稱其拓跋廓），宇文泰去世後，宇文護逼迫恭帝禪位給宇文泰之子宇文覺（西魏亡）。

④ 北齊 西元 550 年～ 577 年，共計 28 年，歷 6 帝，國都：鄴城（河北臨漳）

前明後昏 第 1 任齊文宣帝高洋（高歡次子）取代「東魏」、建立「北齊」，初期精明能幹，但不久後嗜酒如命，常做出一些荒唐事蹟，搞得朝臣眾叛親離，死時年僅 34 歲（北齊唯一生病而死的皇帝）。

胡漢惡鬥 第 2 任齊廢帝高殷（高洋長子）16 歲即位，生性敏慧但柔懦，其生母是漢族名門世家，在皇室宗族內部遭到六皇叔高演為首的鮮卑貴族排斥，

認識中國歷史朝代的更替

後又得到婁昭君皇太后的支持下被廢黜皇位，漢族大臣均遭革職或殺害。

北齊唯一明君 第 3 任齊孝昭帝高演（高歡六子）以正值風華茂盛之年（26 歲）即位，文治武功兼盛，惜不慎墜馬受重傷而亡（在位僅 1 年餘）。

武成禪位 第 4 任齊武成帝高湛（高歡最疼愛的九子）即位後沉緬酒色，不理朝政提前禪位給太子高緯，自任太上皇（時年僅 29 歲），整天花心享樂，不久後就縱慾而死。

昏庸滅國 第 5 任齊後主高緯，因其父禪位以 10 歲幼齡即位，童心未泯，整天遊樂嬉鬧，奢侈揮霍，成年後深愛馮小憐，淫亂荒唐，喜扮乞丐，誅殺有能力的將領（包含電視連續劇裡的「蘭陵王」高長恭）。北周大軍攻破京師鄴城時，急忙禪位給年僅八歲的兒子高恒（第 6 任齊幼主、在位僅 20 天），不久後就被北周武帝宇文邕俘殺

★ 北齊高氏皇族中除了高仁英（白痴）和高仁雅（啞巴）外，其餘全部均被北周處死。

5 北周 西元 557 年～ 581 年，共計 25 年，歷 5 帝，國都：長安（陝西西安）

代魏建周 第 1 任周孝閔帝宇文覺（宇文泰三子）是由堂兄宇文護所擁立，（逼迫西魏恭帝拓跋廓禪位），成為北周開國君（時年 16 歲）。

初立被廢 孝閔帝宇文覺雖年僅 16 歲，但他剛毅果斷，尤其對於其堂兄宇文護（自認擁立有功）在朝中擅權干政頗為不滿，宇文氏皇族內部鬥爭興起，最後被權臣宇文護廢貶為「略陽公」（在位不滿 1 年、不久後被殺）。

文護誅帝 第 2 任周明帝宇文毓（宇文泰庶長子）被宇文護擁立為帝（時年 24 歲），但因他太有膽識，為宇文護所忌憚最後將其毒死（在位不滿 3 年）。

戒急用忍 第 3 任周武帝宇文邕（音擁，宇文泰四子），亦是被宇文護所擁立（已連續殺害兩位皇帝紀錄），在朝廷更加專橫跋扈，宇文邕（時年 18 歲）表面上委屈順從其意（懈其心防），一方面隱忍治國（增加實力）。

計誅權臣 西元 572 年宇文邕（時年 30 歲）見事機成熟，一舉剿殺權臣宇文護逆亂集團（在北周已擅權長達 15 年），開始親政，極力擺脫鮮卑舊俗，接受華夏文化，生活儉樸，國家強盛（北周唯一明君）。

★ 宇文護是中國歷史上殺害皇帝次數最多的權臣（包含西魏第 3 任魏恭帝元廓、北周第 1 任周孝閔帝宇文覺、第 2 任周明帝宇文毓，共 3 帝）

武帝滅佛 北周武帝宇文邕見僧侶奢華，讓人供養、大撈錢財，遂下詔滅佛，令僧尼還俗，毀寺焚經，史稱「三武一宗」法難。

武帝滅齊 北周在武帝的精心經營下，日益強盛，而反觀鄰國北齊政權卻處於腐朽昏敗時期，於是乘機揮兵輕鬆又迅速的滅掉北齊。

★ 周武帝是北朝後期難得的明君，而且是北周唯一病死之帝，其餘均被殺。

淫欲皇帝 第 4 任周宣帝宇文贇（音暈）當太子的時候，其父宇文邕對其管教甚嚴，稍有過失必遭責罰，隨時有被罷黜的隱憂。他娶了隨國公楊堅的長女楊麗華為妻，即位之後原形畢露，暴虐荒淫，同時並立五位皇后（中國歷史之最、令人傻眼），最後因縱欲過度暴斃（時年 22 歲）。

周末代皇帝 第 5 任周靜帝宇文闡（音產）即位時年僅 7 歲，由外公楊堅輔政，因周靜帝不是隨國公楊堅女兒（天元大皇后）所親生，不久後就被逼迫禪位，楊堅自立為帝、建立隋朝，北周滅亡。

7 北魏皇朝的特殊怪現象

1 皇帝壽命最短、被殺率最高的北魏拓跋氏皇帝世家

北魏共歷 11 位皇帝（國祚 149 年），除魏太武帝拓跋燾享年 44 歲之外，其餘 10 位壽命均在 20 到 30 幾歲左右，算是特殊短命皇族。

★ 北魏 11 位皇帝中有 7 位被殺（中國歷史上被殺帝數之最）。

★ 北朝共歷 5 個朝代，總計有 26 位皇帝，也只有北魏太武帝拓跋燾及西魏文帝元寶炬壽命超過 40 歲以上，其餘 24 位皇帝均不及中年即亡故。

2 北魏百年鼎盛期

北魏從第 2 任魏明元帝起至第 7 任魏宣武帝止連歷六帝，均為賢明君主，期間共計 106 年的興盛期。

★ 北魏國祚 149 年，其中 106 年為強盛期，約佔 70%（也是歷史上罕見紀錄）。

3 北魏百年非常不人道的殉葬制度

北魏祖制（怕母后干政）有子貴母死的法制（殉葬制），這種陋習制度被篤信佛教的魏宣武帝元恪給廢除，但如此善行美德，卻帶給北魏空前災難（似乎祖制還是有它的根據）從此北魏留下一位禍國殃民的宣武靈皇后（胡太后）大妖女。

北魏急衰胡太后（胡充華）與情夫出雙入對，通姦、淫亂、擅權亂政，並毒死自己親兒子（魏孝明帝元詡），讓當初廢除殉葬制陋習的宣武帝慈心美德完全化為烏有，並成為北魏衰敗的罪魁禍首。

4 北魏皇帝（拓跋氏家族）的噩運

第 1 任	魏道武帝拓跋珪	←	子弒父	被次子拓跋紹殺死
第 3 任	魏太武帝拓跋燾	←	宦官殺帝	被宦官宗愛謀殺
第 5 任	魏獻帝拓跋弘	←	母殺子	被馮太后派人毒死
第 8 任	魏孝明帝元詡	←		被生母宣武靈皇后（胡太后）毒死

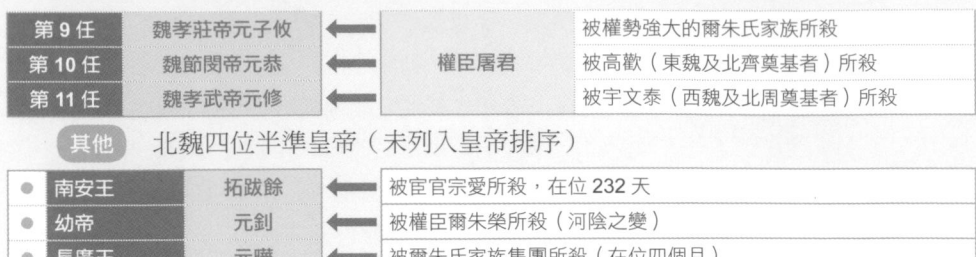

第9任	魏孝莊帝元子攸	←	權臣屠君	被權勢強大的爾朱氏家族所殺
第10任	魏節閔帝元恭	←		被高歡（東魏及北齊奠基者）所殺
第11任	魏孝武帝元修	←		被宇文泰（西魏及北周奠基者）所殺

其他 北魏四位半準皇帝（未列入皇帝排序）

●	南安王	拓跋餘	←	被宦官宗愛所殺，在位232天
●	幼帝	元釗	←	被權臣爾朱榮所殺（河陰之變）
●	長廣王	元曄	←	被爾朱氏家族集團所殺（在位四個月）
●	安定王	元朗	←	被權臣高歡所廢後殺（在位八個月）

⑧ 北魏分裂成東魏、西魏兩國始末表

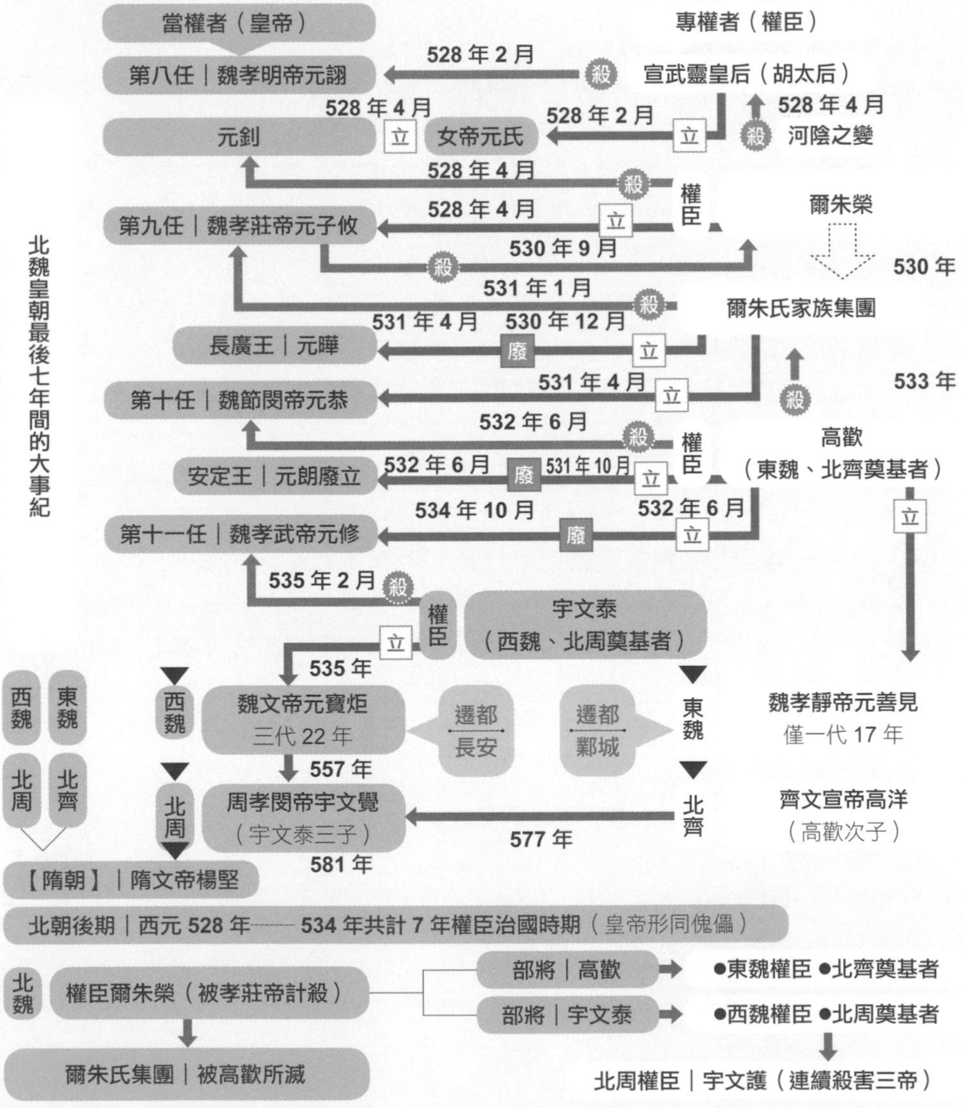

北魏皇朝最後七年間的大事紀

當權者（皇帝）　　　　　　　　　　專權者（權臣）

第八任｜魏孝明帝元詡　←殺　528年2月　宣武靈皇后（胡太后）

元釗　立　←殺　528年2月　女帝元氏　528年4月　立　河陰之變
528年4月　殺

第九任｜魏孝莊帝元子攸　立　528年4月　權臣
530年9月　殺

長廣王｜元曄　廢　531年4月　立　530年12月　殺　爾朱氏家族集團
531年1月
爾朱榮　530年

第十任｜魏節閔帝元恭　立　531年4月
532年6月　殺　533年

安定王｜元朗廢立　廢　532年6月　立　531年10月　權臣
高歡（東魏、北齊奠基者）

第十一任｜魏孝武帝元修　廢　534年10月　立　532年6月
535年2月　殺

立　權臣　宇文泰（西魏、北周奠基者）
535年

西魏　東魏

西魏　魏文帝元寶炬 三代22年　遷都長安　遷都鄴城　東魏　魏孝靜帝元善見 僅一代17年
557年

北周　北齊

北周　周孝閔帝宇文覺（宇文泰三子）　577年　北齊　齊文宣帝高洋（高歡次子）
581年

【隋朝】隋文帝楊堅

北朝後期｜西元528年——534年共計7年權臣治國時期（皇帝形同傀儡）

北魏　權臣爾朱榮（被孝莊帝計殺）┬ 部將｜高歡 → ●東魏權臣　●北齊奠基者
　　　　　　　　　　　　　　　　└ 部將｜宇文泰 → ●西魏權臣　●北周奠基者

爾朱氏集團｜被高歡所滅

北周權臣｜宇文護（連續殺害三帝）

第十節　大隋帝國綜述

西元 581 年～ 618 年，共計 38 年，歷 3 帝，國都：長安

源起　楊忠（楊堅之父）原為北周奠基者宇文泰部屬，因有功被封為「隨國公」。
北周後期周靜帝宇文闡 7 歲幼齡即位，由外公楊堅輔政，不久後篡北周、自立為
帝、建立隋朝。

★ 楊堅繼承隨國公，認為「隨」字有「走」部不吉祥，於是改為「隋」。

1　隋朝歷代皇帝在位年表

序	評語	帝名	姓名	關係	年份	即位年歲	在位期	享年	壽考	備註
1	明君	隋文帝	楊堅	開創	581～604	41 歲	24 年	64 歲	子弒	開皇之治
2	霸君	隋煬帝	楊廣	堅二子	604～618	36 歲	15 年	50 歲	縊殺	其中 2 年為太上皇
3	弱君	隋恭帝	楊侑	廣之孫	617～618	13 歲	(2 年)	15 歲	被殺	被李淵所擁立的傀儡

隋朝行政疆域圖

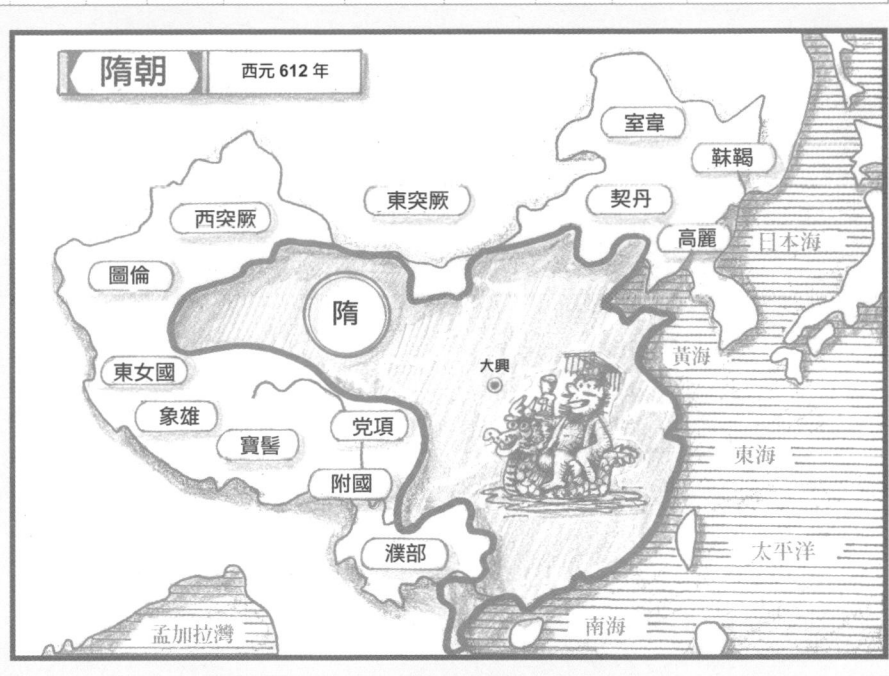

2　隋朝皇帝簡介

統一中國　第 1 任隋文帝楊堅，年號「開皇」，篡北周後統一北方，隨後派次
子晉王楊廣率五十萬軍南犯，於平陳之戰攻破南朝陳首都建康（南京），
俘虜愛酒好色奢侈昏庸的陳後主陳叔寶，終結長達 270 年分治混亂的時代

（魏、晉、南北朝），統一全中國，開創「隋唐盛世」。

開皇之治 隋文帝楊堅勤政愛民，躬行儉約，廢除苛捐雜稅，創科舉制度招攬人才（一直延續至清末共計 1300 年），國家安定，史稱「開皇之治」。

有功有失 開皇之治為後來的唐朝盛世打下良好基礎，但隋文帝雖然是一代明君，但也有敗筆之處：① 懼妻——非常害怕其妻獨孤皇后。② 廢儲——廢掉仁厚的皇太子楊勇，改立狡詐暴虐的次子晉王楊廣為儲君（悍妻加上狼子），將大好江山瞬間煙滅，隋朝國祚僅 38 年。

好大喜功 第 2 任隋煬帝楊廣弒父淫庶母（後宮娘娘），即位後遷都至洛陽大興宮殿，修官道御園，另大規模動員民工開挖南北大運河，東征北討勞師動眾，民不聊生，激起各地民怨，群起抗暴，而他竟然避難於江都（揚州），繼續過著奢華侈靡的生活，好酒淫亂，最後被叛臣宇文化及縊絞殺害，在位 15 年。

傀儡末帝 第 3 任隋恭帝楊侑（音又），是楊廣避難南方江都逍遙時，唐王李淵在晉陽（太原）起兵叛變、攻破京城長安後所擁立的傀儡皇帝（時年 13歲），遙尊楊廣為太上皇，兩年後楊廣在江都被部屬所殺的消息一出，李淵立即廢掉恭帝、自立為帝，建立唐朝（隋朝亡）。

3 隋朝的創舉

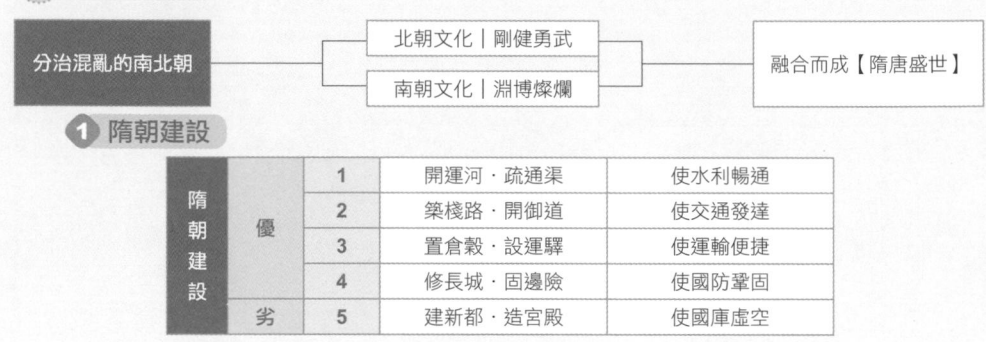

1 隋朝建設

隋朝建設	優	1	開運河·疏通渠	使水利暢通
		2	築棧路·開御道	使交通發達
		3	置倉穀·設運驛	使運輸便捷
		4	修長城·固邊險	使國防鞏固
	劣	5	建新都·造宮殿	使國庫虛空

2 創科舉制度 廢除九品中正制，改成「以分科舉人」的科舉制

選拔有才華之能士，使平民百姓都能參政為官，避免以往官爵嗣承（世家傳授），由貴族豪門壟斷之惡習，成為中國入仕為官唯一途徑，影響深遠，此制度一直延用到清末光緒年間（1905 年）正式廢止，前後共計 1300 年（隋朝將國子寺改為「國子監」，成為全國最高學府）。

★ 此制度讓隋文帝楊堅成為「影響世界百大帝王列序」，排名第 50。

3 創三審定讞制度 凡死刑犯人均需移監大理寺復案，三奏定罪才准於行刑，
避免冤殺、錯殺，防止濫殺無辜之仁義德政。

④ 隋煬帝的霸政　從弒父淫庶母至勞民傷財

三征高麗（韓國）	窮兵黷武．無功而返	勞民傷財．終遭民變
三遊江都（揚州）	吃喝玩樂．耗資無量	

⑤ 中國歷史兩個難兄難弟的朝代　秦朝 VS. 隋朝

秦朝（15 年歷 3 帝）與隋朝（38 年歷 3 帝）兩個朝代情況非常相似：

1	各自結束一個長期分治、割據的混亂時代
2	兩位霸君均好大喜功、窮兵黷武，導致人民起義抗暴，迅速滅亡
3	兩個朝代隨後各自開創一個輝煌燦爛的統一盛世（漢朝及唐朝）

朝代	國祚	帝數	國都	結束混亂時代	開創燦爛時代	
秦朝	15 年	3 位	咸陽	戰國時代（255 年）	漢朝	中國人自稱為漢人
隋朝	38 年	3 位	長安	南北朝時代（270 年）	唐朝	外國人稱漢人為唐人

⑥ 平反二帝　秦始皇與隋煬帝，他們兩自認為千秋大業的德行，演變成遺臭萬年的罪行，歷史書常用暴君加注來詮釋兩帝，但是現代史學家一致認為，他們當初勞民傷財，勞師動眾的暴行，其實對中國國防戰備、經濟發展功不可沒，故將兩位暴君平反改為霸君。

帝名	在位	享年	壽考	大惡行	結果論
秦始皇嬴政	12 年	50 歲	暴崩	築長城（勞師動眾）	鞏固國防．阻擋外侵
隋煬帝楊廣	15 年	50 歲	被殺	挖運河（勞民傷財）	暢通水路．繁榮經濟

4 隋末唐初時期各地抗暴集團勢力

源起　隋末楊玄感（楊素之子）受隋煬帝猜忌，於是舉兵謀叛，震撼朝野，雖然迅速被的鎮壓下來，但星火已燎原、遍地開花、叛變興起（包括後來的太原李氏貴族），大幅削弱隋軍士氣，接下來引發更大規模的農民起義事件。

① 農民起義　隋煬帝好大喜功，社會凋敝、民不聊生，各地農民紛紛舉兵抗暴，其中最大的反隋抗暴集團有三大勢力：

反隋	序	地方	軍別	成員
三大勢力	1	河南	瓦崗軍	翟讓、李密、單雄信、徐世勣（李勣）、王伯當
	2	河北	竇建德軍	竇建德、高士達、劉黑闥
	3	江淮	杜伏威軍	杜伏威、輔公祏

5 各地區反隋抗暴集團領導人的興衰史

① 群雄割據、相互殺戮　隋末農民起義天下大亂，群雄爭霸，時任太原留守的李淵在次子李世民的勸諫下也舉兵造反，不久後即攻陷京城長安，立代王楊侑為傀儡皇帝（時年 13 歲），不久後得知隋煬帝在江都被縊殺，隨即廢帝而自立。

2 七年收復戰爭 西元 618 年，李淵（唐高祖）建立唐朝，遂派遣其長子李建成（太子）、次子李世民（秦王）、四子李元吉（齊王）7 年內陸續平定各地軍閥割據政權。

西元	軍閥名號		大事紀
618 年	河南魏王	李密	原為瓦崗軍首領，曾降唐後又復叛被唐所殺
618 年	隴西西秦霸王	薛舉	建都金城（甘肅蘭州）死後其子薛仁杲，被李世民擊敗擒殺
619 年	河西涼帝	李軌	於涼州（甘肅武威）稱帝，被唐擊敗俘殺
619 年	江都許帝	宇文化及	絞殺隋煬帝後，在江都（揚州）稱帝，最後被竇建德俘殺
620 年	定陽可汗	劉武周	依附於突厥，為北方最大割據勢力，最後被突厥人所殺
620 年	榆林永樂王	郭子和	歸降秦王李世民，被封為黔州都督，並賜姓李，壽終正寢
621 年	河北夏王	竇建德	隋末時大軍閥，在虎牢之戰敗給秦王李世民，被俘殺
621 年	洛陽鄭帝	王世充	曾擁立楊侗為帝，不久將其殺害而自立，後投降於李世民
621 年	鄂西迦樓羅王	朱粲	被稱為「食人魔王」曾降唐又復叛，被李世民所殺
621 年	江陵梁王	蕭銑	銑（音顯）雄據南方被唐大將李靖所敗，斬於長安
622 年	江南吳王	杜伏威	降唐後被封為行台尚書令（後被冤殺），唐太宗幫其平反
622 年	虔州楚帝	林士弘	戰敗後退守保安城（江西安福）山洞，病卒
622 年	海陵吳帝	李子通	降唐後復叛被伏誅
624 年	漁陽燕王	高開道	依附於突厥，於漁陽（天津）自立為燕王，後降唐
624 年	丹陽宋王	輔公祏	祏（音石）曾降唐又復叛，被唐大將李靖俘殺
624 年	洺州漢東王	劉黑闥	闥（音踏）聯合魯王徐圓朗，依附突厥，被太子李建成俘殺

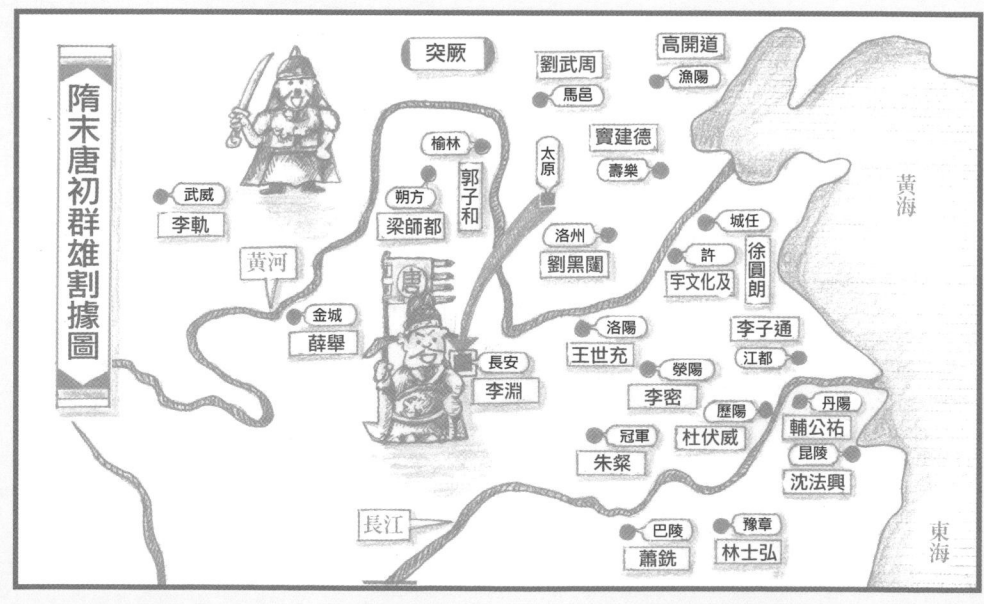

第十一節 大唐帝國綜述

西元 618 年～ 907 年，共計 289 年，歷 21 帝，國都：長安

源起 李昞（李淵之父）原為北周政權重臣被封為唐國公，當朝同僚隨國公楊堅（後來的隋文帝）是李淵的姨丈（兩家有姻親之誼），均屬關隴六鎮集團成員，隋朝建立後，李淵被任命晉陽（山西太原）留守（故太原成為唐朝李氏皇族的龍興之地）。

1 唐朝歷代皇帝在位年表

序	評語	帝名		姓名	關係	年份	即位年歲	在位期	享年	壽考		備註
1	平君	唐高祖		李淵	開創	618 ～ 626	53 歲	9 年	70 歲	病死	唐朝極盛期間約130年	武德之治
2	賢君	唐太宗		李世民	淵次子	626 ～ 649	29 歲	23 年	52 歲	病毒		貞觀之治
3	平君	唐高宗		李治	民九子	649 ～ 683	22 歲	34 年	56 歲	病死		永徽之治（武后訓政 26 年）
4	弱君	唐中宗	武后專制	李顯	治七子	684	28 歲	54 天	54 歲	被迫遜位		
5	弱君	唐睿宗		李旦	治八子	684 ～ 690	23 歲	6 年		被迫遜位		
6	強君	周武曌帝		武則天	治之后	684 ～ 705	67 歲	15 年	82 歲	病死		武則天稱帝
再任		唐中宗		李顯	武十子	705 ～ 710	50 歲	5 年	55 歲	毒死		韋后專政
復位		唐睿宗		李旦	武八子	710 ～ 712	48 歲	3 年	55 歲	病死		唐隆之變
7	名君	唐玄宗		李隆基	旦三子	712 ～ 756	28 歲	44 年	78 歲	病死		開元之治
8	平君	唐肅宗		李亨	基三子	756 ～ 762	46 歲	6 年	52 歲	病死		平定安史之亂
9	平君	唐代宗		李豫	亨長子	762 ～ 779	37 歲	17 年	54 歲	病死		崇佛造寺 經濟惡化
10	平君	唐德宗		李適	豫長子	779 ～ 805	38 歲	26 年	64 歲	病死		涇原兵變
11	哀君	唐順宗		李誦	適長子	805	45 歲	八個月	46 歲	病死		永貞革新
12	明君	唐憲宗		李純	誦長子	805 ～ 820	28 歲	15 年	43 歲	毒死	牛李黨爭40年	元和中興
13	昏君	唐穆宗		李恒	純三子	820 ～ 824	26 歲	4 年	30 歲	中毒		沉迷淫樂
14	昏君	唐敬宗		李湛	恒長子	824 ～ 826	16 歲	2 年	18 歲	被殺		喜半夜捉狐狸
15	弱君	唐文宗		李昂	恒二子	827 ～ 840	19 歲	14 年	32 歲	病死		甘露之變
16	明君	唐武宗		李炎	恒五子	840 ～ 846	27 歲	6 年	33 歲	中毒		會昌法難
17	明君	唐宣宗		李忱	恒之弟	846 ～ 859	37 歲	13 年	50 歲	中毒		大中之治
18	昏君	唐懿宗		李漼	忱長子	859 ～ 873	27 歲	14 年	41 歲	病死		黃巢之亂起
19	昏君	唐僖宗		李儇	漼五子	873 ～ 888	12 歲	15 年	27 歲	病死		朱溫降唐
20	弱君	唐昭宗		李曄	漼七子	888 ～ 904	21 歲	17 年	38 歲	被殺		朱溫（全忠）叛唐
21	哀君	唐哀宗		李柷	漼九子	904 ～ 907	13 歲	4 年	17 歲	毒死		朱溫篡唐

唐朝行政疆域圖

唐朝　西元 741 年

室韋　靺鞨　突厥　日本海　絲路　新羅　黃海　長安　唐　東海　吐蕃　天竺　太平洋　濮部　驃國　南海　孟加拉灣

② 唐朝皇帝簡介

① 統一全國　開國君唐高祖李淵於太原起兵後篡隋建唐，但即位後全國四分五裂、軍閥割據、群雄爭霸、皇命不達，最後在文臣武將及眾皇子的同心協力下，於西元 624 年逐漸平定各方亂事，統一中國（結束七年內亂），開創大唐盛世。

玄武門之變　在反隋起義及與軍閥爭霸戰中，次子秦王李世民功勳最大、軍隊最強、人才最眾、威望最高，形成一股強大勢力，因此引起皇太子李建成的猜忌而深懷敵意，密謀殺害二弟李世民，不料走漏風聲，被李世民察覺有異，於是決定先發制人，在玄武門（北門）城內使計射殺沒有防備的太子李建成及三弟李元吉（含隨從），史稱「玄武門之變」。

高祖禪位　一場血腥的兄弟鬩牆、骨肉相殘慘劇下，讓唐高祖李淵無心問政，下詔禪位給秦王李世民，自任太上皇（8 年後以 70 歲高齡去世）。

② 貞觀之治　第 2 任唐太宗李世民，年號「貞觀」，在位期間 23 年，文治濟世安民，武功雄才大略（文治武功均出類拔萃）史稱「貞觀之治」。

政治方面　以和為貴，以戰輔和，安內攘外，國威遠播（用文化替代兵戎）。

軍事方面　擊滅東突厥、大破吐谷渾、使吐蕃歸和，聲威大振，西北各族君長紛紛前來歸順，被外藩酋長、異族領袖共尊為「天可汗」（四夷君長）。

內政方面　① **安民**：輕徭薄賦、與民休息、寬刑輕罰、善待百姓（以德服

人）。

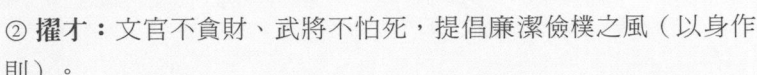

　　② **擢才**：文官不貪財、武將不怕死，提倡廉潔儉樸之風（以身作則）。

　　③ **勤政**：官得其人、民去愁嘆、從諫如流、豁達大度。（以人為鑑）

唐太宗的文臣武將　人材濟濟、忠貞廉潔、海納百川、不捐細流。

★「房善謀、杜能斷、徵直諫、后賢慧」（用人如用器、各取所長）。

【諫臣】魏徵、王珪　賢后長孫皇后（長孫無忌之妹）。

【文臣】初期：房玄齡、杜如晦　後期：長孫無忌、楊師道、褚遂良。

【武將】尉遲恭、秦叔寶（被奉為左右門神）、李靖、李勣。

★徐世勣（音績）被賜姓「李」，為避李世民名諱，結果成為「李勣」。

國之將興、主明臣直　兼聽則明、偏聽則暗、克己納諫、知人善用。

★諫臣魏徵去世時，太宗痛哭曰：「以銅為鏡，可正衣冠；以史為鏡，可見興亡；以人為鏡，可明得失」如今少了一面鏡子。

3 永徽之治　第 3 任唐高宗李治 22 歲即位，年號「永徽」，命蘇定方平定西突厥，薛仁貴平定高句麗，萬國來朝，史稱「永徽之治」，但他寵愛才人武氏（媚娘），不久後改立其為皇后（武則天）差點斷絕李氏宗室基業。

二聖並朝　高宗長年抱病在床，經常頭痛，雙眼無法睜開，朝政漸由武后裁決，號稱「二聖」（高宗在位 34 年，政權操在武后之手則達 26 年之久）。

4 立廢兩帝　第 4 任唐中宗李顯即位，因政策與母后相左，僅做 54 天皇帝即被武后廢黜為「盧陵王」，隨後改立李旦為帝（第 5 任唐睿宗），但是政事全由武后獨裁，睿宗毫無實權可言，淪為蓋章皇帝，因大表不滿，6 年後亦被母后廢黜皇位，軟禁於東宮（閉門思過）。

5 武周女皇　第 6 任周武曌帝武則天，在皇后期間就長期臨朝聽政，最後乾脆謀奪李唐社稷，自立為帝，國號「周」，尊號「聖神皇帝」。

武周之治　武則天即位後大興佛事，改洛陽為「神都」，重農桑、薄賦役，重用狄仁傑、張柬之、桓參範、宋璟、姚崇等中興名臣，政治清明，百姓安樂，史稱「武周之治」。

中國唯一女皇帝　武則天 14 歲時入宮成為唐太宗的「才人」（低階宮妃），賜名「武媚」，太宗崩後寄身感業寺為尼，高宗即位後復召入宮為昭儀（中階嬪妃），武媚娘為求取后位，竟親手窒死幼女嫁禍於王皇后（因此被廢），使自己取而代之。高宗體弱多病，武后趁機參政，逐漸掌握朝廷。高宗歿後，連續立廢兩個親生兒子（唐中宗、唐睿宗），最後自己登基、自立為帝。

才人	尼姑	昭儀	皇后	太后	皇帝	退位
武媚	感業寺	服侍	代理參政	臨朝專政	武周帝	病逝
14歲	26歲	28歲	32歲	60歲	67歲	82歲

❻ 武則天的帝王夢

後宮爭寵 媚娘擅於心機，利用王皇后與蕭淑妃的不合，見縫插針（鷸蚌相爭、漁翁得利）逐漸受寵，更將自己親生女兒窒死（苦肉計），因而取得后位（時年32歲）。得勢後將王皇后與蕭淑妃截去手腳，浸泡在酒甕中（讓她們兩醉生夢死）。

後宮毒咒 蕭淑妃臨終前發下詛咒：「阿武鼠輩（生肖鼠），來生願轉世為貓，掐死妳這隻賤鼠」，因此武則天下令宮廷內不准養貓。

為圓帝夢殺至親 武媚醉心權勢，手段毒辣，凡擋其路、礙其事者一律遭到剷除，難逃魔爪（包含自己親生骨肉）。

武則天親生子女	長子	李弘	儲君（被母后毒死）		皇后：韋后　妃：上官昭容（婉兒）
	次子	李賢	雍王（被母后廢為庶人）		四子 李重茂（唐殤宗、未排帝位）
	三子	李顯	英王（唐中宗被母后廢為盧陵王）	→	幼女 安樂公主
	四子	李旦	豫王（唐睿宗被母后廢為皇嗣）	→	三子 唐玄宗李隆基
	長女	安定思公主（夭折，傳說中被母后親自掐死，嫁禍給王皇后的犧牲者）			
	次女	太平公主（被侄子唐玄宗李隆基賜死）			

養小白臉愛小鮮肉 武則天招納男寵（面首）來澆熄自己的慾火，首席男寵馮小寶為了掩人耳目，改名薛懷義，在洛陽白馬寺出家為僧侶，最後當上寺主（方丈），開始驕倨狂傲起來，後因圖謀不軌被殺。

★ 男寵另有張易之、張昌宗、沈南等狼狽為奸。

武則天治國方針	賢臣	並存		良	知人善用，擢拔人才，政治嚴明
	酷吏		→	劣	告密風盛，濫殺無辜，剷除異己

【賢臣】狄仁傑、張柬之、姚崇、宋璟等正直名臣。

【酷吏】來俊臣（捏造罪狀、貪贓枉法）、周興（作法自斃、請君入甕）、索元禮（嚴刑拷打、冤案四起）、侯思止（羅織罪名、陷害忠良）。

殘忍與慈悲並行 武則天工於心計，醉心權勢，但又虔信佛教、大興寺院（贖罪心態），將洛陽改造為神都，崇佛抑道（因為道教始祖李耳是唐朝李氏宗親，以此來削弱道教地位，貶低老子（李耳）形象），利用佛教來鞏固自己的政治力量，並藉此廣積功德、洗滌罪孽（殘忍後的慈悲、瘋狂後的清淨）。

★ 據說觀世音菩薩（為避李世民名諱後改為觀音）在唐朝以前為男性形象，後被武則天改為女性化身，並將自己容貌攝入其中（成為現代觀音像）。

武則天的功與過 武則天在中國傳統理學思想、重男輕女的習俗束縛作祟下，

史學家對她做出嚴厲的批判及負面評價（稱之：鬼神所不容，臣民所共怒），惟不可否認她是一位善於治國賢能的女政治家，對後來的「開元之治」奠下良好基礎（她死後立無字碑，讓後世子孫來評斷她的功過褒貶）。

❼ 中國歷史上最具權威顯貴的兩個女人大 PK 　兩人相差一千二百歲

人物			【唐朝】武則天（武曌）				【清朝】慈禧（葉赫那拉・翠蘭）
期間			西元 624 年～705 年（82 歲）				西元 1835 年～1908 年（74 歲）
經歷	宮妃	14 歲	入宮成為才人（太宗時／武媚）	宮妃	16 歲	入宮成為貴人（咸豐時蘭兒）	
		28 歲	晉升昭儀（高宗時封）		19 歲	晉升為懿嬪（咸豐帝時）	
	專政	32 歲	敕封皇后（代理國事）	垂簾聽政	21 歲	生同治帝晉封為懿貴妃	
		60 歲	臨朝稱制（中宗／睿宗時）		26 歲	西太后（同治帝即位）	
	稱帝	67 歲	稱帝（周武聖神皇帝在位 15 年）		40 歲	皇太后（光緒帝即位）	
		82 歲	被迫退位，不久病死		74 歲	病死前將光緒帝毒死	
掌權			★臨朝稱制後稱帝，共計 47 年				★垂簾聽政，共計 47 年
尊號			武周女皇（聖神皇帝）				慈禧皇太后（老佛爺）
稱謂			太宗（宮女）高宗（皇后）中宗、睿宗（母后）				咸豐（貴妃）同治（母后）光緒（太后）
牽引			皇帝兒子（中宗、睿宗）是絆腳石				皇帝兒子、侄子是點金石
情敵			王皇后、蕭淑妃（被其殺死）				慈安（東太后，據說被其毒死）
男寵			馮小寶、張易之、張昌宗、沈南				安德海、李蓮英
媳婦			韋后（心思毒辣，亦想稱帝）				隆裕皇后不爭氣、珍妃不聽話
內亂			平定徐敬業，揚州舉叛反武之亂				平定太平天國及捻亂、回亂
外患			收復龜茲、疏勒、于闐、安西四鎮				八國聯軍列強瓜分，鯨吞蠶食
手腕			打破關隴集團士族				打垮顧命八大輔臣
政經			走向幕前執政（稱帝）				躲在幕後掌權（聽政）
作風			將皇帝兒子囚禁冷宮中				將皇帝兒子、侄子踩在腳下
個性			明辨是非，當機立斷，膽識過人				心胸狹隘、仇視洋人、喪權辱國
脈動			將唐朝推向另一巔峰（開元之治）				將清朝帶進死巷絕境（辛亥革命）
總結			綜其一生（英名千秋）				論其一世（遺臭萬年）

❽ 武則天創造文字 　共有 21 個她所創造出來的異體漢字

照：☐➡☐（日月凌空）　地：☐（山水木）　日：☐➡☐　月：☐➡☐

人：☐➡☐（一生）　年：☐➡☐（千千萬萬）星：☐　生：☐

世：☐（人的一生）　國：☐（八方土地圍成一圈）　授：☐➡☐　幼：☐

臣：☐（忠心如一）　聖：☐（長正主）　正：☐➡正　證：☐➡☐

載：☐➡☐➡☐　君：☐➡☐➡☐　初：☐➡☐　天：☐➡☐　應：☐

神龍革命 武則天年邁身虛患病，宰相張柬之等趁機發動宮廷政變，擁立唐中宗李顯復辟，82 歲高齡的武則天被迫退位，不久後病死。

韋后亂政 唐中宗復辟後昏庸無能，近小人遠賢臣。在他被廢黜皇位的那段黑暗時期（約 21 年），萬念俱灰之際，全賴韋后細心呵護鼓勵照料，才能度過那段惶恐不安、提心吊膽的煎熬日子。復辟之後，他把朝政全交給貪婪凶險、淫蕩狠毒的韋香兒（韋后）專政。

毒夫專制 韋后權慾薰心，竟聯合女兒安樂公主將中宗毒死，另立兒子李重茂（唐殤宗／未列入帝序）為帝，並開始想效法武后稱帝之盛舉（夢想當上女皇帝）。

唐隆之變 韋后擅權，臨淄王李隆基聯合姑媽太平公主（武后之女）發動政變，廢李重茂（唐殤宗／未排入帝序）、誅韋后，迎其父親李旦（唐睿宗）復辟，在掃平韋氏宗族集團勢力後，開始與姑媽太平公主發生嚴重的權力衝突，唐睿宗無心問政，將帝位禪讓給太子李隆基，隨後太平公主被賜死。

⑨ 開元盛世 第 7 任唐玄宗李隆基（清朝時為避清聖祖玄燁名諱，將其改成唐明皇），即位後勵精圖治，重用姚崇、宋璟、張九齡等賢臣，革新朝政，國富民安，經濟繁榮，享譽世界，史稱「開元之治」。

迷情貴妃 唐玄宗在位 44 年（唐朝在位最久的皇帝），前 30 年為開元之治（唐朝最鼎盛期），然而後期卻開始玩物喪志、怠倦朝政、深居後宮、沉迷聲色，寵愛楊玉環（楊貴妃）三千寵愛集一身，生活奢靡、極欲享樂，並寵信外戚楊國忠（楊貴妃堂兄）、奸臣李林甫（口蜜腹劍）、藩將安祿山等牛鬼蛇神齊聚身旁，政治腐敗，國勢大衰（唐朝由盛而衰的轉捩點）。

安史之亂 楊國忠與安祿山不睦，常在御殿前爭寵、互相詆毀，矛盾日益尖銳擴大，最後握有重兵的安祿山聯合史思明，以討伐楊國忠、清君側為由，舉兵叛亂，史稱「安史之亂」或「天寶之亂」。

馬嵬坡兵變 安史叛軍陷洛陽，直驅長安，唐玄宗和群臣被迫逃亡，當遁行至馬嵬（音偉）坡時發生兵變，在疲憊激忿的禁軍鼓譟威脅下，被迫縊殺楊國忠與楊貴妃以息眾怒。玄宗入成都後禪位給李亨（唐肅宗），被尊為太上皇。

★「安史之亂」西元 755 年～ 763 年，共計 7 年 2 個月（安祿山及史思明都被自己兒子所殺）。

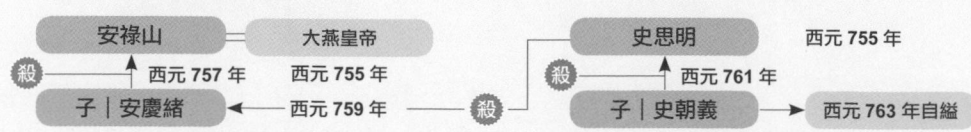

安祿山 ＝ 大燕皇帝		史思明	西元 755 年
殺↑ 西元 757 年　西元 755 年		殺↑ 西元 761 年	
子｜安慶緒 ←── 西元 759 年 ── 殺		子｜史朝義 → 西元 763 年自縊	

⑩ 回紇助唐　第 8 任唐肅宗李亨在靈武（寧夏銀川附近）即位，尊唐玄宗為太上皇，此時「安史之亂」正如火如荼的蔓延各地，郭子儀及李光弼臨危授命、聯合回紇軍展開大規模反攻，陸續將失地逐漸收復。

　宦官專權　肅宗寵信宦官李輔國，使其開始專權。肅宗重病時，張皇后也想干預朝政，開始密謀誅殺李輔國，但事洩反被其所殺。重病臥床的肅宗目睹一切過程，驚嚇到心臟麻痺猝死。

⑪ 收復兩京　第 9 任唐代宗李豫，在「安史之亂」時曾任天下兵馬大元帥，與郭子儀共同收復兩京（長安、洛陽），並阻止回紇軍在兩京的掠奪。

　國勢大衰　代宗登基次年即平定「安史之亂」（歷經 7 年），但當時局勢東有藩鎮割據、北有回紇勒索、西有吐蕃侵擾，並一度趁虛攻陷長安，代宗出逃到陝州避難（最後被郭子儀平定）。代宗崇信佛教，建院造寺，財政經濟惡化，國勢大衰。

⑫ 稅法失當　第 10 任唐德宗李适，因平定安史叛軍餘孽有功，被拜為尚書令，即位後改革稅制，定兩稅法，但後因宦官專權，稅務失當，激起民怨。

　涇原兵變　涇原地方藩鎮勢力相互勾結、聯兵作亂，並一度攻陷長安，德宗倉惶逃奔奉天（陝西乾縣）避難數月，史稱「涇原兵變」或「奉天之難」，自此朝廷威嚴盡失，皇權一落千丈。

　宦官領兵　兵變後，德宗從此完全不信任、朝中的文臣武將，開始重用朝暮相處的宦官（忠僕），並破天荒打破以往宦官不得干政的鐵律，讓宦官直接掌管兵權，稱為「神策軍」（中國宦官握有兵權之始）。

⑬ 永貞革新　第 11 任唐順宗李誦，即位時已年逾 45 歲，深知朝政弊端所在，有心改革前朝劣弊拙施，開始貶斥貪官污吏，並試圖收回宦官兵權，史稱「永貞革新」，但他在位僅八個月患中風而禪位。

⑭ 元和中興　第 12 任唐憲宗李純，年號「元和」，即位後決心「以法度裁制藩鎮」，開始對割據的軍閥展開鎮壓，使唐朝出現短暫性復興局面。

　罷黜韓愈　憲宗的帝位是由宦官所擁立，故重用宦官，他篤信佛教，遣使至鳳翔迎請釋迦牟尼佛遺骨入宮供奉，刑部侍郎韓愈上「諫佛骨表」勸諫書，激怒憲宗，被貶降為潮州刺史。

　牛李黨爭　憲宗即位後不久，為選拔人才，在長安舉行殿試，舉人牛僧孺、李宗閔等在考試卷裡批評朝政，因而受到推薦，此舉傳到宰相李吉甫（李德裕的父親）耳裡，非常不是滋味，開始痛恨這批狂妄舉人（因有揭其瘡疤之嫌），要求嚴懲這些不識時務的舉人，此事件引起朝野嘩然，認為李吉甫忌賢妒才，迫於輿論壓力，憲宗將其貶為淮南節度使，另擇宰相。此事件讓雙方兩敗俱傷，結下樑子，朝臣分裂成兩派敵對，為爾後 40 年的朋黨之亂（牛李黨爭）種下禍根。

宦官弑君　憲宗晚年愛好長生不老之術，喜服金丹，性情易暴怒，動輒鞭笞責罰宦官們，後來被積怨已久的內常侍宦官陳弘志和王守澄合謀毒殺憲宗，在位 15 年。

★ 唐朝至此「禁內有宦官、朝內有朋黨、地方有藩鎮（軍閥）」。

15 遊樂皇帝　第 13 任唐穆宗李恒是宦官梁守謙所擁立的皇帝，在位期間僅 4 年，喜打馬球、好服金丹（最後中毒而死），其帝王生活「宴樂頻繁、遊幸無度」。

黨爭加烈　穆宗期間以牛僧孺（科舉進士）為首的牛黨和李德裕（李吉甫之子的士族門第）為首的李黨，相互傾軋，黨爭加劇，史稱「牛李黨爭」，使唐朝進入政治黑暗期。

吐蕃會盟　穆宗曾派大臣和吐蕃（西藏）締結盟約，建有唐蕃會盟碑（今保存於西藏拉薩大昭寺內），成為唐蕃友誼的見證物。

16 昏蕩皇帝　第 14 任唐敬宗李湛（音佔）16 歲即位，奢侈荒淫、沉迷馬球，喜歡半夜在宮中捉狐狸（打夜狐），夜遊朝息，大臣難得見到皇帝一面，朝政全被宦官把持，綱紀敗壞，最後被宦官劉克明所殺（在位 2 年）。

17 黨爭顛峰　第 15 任唐文宗李昂在位期間，牛李黨爭達到頂峰，雙方都依附著宦官，讓文宗感嘆「去河北賊易、去朝廷朋黨難」。

甘露之變　朝中宦官勢力已大到能廢立皇帝、操控朝廷之權，於是文宗密謀策劃想誅殺宦官集團，但事洩，被宦官仇士良先發制人，朝臣千餘人遭誅殺，史稱「甘露之變」。事後文宗被宦官鉗制形同傀儡，其雖有治國之心，但受制於家奴（宦官）又受制於朋黨（牛李黨爭），再受制於藩鎮（軍閥），不久後抑鬱而終（在位 14 年）。

18 會昌中興　第 16 任唐武宗李炎，年號「會昌」，在位期間有能力抑制宦官之焰，並平定澤路及太原藩亂，史稱「會昌中興」。

會昌滅佛　武宗信奉道教，見僧侶奢華、讓人供養，於是下詔滅佛、拆寺焚經，僧侶全部淪為奴隸，史稱「會昌滅佛」（三武一宗法難）。

19 宦官誤判　第 17 任唐宣宗李忱，宦官們誤認李忱是愚蠢昏庸之輩，於是擁立他為皇帝，認為較容易掌控，但哪知宣宗卻十分精明（大智若愚），跌破大家眼鏡，為宦官們始料未及。

大中之治　宣宗下詔恢復佛教（武宗滅佛、宣宗尊佛），又乘吐蕃（西藏）內亂，收復河湟十二卅地，勤於政事、明察善斷、從諫如流、恭謹節儉，並能抑制宦禍，且終結長達 40 年的朋黨之亂（牛李黨爭），讓國家安定繁榮，史稱「大中之治」（晚唐最後一盞明燈），後因服食金丹中毒而亡，在位 13 年。

20 九破皇帝　第 18 任唐懿宗李漼（同璀）是宦官劉行琛所擁立的皇帝，在位

期間，國有九破（九種破裂毀壞的程序）是讓大唐半壁江山衰落至滅絕的罪魁禍首，政治腐敗、經濟凋敝、恣意揮霍、民不聊生，更有人吃人的慘劇發生，醞釀著一場大規模的人民抗暴事件爆發。

九破	① 終年聚兵	② 蠻夷熾興	③ 權豪奢僭	④ 大將不朝
	⑤ 廣建佛寺	⑥ 賂賄公行	⑦ 酷吏殘暴	⑧ 賦役不公
	⑨ 冗官過甚（閒散官員很多）			

㉑ 嬉鬧皇帝　第 19 任唐僖宗李儇（音宣）12 歲幼齡登基，朝政全由宦官掌控，僖宗童心未泯，肆無忌憚的玩樂，喜鬥雞、賭鵝，生活奢華極致。

黃巢之亂　僖宗在宮廷內大肆揮霍玩樂之際，百姓正逢連年災害（天災）、官員剝削（人禍）而苦不堪言，於是引發一場致命的農民抗暴事件，先有王仙芝之亂，後由黃巢接替，並一度攻佔長安，僖宗逃奔至蜀避難。

朱溫降唐　僖宗遁逃至興元時，下詔諸道軍入關中馳援救駕，其中沙陀人李克用奉詔攻入長安擊退黃巢，其大將朱溫叛變降唐，被僖宗賜名為「全忠」，西元 884 年終將民變（黃巢之亂）徹底平息（歷時 10 年）。

㉒ 藩鎮割據　第 20 任唐昭宗李曄（音頁）是宦官楊俊恭所擁立的傀儡皇帝，在位期間諸節度使及各地藩鎮，均藉由農民叛亂之際逐漸擁兵自重、趁機坐大，成為尾大不掉的地方勢力，朝廷遂感威脅。

唐軍崩盤　此時宰相張濬建議「以強兵而鎮服天下」，於是在長安廣招人馬拼湊成軍隊，但因毫無作戰經驗，結果未戰先自潰，昭宗在各強藩（軍閥）的壓迫下被廢黜、隨後又復位，在位期間曾三次出逃京師（長安）記錄、可說歷盡滄桑。

綁架聖上　降唐叛將朱全忠以「出兵勤王救萬歲」為藉口挾持昭帝，迫昭帝遷都洛陽，隨後將其謀殺，並開始殺盡所有宦官（廢除神策軍），終結唐朝 149 年來的「宦官之禍」，但同時也結束了唐朝天命。

朱溫篡唐　第 21 任唐哀宗李柷（同祝）是梁王朱全忠所擁立的皇帝（之前十一任皇帝均由宦官所擁立），即位時年僅 13 歲，此時唐朝名存實亡，各地藩鎮（軍閥）起兵以討伐朱全忠為由，興兵作亂（稱朱全忠為不全忠想當皇帝）。四年後朱全忠（乾脆真的不用再全忠），逼迫哀宗禪位、自立為帝（後梁太祖），並將非常諷刺的朱全忠名字改為朱晃（唐朝亡，國祚 289 年）。

③ 唐朝的特殊怪現象

① 中毒世家　唐朝歷經 21 位皇帝，其中 7 位皇帝是中毒而死（佔 1/3），被戲稱為「中毒世家」。

★ 其中 3 位皇帝是被毒死，其他 4 位皇帝是為了求長生不老之術、亂服偏方（丹藥）中毒而死（從養身變成要命）。

中毒而死			被毒死			
第 2 任	唐太宗	李世民	第 4 任	唐中宗	李顯	被妻子（韋后）及女兒（安樂公主）合謀毒死
第 13 任	唐穆宗	李恒	第 12 任	唐憲宗	李純	被宦官陳弘志、王守澄毒死
第 16 任	唐武宗	李炎	第 21 任	唐哀宗	李柷	被朱溫（全忠）派人毒死
第 17 任	唐宣宗	李忱				

2 出京逃難世家　唐朝有 5 位皇帝為躲避戰亂而出京逃難（皇威盡失）。

第 7 任	唐玄宗　李隆基	➡	安史之亂	➡	逃難至成都（禪位）
第 9 任	唐代宗　李豫		吐蕃侵京		逃難至陝州
第 10 任	唐德宗　李適		涇原兵變		逃難至奉天（奉天之難）
第 19 任	唐僖宗　李儇		黃巢之亂		逃難至四川興元
第 20 任	唐昭宗　李曄		藩鎮之叛		被朱溫挾持至洛陽

3 唐朝三次女禍（三女之患）

★ **三次女禍**　歷經 55 年：武后（武則天）47 年、韋后（武后媳婦）5 年、太平公主（武后女兒）3 年。

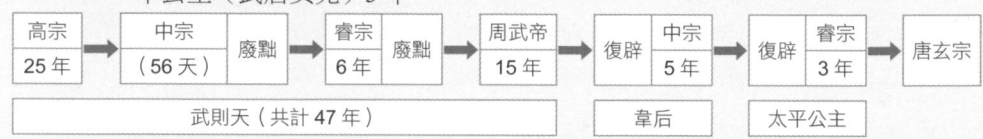

高宗 25 年	➡	中宗（56 天）	廢黜	睿宗 6 年	廢黜	周武帝 15 年	復辟	中宗 5 年	復辟	睿宗 3 年	➡	唐玄宗

| 武則天（共計 47 年） | | 韋后 | 太平公主 |

4 宦官亂政　西元 755 年～ 903 年，共計 149 年（唐國祚 289 年，一半以上時期為奴才當家。）

◎ 中國歷史上，東漢、唐朝、明朝三朝代均有宦禍（其中以唐為烈），唐朝中期宦官開始有弒君及廢立新君的通天本事，自穆宗以後八位皇帝中由宦官所擁立的帝王就有 7 位（唐敬宗除外），形成「奴尊君卑」的局面。

5 朋黨之爭｜牛李黨爭　西元 806 年～ 846 年，歷經 6 帝，共計 40 年

唐憲宗時科舉進士與士族門第在政治上形成兩股新的勢力集團，兩派人馬（牛、李）鬥爭激烈，彼此不顧是非、不擇手段、相互傾軋，甚至勾結宦官，以致於朝廷昏腐、政治敗壞。

牛李黨爭	派別	代表人	身分地位	對藩鎮政策	強調
	牛黨	牛僧孺	科舉進士（庶民）	主張安撫	改革變法（創新）
	李黨	李德裕	士族門第（貴族）	主張剿殺	因循守舊（傳統）

★ 唐宣宗終結長達 40 年的牛李黨爭而開創「大中之治」

★ 牛李黨爭雖然最後由牛黨獲勝，但卻帶給唐朝遍體鱗傷，國運每況愈下，緊接著是農民起義（黃巢之亂）和藩鎮割據等大禍臨頭。

6 安史之亂　西元 755 年～ 763 年，共計 7 年，歷經 3 帝

源起　安祿山藉口「討伐楊國忠（楊貴妃堂兄）清君側」為由，聯合史思明興兵作亂，故稱「安史之亂」。因爆發在玄宗天寶年間，又稱「天寶之亂」。

過程 安祿山攻佔洛陽後稱帝，國號「大燕」。此時已經危及京師長安，玄宗被迫逃亡避難，行經馬嵬坡時發生兵諫，楊國忠被亂刀砍死，玄宗愛妾楊貴妃被迫自縊而亡，玄宗逃至成都後即禪讓皇位（已無心問政）。

結果 肅宗即位（玄宗任太上皇），命郭子儀及李光弼聯合回紇軍開始反攻，並陸續收復失土，而此時安史陣營發生內訌，安祿山及史思明均被自己兒子弒殺，最後在唐代宗登基後的次年才將安史餘孽徹底肅清，結束長達7年的叛亂（此事件讓唐朝由盛轉衰）。

❼ 藩鎮割據 安史之亂平定後，各藩鎮因平息叛亂有功大受加封，且擁兵自重，開始不受朝廷（中央）控制，有時為爭奪地盤而大動干戈。

外族擾亂 助唐平定安史之亂的回紇、吐蕃、南詔軍趁虛入寇，常騷擾京師（入必大掠、去必厚賂），食髓知味、予取予求，並數度進犯長安，迫使唐帝逃難（前門驅虎、後門進狼），最後被郭子儀逐退化解危機。

涇原兵變 德宗時期，河北一帶藩鎮叛亂，並一度佔領京師長安，迫使德宗出城逃難，4年後才平定，此事件讓德宗再不信任朝廷文臣武將，開始重用宦官並授予兵權（神策軍），因此使唐朝國勢更為雪上加霜。

❽ 唐末民變 西元874年～884年，唐僖宗年間，共計10年

★西元874年，王仙芝在長垣起義，揮軍中原，但不久後即因兵敗被殺。

★黃巢繼續率叛軍舊部轉戰東南，勢如破竹，一度攻克長安（僖宗出京逃難），隨後稱帝，國號「大齊」，但不久後被其降唐叛將朱溫（僖宗賜名全忠）與沙陀人李克用聯軍所敗，退至狼虎谷時被俘殺，結束10年的內戰，史稱「黃巢之亂」或「王仙芝之亂」。

唐末黃巢、王仙芝農民起事及軍閥分布圖 西元880年

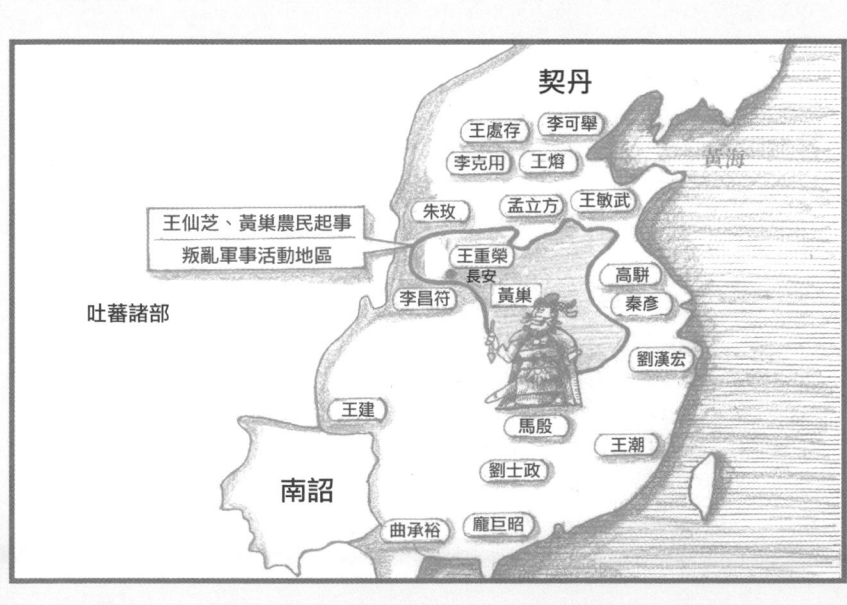

⑨ 唐朝中、晚期政亂起事一覽表

西元 712 年～ 907 年，共計 196 年，歷經 15 位皇帝（第 7 任玄宗至第 21 任哀宗）

★ **政局：**「宮內有宦官焰熾、朝外有藩鎮兵亂、朝內有朋黨之爭、地方有農民起事」

階段	任別	評語	帝號	姓名	在位	死因	宦官亂權	黨爭·民變·藩亂大事備註
盛唐 50	7	名	唐玄宗	李隆基	44 年	病死	高力士（忠謹）〔宦官得勢〕	〔安史之亂〕★安史之亂　**玄宗出京避難**
	8	平	唐肅宗	李亨	6 年	病死	李輔國（專橫）	〔共計 7 年〕
中唐 70 年	9	平	唐代宗	李豫	17 年	病死	程元振（兇殘）	●吐蕃侵京　**代宗出京避難**
	10	平	唐德宗	李適	26 年	病死	掌兵權（神策軍）	★涇原兵變　**德宗出京避難**
	11	哀	唐順宗	李誦	8 個月	病死	被陳弘志及王守澄〔宦官干政〕	■永貞革新
	12	明	唐憲宗	李純	15 年	毒死	毒死	〔牛李黨爭〕牛李黨爭開始　■元和中興
	13	昏	唐穆宗	李恒	4 年	中毒	梁守謙擁立	牛黨得勢　◎唐蕃會盟
	14	昏	唐敬宗	李湛	2 年	被殺	被劉克明弒	牛黨得勢
晚唐 70 年	15	弱	唐文宗	李昂	14 年	病死	王守澄擁立〔宦官矯旨〕	平分秋色　★甘露之變
	16	明	唐武宗	李炎	6 年	中毒	仇士良擁立	李黨全盛期　■會昌中興、滅佛
	17	明	唐宣宗	李忱	13 年	中毒	馬元贊擁立	〔牛李黨爭共計 40 年〕牛黨全盛期　■大中之治
	18	昏	唐懿宗	李漼	14 年	病死	王宗實擁立〔宦官作主〕	▲九破皇帝
	19	昏	唐僖宗	李儇	15 年	病死	劉行琛擁立	★黃巢之亂（共計 10 年）　**僖宗出京避難**
	20	弱	唐昭宗	李曄	17 年	被殺	楊俊恭擁立	**昭宗被朱全忠挾持至洛陽**
	21	哀	唐哀宗	李柷	4 年	毒死	●被劉季述罷黜	★白馬之禍（朱全忠篡唐）

---

④ 唐朝文學璀燦期　人才輩出、才華橫溢、大放異彩、千古傳誦

① 四個階段　史學家用唐詩來劃分四個階段，代表唐朝文化的璀燦期：

	序	階段	期間	年數	皇朝年號　期間
大唐帝國	1	初唐	618 年～ 712 年	約 100 年	唐高祖武德年——唐睿宗延和年間
	2	盛唐	713 年～ 765 年	約 50 年	唐玄宗開元年——唐代宗永泰年間
	3	中唐	766 年～ 835 年	約 70 年	唐代宗大曆年——唐文宗太和年間
	4	晚唐	836 年～ 906 年	約 70 年	唐文宗開成年——唐哀宗天祐年間

★ 盛唐期間雖然只有 50 幾年（最短），但卻是最輝煌燦爛的時期，騷人（詩人）墨客（書法家）相互爭輝。

初唐文壇四傑　史稱「王、楊、盧、駱」他們各個英姿煥發，卻又懷才不遇（仕途坎坷）。

文壇四傑	王勃	27 歲	海內存知己，天涯若比鄰（在南海溺斃，被道教奉為水仙尊者）
	楊炯	43 歲	寧為百夫長，勝作一書生（11 歲時就被稱為小神童）
	盧照鄰	54 歲	得比目何辭死，願作鴛鴦不羨仙（一生均在悲慘歲月裡渡日）
	駱賓王	失蹤	言猶在耳，忠豈忘心，一抔之土未乾，六尺之孤安在，試看今日域中，竟是誰家天下（討武檄文大罵武則天，武后非但不生氣，還誇讚他為天下奇才）

★ 初唐文壇另有陳子昂（前不見古人、後不見來者），五律代表：沈佺期、宋之問

盛唐	李白（詩仙）、杜甫（詩聖、與李白合稱「李杜」）、賀知章、王之煥、王昌齡、王維、張九齡、高適、岑參
中唐	白居易、劉禹錫、元稹、孟浩然、劉長卿、韋應物、孟郊、李賀、韓愈、柳宗元、賈島
晚唐	李商隱、杜牧（與李商隱合稱「小李杜」）、溫庭筠、司空圖

2 唐朝各派別的文學家

山水田園派　王維、孟浩然（合稱王孟）、劉禹錫、韋應物、劉長卿

邊塞詩人派　高適、岑參（合稱高岑）、王昌齡、王之煥

浪漫主義派　李白　**現實主義派**　杜甫（與李白合稱李杜）

奇險詩人派　孟郊、賈島（郊寒島瘦）、李賀、韓愈

新樂府運動　元稹、白居易（合稱元白）

古文運動／新文學運動　首倡者陳子昂（以文載道）；成就者韓愈、柳宗元（合稱韓柳）。

唯心主義思想　韓愈（排斥佛道、獨尊儒學，因諫罵憲宗迎佛骨，被貶逐至嶺南）、李翱（音熬，韓愈的學生，以滅情復性說，開宋明理學的先河）。

唯物主義思想　劉禹錫、柳宗元（合稱劉柳）。

唐代文章四友　杜審言、崔融、李嶠、蘇味道

3 唐朝各派別的書法家

初唐四大家	① 歐陽詢（瘦勁挺拔）	② 虞世南（圓潤優美）
	③ 褚遂良（鐵筆銀鉤）	買褚得薛，不失其節
	④ 薛稷（音素）（綺麗尚媚）	
盛唐	① 張旭（龍飛鳳舞、酣暢淋漓）	被稱為「顛張醉素」
	② 懷素（運筆狂飛、驟雨旋風）	
中唐	① 顏真卿（端莊沉穩、雍容大度）	被稱為「顏筋柳骨」
	② 柳公權（剛勁筆精、清高雅麗）	

4 唐代各大聖人

草聖	張旭（草書第一達人）	畫聖	吳道子（吳帶當風、國朝第一）
塑聖	楊惠之（道子繪、惠之塑）	詩聖	杜甫
詩畫聖	王維（破墨山水畫大師，畫中有詩、詩中有畫）		
茶聖	陸羽（品茗茶道達人）	藥聖	孫思邈（作千金方）

西元 907 年～ 960 年，共計 53 年，歷 5 個朝代，全部 14 帝。

定義　唐朝滅亡後至宋朝建立為止，此階段被史學家稱為「五代十國」

源起　晚唐後期黃巢之亂，天下大亂，藩鎮割據，各方節度使擁兵自重，朝廷威信殆盡（名存實亡），最具實力的藩鎮梁王朱全忠、弒殺唐哀宗、篡唐稱帝，各地藩鎮（軍閥）紛紛效尤自立為王，全國形成分裂混亂的局勢（相互攻訐、戰亂不休），短時間內中國出現五個更迭的皇朝，史稱「五代」（梁、唐、晉、漢、周）。另在長江以南地區出現十個（實際為十五個）軍閥統治的政權，史稱「十國」。

1　五代十國各王朝總表

① 五代：五個更迭王朝（中原地區）後梁、後唐、後晉、後漢、後周，共計 14 帝								
	序	國名	建立者	期間	國祚	帝數	國都	滅於
【五代】共計53年	1	後梁	朱晃（朱溫）	907 年～ 923 年	17 年	3 位	開封	後唐
	2	後唐	李存勗	923 年～ 936 年	13 年	4 位	洛陽	後晉
	3	後晉	石敬瑭	936 年～ 946 年	10 年	2 位	開封	後漢
	4	後漢	劉知遠	947 年～ 950 年	4 年	2 位	開封	後周
	5	後周	郭威	951 年～ 960 年	10 年	3 位	開封	宋朝

② 十國：十個割據軍閥政權（除北漢外，其餘均在長江以南地區），共計 40 王								
	序	國名	建立者	期間	國祚	王數	國都	滅於
【十國】前後共計73年	1	前蜀	王建	903 年～ 925 年	23 年	2 位	成都	後唐
	2	南吳	楊行密	902 年～ 937 年	36 年	4 位	揚州	南唐
	3	南閩	王審知	909 年～ 945 年	37 年	6 位	福州	
	4	南楚	馬殷	907 年～ 951 年	45 年	5 位	長沙	
	5	南漢	劉龑	917 年～ 971 年	55 年	4 位	廣州	宋朝（北宋）
	6	吳越	錢鏐	907 年～ 978 年	72 年	5 位	杭州	
	7	後蜀	孟知祥	934 年～ 965 年	32 年	2 位	成都	
	8	南唐	李昇	937 年～ 975 年	39 年	3 位	南京	
	9	荊南	高季興	924 年～ 963 年	40 年	5 位	江陵	
	10	北漢	劉崇	951 年～ 979 年	29 年	4 位	太原	

★ 同時間未列入十國的其他割據國：

⑪ **燕**，909 年～ 913 年，共計 5 年（劉守光創立）、⑫ **歧**，907 年～ 923 年，共計 17 年（李茂貞創立）、⑬ **定難**，907 年～ 982 年，共計 78 年（李思恭創立）、⑭ **契丹**，907 ～ 938 年，共計 31 年（耶律阿保機創立）➡ 遼 938 ～ 1125 年，共計 187 年、⑮ **南詔**，738 ～ 902 年，共計 164 年➡長和，903 ～ 938 年，共計 35 年、⑯ **大理國**，938 ～ 1253 年，共計 315 年（段思平創立）

2 五代十國時代尺度表

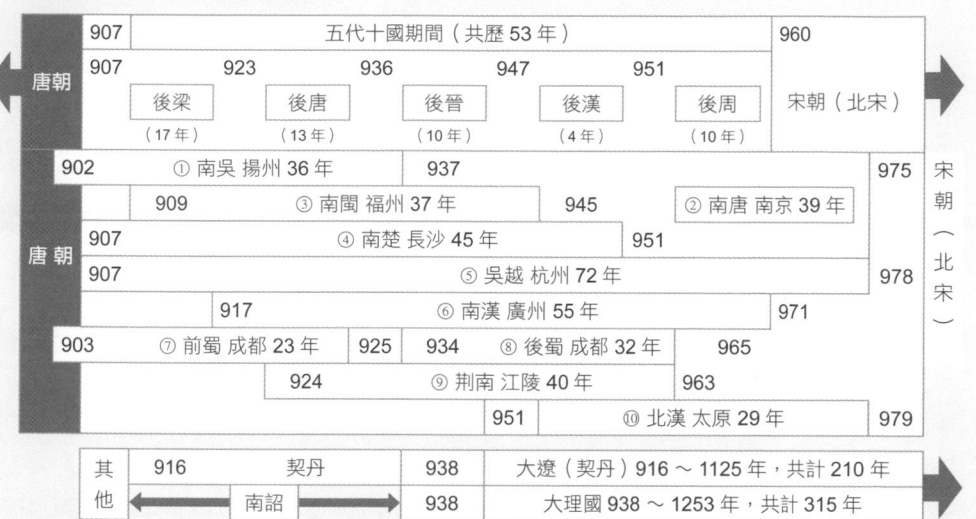

	907	五代十國期間（共歷 53 年）					960
唐朝	907　　923　　936　　947　　951						宋朝（北宋）
	後梁（17年）	後唐（13年）	後晉（10年）	後漢（4年）	後周（10年）		

	902 ① 南吳 揚州 36 年　937						975　宋朝（北宋）
	909 ③ 南閩 福州 37 年　945		② 南唐 南京 39 年				
唐朝	907 ④ 南楚 長沙 45 年　951						
	907 ⑤ 吳越 杭州 72 年						978
	917 ⑥ 南漢 廣州 55 年　971						
	903 ⑦ 前蜀 成都 23 年　925　934 ⑧ 後蜀 成都 32 年　965						
	924 ⑨ 荊南 江陵 40 年　963						
	951 ⑩ 北漢 太原 29 年　979						

其他	916　　契丹　　938	大遼（契丹）916 ～ 1125 年，共計 210 年
	南詔　　938	大理國 938 ～ 1253 年，共計 315 年

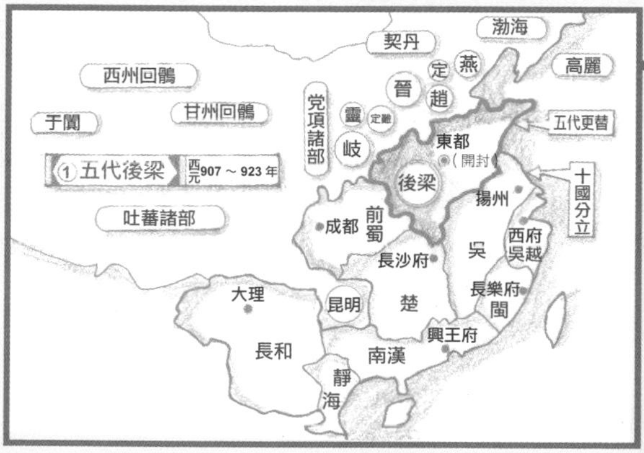

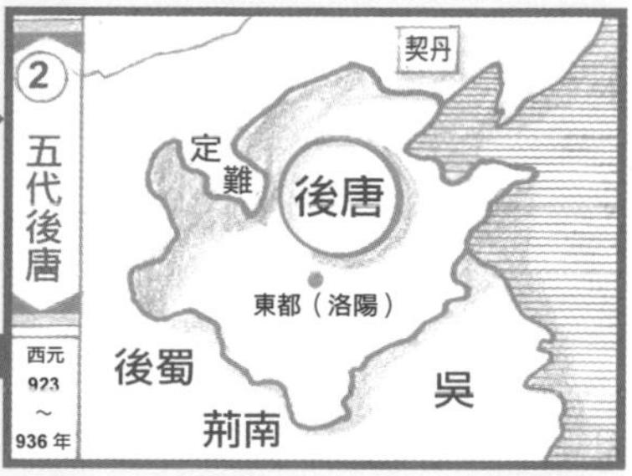

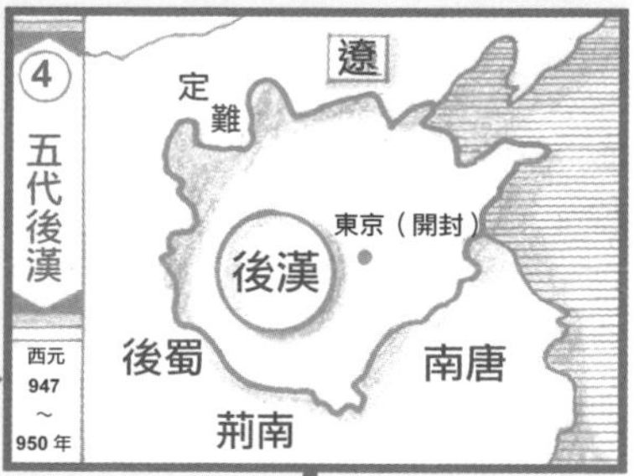

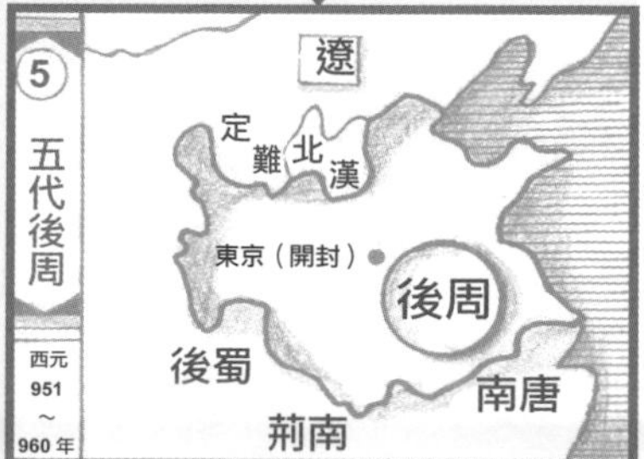

① 五代後梁　西元 907 ～ 923 年

西州回鶻　甘州回鶻　于闐　党項諸部　吐蕃諸部　靈武　定難　晉　趙　燕　契丹　渤海　高麗　東都（開封）　後梁　揚州　吳　西府吳越　成都　前蜀　長沙府　楚　閩　長樂府　興王府　南漢　昆明　大理　長和　五代更替　十國分立

② 五代後唐　西元 923 ～ 936 年

契丹　定難　後唐　東都（洛陽）　後蜀　荊南　吳

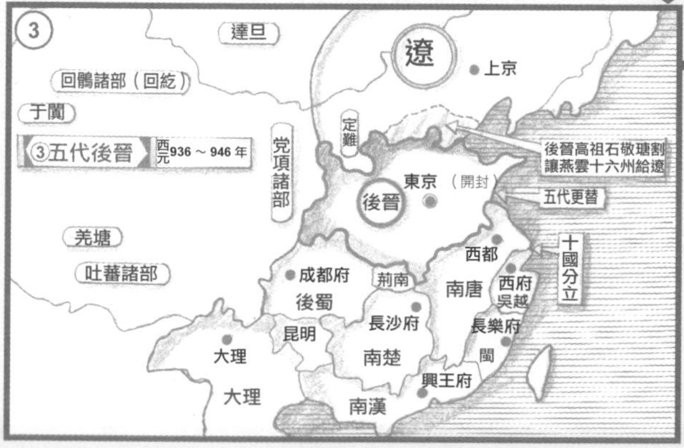

③ 五代後晉　西元 936 ～ 946 年

達旦　回鶻諸部（回紇）　于闐　党項諸部　羌塘　吐蕃諸部　遼　上京　定難　東京（開封）　後晉　荊南　後蜀　成都府　南唐　西都　西府吳越　長沙府　長樂府　南楚　閩　昆明　大理　南漢　興王府　大理　後晉高祖石敬瑭割讓燕雲十六州給遼　五代更替　十國分立

④ 五代後漢　西元 947 ～ 950 年

遼　定難　後漢　東京（開封）　後蜀　南唐　荊南

⑤ 五代後周　西元 951 ～ 960 年

遼　定難　北漢　後周　東京（開封）　後蜀　荊南　南唐

3 **五代各王朝皇帝在位列表**

① 後梁	西元 907 ～ 923 年，共計 17 年，歷三帝，國都：開封								
序	評語	帝名	姓名	關係	期間	即位年歲	在位	享年	壽考	備註
1	暴君	梁太祖	朱晃	開創	907 ～ 912	55 歲	6 年	61 歲	被殺	原名朱溫，叛唐自立
2	篡位	郢王	朱友珪	晃三子	912 ～ 913	38 歲	數月	38 歲	被殺	殺父篡位，不久被殺
3	哀君	梁末帝	朱友瑱	晃四子	913 ～ 923	26 歲	10 年	36 歲	自殺	被後唐李存勗所殺

② 後唐	西元 923 ～ 936 年，共計 13 年，歷四帝，國都：洛陽								
1	昏君	唐莊宗	李存勗	開創	923 ～ 926	39 歲	3 年	42 歲	被殺	打仗英勇，治國昏庸
2	明君	唐明宗	李嗣源	勗堂兄	926 ～ 933	60 歲	7 年	67 歲	病死	勤政愛民
3	平君	唐閔宗	李從厚	源三子	933 ～ 934	20 歲	1 年	21 歲	被殺	與李從珂不合被殺
4	哀君	唐末帝	李從珂	源養子	934 ～ 936	50 歲	2 年	52 歲	自殺	被石敬瑭所殺

③ 後晉	西元 936 ～ 946 年，共計 10 年，歷二帝，國都：開封								
1	昏君	晉高祖	石敬瑭	開創	936 ～ 942	45 歲	6 年	51 歲	鬱卒	向契丹自稱「兒皇帝」
2	哀君	晉出帝	石重貴	瑭侄子	942 ～ 946	29 歲	5 年	59 歲	病死	不想稱臣被廢

④ 後漢	西元 947 ～ 950 年，共計 4 年，歷二帝，國都：開封								
1	平君	漢高祖	劉知遠	開創	947 ～ 948	53 歲	1 年	54 歲	病死	後晉被契丹滅後稱帝
2	暴君	漢隱帝	劉承祐	遠二子	948 ～ 950	17 歲	3 年	20 歲	被殺	猜忌濫殺被誅

⑤ 後周	西元 951 ～ 960 年，共計 10 年，歷三帝，國都：開封								
1	明君	周太祖	郭威	開創	951 ～ 954	48 歲	3 年	51 歲	病死	勵精圖治
2	明君	周世宗	柴榮	威養子	954 ～ 959	33 歲	6 年	39 歲	病死	五代第一明君
3	哀君	周恭帝	柴宗訓	榮四子	959 ～ 960	7 歲	六個月	21 歲	病死	陳橋兵變，禪位

4 **五代各皇朝帝王比較**

五代五個封建皇朝，總計有 14 位皇帝，歷經 53 年（平均一位皇帝在位不到四年）。

明君 僅三位，其他的帝王非昏即暴，或是哀君。

① 後唐明宗李嗣源（在位 7 年）、② 後周太祖郭威（在位 3 年）、③ 後周世宗柴榮（在位 6 年）

昏暴之君 以梁太祖朱晃、晉高祖石敬瑭、漢隱帝劉承祐為烈。

① 後梁太祖朱晃（原名朱溫，被唐僖宗賜名全忠）被稱為「流氓皇帝」，殺人無數、淫亂荒唐，連兒媳也被其強暴，最後被其三子所殺。

② 後晉高祖石敬瑭為求帝位，割讓燕雲十六州給契丹，並且尊奉比自己小 10 歲的遼太宗為父皇，自稱「兒皇帝」（是中國歷史上最荒唐無恥的皇帝）。

③ 後漢隱帝劉承祐 17 歲即位，喜殺人、昏暴無道，性多疑猜忌，常濫殺無辜，後被郭威（後周太祖）先發制人將其斬殺。

★ 國祚以後梁最長（17 年），後漢最短（4 年）；疆域以後唐最大，後梁最小。

5 唐末三大藩鎮演變成五代十國

1	梁王	朱全忠（61歲）	2	晉王	李克用	3	岐王	李茂貞

原名：朱溫（稱帝後改朱晃）

早期 背叛黃巢投降唐朝被唐僖宗賜名為「全忠」後擊滅平定黃巢之亂，被封「梁王」。

中期 殺宰相崔胤及唐昭宗，擁立李柷（唐哀宗）為傀儡皇帝。

晚期 殺盡宦官及朝臣（白馬之禍）廢哀宗、自立為帝（梁太祖）。生性殘暴淫亂、強佔兒媳為妾，最後被三子所殺。

原名：朱耶（53歲）

早期 受唐懿宗賜姓「李」，大敗黃巢於狼虎谷，威名遠播。

中期 因護駕有功，被唐僖宗封為「晉王」。

晚期 與朱全忠爭鬥中敗北，朱全忠稱帝後，繼續與其對抗，死後其子李嗣源消滅後梁稱帝（後唐莊宗），於是李克用成為「後唐」的奠基者。

原名：宋文通（68歲）

早期 唐僖宗年間於鳳翔擊敗黃巢叛軍及救駕有功，被賜姓名為「李茂貞」。

中期 唐昭宗時在朝廷專橫跋扈，為朱全忠所驅逐引退。

晚期 朱全忠篡唐時，自設「岐王府」後向後唐李存勗稱臣，被封為「秦王」，最後安享天年，壽終正寢。

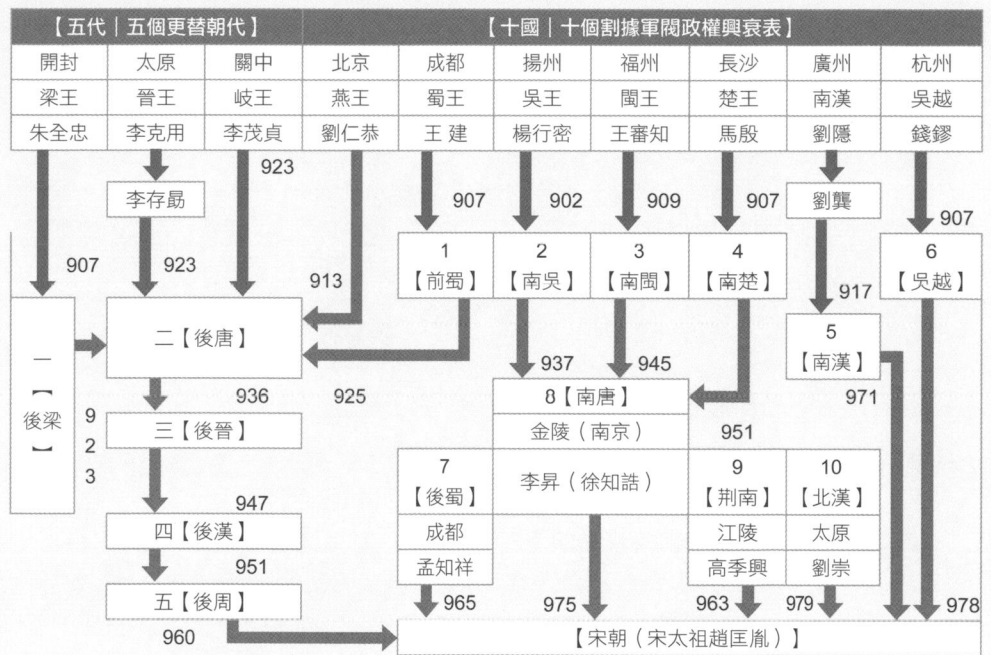

◆ 朱全忠與李克用的恩怨情仇

1 賣主求榮的叛徒｜朱全忠 為唐末黃巢起義軍的行營先鋒，後來陣前倒戈、投誠唐朝，被唐僖宗賜名「全忠」。黃巢兵敗自殺後，其部將秦宗權接掌兵權，最後被全忠誅滅，朱全忠開始嶄露頭角，成為晚唐最有實力的強藩。

橫行朝野 唐昭宗時朱全忠被封為「梁王」，更加專橫跋扈，最後挾持昭宗到洛陽並將他謀殺，另立年僅13歲的李柷（唐哀宗）為傀儡皇帝，不久後篡唐。

流氓皇帝 朱全忠稱帝後定國號「大梁」（史稱後梁）定都開封，隨後改名為

朱晃（後梁太祖）。他是中國歷史上有名的「流氓皇帝」其一生最大勁敵為李克用。

② 有勇無謀的武夫｜朱耶（李克用）　朱耶沙陀人，因在狼虎谷誅滅黃巢亂軍被唐懿宗賜姓「李」名克用，開始在朝廷興風作浪。

獨眼龍　李克用一目失明，人稱「獨眼龍」（與日本戰國時期的伊達政宗極像）。他善於使箭，其所帶領的沙陀士兵勇猛善戰，身著黑衣戰袍，被稱為「鴉軍」。朱全忠篡唐自立為帝後，他以復興唐朝為名與其對抗。

李克用的三支箭和十三太保　李克用病危時，召來兒子李存勗，交付三支箭給他，希望兒子幫他完成自己一生未能達成的三個願望。

三個願望	第一箭	討伐背叛他的燕王劉仁恭父子	★最後李存勗併吞燕，敗契丹、滅後梁
	第二箭	打敗契丹的耶律阿保機	完成先父遺志，將三支箭送回宗廟典藏
	第三箭	要消滅世仇朱全忠	

★ 李存勗消滅後梁後自立為帝，國號「唐」（後唐），定都洛陽，是為後唐莊宗

★ 李克用以十三太保幫其打天下，而首席太保即為李嗣源（李克用養子）。他後來與石敬瑭一起發動兵變，將李存勗誅殺，成為第二任皇帝（唐明宗）

⑥ 五代各皇朝的興衰簡介

① 後梁　西元 907 年～ 923 年，共計 17 年，歷 3 帝，國都：開封

流氓皇帝　第 1 任後梁太祖朱晃（原名朱全忠），他在晚唐末期與李克用同在唐室朝廷仕官，因爭寵而有嫌隙開始交惡，成為世仇，相互攻訐征戰。李克用死後其子李存勗繼承父業，英猛威武、善於用兵，連續擊敗後梁大軍，使朱全忠驚嘆：「生子當如李亞子」（存勗乳名）。

昏暴淫亂　朱晃稱帝後暴虐無道、濫殺無辜、淫亂荒唐，連兒媳均遭其強暴，其三子郢王朱友珪受妻哭訴遭父皇姦污，憤而殺死其父、篡位為帝。

自焚滅國　第 3 任梁末帝朱友瑱，二個月內即將大逆不道、篡位為帝的三哥朱友珪擊敗即位，他生性柔懦，絕非李存勗的對手，不久後城破自焚而亡。

② 後唐　西元 923 年～ 936 年，共計 13 年，歷 4 帝，國都：洛陽

善用兵不善治國　第 1 任唐莊宗李存勗（乳名李亞子），沙陀人，他完成父親李克用遺願，攻滅後梁自立為帝，他打仗英勇無比（連世仇朱全忠都讚嘆不已），但卻不善治國，昏庸無能，最後被李嗣源（李克用十三太保之首）聯合其女婿石敬瑭（後來的晉高祖）發動兵變將其所殺。

花甲皇帝　第 2 任唐明宗李嗣源即位時已逾 60 歲高齡，勤政愛民。

內訌丟位　第 3 任唐閔宗李從厚，個性仁厚，但聽信讒言與義弟李從珂發生嚴重衝突、敵對，最後兵敗被義弟所殺。

★第4任唐末帝李從珂（李嗣源養子）素與明宗女婿石敬瑭不合，相互排斥。李從珂登基後，石敬瑭竟以「割讓燕雲十六州」為條件，向契丹借兵迅速攻破洛陽，李從珂（末帝）引火自焚。

③ 後晉 西元 936 年～946 年，共計 10 年，歷 2 帝，國都：開封

窩囊皇帝 第 1 任晉高祖石敬瑭，以出賣尊嚴換皇位（割讓燕雲十六州給契丹），並尊奉比自己小 10 歲的契丹王遼太宗耶律德光為「父皇帝」，自己貶稱「兒皇帝」，行徑荒謬離譜，在百姓的嘲諷謾罵聲中憂鬱而終，在位 6 年（為中國歷史上最窩囊無恥的皇帝）。

★石敬瑭（晉高祖）為求取契丹的援助，簽下喪權辱國的條約。

1	稱臣	奉表稱臣，事以父禮（以 45 歲之齡拜 34 歲的遼太宗為父，自稱兒皇帝）
2	割地	割讓燕雲十六州給契丹（遼），遼族入侵中原禍端實源於此。
3	輸貢	歲輸絹三十六萬匹（使經濟重挫、民不聊生）

堅不受辱 第 2 任晉出帝石重貴（石敬瑭侄子）29 歲即位，速改前朝政策，態度大為轉變，堅不向遼稱臣，兩國關係急速惡化。遼太宗大怒，揮兵南下攻陷開封，出帝投降，後晉滅（遼太宗沒有殺晉出帝，他後來以 59 歲壽終正寢）。

④ 後漢 西元 947 年～950 年，共計 4 年，歷 2 帝，國都：開封

太原稱帝 第 1 任後漢高祖劉知遠，曾任職後晉河東節度使，後晉亡國後，開封境內被遼軍大肆搜括財帛，引起人民激烈反抗，劉知遠藉此機會在晉陽（太原）稱帝，改名為劉暠（音搞），隨後率軍收復開封（在位僅 1 年病死）

短命皇朝 第 2 任後漢隱帝劉承祐 18 歲即位，年少輕狂、多疑猜忌，常濫殺無辜，被鄴城留守郭威先發制人誅殺之（國祚僅 4 年，中國歷史最短之一）。

⑤ 後周 西元 951 年～960 年，共計 10 年，歷 3 帝，國都：開封

黃旗覆身 第 1 任後周太祖郭威，因後漢隱帝暴虐無道，他受將士鼓譟撕裂黃旗，擬天子袍覆身，高呼萬歲擁立為帝。他勵精圖志、勤儉愛民。

五代令主 第 2 任後周世宗柴榮，他是郭威的養子（因郭威親生兒子全被後漢隱帝劉承祐殺光），善文治，而武功也尤著，被稱為「五代令主」（五代中最傑出的明君）。

世宗滅佛 世宗見僧侶不務正業，奢華淫亂受人供養，於是展開大規模滅佛運動，熔佛像、鑄錢幣以紓民困，史稱「世宗滅佛」（三武一宗法難）。

壯志未酬 世宗雄才大略，以武力大破南唐和後蜀政權，隨後北伐契丹（遼），正準備攻取幽州（北京）時不幸罹病，班師回朝後不久去世。在位 6 年，享年 39 歲。

陳橋兵變 第 3 任後周恭帝柴宗訓 7 歲年幼即位，當時謠傳遼軍乘世宗病逝、新主接任之際，大軍南侵，朝廷急派禁軍統領趙匡胤率兵拒敵，但兵至陳橋驛時，將士以黃袍覆身，擁立其為皇帝，恭帝被迫禪位。

? 小常識

因果輪迴

★ 後周創始者周太祖郭威，是被將士「撕裂黃旗、擬天子袍覆身」擁立為帝，而其子孫後周恭帝柴宗訓，因年幼登基，禁軍統領趙匡胤也是被將士用「黃袍加身」的方式擁立為帝（有點依樣畫葫蘆的感覺，可謂「因果循環、業報輪迴」）。

★ 宋太祖趙匡胤有鑑於此，深怕歷史重蹈覆轍，再次上演兵變劇情，故後來才會搞個「杯酒釋兵權」的歷史大戲，以防類似事件再次發生（也因此宋朝開國功勳文臣武將均能壽終正寢）。

⑦ 十國君王在位列表

① 南吳	西元 902 年～ 937 年，共計 36 年，歷 4 位王，國都：江都（揚州）								
序	評語	帝名	姓名	關係	期間	即位年歲	在位	享年	壽考	備註
1	明君	吳武帝	楊行密	開創	902 ～ 905	51 歲	3 年	54 歲	病死	阻止朱溫南下
2	昏君	吳景帝	楊渥	密長子	905 ～ 908	20 歲	3 年	23 歲	被殺	徐溫父子專政
3	弱君	吳宣帝	楊隆演	密次子	908 ～ 920	12 歲	12 年	24 歲	病死	徐知誥（徐溫子）
4	弱君	吳睿帝	楊溥	密四子	920 ～ 937	21 歲	18 年	38 歲	病死	逼迫其禪位

② 前蜀	西元 903 年～ 925 年，共計 23 年，歷 2 位王，國都：成都								
序	評語	帝名	姓名	關係	期間	即位年歲	在位	享年	壽考	備註
1	明君	前蜀高祖	王建	開創	903 ～ 918	57 歲	15 年	72 歲	病死	原為屠夫，後成良君
2	昏君	前蜀後主	王衍	建幼子	918 ～ 925	30 歲	8 年	38 歲	被殺	被後唐所滅

③ 南楚	西元 907 年～ 951 年，共計 45 年，歷 5 位王，國都：長沙								
序	評語	帝名	姓名	關係	期間	即位年歲	在位	享年	壽考	備註
1	明君	武穆王	馬殷	開創	907 ～ 930	56 歲	23 年	79 歲	病死	上奉天子，下奉士民
2	平君	衡陽王	馬希聲	殷次子	930 ～ 932	32 歲	3 年	35 歲	病死	喜歡吃雞的國君
3	昏君	文昭王	馬希範	殷四子	932 ～ 947	34 歲	15 年	49 歲	病死	捐錢可贖罪
4	弱君	廢王	馬希廣	殷之子	947 ～ 950	26 歲	3 年	29 歲	被殺	政變中被殺
5	弱君	恭孝王	馬希萼	殷之子	950 ～ 951	53 歲	1 年	54 歲	病死	眾將叛變退位

④ 吳越	西元 907 年～ 978 年，共計 72 年，歷 5 位王，國都：杭州								
序	評語	帝名	姓名	關係	期間	即位年歲	在位	享年	壽考	備註
1	明君	武肅王	錢鏐	開創	907 ～ 932	55 歲	26 年	81 歲	病死	被奉為「海龍王」
2	平君	文穆王	錢元瓘	鏐七子	932 ～ 941	46 歲	9 年	55 歲	病死	宮殿失火嚇到瘋
3	弱君	忠獻王	錢弘佐	瓘六子	941 ～ 947	14 歲	6 年	20 歲	病死	喜讀書，不擅治國
4	弱君	忠遜王	錢弘倧	瓘七子	947 ～ 947	19 歲	六個月	45 歲	病死	被廢，安享天年
5	平君	忠懿王	錢弘俶	瓘九子	948 ～ 978	20 歲	31 年	60 歲	病死	向北宋稱臣

⑤ 南閩	西元 909 年～ 945 年，共計 37 年，歷 6 位王，國都：長樂（福州）								
序	評語	帝名	姓名	關係	期間	即位年歲	在位	享年	壽考	備註
1	明君	閩太祖	王審知	開創	909 ～ 925	48 歲	16 年	64 歲	病死	被奉為「開閩聖王」
2	暴君	嗣王	王延翰	知長子	925 ～ 926	△	1 年	△	被殺	非暴即昏（全部被殺）
3	弱君	閩太宗	王延鈞	知次子	926 ～ 935	△	9 年	△	被殺	
4	暴君	閩康宗	王昶	鈞長子	935 ～ 939	△	4 年	△	被殺	

238

| 5 | 昏君 | 閩景宗 | 王曦 | 知之子 | 939～943 | △ | 5 年 | △ | 被殺 | |
| 6 | 平君 | 福王 | 王延政 | 知之子 | 943～945 | △ | 2 年 | △ | 病死 | 投降南唐 |

⑥ 後蜀	西元 934 年～965 年，共計 32 年，歷 2 位王，國都：成都									
1	哀君	後蜀高祖	孟知祥	開創	934	61 歲	七個月	61 歲	病死	在位僅七個月
2	名君	後蜀後主	孟昶	祥三子	934～965	16 歲	31 年	47 歲	被殺	被奉為「戲神」

⑦ 南漢	西元 917 年～971 年，共計 55 年，歷 4 位王，國都：廣州									
序	評語	帝名	姓名	關係	期間	即位年歲	在位	享年	壽考	備註
1	暴君	南漢高祖	劉龑	開創	917～942	29 歲	25 年	54 歲	被殺	精通占卜術
2	暴君	南漢殤帝	劉玢	龑三子	942～943	23 歲	1 年	24 歲	被殺	奢侈荒淫
3	暴君	南漢中宗	劉晟	龑之子	943～958	24 歲	15 年	39 歲	病死	將其弟全都殺光
4	昏君	南漢後主	劉鋹	龑長子	958～971	16 歲	14 年	38 歲	病死	降宋，安度餘生

⑧ 荊南	西元 924 年～963 年，共計 40 年，歷 5 位王，國都：荊州（江陵）									
1	平君	武信王	高季興	開創	924～928	66 歲	5 年	71 歲	病死	原為唐朝藩王
2	平君	文獻王	高從誨	興長子	928～948	38 歲	20 年	58 歲	病死	向後唐稱臣
3	庸君	貞懿王	高保融	誨三子	948～960	29 歲	12 年	41 歲	病死	反應遲鈍
4	昏君	貞安王	高保勗	誨十子	960～962	37 歲	2 年	39 歲	病死	「萬事休」先生
5	弱君	德仁王	高繼冲	融長子	962～963	20 歲	1 年	31 歲	病死	降宋

⑨ 南唐	西元 937 年～975 年，共計 39 年，歷 3 位王，國都：金陵（南京）									
1	昏君	南唐烈祖	李昪	開創	937～943	50 歲	6 年	56 歲	中毒	原名徐知誥
2	昏君	南唐元宗	李璟	昪長子	943～961	28 歲	19 年	47 歲	病死	向後周稱臣
3	昏君	南唐後主	李煜	璟六子	961～975	25 歲	14 年	42 歲	被殺	詞詩聖手，降北宋

⑩ 北漢	西元 951 年～979 年，共計 29 年，歷 4 位王，國都：太原									
1	昏君	北漢世祖	劉旻	開創	951～954	57 歲	3 年	60 歲	病死	自稱「侄皇帝」
2	明君	北漢睿宗	劉鈞	旻次子	954～968	29 歲	14 年	43 歲	病死	勤政愛民
3	哀君	少主	劉繼恩	鈞養子	968	△	60 天	△	被殺	在位僅二個月
4	暴君	英武帝	劉繼元	恩之弟	968～979	△	11 年	△	病死	降北宋

8 十國概論

定義 唐朝後期藩鎮（軍閥）在南方（長江以南）所割據的十個獨立政權（其實約 15 國）。史學家把「十國」視為依附在五代裡的軍閥割據政權（有些還尊奉正統的「五代」皇朝為宗主國），所以不具皇朝國格（皇帝），只能稱王（君王）。

地理疆域 十國除北漢政權外，其餘都在長江以南地區

★ 疆域以南唐最大，荊南最小（同時也是十國中最弱的國家）。

★ 國祚以吳越最長 72 年（十國中最安定的國家），前蜀最短僅 23 年。

★ 五代十國期間，北方戰亂頻繁，政局動盪不安，而南方（長江以南）地區相對穩定，商業發達，經濟繁榮，人口持續增加，使南方（以前被稱為南蠻）

更加茁壯興盛（明顯地大舉超越北方地區）。

十國特殊君王介紹　「十國」共有 40 位君王，明君僅 6 位（15%），昏暴之君多達 17 位（約佔 43%），其中以南漢最多，歷四位君主（三位暴君、一位昏君，昏暴指數 100%），次為南唐歷三位君王（全部都是昏君）。

★ 荊南及吳越均歷五位君王，全部壽終正寢（病死），無一橫禍（被殺）。

★ 十國中最有名氣的君王為吳越錢鏐（在位 26 年），曾在杭州大修水利、造福地方，被視為杭州守護神，在西湖畔建有錢王祠供奉他，浙江人稱他為「海龍王」。

❶ 十國特殊君王介紹

詞詩聖手、治國笨蛋｜南唐後主李煜　中國首屈一指的詞人君主（史稱李後主），被奉為「詞聖」，作品千古傳頌，他投降宋朝後因寫〈虞美人〉詞「春花秋月何時了，往事知多少，小樓昨夜又東風，故國不堪回首月明中，雕欄玉砌應猶在，只是朱顏改，問君能有幾多愁，恰似一江春水向東流」為此觸怒宋太祖，被賜「牽機丹」令其自盡（死時全身抽搐、頭腳縮成一團，狀極痛苦）。

● 【報應說】據說李後主在位期間大力推廣三寸金蓮（纏足），使女舞者姿態更加優美飄逸、賞心悅目（如西洋的芭蕾舞）。但此舉嚴重殘害女姓心靈及肉體成長（步步點金蓮、縱態迷歡心），成為千古罪人，故不得好死。

發瘋君王｜吳越文穆王錢元瓘　錢鏐七子，因宮殿失火。受到嚴重驚嚇發瘋而死。

戲神君王｜後蜀後主孟昶　在位 31 年，前期勤政儉樸，但後期卻貪杯好色，他的夜壺（尿壺）都用七寶製成，因熱愛戲劇，被戲班奉為「戲神」。其妻花蕊夫人是有名的女詞人，孟昶（音場）其後半生遭遇與唐玄宗極為雷同相似。（均屬失意郎君）

十國	蜀後主　孟昶	妾：花蕊夫人	尊號	西秦王爺（孟郎君）	戲班開演時守護神
唐朝	唐玄宗　李隆基	妾：楊貴妃		梨園祖師（老郎神）	戲班舞台守護神

❷ 南楚二個怪咖君王

① 衡陽王馬希聲，中國歷史上最喜歡吃雞肉的君王。

② 文昭王馬希範，痴迷神佛，生活奢華揮霍，賣官售爵，捐錢可贖罪。

開閩聖王｜閩太祖王審知　治理長樂（福州）時勤政愛民，輕徭薄賦，喜騎白馬，被稱為「白馬尊王」或「開閩聖王」，福建地區蓋有很多「閩王祠」。

嶺南霸主｜南漢高祖劉龑　龑（音演）是他自創的文字，意為飛龍在天。

南漢屠夫｜南漢中宗劉晟　猜忌心重，將 15 位親兄弟全部殺光，無一倖免。

從市井痞子到開國聖君｜前蜀高祖王建　他原為市井痞子（被稱為賊王八），唐末黃巢之亂，投效唐軍，因功被封王，後因不滿朱全忠篡唐，因而在成都自立為王。在位期間勵精圖治，重農桑，修水利，與民休息，是中國歷史上難能可貴的痞子賢君。

驕縱君王｜南吳景帝楊渥　遊樂驕奢，喜好擊球，父喪不哀，日夜飲酒的醉王。

窩囊君王｜北漢世祖劉旻　他是後漢高祖劉知遠之弟，年輕時喜賭博，臉上有刺青，佔據太原時期，向遼納貢乞援，自稱「侄皇帝」，與後晉高祖石敬瑭自稱「兒皇帝」為人民所不齒（中國歷史上二位窩囊君王）。

無賴君王｜荊南文獻王高從誨　常向後唐宗主國要求賞賜，被稱「高無賴」。

愚庸君王｜貞懿王高保融　反應遲鈍，凡事問其弟高保勗。

萬事休君王｜貞安王高保勗　其父親高從誨每次大發雷霆的時候，只要見到他，很奇怪的就怒氣全消，破顏而笑，因此被稱為「萬事休先生」，但他喜歡嫖妓遊樂，後來真的被宋朝給休了（荊南滅亡）。

第十三節　遼、金、西夏、大理四朝綜述

概論　遼、金、西夏、大理四個國家與宋朝（北宋、南宋）均同時存在一個時代裡，彼此間為爭奪領地，導致戰亂不休（歷時約 300 多年）。

螳螂捕蟬、黃雀在後　中國北方草原一個新興的遊牧民族，在鐵木真（成吉思汗）的帶領下強悍崛起，短時間內將各國通殺全攬，為此階段劃下句點。

・宋、遼、金、西夏、大理各朝尺度表・

・宋、遼、金、西夏、大理各朝及簡介表・

序號	A	B	C	D	E	F	G	H
國名	北宋	遼王朝	西夏國	大理國	南宋	金朝	蒙古汗國	元朝
族名	漢族	契丹族	党項族	白族	漢族	女真族	蒙古族	蒙古族
國祚	167 年	210 年	190 年	316 年	153 年	120 年	73 年	90 年
期間	960～1127	916～1125	1038～1227	938～1253	1127～1279	1115～1234	1206～1279	1279～1368
帝數	9 帝	9 帝	10 帝	22 君王	9 帝	10 帝	4 可汗	11 帝
國都	汴京	臨潢府	興慶府	羊苴咩城	臨安	中都	阿蘭和林	大都
開國君主	宋太祖趙匡胤	遼太祖耶律阿保機	夏景宗李元昊	大理王段思平	宋高宗趙構	金太祖完顏阿骨打	成吉思汗鐵木真	元世祖忽必烈
亡國君主	宋欽宗趙桓	天祚帝耶律延禧	夏末帝李睍	大理王段興智	宋帝昺趙昺	金昭宗完顏承麟	成吉思汗鐵木真	元世祖忽必烈
降滅	被金朝滅		被蒙古滅		被元滅	被蒙滅	改成「元」	被明滅

國都今名　汴京（開封）、臨潢府（內蒙赤峰）、興慶府（銀川）、羊苴咩城（大理）、臨安（杭州）、中都（北京）、大都（北京）。

1 遼王朝 西元 916 年～ 1125 年，共計 210 年，歷 9 帝，國都：臨潢府（內蒙赤峰）

① 遼王朝帝王在位表

序	評語	帝名	姓名	關係	期間	即位年歲	在位	享年	壽考		備註
1	強君	遼太祖	耶律阿保機	開創	916 ～ 926	45 歲	10 年	55 歲	病死		建立契丹國
2	強君	遼太宗	耶律德光	機次子	927 ～ 947	26 歲	20 年	46 歲	病死		取得燕雲十八州
3	明君	遼世宗	耶律阮	光侄子	947 ～ 951	30 歲	4 年	34 歲	被殺	大遼	政變中被殺
4	暴君	遼穆宗	耶律璟	光長子	951 ～ 969	21 歲	18 年	39 歲	被殺		嗜殺睡王
5	明君	遼景宗	耶律賢	阮二子	969 ～ 982	21 歲	14 年	35 歲	病死		蕭太后專政
6	強君	遼聖宗	耶律隆緒	賢長子	982 ～ 1031	12 歲	49 年	61 歲	病死	大契丹	與宋，澶淵之盟
7	昏君	遼興宗	耶律宗真	緒長子	1031 ～ 1055	16 歲	24 年	40 歲	病死		國勢日衰
8	昏君	遼道宗	耶律洪基	真長子	1055 ～ 1101	24 歲	46 年	70 歲	病死	大遼	篤信佛教昏庸
9	昏君	天祚帝	耶律延禧	基長孫	1101 ～ 1125	27 歲	24 年	54 歲	被殺		投降金朝

源起 契丹族原為中國北方東胡後裔鮮卑的柔然部遊牧民族，又名「震旦」，後才改為「遼」。

2 養馬皇帝 開國君遼太祖耶律阿保機是契丹族迭剌部人，原為管理馬匹的小官，後來因戰功逐漸掌握部落聯盟軍政大權，被遴選為契丹可汗，陸續統一東北契丹八部，並且控制鄰近女真、室韋各部，隨後向唐朝脫離藩屬關係，自立為帝，稱為「天皇帝」，國號「契丹」。

南侵成夢 遼太祖致力於發展農耕，創造契丹文字，開拓商業經濟，成為中國北方一個強權國家，隨後滅掉渤海國（改為東丹國），派太子耶律倍鎮守，遼太祖一直存有南侵中原的意圖及野心，但在回師大漠中病逝，讓他的心願永遠無法達成。

3 改契丹為遼 第 2 任遼太宗耶律德光，是在述律平皇太后支持下即位，對中國漢族文化非常景仰，西元 936 年，五代後唐發生內亂，河東節度使石敬

瑭以「兒皇帝」自稱,並割讓燕雲十六州為條件,乞求契丹出兵助其滅掉後唐,建立「後晉」政權。

★ 因此使契丹成為北方霸主,隨後將「契丹」改為「大遼」(影響力深及西亞地區)。

出兵南犯 後晉高祖石敬瑭稱比自己小十歲的遼太宗耶律德光為「父皇帝」,在後晉百姓群起撻伐謾罵聲中憂鬱而死,其侄子晉出帝石重貴拒不向遼稱臣,使遼太宗大為震怒,於是率大軍南下,攻破汴京(開封)滅掉後晉。

回師猝死 遼入主中原後,縱容部下大肆掠劫,無法無天,盡失民心,引起反抗,被迫退離汴京。德光見搶來的江山瞬間化為烏有,感嘆道:「沒想漢人如此難以對付」,心中惱火怒燒,在北撤途中猝逝。

④ 漢化皇帝 第 3 任遼世宗耶律阮是位漢化極深的遼皇帝,頗有作為,但在政變中被刺殺,成為遼朝在位最短的皇帝(在位 4 年)。

⑤ 睡覺皇帝 第 4 任遼穆宗耶律璟是中國歷史上唯一「討厭女色」的皇帝,喜歡酗酒殺人(夜飲曉睡),長期不理朝政,被稱為「睡王」,因殘暴無道被內侍所殺。

⑥ 弱君賢后 第 5 任遼景宗耶律賢在幼年時,有多次險遭殺害的記錄,使他在幼小心靈上受到極度驚嚇創傷,故體弱多病,幸好他有賢后蕭綽(燕燕皇后)輔佐,寬減刑法,國家安定,使他成為一代明君。

⑦ 燕燕當家 第 6 任遼聖宗耶律隆緒 12 歲即位,由蕭太后臨朝聽政,宋太宗趙光義見遼朝由一位女人及小孩當家,認為是收復燕雲十六州最好的時機,於是揮兵北伐,但沒料到蕭太后堪稱女中豪傑,指揮若定,在歧溝關大敗宋軍(著名楊家將統帥楊業命喪此役),使宋對她另眼相看。

揮軍南下 遼聖宗勵精圖治、整頓吏政,百姓富裕、國勢強盛。西元 1004 年,蕭太后及遼聖宗親率廿萬大軍南下侵宋,一路勢如破竹、銳不可擋。

澶淵之盟 遼軍南犯,宋真宗被嚇到六神無主、舉止無措,幸有宰相寇準力主真宗御駕親征、激勵軍心,才將遼大軍阻於澶州。遼頓時腹背受敵,遣使求和,雙方簽訂盟約(史稱「澶淵之盟」),因此宋遼維持近一百年的和平。

★ 聖宗晚年迷信佛教,窮奢極欲,國勢漸走下坡,在位 49 年(遼王朝之最)。

⑧ 國勢大衰 第 7 任遼興宗耶律宗真,在位期間多次征討西夏,但卻都無功而返,財務吃緊、政治腐敗,國內怨聲載道,國勢大衰。

⑨ 遼掘墓者 第 8 任遼道宗耶律洪基,篤信佛教,大修佛寺,勞民傷財,不理朝政,聽信讒言、忠奸莫辨、昏庸無能,在位期間高壓欺凌女真族(使其日後仇遼而滅遼)。在位長達 46 年(遼王朝次之),將遼帶進死胡同,成為遼

的掘墓者。

⑩ **棄城受俘** 　第 9 任天祚帝耶律延禧，曾在宴會中因酒醉用言語羞辱女真部酋長完顏阿骨打，此事讓其耿耿於懷，從此不再奉詔，決心與遼徹底攤牌決裂，舉兵叛亂。因遼宮廷內亂、優勢盡失，阿骨打建立金朝政權後愈加強盛，天祚帝見大勢已去，棄城而逃，隨後被俘虜（遼滅）。

⑪ **遼帝國概論**

① 「安史之亂」時，契丹族曾經馳援唐朝名將唐子儀及李光弼，立下汗馬功勞，唐朝滅亡後，耶律阿保機趁機統一中國北方，隨後稱帝（大契丹可汗），其影響力逐漸擴張到中亞、西亞與東歐地區，該地域國家將「契丹」（震旦）視為中國代名詞。

② 遼朝國祚 210 年，共歷經 9 位皇帝，其中賢明之君有 5 位（共計 99 年），昏暴之君有 4 位（共計 111 年），且集中後期。遼朝原為一個強悍的國家，其衰敗的罪魁禍首為第 8 任遼道宗耶律洪基，昏庸無能，對其他民族實施高壓統治，在位長達 46 年，對遼傷害更加劇烈。

2 西夏國

西元 1038 年～ 1227 年，共計 190 年，歷 10 帝，國都：興慶府（寧夏銀川）

① 西夏國帝王在位表

序	評語	帝名	姓名	關係	期間	即位年歲	在位	享年	壽考	備註
1	名君	夏景宗	李元昊	開創	1038 ～ 1048	36 歲	10 年	46 歲	被殺	脫離宋朝自立為王
2	弱君	夏毅宗	李諒祚	昊之子	1049 ～ 1067	2 歲	19 年	21 歲	傷亡	母黨專政 曾向遼稱臣
3	弱君	夏惠宗	李秉常	祚之子	1067 ～ 1086	7 歲	19 年	26 歲	鬱卒	大權旁落
4	強君	夏崇宗	李乾順	常之子	1086 ～ 1139	3 歲	54 年	57 歲	病死	16 歲親政（強君）
5	明君	夏仁宗	李仁孝	順次子	1140 ～ 1193	16 歲	54 年	70 歲	病死	夏朝鼎盛期
6	平君	夏桓宗	李純祐	孝長子	1193 ～ 1206	17 歲	13 年	30 歲	被殺	蒙古崛起
7	昏君	夏襄宗	李安全	祐堂兄	1206 ～ 1211	37 歲	5 年	42 歲	被殺	攻金大敗被殺
8	平君	夏神宗	李遵頊	全侄子	1211 ～ 1223	48 歲	13 年	64 歲	病死	中國唯一狀元皇帝
9	弱君	夏獻宗	李德旺	頊次子	1223 ～ 1226	43 歲	3 年	46 歲	鬱卒	無力抵禦蒙古大軍
10	哀君	夏末宗	李睍	旺侄子	1226 ～ 1227	△	1 年	△	被殺	向蒙投降

源起 　党項族拓跋氏部，在唐末時因剿黃巢之亂有功，被唐室賜姓「李」，受封為夏州定難節度使，並進爵位「夏國公」，世襲接替王位。直到 1038 年宋仁宗時期，李元昊脫離藩屬關係，正式稱帝，國號夏，因位處於中國西北地區，史稱「西夏王國」。

② 三強鼎立 　開國君夏景宗李元昊與宋及遼戰爭中勝多負少，形成北宋、遼、西夏三強鼎立局面，李元昊三次南侵打敗北宋，史稱「北宋鎮戎三敗」。後因與遼關係緊張敵對，為免腹背受敵，才和宋訂立「慶曆和議」（雙方取得

半世紀和平）。

由賢轉昏　李元昊建國初期頗有建樹，但後期卻沉緬酒色、昏庸荒淫，最後遭廢太子寧令哥趁其酒醉酣睡之際，將其刺死（後因弒父君之逆罪被處死）。

③ 向遼稱臣　第 2 任夏毅宗李諒祚一歲幼齡即位，由母后專制，遼趁西夏新君上任、國勢低落之際，揮軍大敗西夏軍，從此向遼納貢稱臣。

廢蕃禮行漢儀　成年後的毅宗立梁氏為皇后，廢蕃禮改用漢儀，在對宋作戰時中箭受傷而亡。

④ 母后專權　第 3 任夏惠宗李秉常七歲即位，由梁太后專權，在位期間沒有任何作為，導致夏國積弱，北宋乘機入侵，失去大幅領地。由於母后緊握權力不放，使惠宗最後憂憤而亡。（與清光緒帝一樣，有志難伸）

⑤ 擊垮母黨　第 4 任夏崇宗李乾順三歲幼齡登基，梁氏外戚繼續把持朝廷專權，使西夏國勢每況愈下，軍隊衰弱。成年後的崇宗發動政變，徹底擊垮母黨派（梁氏外戚集團），開始親政。

十大流派　崇宗親政後，整頓吏治、除去劣弊、減少稅賦，政治清明，使國家步入正軌，並靈活運用外交政策，先聯遼侵北宋、再聯合金朝滅掉遼朝及北宋，趁機取得河西走廊千里之域（西夏著重武功的皇帝）。

⑥ 西夏盛世　第 5 任夏仁宗李仁孝與崇宗在位期間均為 54 年，父子兩人執政期間共計 108 年（西夏最鼎盛時期）。仁宗改變其父南征北討政策，與南宋及金朝和睦相處，共創三贏局面。國家安定，各汗國羨慕西夏之強盛，紛紛前來朝貢，為党項文化（西夏）寫下最輝煌燦爛的一頁（西夏著重文治的皇帝）。

⑦ 國勢衰退　第 6 任夏桓宗李純祐承接其父時期外交政策，與宋金和睦，國家安定。因過慣太平日子，開始貪圖安逸，此時蒙古國崛起，常騷擾邊境，國勢走下坡，他在一次宮廷政變中，被堂兄李安全廢黜帝位，不久被殺，在位13 年。

⑧ 毀約攻金　第 7 任夏襄宗李安全政變篡位，在位期間昏庸無能，並撕毀夏金盟約，發兵侵金，結果大敗而歸，讓新興的蒙古國漁翁得利、更加茁壯強盛起來，隨後西夏宗室齊王李遵頊發動政變，襄宗被廢殺。

⑨ 狀元皇帝　第 8 任夏神宗李遵頊是中國唯一的狀元皇帝，但他只會讀書、不擅長治國，繼續沿用前朝錯誤政策，加強對金朝用兵，結果兩敗俱傷、國力驟降，蒙古趁機佔奪邊境要塞，神宗提前禪位給其子，當了三年太上皇。

⑩ 無力回天　第 9 任夏獻宗李德旺接任皇位時，西夏已步上窮途末路、搖搖欲墜，歷經襄宗、神宗兩朝的亡國政策（對金開戰），西夏已回天乏術，最後任憑蒙古鐵騎隨興踐踏宰割，他在驚恐憂鬱下猝死。

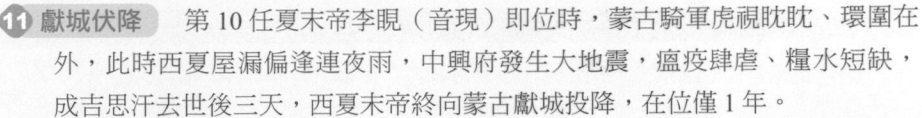
11 **獻城伏降**　第 10 任夏末帝李睍（音現）即位時，蒙古騎軍虎視眈眈、環圍在外，此時西夏屋漏偏逢連夜雨，中興府發生大地震，瘟疫肆虐、糧水短缺，成吉思汗去世後三天，西夏末帝終向蒙古獻城投降，在位僅 1 年。

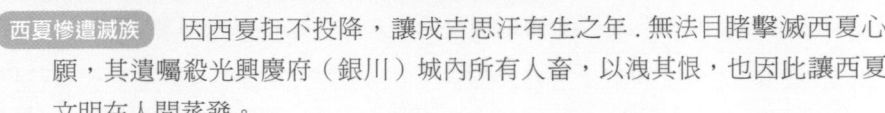
西夏慘遭滅族　因西夏拒不投降，讓成吉思汗有生之年 . 無法目睹擊滅西夏心願，其遺囑殺光興慶府（銀川）城內所有人畜，以洩其恨，也因此讓西夏文明在人間蒸發。

3 大理國

西元 937 年～ 1253 年，共計 316 年，歷 22 位君王，國都羊苴咩城（大理）

源起　大理國位於雲南周邊地區，前身為南詔、長和、天興、義寧，因篤信佛教，全國佛寺林立，百姓虔信禮佛，又被稱為「妙香國」。

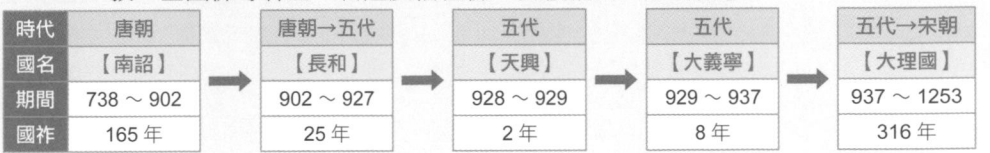

時代	唐朝	唐朝→五代	五代	五代	五代→宋朝
國名	【南詔】	【長和】	【天興】	【大義寧】	【大理國】
期間	738 ～ 902	902 ～ 927	928 ～ 929	929 ～ 937	937 ～ 1253
國祚	165 年	25 年	2 年	8 年	316 年

① **開國君王簡介**　段思平，白族人，其家族世代為南詔武將，因功被封為大義節度使，西元 937 年滅大義寧國，建立「大理國」（時約五代後晉期間），國都定於羊苴咩城（今大理）。國祚 316 年，共歷 22 位君王（其中有 9 位君王放棄皇位，出家當和尚）。

★ 大理國不列入中國皇朝之序列。

② **世外桃源與世無爭**　大理國僻處南疆，與世無爭，對大宋王朝一向友好恭順，從不兵戎相向，可稱為世外桃源。直到西元 1253 年蒙古汗國忽必烈（即後來的元世祖）「革裏渡江」，征服雲南、滅掉大理國，改為大理府，才正式劃入元朝版圖。

4 金朝

西元 1115 年～ 1234 年，共計 120 年，歷 10 帝，國都：會寧府（哈爾濱）→中都（北京）

① **金朝歷代皇帝在位表**

序	評語	帝名	姓名	關係	期間	即位年歲	在位	享年	壽考	備註
1	強君	金太祖	完顏阿骨打	開創	1115 ～ 1123	47 歲	9 年	56 歲	病死	痛恨遼、對宋友善
2	強君	金太宗	完顏晟	打之弟	1123 ～ 1135	49 歲	12 年	61 歲	病死	滅遼、滅北宋

序	評語	帝名	姓名	關係	期間	即位年歲	在位	享年	壽考	備註	
3	名君	金熙宗	完顏亶	晟侄子	1135～1149	16歲	15年	31歲	被殺	計殺岳飛（紹興和議）	
4	平君	海陵王	完顏亮	亶堂弟	1149～1161	28歲	12年	40歲	被殺	與宋采石之戰大敗被殺	
5	明君	金世宗	完顏雍	亮堂弟	1161～1189	39歲	28年	67歲	病死	鼎盛期	大定盛世
6	明君	金章宗	完顏璟	雍之孫	1189～1208	22歲	19年	41歲	病死		明昌之治
7	昏君	衛紹王	完顏永濟	璟叔父	1208～1213	41歲	5年	46歲	被殺	昏庸無能被叛軍殺	
8	弱君	金宣宗	完顏珣	璟之兄	1213～1223	50歲	11年	61歲	病死	遷都開封、激怒蒙古	
9	平君	金哀宗	完顏守緒	珣三子	1223～1234	27歲	10年	37歲	自縊	蒙軍攻城、上吊自殺	
10	哀君	金末帝	完顏承麟	珣侄子	1234	△	半日	△	被殺	在位僅半日（12小時）	

源起　中國東北地區的女真族，以打獵、漁撈為生，周朝時稱「肅慎」、漢魏時稱「挹婁」、隋唐時稱「靺鞨」，五代時完顏部臣屬於渤海國，後被遼所滅，渤海國被整編，南方稱「熟女真」，北方稱「生女真」（女真族開始被遼欺凌）。

② 從痛恨轉化成力量　開國君金太祖完顏阿骨打，原為女真族首領，曾被遼天祚帝用言語羞辱過，因此懷恨在心，當他完成統一女真諸部後，即在會寧府（哈爾濱）建立「大金」政權。

★ 他認為遼（意為賓鐵）雖堅終亦壞，唯有「金」不變不壞、永遠炫目，才取「金」為國名。

以扳倒遼朝為心中大業　金太祖建國後，對北宋非常友善，並定「海上之盟」（聯合攻遼），對遼朝則痛恨仇視，進行討伐，但在攻陷遼燕京時身體不適，回師途中去世。

③ 消滅遼宋　第二任金太宗完顏晟（太祖之弟）身材魁梧、力大無比，能親手搏熊擊虎，即位後第二年，遼天祚帝獻城投降（遼滅）隨後毀約（宋金：海上之盟），集中火力向搖搖欲墜的北宋發動總攻擊，並將北宋徽宗及欽宗（北宋二帝）俘虜至北漠。

與南宋對峙　宋「靖康之難」後，康王趙構逃至南方稱帝，建立「南宋」政權，與金對峙。

④ 紹興和議　第三任金熙宗完顏亶，實行漢化政策，並多次向南宋用兵，但都被抗金名將岳飛及韓世忠所阻回，最後與南宋奸相秦檜密約，以殺岳飛為前提之下達成宋金和議（紹興和議：條件極為苛刻，但使南宋換來20年的和

平）。

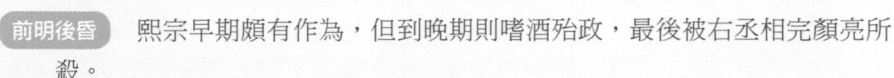 熙宗早期頗有作為，但到晚期則嗜酒殆政，最後被右丞相完顏亮所殺。

5 **毀約南犯** 第四任海陵王完顏亮弒君篡位，遷都燕京（北京），隨後撕毀宋金維持 20 年和平的紹興和約，親率 60 萬大軍向南宋全面侵犯。

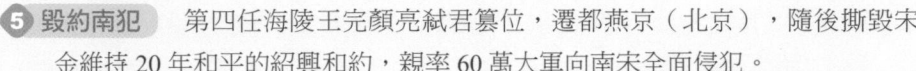 完顏亮自認兵強馬悍，但與懦柔的南宋弱兵在采石交鋒，竟然大敗而歸（史稱采石大捷），加上金朝內廷發生政變，在內憂外患夾擊下，完顏亮被部將兵變所殺，其死後以庶人之禮下葬（故僅稱海陵王，沒有皇帝諡號）。

6 **大定盛世** 第五任金世宗完顏雍靠政變即位，立刻詔告天下，發佈海陵王完顏亮的罪行，革除其統治時所定下的苛法及弊端，並停止一切南侵宋朝的戰爭，勵精圖治、儉樸勤政，被稱為小堯舜，在位 28 年，國家興盛，史稱大定盛世。

7 **明昌之治** 第六任金章宗完顏璟，文學造詣頗高，使金朝文化水準精進、政治清明，是金朝的最鼎盛期，史稱「明昌之治」。

8 **觀虎坐大** 第七任衛紹王完顏永濟是章宗的叔父（因章宗無嗣），他昏庸無能，在位期間蒙古汗國崛起，成吉思汗有意染指金朝，首先拿臣屬金朝的西夏國開刀，西夏帝向金求援，而衛紹王優柔寡斷、見死不救（不知唇亡齒寒之道理）。

坐失良機 當西夏國最後被迫向蒙古汗國屈服稱臣後，衛紹王才驚覺事態嚴重，蒙古大軍已逼近中都，衛紹王在亂軍中被部將胡沙虎所叛殺，另立完顏詢為帝。（完顏永濟被除去帝號，廢為庶人，歷史上才會以衛紹王稱之。）

9 **飛蛾撲火** 第八任金宣宗完顏珣是在兵變中被擁立即位（時年 50 歲），登基後做出四項要命（亡國）的決策：① 向蒙古大汗成吉思汗屈辱求和、② 與西夏斷絕其宗主國關係、③ 對南宋發動戰爭、④ 將京城從中都南遷至汴京（開封）。第四項觸怒了蒙古成吉思汗，戰事再度爆發，且這次是三面受敵（蒙、宋、西夏），加上朝廷內部失和，國家危在旦夕，宣宗在憂鬱驚慌中暴斃。

10 **無力回天** 第九任金哀宗完顏守緒，即位後（時年 27 歲）立刻停止侵宋戰爭，與西夏修好，進行內部改革，但這一切努力為時已晚，蒙古大軍勢不可擋，西夏先被其滅亡，然後蒙古竟然聯合南宋共同伐金，金哀宗見大勢已去，不願當亡國之君，將皇位提前禪位給統帥完顏承麟，隨後上吊自盡（在位 10 年）。

⑪ 半天皇帝　第十任金末帝完顏承麟原為金國將領，因哀宗不想當亡國之君遂將帝位傳予他，翌日在宮殿舉行即位大典，典禮中途蒙宋聯軍已破城而入，因此草率結束儀式，各自抱頭鼠竄逃命去，隨後在亂軍中被砍死，在位時間不足半日（是中國歷史及世界歷史上在位時間最短的帝王）。

⑫ 金朝概論

① 金朝國祚 120 年，前 6 任皇帝執政期間，國家非常強盛（共計 94 年，佔 4/5 期間為強盛期）是個勇武慓悍的朝代。

② 開國君完顏阿骨打因女真族人長期被遼（契丹）高壓統治欺凌，才起兵反叛滅遼，以洩其恨；然而鐵木真（成吉思汗）也同樣因蒙古族人長期被金（女真族）高壓統治欺凌才會起兵造反，可說又是一場因果循環、冤冤相報的例證。

③ 「遼」意為賓鐵，雖堅終亦會壞，金太祖完顏阿骨打用「金」做國號，代表永遠不變不壞，但他作夢也沒想到，最後蒙古（意為白銀）居然能吞金（滅金）。

④ 第二任金太宗完顏晟，身材魁梧、武功蓋世，在位期間接連擊滅兩個超級強敵（遼朝及北宋）並俘虜了三位皇帝當降臣。

三位被俘皇帝下場	遼末帝（天祚帝）	被封為海濱王（被俘 3 年後被殺）
	宋徽宗·趙佶	被封為昏德公（被俘 8 年後，以 52 歲病死）
	宋欽宗·趙桓	被封為重昏公（被俘 29 年後，以 57 歲之齡病死異鄉）

第十四節　大宋王朝綜述

源起　五代後周恭帝柴宗訓，7 歲即位，遼王朝趁新君登基年幼可欺，即派大軍
南下進犯（後證實為烏龍一場，被謊報）禁軍統領趙匡胤奉命率軍禦敵，但
行徑至陳橋驛站時，發生歷史上知名的「陳橋兵變、黃袍加身」大戲，趙匡
胤莫名其妙的被將士擁立為皇帝，國號「大宋」。

大宋王朝　宋朝從宋太祖趙匡胤建國（西元 960 年）起至宋帝昺趙昺被元朝滅亡
止（西元 1279 年），共計 320 年（歷朝之最），期間共歷 18 位皇帝（分北
宋、南宋二階段）。

兩宋區分　宋朝中期發生靖康之難（西元 1127 年），宋徽宗、欽宗二帝皆被金人
擄走，宋室被迫南遷臨安成立南宋政權。

★ 宋朝以宋高宗南遷為界，之前稱為「北宋」，以後稱為「南宋」做為區分。

	朝別	期間	國祚	帝數	國都
1	北宋	西元 960 年～ 1127 年	共計 167 年	歷 9 帝	國都：汴京（開封）
2	南宋	西元 1127 年～ 1279 年	共計 153 年	歷 9 帝	國都：臨安（杭州）
	大宋王朝	西元 960 年～ 1279 年	總計 320 年	共 18 帝	汴京（開封）→臨安（杭州）

朝名	【北宋】		【南宋】		宋朝皇帝比較
國都	汴京（開封）		臨安（杭州）		
期間	960 年～ 1127 年（167 年）		1127 年～ 1279 年（153 年）		**北宋**　9 位皇帝除了宋徽宗昏庸無能，宋欽宗懦弱膽怯之外，其他 7 位皇帝均為賢明之君。
開國君	宋太祖　趙匡胤	9帝	宋高宗　趙構	9帝	**南宋**　9 位皇帝除了宋孝宗較賢明外，其他 8 位皇帝均不稱職。
亡國君	宋欽宗　趙桓		宋末帝　趙昺		**結論**　北宋皇帝比南宋皇帝優秀
國策	強幹弱枝・重文輕武		偏安江南・劃地自限		**強敵環伺下的大宋王朝**
強敵	遼（契丹）、西夏		金朝、蒙古（元）		● 宋朝成立後花費 20 年時間才完全統一南方（五代十國），可惜北方遼東及燕雲十六州始終無法收復，而此時西北早歸命西夏國，西南沒於吐蕃（西藏），雲南淪為大理國，東北契約（遼）稱霸，強敵環伺、虎視眈眈，為求自保，只好委屈求全。
庸愚國策	宋徽宗聯金滅遼（最後被金所俘虜）		宋理宗聯蒙滅金（最後被蒙（元朝）所滅）		
亡國之戰	靖康之難（被擄）		崖山海戰（被滅）		
亡國奸臣	蔡京童貫（六賊）		賈似道（四人幫）		
忠貞臣將	岳飛、韓世忠、張俊 劉錡（抗金四大名將）		文天祥、張世傑 陸秀夫（宋末三傑）		

宋朝國策「強幹弱枝」　宋太祖趙匡胤在「杯酒釋兵權」後實施中央集權政策，重
要職務均由文人擔任，造成宋朝武力相當積弱、引發外患無窮的國運，史稱
「重文輕武、內重外輕」，宋朝一般都稱其為王朝，不能稱帝國源由。

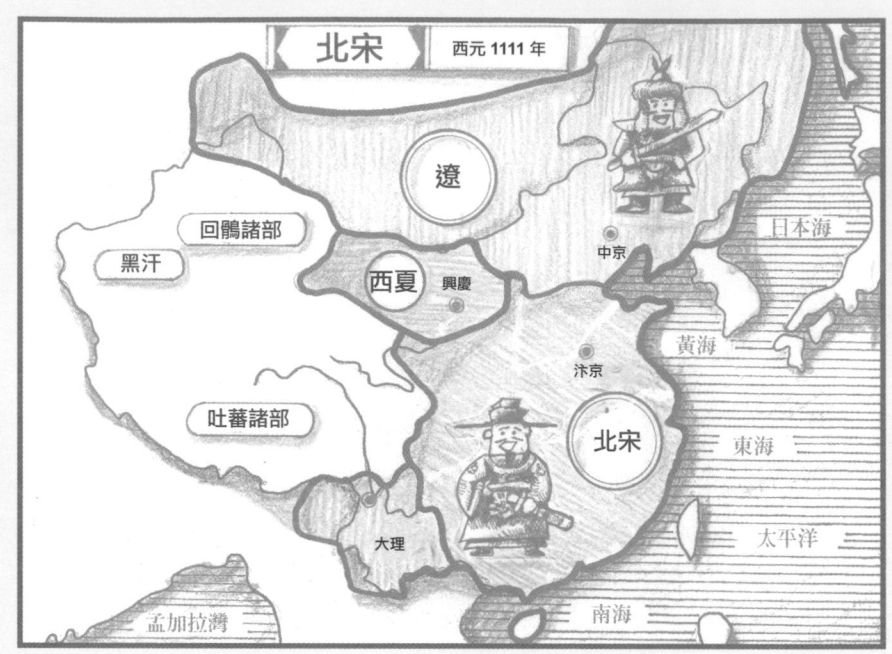

北宋行政疆域圖

北宋　西元 1111 年

遼
回鶻諸部
黑汗
西夏　興慶
吐蕃諸部
中京
日本海
黃海
汴京
北宋
東海
大理
太平洋
孟加拉灣
南海

1 北宋興衰簡介

西元 960 年～ 1127 年，共計 167 年，歷 9 帝，國都：汴京（開封）

① 北宋歷代皇帝在位列表

序	評語	帝名	姓名	關係	期間	即位年歲	在位	享年	壽考	備註
1	強君	宋太祖	趙匡胤	開創	960 ～ 976	34 歲	16 年	50 歲	病死	陳橋兵變、黃袍加身
2	平君	宋太宗	趙光義	胤之弟	976 ～ 997	37 歲	21 年	58 歲	病死	兩次伐遼失利
3	明君	宋真宗	趙　恒	義三子	997 ～ 1022	29 歲	25 年	54 歲	病死	與遼定「澶淵之盟」
4	仁君	宋仁宗	趙　禎	恒六子	1022 ～ 1063	13 歲	41 年	54 歲	病死	慶曆新政（范仲淹主導）
5	平君	宋英宗	趙　曙	禎養子	1063 ～ 1067	33 歲	3 年	36 歲	病死	重用改革派大臣
6	明君	宋神宗	趙　頊	曙長子	1067 ～ 1085	20 歲	18 年	38 歲	病死	熙寧變法（王安石變法）
7	明君	宋哲宗	趙　煦	頊六子	1085 ～ 1100	9 歲	15 年	24 歲	病死	元祐更化
8	昏君	宋徽宗	趙　佶	頊十一子	1100 ～ 1125	18 歲	25 年	52 歲	病死	兩帝被金所擄
9	哀君	宋欽宗	趙　桓	佶長子	1125 ～ 1127	26 歲	2 年	57 歲	病死	靖康之難

（第6～9列備註欄旁註記：新舊黨爭 60 年）

② **黃袍加身**　開國君宋太祖趙匡胤，原為五代後周禁軍統領，後因「陳橋兵變、黃袍加身」被將士簇擁為帝，奪取後周政權，恭帝被迫禪位，建立「宋」朝。

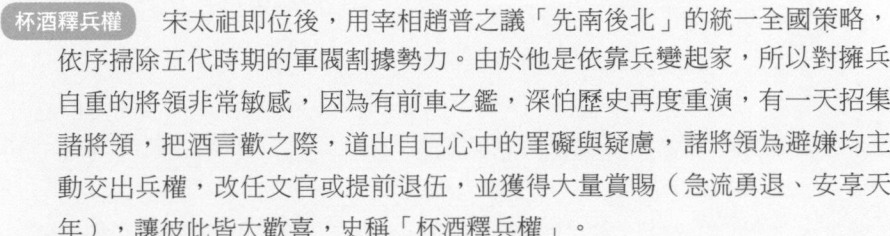

杯酒釋兵權 宋太祖即位後，用宰相趙普之議「先南後北」的統一全國策略，依序掃除五代時期的軍閥割據勢力。由於他是依靠兵變起家，所以對擁兵自重的將領非常敏感，因為有前車之鑑，深怕歷史再度重演，有一天招集諸將領，把酒言歡之際，道出自己心中的罣礙與疑慮，諸將領為避嫌均主動交出兵權，改任文官或提前退伍，並獲得大量賞賜（急流勇退、安享天年），讓彼此皆大歡喜，史稱「杯酒釋兵權」。

明智之君 宋太祖是中國歷史上建國之後罕見、不殺同甘共苦開國功臣的明君（另有東漢光武帝劉秀），對開國元勳功相當關懷、禮遇、寬待，是個有高度政治智慧的仁君，北宋由他起頭，連六任皇帝（約 140 年）均可稱得上「有所作為」的良君。

③ 【野史】斧聲燭影 第 2 任宋太宗趙光義（為避兄「匡」之名諱改成「光」），太祖崩逝時，因事發突然成為千古疑案（正史未載），話說太祖病危彌留之際，只有光義獨留御榻殿前，窗外只見蠟燭光影搖晃，室內傳來玉斧戳雪道好聲，不多時辰太祖即駕崩，史稱「斧聲燭影」（隱喻弒君篡位）。

④ 【正史】金匱之盟 太宗即位，被影射為奪權篡位，宰相趙普打開金匱，內有杜太后臨終前敕令遺詔：「汝萬歲後，依次傳王弟再傳長孫」（即兄終弟及），以證其繼承之合法性，史稱「金匱之盟」。（但後來光義傳位給自己兒子）

傳位默契 陳橋兵變黃袍加身的歷史大戲，其實是趙光義出的點子（大導演），宋太祖只是配合演出的男主角，太祖能夠稱帝其弟實為幕後推手，故杜太后希望有朝一日也能讓三子光義當上皇帝，也是合情合理的事（宋太祖未曾立過太子也是佐證之一）。

統一南方 宋太宗即位後，用 4 年時間結束 80 年的藩鎮割據局面（五代時期的十國軍閥），但在與遼（契丹）爭奪北方燕雲十六州的戰役中失利，西路楊業被俘殉國，二次北伐均以失敗作收，形成宋遼南北對峙僵局。

★ **楊家將：**北宋抗遼名將楊業，智勇善戰，但在歧溝關之役不幸敗北，被遼所擒俘，因誓死不降、絕食而亡。其子楊延朗繼承父志，擔負抗遼重任，守衛北疆 20 餘年，威名震懾契丹，為遼軍所畏懼最害怕的宋名將，被稱為「楊六郎」。其三子楊文廣得范仲淹賞識，與狄青防禦西夏前哨。楊氏三代滿門忠義、智勇無敵，被稱為「楊家將」（為小說戲劇重要演繹題材）。

⑤ 御駕親征 第三任宋真宗趙恒，「書中自有黃金屋、書中自有顏如玉」出自其言。在位期間恰巧是遼王朝最鼎盛時期，遼聖宗與蕭太后（燕燕）帶領 20 萬大軍南犯，朝野震駭、軍事告急，宋朝廷大臣多數主張遷都金陵（南京）或成都，以避敵鋒；唯有宰相寇準力排眾議，嚴詞義正敦請真宗御駕親征，

以振軍心，真宗在百般無奈下，答應親臨澶州前線督戰。

澶淵之盟 遼帝見宋將士鬥志高昂、士氣旺盛，不免開始心虛起來，遣使請盟、雙方議和，遼帝稱宋為兄（但做哥哥的要給弟弟歲幣絹輸），雙方定為兄弟之邦，以財物換得國境安寧，史稱「澶淵之盟」，雙方維持近百年和平。

咸平之治 在外交上與遼簽訂盟約後，雙方緩和敵意開始交流，宋以金帛財物換取友誼（繳納保護費），對內則發展經濟，獎勵生產，國家繁榮（史稱：咸平之治）。

寇準罷相 寇準自幼家境良好，養成嗜酒奢華的習性，又因少年得志常恃才傲物，性格剛烈，因此到處樹敵。澶淵之盟後，本為朝廷首功，理應加冠進爵，但卻遭到主和派佞臣王欽若讒言，而被罷相，被貶職至雷州，不久病死異鄉。（後來宋仁宗幫他平反昭雪，賜諡號忠愍）。

❻ 狸貓換太子 第四任宋仁宗趙禎 13 歲時年幼即位，由劉太后臨朝專制 11 年之久（早期心理處在劉氏陰影之下），劉太后死後他才得以施展抱負（包公傳狸貓換太子主角）。

鎮戎三敗 仁宗親政後第一個面臨棘手問題，就是藩屬國党項政權李元昊脫宋自立為帝，國號「大夏」，史稱「西夏」，仁宗派軍討伐三次，結果均大敗而歸，史稱「鎮戎三敗」。

慶曆和議 西夏雖然有三次大敗宋軍記錄，但也因此付出慘痛代價，西夏國庫掏空百姓，怨聲載道；且鄰境遼王朝又虎視眈眈，於是雙方展開和議，西夏向宋稱臣，李元昊接受宋的封號，而宋每年賜輸西夏銀錢財物，史稱「慶曆和議」（維持半世紀和平）。

慶曆新政 仁宗有鑑於宋夏大戰的慘敗，決定推行新政來整頓吏治，任范仲淹為參知政事，主導改革；富弼、韓琦為改革樞密副使；把歐陽修等列為諫官；包拯（包青天）管理京城（開封府尹）兼御史台；任狄青為邊防元帥；盼使北宋進入正軌。

為何要變法 ① 宋朝建國以來，外患不斷，軍費龐大開銷。② 朝廷任用冗官冗兵（「冗」音容，意為閒散）太多，財務吃緊。③ 長期供給遼．西夏歲幣絹輸，造成國庫空虛。

另頌十事疏 新政內容答手詔條陳十事（10 件要務），以澄清吏治、屬行法治，直至達到富國強兵（內容包括政治、軍事、教育、民生、經濟、農業等）。

結果 新法大幅改善朝廷吏政，但也同時觸犯到官僚權貴的既有利益，遭到守舊派大臣的強烈反彈，不久後改革被污名化，因有拉幫結派形成朋黨之嫌，趁機營私，相繼被罷官黜貶為地方官，新政推行僅 1 年 4 個月，最後

以失敗告終。

仁宗盛治 仁宗在位 41 年（宋朝 18 位皇帝之最），生性恭儉、仁恕寬容、克己納諫（中國歷史上皇帝廟號有仁的全都是賢明之君）。在包公傳及七俠五義小說中，均以仁德樹立其形象，在位期間是北宋的全盛期。

7 曙光變夕陽 第五任宋英宗趙曙（仁宗親子皆早殤，故認堂姪為帝），勤勉於政事，啟用一批因新政被誣陷黜貶的老臣復位，希望能有所作為，但他體弱多病，在位僅 3 年，以 36 歲英年早逝。

★ 英宗另一項德政就是大力支持司馬光編纂史學巨著《資治通鑑》

8 熙寧變法 第六任宋神宗趙頊（音序）20 歲即位，勇於進取，因見宋朝長期重文輕武而積貧趨弱，於是勵精圖治，想改善吏政、財務、教育、軍事，以達富國強兵目標（希望能完成仁宗及其父英宗對新政改革的祈盼）。任用王安石為參知政事，全面銳意改革，主持變法，史稱「熙寧變法」或「王安石變法」。

9 王安石變法（熙寧變法）主要內容 西元 1069 年～ 1085 年，共計 17 年

序	內容		說明
富國	1	青苗法　貸款	貧農可向政府借貸，收穫之後用米糧歸還
	2	均輸法　抑價	貨物產品不經盤商，直接供應京師區域
	3	市易法　轉銷	政府買進滯銷品，再以低利租貸給貧商
	4	免役法　僱員	依照等級雇用為國家做事（差役改成雇役）
	5	方田均稅法　平賦	以土地肥瘠記帳定稅（按土質優劣分成五等）
	6	農田水利法　屯墾	獎勵開墾荒田，興修水利（使可耕地增加）
強兵	7	保甲法　培訓	兵農合一，武裝自衛（節省大量訓練費用）
	8	保馬法　認養	提供馬匹給農民，平時幫忙耕種，戰爭時成為軍馬

結果 變法改革維持 17 年，因嚴重抵觸到大地主（貴族）的根本利益，及保守派（舊黨）的強烈阻擾，又因新政實施急於見功，操之過快（欲速則不達），新政成為苛政，使神宗態度開始受到動搖，從積極推行到消極應對，故熙寧變法（王安石變法）最後步向「慶曆新政」後塵，再度以失敗作收。

失敗原因	1	用人不當	推行新政官員，有不少為投機取巧之輩（趁機貪污舞弊，大撈一筆橫財）
	2	執行不力	上從顯貴下至百姓都得不到新法的保障與福利，讓全民無感並引發怨言
	3	權貴抗議	達官顯要、貴族土豪被新法嚴重剝削利益，引起反彈，強烈抗議
	4	舊黨阻撓	保守勢力（舊黨）從中頑固反對，起鬨、阻撓（使新政寸步難行）

新舊黨爭 一場美其名的「富國強兵」改革新政（熙寧變法／王安石變法），實施後成為「畫虎不成反類犬」（成效不彰、進退維谷），隨後引爆一場讓北宋致命的茶壺裡的風暴（新舊黨爭）。

爭權鬥法 新黨（開放改革派）與舊黨（保守頑固派）為新政變法展開一場激

烈的論辯與鬥爭，從原始的政見理念不合之爭，演變到最後的排除異己奪權之鬥，雙方因此結怨互相攻訐，使朝政更加昏昧腐敗。

★ 新舊黨爭持續五十餘年，最終導致「靖康之難」，北宋滅亡。

⑩ 元祐更化 第七任宋哲宗趙煦9歲即位，由高太后臨朝稱制，太后極力反對新政改革，故以保守派（舊黨）領袖司馬光為宰相，廢除新政、罷黜改革派（新黨）朝臣，其中蔡確被貶職至嶺南（廣東），開啟北宋貶官至嶺南先例。

新法復燃 哲宗親政後（因先前高太后對其嚴加鉗制及冷落相當不滿），政策急轉彎，重新啟用新黨章惇、曾布等人為官，恢復新法，貶斥舊黨官員（蘇軾、蘇轍等被貶至嶺南），使北宋新舊黨爭達到最激烈的高峰期（激盪朝廷）。

西夏乞和 哲宗非常賢明，在內政上雖然有新舊黨爭不歇，但在外交上，還是憑他的個人毅力打敗強敵西夏，迫使對方向宋乞和，可惜他英年早逝（僅24歲）。

⑪ 藝術皇帝 第八任宋徽宗趙佶，是哲宗之弟（因哲宗英年早逝無子嗣），即位時年齡18歲，他酷愛藝術（中國歷代皇帝藝術造詣之最），能書擅畫，自創瘦金體書法獨樹一格、風靡於世，也對自然之物觀察入微，所畫景物栩栩如生、維妙維肖，被喻為藝術皇帝。

藝術聖手、治國昏君 徽宗為藝術大師，但卻是治國昏君，生活奢侈、風流倜儻，廣蒐奇珍異石，崇信道教，自號：「教主道尊皇帝」（北宋唯一昏庸之君）。

海上之盟 徽宗昏腐荒淫，寵信貪官污吏，橫暴斂財，蔡京（宰相）和童貫（宦官）慫恿徽宗與金國結為「海上之盟」，聯金滅遼（破壞宋遼百年和平），以收復燕雲十六州為目標，結果遼被金所滅後，燕雲十六州為金所奪去，宋朝出歲幣四十萬錠、糧草廿萬石卻換來七座空城而已，可說得不償失（自掘墳墓），更加助長金朝壯大勢力，養虎為患，其後反撲而來，北宋岌岌可危。

六賊當家 六大佞臣（「佞」音濘，意為諂媚）奸相，讓北宋後期政治腐敗（貪污）、民不聊生（民變）、外患不斷（金侵），最終步向滅亡之道。

北宋後期六賊	1	蔡京	宰相／公相	歷史上少見的一對權奸（宰相與宦官）同流合污，民謠罵道「打破筒（童貫）摘了菜（蔡京），百姓生活就自在」
	2	童貫	宦官／媼相	
	3	王黼	少宰／右相	官位連八跳（北宋第一人），公然受賂賣官，依爵位待價而售
	4	朱勔	磐固侯	專門搜括江南奇岩巨石，供帝悅賞，一路毀橋拆水門，引發民怨
	5	李彥	大內總管	作威作福、魚肉百姓，杖死良民千餘人，激起民眾抗暴
	6	梁師成	隱相	外表忠厚老實，內心貪婪好色，無惡不作，被稱「隱相」

六賊罪行 史評：「蔡京壞紀於前，梁師成陰謀於後，李彥結怨於西北，朱勔

結仇於東南，王黼（音甫）童貫結怨於遼金。」

⑫ 農民起事

> 方臘起事　方臘自稱「聖公」摩尼教首領，聚萬眾教徒起事，後被宋將韓世忠
> 所殺。

> 宋江起事　宋江字公明，綽號呼保義，因行俠仗義常周濟他人，被稱為「及時
> 雨」（水滸傳小說中 108 條好漢首領），朝廷昏庸腐敗，被逼上梁山、落
> 草為寇、起事造反，後來接受朝廷招安，改旗幟「順天護國」，被封官進
> 爵（現今民間廟會遊巡前導隊伍，多由「宋江陣頭」引路開道做前鋒）。

⑬ 末路窮途　第九任宋欽宗趙桓，金兵分兩路南侵宋境，勢如破竹，徽宗見大
勢不妙，不想當亡國之君，將爛攤子丟給其子趙桓，禪讓皇位給欽宗，自己
當太上皇（龜縮隱遁起來），把抗金的重責大任落在懦弱膽怯的欽宗身上。

> 靖康之難　即位後的宋欽宗（時年 26 歲）不知大難臨頭，還到處搜括汴京
> （開封）金銀財寶奉獻給金國，尋求議和，而金朝也食髓知味，非但未撤
> 兵，還直接攻破京師，將宋徽宗、欽宗父子（二宗）擄走至漠北，貶黜成
> 庶人，他們被迫坦胸露背、赤身披羊皮向金太宗行牽羊禮乞降，宋徽宗被
> 封為「昏德公」、宋欽宗被封為「重昏公」，在極盡飽受侮辱下，北宋滅
> 亡，史稱「靖康之難」。

② 南宋興衰簡介

西元 1127 年～ 1279 年，共計 153 年，歷 9 帝，國都：臨安（杭州）

① 南宋歷代皇帝在位列表

序	評語	帝名	姓名	關係	期間	即位年歲	在位	享年	壽考	備註
1	平君	宋高宗	趙構	佶九子	1127 ～ 1162	20 歲	35 年	80 歲	病死	殺岳飛簽定「紹興和議」
2	明君	宋孝宗	趙眘	構義子	1162 ～ 1189	36 歲	27 年	68 歲	病死	簽定「隆興和議」
3	昏君	宋光宗	趙惇	眘三子	1189 ～ 1194	42 歲	5 年	52 歲	鬱卒	寵妖后李鳳娘
4	平君	宋寧宗	趙擴	惇二子	1194 ～ 1224	25 歲	30 年	55 歲	病死	召朱熹入宮講學
5	昏君	宋理宗	趙昀	擴堂侄	1224 ～ 1264	19 歲	40 年	59 歲	病死	南宋在位最久的皇帝
6	庸君	宋度宗	趙禥	昀堂侄	1264 ～ 1274	25 歲	10 年	35 歲	病死	奸相賈似道專權
7	弱君	宋恭宗	趙顯	禥六子	1274 ～ 1276	3 歲	2 年	53 歲	被殺	被抱著向元朝投降
8	弱君	宋端宗	趙昰	禥五子	1276 ～ 1278	7 歲	2 年	9 歲	病死	病死香港（驚慌染疾）
9	哀君	宋懷宗	趙昺	禥七子	1278 ～ 1279	8 歲	十個月	8 歲	投海	在崖山投海而死

② 泥馬渡康王　第一任宋高宗趙構（徽宗第九子、欽宗之弟）被封為「康
王」，曾在金朝當過質子，後因被懷疑其親王身份被要求更換人選（因禍得
福），得以回國開啟其幸運的一生。靖康之難（二宗被擄）京城陷落時，民
間傳說：「康王走投無路之際，藉廟前泥馬顯靈載馳渡江而南逃（泥王度康
王）」，在宋遺臣簇擁下建立新政權，史稱「南宋」，定都臨安（杭州）。

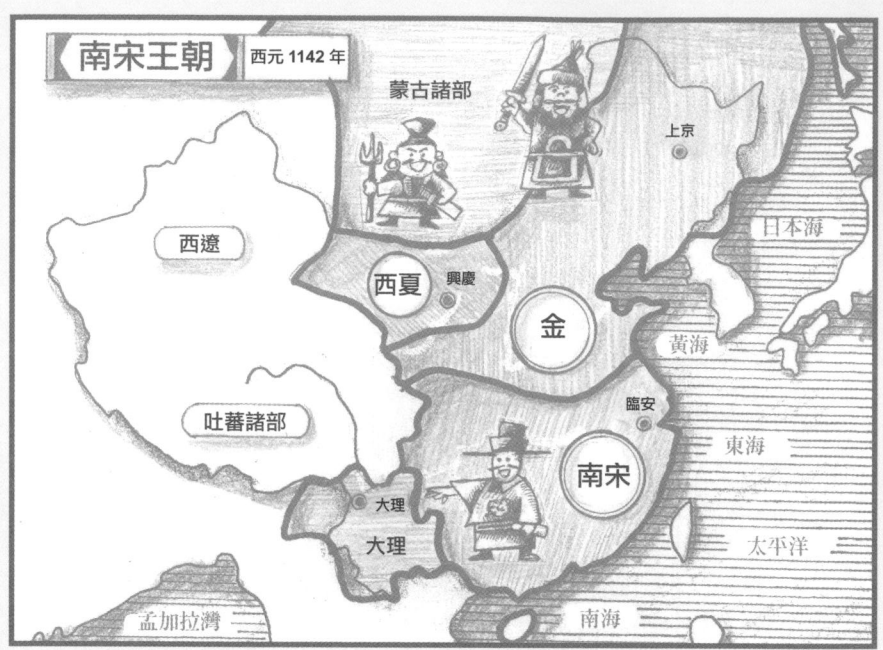

南宋行政疆域圖

南宋王朝 西元 1142 年

蒙古諸部
上京
西遼
日本海
西夏 興慶
金
黃海
吐蕃諸部
臨安
東海
大理
大理
太平洋
孟加拉灣
南海

郾城之戰 金兵南犯長驅直入、所向披靡，但在郾城之役被宋抗金名將岳飛，以寡敵眾、力挫金兵，但高宗只圖偏安江南，不想趁勝追擊，並派奸相秦檜（主和派領袖）利用勝利做為乞和的籌碼，希望加速議和進度。

紹興議和 雙方和議期間，宋將岳飛屢挫敵鋒，成為雙方議和的最大障礙，朝廷遂連發十二道金牌，令岳飛懸崖勒馬、班師回朝，最後以「莫須有」誣陷其罪名，將岳飛殺害，達成宋金議和彼此默契，宋朝向金朝稱臣納貢、用委屈求全之窘態，換來東南半壁江山統治權，史稱「紹興議和」。

毀約南侵 紹興議和後，經過 20 年，金朝內部發生政變，金熙宗被海陵王完顏亮殺害，自立為帝，並遷都燕京，馬上撕毀協議，向南進犯。

采石大捷 海陵王篡位後，急於實現他的「屯兵百萬西湖上，立馬吳山第一峰」的美夢，即向南宋猛攻，宋軍不戰自潰，消息傳到臨安，人心惶惶、自亂陣腳，千鈞一髮之際，傳來金朝宗室完顏雍（後來的金世宗）乘機奪取朝廷政權的好消息，致使海陵王完顏亮進退維谷、腹背受敵，在衡量利弊後決意續攻南宋求一線生機，但卻在「采石之戰」被宋臣虞允文迎頭痛擊、大敗而歸，不久被部將兵變遭殺害，宋軍取得軍事上重大勝利，轉危為安，史稱「采石大捷」。

高宗禪位 宋高宗係因爸爸（徽宗）、哥哥（欽宗）被金人擄走才能登上皇位，其無心救援父兄，只圖偏安江南，退讓媚金，委屈求全，更為了要與金朝儘速議和，殺害精忠報國的民族英雄岳飛。後來金朝毀約南犯，而他

又完全束手無策，只能到處逃竄，幸虧靠著愛國志士保家衛國、做為中流砥柱，才能贏得「采石大捷」的輝煌戰果。此時民眾北伐聲音高漲，高宗自覺心力交瘁，決定將皇位禪讓給養子趙脊（宋孝宗），自己當太上皇，時年 55 歲（他是中國歷史上當太上皇時間最久的皇帝，共 25 年，最後以 80 歲高齡去世）。

❸ 符離之潰　第二任宋孝宗趙脊（當時高宗禪位，自任為太上皇）他是南宋唯一明君，即位後立刻幫岳飛平反其罪、昭雪其冤，並追諡號為「武穆王」，厚葬在杭州西子湖畔，讓世人緬懷追思；並重整軍備，決意抗金，志在收復中原失土，以主戰派張浚為樞密使，開始北伐，但卻遭到「符離之潰」慘敗而歸。

隆興和議　符離之潰後，主和派大臣再度抬頭，主張與金議和，史稱「隆興和議」。此次和議內容與之前的「紹興議和」條款相似，只是南宋對金不再稱臣，改為叔（金）侄（宋）關係，歲貢改名「歲幣」，絹輸也有所減少，雖然是不平等條約，但雙方關係有所改善。

禪讓皇位　宋孝宗 63 歲時，不想當金朝的侄皇帝，將皇位禪讓給三子，自任為太上皇。

❹ 懼內皇帝　第三任宋光宗趙惇，42 歲得父禪讓皇位為帝，其平庸無能、精神異常，妄信奸臣，罷免辛棄疾等良臣；又體弱多病，朝政被心狠手辣的妒后李鳳娘把持（光宗懼內），對父親（孝宗太上皇）不聞不問，雙方矛盾加劇、關係緊張，太上皇去世時也不服喪，最後被以不孝之名逼迫退位，禪讓給兒子趙擴，在位僅 5 年。

❺ 開禧北伐　第四任宋寧宗趙擴（光宗次子、妒后李鳳娘所生），25 歲即位，召朱熹入宮講學（文盛武弱），當時蒙、金相互爭戰激烈，宋認為有機可乘，於是對金突擊。

嘉定和議　宋對金發動突襲，結果各路軍事失利、紛紛敗北而歸，元氣大傷，主和派史彌遠殺害主戰派宰相韓侂冑，向金乞和，簽訂「嘉定和議」（從原來的叔侄國係變成伯侄國關係），使南宋財政更加拮据惡化，宋、金兩國也因此次戰役，雙方國勢大衰，讓蒙古汗國更加茁壯崛起，可謂鷸蚌相爭（宋、金）、漁翁得利（蒙古汗國），讓宋、金兩國遠景更為雪上加霜。

❻ 變色皇帝　第五任宋理宗趙昀，是宋朝十八位皇帝中，出身最卑微、血統最不純正的皇帝，全因權臣史彌遠矯詔廢太子，推薦擁立一個皇室遠房親戚來當傀儡皇帝（時年 19 歲），理宗鮮少過問政事，直到權臣史彌遠過世後才開始親政（結束 10 年無事閒君、安逸縱樂的生活）。

端平更化 理宗把「理學」定為官方哲學（故廟號「理」），彈劾史黨（史彌遠集團）四木三凶（七名奸臣），大刀闊斧想進行改革，史稱「端平更化」，但只流於表面功夫，治標不治本，無法解決宋朝根深蒂固、百病叢生的問題核心。

聯蒙滅金 理宗親政後，不顧宋金盟約、唇亡齒寒之虞，竟然聯合蒙古汗國滅掉金國（前驅狼後引虎，自掘墳墓）。

召妓入宮 理宗自從強悍的寵妾閻貴妃去世後，後宮無法滿足其嗜色好慾之性，在佞臣的安排下常召妓入宮（其中以名妓唐安安最得寵），沉溺酒色、怠於政事，使南宋朝政更加腐敗昏暗。

蟋蟀宰相 賈似道擅長鬥蟋蟀（故被稱為蟋蟀宰相），他本為市井無賴，是因其姐為理宗愛妃，因而開始發跡。蒙古大汗蒙哥率大軍南犯時，突然在四川釣魚城猝逝，忽必烈為了與其弟阿里不哥爭奪皇位，而迅速與賈似道私下議和，北返與其弟爭奪皇位（阿里不哥之亂）

隱瞞戰情 賈似道隱瞞戰情，向理宗謊報宋軍各路大捷、力挫蒙軍，使其北遁，解社稷之危，被矇在鼓裡的理宗，興高彩烈的大加讚賞，設凱旋門令百官跪迎其歸，並任其為宰相，使他更狂妄擅權（專權時期跨越理宗、度宗、恭宗三帝長達 15 年，是南宋的首席掘墓者）。

南宋四人幫 閻、馬、丁、董四人亂政，結黨營私，排除異己，陷害忠良，與賈似道明爭暗鬥，使朝政更加腐敗，病入膏肓，無藥可救。

南宋四人幫	1	閻貴妃	恣色沉淪的女人，讓理宗從北伐滅金、胸懷大志到徹底墮落
	2	馬天驥	在外廷與丁大全勾結、狼狽為奸、搜括民財、無惡不作
	3	丁大全	戰事失利、謊報軍情、矇蔽朝廷，致使襄陽陷落，被稱「丁藍鬼」
	4	董宋臣	內侍，專門幫理宗物色名妓，安排入宮淫慾縱樂，被稱「董閻羅」

改變世局 理宗雖然昏庸無能，但卻對蒙古打了一場足以影響全世界局勢的勝戰（四川釣魚城戰役），因蒙古大汗蒙哥輕敵，在四川遭宋火砲擊傷，不久身亡，震驚戰無不勝、攻無不克的蒙古鐵騎悍軍，使得正在西亞地區征戰的西征大統帥旭烈兀，立刻停止對埃及進犯，回軍駐防波斯，使歐、非洲逃過一場世紀滅絕的浩劫。

理宗死不安寧 理宗死後，其陵寢曾被蕃僧掘墳將屍體挖出，其頭蓋顱被製成嘎巴拉（密宗祭典時的法器），供元朝帝師八思巴（西藏花教五祖，曾幫元朝創造文字稱為「八思巴文」）做法會時專用，下場極為淒涼。

❼ 春藥天子 第六任宋度宗趙禥（音奇），天生愚庸，7 歲時才會講話，25 歲即位，荒淫好色、嗜服春藥，一夜能臨幸 30 宮女（多 P 聖手）。元朝大舉入侵，國難當前時，他將朝政全權交給奸相賈似道治理（請鬼抓藥），國家更加急衰。

縱欲而亡 賈似道對戰情一手遮天，又無對策，襄樊城危難告急時，見死不救、匿報大捷，欺上瞞下，導致宋境沿線相繼淪陷，敲響宋亡前的喪鐘，而度宗也因縱慾過度而猝死，在位 10 年。

8 獻城投降 第七任宋恭宗趙㬎 3 歲時，被權臣賈似道擁立為帝，由謝太后（謝道清）臨朝聽政，元軍鐵蹄震天而來、勢如破竹、銳不可擋，奸相賈似道在強大輿論壓力下被罷官削爵，最後在木綿庵被暗殺。雖然奸惡已除、大快人心，但為時已晚，元軍兵臨城下，百姓成為驚弓之鳥，皇太后謝道清不顧文天祥、張世傑等人反對，抱著年僅 5 歲的恭帝向元朝獻城投降（在位 2 年）。

坎坷皇帝 宋恭宗一生悲慘命運，從 3 歲幼年在臨安．當起皇帝時就已噩運纏身，5 歲時被抱著向元朝投降（在位僅 2 年）；少年時期俘居監禁在大都，成為元朝降臣（被封瀛國公）；青年時被迫遷徙至上都（蒙古境內）當漢族移民；中年時期被遣送到西藏，落髮當僧侶（負責翻譯佛經）；晚年因文字獄被賜死，享年 53 歲。

★ 其一生顛沛流離於中國大江南北，行腳近萬里，為中國歷代皇帝之最。

9 宋王台跡 第八任宋端宗趙昰（音是），其弟恭宗降元（時年 5 歲）時，他與宋遺臣逃難到福州，被擁立為帝（時年 7 歲），此時南宋已名存實亡，不久後元軍緊追不捨、尾隨而至，在大將張世傑的掩護下逃至香港九龍城一帶避難（現留有宋王台遺跡）。

顛簸折壽 端宗因年幼，不堪長途跋涉且驚嚇勞累，染疾猝逝，時年 9 歲。

10 崖山海戰 第九任宋懷宗昺（音餅），8 歲即位，此時宋軍軍心渙散、毫無鬥志可言，只能苟延殘喘。元軍統帥張弘范對南宋小朝廷窮追猛打，對皇室成員斬草除根，崖山海戰南宋最後主力軍喪失殆盡，徹底覆滅，丞相陸秀夫含淚背負少帝投海殉國，在位僅十個月，南宋亡國。

3 宋代萬花筒解析

抗金四大名將 ① 張俊（出賣岳飛被罰長跪在岳廟前）、② 岳飛、③ 韓世忠、④ 劉錡。

宋末三傑 ① 文天祥（著正氣歌）、② 張世傑、③ 陸秀夫（背負少帝投海）。

唐宋八大家

① 韓愈	② 柳宗元	③ 蘇洵（父）	④ 蘇軾（子）	⑤ 蘇轍（弟）
← 唐朝人 →		← 三蘇 →		
⑥ 歐陽修	⑦ 王安石	⑧ 曾鞏		
← 來自江西文豪 →		口訣：寒流來了三叔公整修石屋		

| 宋代文壇雙璧 | 北宋蘇軾（東坡）、南宋陸游。 |

| 中國史書雙司馬 | 漢朝司馬遷《史記》、宋朝司馬光《資治通鑑》。 |

| 北宋文壇四大家 | 王安石、歐陽修、蘇軾、黃庭堅。 |

| 北宋四大書法家 | 蘇軾、黃庭堅、米芾（音福）、蔡襄。 |

| 宋詞高手 | 范仲淹、柳永（三變）慢詞聖手、晏殊（貴族詞士）。 |

| 南宋著名詩人 | 陸游（有詩九千首）、楊萬里、范成大（田園詩人）、尤袤（音帽）、李清照（最著名的女詩人）、辛棄疾（稼軒居士／豪放派）、文天祥（愛國詩人）。 |

| 南宋四大畫家 | 李唐（畫牛著稱）、劉松年、馬遠、夏圭。 |

| 蘇門四學士 | 黃庭堅（魯直）、秦觀（太虛）、晁補之（無咎）、張耒（音壘，字文潛）。 |

4 宋代學術思想與文藝發展

1 活版印刷術發明 仁宗慶曆年間，畢昇獨創「活版印刷術」。

2 書院盛興 這些書院為私人捐獻，後來受朝廷資助，北宋期間書院開始沒落，南宋時書院成為理學派宣揚理學場，因而復興。

四大書院	1	石鼓書院	湖南衡陽	2	白鹿洞書院	江西廬山
	3	嶽麓書院	湖南長沙	4	應天府書院	河南商丘

3 理學勃興 宋之前研究經學（儒學）都偏重訓話（不能踰越範圍），因此思想僵化受到束縛，北宋起學者開始遂不受訓話注疏匡限，開始摻雜佛家的慈悲（空理）、道家的自然（玄理）及儒家的仁愛（性理），將儒釋道三大思想合而為一，成為心性義理之學，稱為「理學」。

理學重要人物	北宋五子	1	道理	周敦頤	濂溪先生	濂學	理學開山始祖，著太極圖說
		2		程顥	明道先生	洛學	兩兄弟為周敦頤的得意門生 偏重內心直證
		3		程頤	伊川先生		
		4	氣	張載	橫渠先生	關學	以體為本，偏重內心修養
		5	數	邵雍	康節先生	／	思想偏重老莊道家思想
	南宋	6	理	朱熹	晦庵先生	閩學	集諸家之大成，強調性即是理
		7	心	陸九淵	象山先生	／	強調心即是理，與朱熹思想對立

分歧對立	格物派 客觀唯心論	程朱學派（性理學）	程顥、程頤	觀察事物推究道理（格物／天論）	天人合一
			朱熹	明瞭事物認清真理（致知／人論）	
	格心派 主觀唯心論	陸王學派（心學）	陸九淵	心即是性，即是理	知行合一
			王陽明	心之本體，即是性，即是至善	

★ 程朱學派到了清代時遭到嚴厲評判，稱其為「守靜虛學、言行不一」（率眾入故紙中，耗盡身心氣），成為思想精進的障礙，流於擁抱鄉愿的本質。

第十五節　大元帝國綜述

西元 1279 年～ 1368 年，共計 90 年，歷 11 帝，國都：大都（北京）

源起　蒙古族（自認為蒼狼與白鹿的子孫），唐朝時稱「蒙兀部」，曾受遼（契丹）和金（女真族）的高壓統治，西元 1170 年乞顏部酋長也速該被塔塔兒部族殺害，其子鐵木真（時年 13 歲）與家人過著飢寒交迫、顛沛流離的亡命生活，也因此養成鐵木真（成吉思汗）果敢勇猛的個性。

❶ 元朝成立前後三階段（大汗、皇帝、大王）在位列表

入關前【大蒙古汗國】西元 1206 年～ 1271 年，共計 65 年，歷 4 大汗，國都：哈拉和林

序	評語	帝名	姓名	關係	期間	即位歲	在位	享年	壽考	備註
1	追諡	元太祖	鐵木真	開創	1206 ～ 1227	43 歲	22 年	65 歲	病死	即為「成吉思汗」
／	監國	（元睿宗）	拖雷	真幼子	1227 ～ 1229	39 歲	2 年	41 歲	病死	
2	追諡	元太宗	窩闊台	真三子	1229 ～ 1241	43 歲	12 年	55 歲	病死	滅掉金朝
／	攝政	（昭慈皇后）	乃馬真氏	台之妻	1242 ～ 1246	△	5 年	△	病死	
3	追諡	元定宗	貴由	台長子	1246 ～ 1248	40 歲	2 年	42 歲	病死	喜喝酒，中風而死
／	攝政	（欽淑皇后）	海迷失	由之后	1248 ～ 1251	△	3 年	△	被殺	
4	追諡	元憲宗	蒙哥	台侄子	1251 ～ 1259	42 歲	8 年	50 歲	病死	滅大理國、高麗、吐蕃
／	改制	可汗	忽必烈	雷四子	1260 ～ 1271	45 歲	11 年	（80 歲）	病死	後來成為元朝開國君

入關後【元朝】西元 1271 年～ 1368 年，共計 90 年（98 年）歷 11 帝，國都：大都（北京）

序	評語	帝名	姓名	關係	期間	即位歲	在位	享年	壽考	備註	
1	強君	元世祖	忽必烈	真之孫	1271 ～ 1294	57 歲	23 年	80 歲	病死	1279 年滅南宋、元朝起點	
2	平君	元成宗	鐵穆耳	烈之孫	1294 ～ 1307	28 歲	14 年	42 歲	病死	國庫空虛	
3	平君	元武宗	海山	耳侄子	1307 ～ 1311	26 歲	4 年	31 歲	病死	發行「至大通寶」	
4	明君	元仁宗	愛育黎拔	山之弟	1311 ～ 1320	26 歲	9 年	35 歲	病死	以儒治國	
5	哀君	元英宗	碩德八刺	達之子	1320 ～ 1323	18 歲	3 年	21 歲	被殺	南坡之變時被殺	
6	平君	元泰定帝	也孫鐵木兒	烈曾孫	1323 ～ 1328	31 歲	5 年	36 歲	病死		
7	哀君	元天順帝	阿速吉八	兒幼子	1328	9 歲	30 天	△	失蹤		權臣燕鐵木兒
8	弱君	元文宗	圖帖睦爾	山次子	1328 ～ 1329	24 歲	四個月	（28 歲）	病死	權臣亂政時期	權臣燕鐵木兒
9	哀君	元明宗	和世瑓	山長子	1329 ～ 1332	30 歲	185 天	30 歲	毒死		
	復位	（元文宗）	圖帖睦爾	山次子	1329	24 歲	4 年	28 歲	病死		權臣伯顏專政
10	哀君	元寧宗	懿璘質班	瑓次子	1332	7 歲	53 天	7 歲	病死		權臣伯顏專政
11	弱君	元惠宗	妥懽貼睦爾	瑓長子	1333 ～ 1368	14 歲	35 年	（51 歲）	病死	至正新政	

回漠北【北元政權】西元 1368 年～1388 年，共計 20 年，歷 2 位王（未排入帝序）國都：哈拉和林									
序	評語	帝名	姓名	關係	期間	即位歲	在位	享年	壽考	備註
改制復位		元順帝	妥懽貼睦爾	球長子	1368～1370	49 歲	2 年	51 歲	病死	原元惠宗
1	弱君	元昭宗	愛猷識理達臘	爾長子	1370～1378	32 歲	8 年	40 歲	病死	曾打敗明朝大軍
2	弱君	天元帝	脫古思帖木兒	臘之弟	1378～1388	30 歲	10 年	40 歲	被殺	被明將藍玉擊滅

★ 大蒙古國第五任可汗忽必烈（後來成為元朝的開國君，故以四大汗排序）西元 1271 年建立「大元」政權，直至 1279 年才將南宋消滅，故元朝國祚有二版本 98 年及 90 年（較主流）。

元朝行政疆域圖

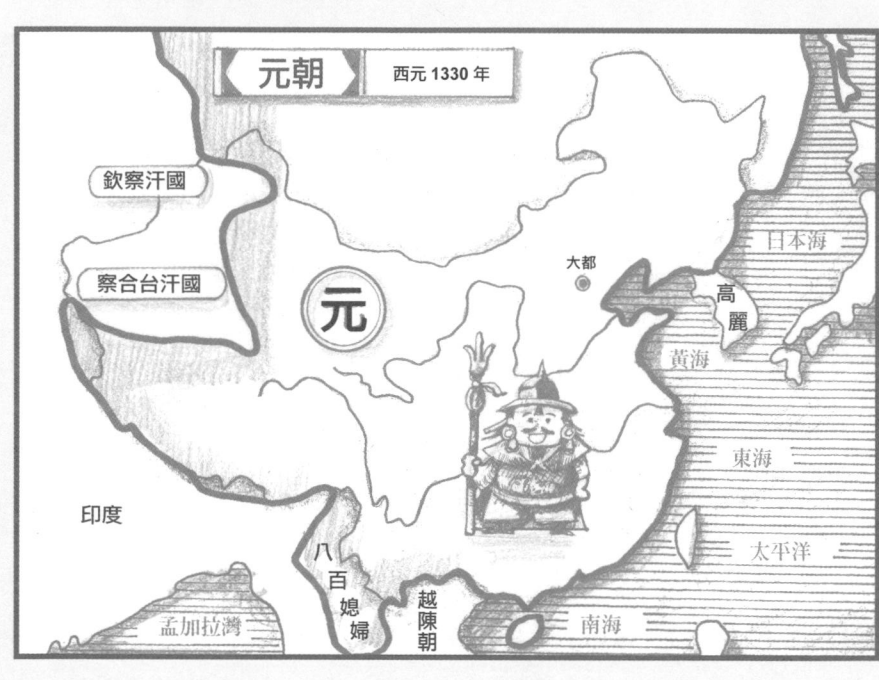

① 蒙古崛起　當宋、遼、西夏、金互相攻訐、爭戰不休的時代裡，蒙古乞顏部族鐵木真，靜悄悄地兼併漠北諸部（蠶食鯨吞），統一整個蒙古大草原各部落。

② 建立強權　西元 1206 年，鐵木真在斡難河（今鄂嫩河）源頭召開庫力台大會，正式建立「大蒙古國」，尊號：成吉思汗（意為四海至尊）。

③ 三大階段　元朝歷史可分為三個階段時期（前後約 183 年）

元朝三階段	階段	國名	帝王數	期間	歷時	備註
	第一階段	大蒙古國	4 位大汗	1206～1271	65 年	建立四大汗國（黃金家族）
	第二階段	元朝	11 位皇帝	1271～1368	98 年	與四大汗國聯盟（宗主國）
	第三階段	北元	2 位君王	1368～1388	20 年	分成「韃靼」和「瓦剌」兩國

★ 西元 1271 年忽必烈在大都建立元朝起，國祚 98 年（建國時南宋尚未滅亡）。

西元 1279 年元朝滅掉南宋起至明朝建立止，共計 90 年（滅宋後始計，此版本較主流）

2 大蒙古國

西元 1206 年～ 1271 年，共計 65 年，歷 4 位可汗，國都：曲雕阿蘭——哈拉和林

1 蒙古的三次西征　西元 1219 年第一次西征起至 1260 年第三次西征止，共歷經 40 年，最初是以單純的報復行動（因西亞的花剌子模國殺害蒙古商隊及使者），但到最後卻失控演變成攻城掠地的野蠻侵略行為，版圖橫跨歐亞大陸，建立空前遼闊的大帝國。

<table>
<tr><td rowspan="6">【蒙古三次西征】</td><td>次序</td><td>建立國家</td><td>大汗</td><td>主帥</td><td>期間（年）</td><td>停止征伐原因</td></tr>
<tr><td rowspan="2">第一次西征</td><td rowspan="2">察合台汗國</td><td>成吉思汗</td><td>親征</td><td>1219 ～ 1225（7 年）</td><td>回軍攻打西夏王國</td></tr>
<tr><td colspan="4">★滅掉國家：西遼、花剌子模、亞美尼亞、喬治亞、亞塞拜然等</td></tr>
<tr><td rowspan="2">第二次西征</td><td rowspan="2">欽察汗國</td><td>窩闊台</td><td>拔都</td><td>1235 ～ 1242（8 年）</td><td>窩闊台突然暴崩去世</td></tr>
<tr><td colspan="4">★滅掉國家：俄羅斯、波蘭、匈牙利、奧地利等，最遠達義大利威尼斯附近</td></tr>
<tr><td>第三次西征</td><td>伊兒汗國</td><td>蒙哥</td><td>旭烈兀</td><td>1253 ～ 1260（8 年）</td><td>蒙哥汗征宋途中去世</td></tr>
</table>

★滅掉國家：波斯、大食（阿拔斯王朝）、敍利亞、木剌夷，逼近埃及

2 蒙古三次西征始末　前後長達 40 年的長征，吞併滅掉鄰近約 40 多國家，帶給歐洲、西亞、中東地區人民極大恐慌，史稱「黃禍」或「上帝之鞭」。

第一次西征｜西元 1219 年～ 1225 年，共計 7 年

西元 1219 年，蒙古國成吉思汗鐵木真以西亞花剌子模國殺害蒙古商隊及使者為由，親率大軍西征，開啟蒙古前後三次西征的序幕，滅掉花剌子模國及鄰近國家，建立「察合台汗國」，由次子察合台駐守管理，完成任務後回師進攻常來邊境騷擾的西夏王國，但在征伐西夏途中，成吉思汗突然猝逝於六盤山。

第二次西征｜西元 1235 年～ 1242 年，共計 8 年

西元 1235 年，第二任大汗窩闊台滅掉金朝後次年，即派遣長兄尤赤的長子拔都帶領蒙古大軍做第二次西征（在東歐建立：欽察汗國）。

- 【長子西征】此次西征，將領主要是宗室長子或長孫所組成，故又稱「長子西征」
- 【上帝之鞭】蒙古鐵蹄席捲整個歐洲，西方百姓及軍士驚慌失措，拔都勇猛無敵、長驅直入、所向披靡，被稱為「黃禍」或「上帝之鞭」。直到傳來窩闊台突然去世的訊息，才全面停止征戰，讓歐洲逃過一場被摧殘蹂躪的浩劫。

｜西元 1253 年～ 1260 年，共計 8 年

★ 西元 1253 年，第四任大汗蒙哥與四弟忽必烈兵分兩路攻打南宋，另派遣六弟旭烈兀發動第三次西征，佔領大食（阿拉伯）阿拔斯王朝及木剌夷敘利亞的阿尤布王朝，正準備進軍埃及時傳來蒙哥汗的死訊，即回師駐守在波斯（伊朗）地區不再東返。後來旭烈兀在元世祖忽必烈的支持下成為波斯地區的最高統治者，並建立「伊兒汗國」，尊號「伊利汗」（又稱伊利汗國）。

完美中的遺憾 蒙古鐵蹄宛如猛虎出岬、山洪暴溢，以秋風掃落葉之威勢，攻城掠地橫行無阻，但有時也會踢到鐵板而灰頭土臉：① 西征埃及失利 ② 南取安南（越南）受挫 ③ 二次東征日本皆遇到颱風（日本人稱之為「神風」）大敗而歸，不敢再犯。

3 四大汗國｜蒙古三次西征所建立的四個汗國

	四大汗國	建立次序	國祚期間	首任大汗	滅亡原因
蒙古在歐亞地區建立的四個汗國	一　察合台汗國	第一次西征	1222 ～ 1369 共計 147 年	察合台 （鐵木真次子）	被帖木兒汗國所滅
	二　窩闊台汗國		1225 ～ 1309 年 共計 84 年	窩闊台 （鐵木真三子）	被元朝與察合台汗國瓜分 （元定宗時平定海都之亂）
	三　欽察汗國 （金帳汗國）	第二次西征	1242 ～ 1480 年 共計 238 年	拔都 （鐵木真長孫）	被俄羅斯沙皇所滅
	四　伊兒汗國 （伊利汗國）	第三次西征	1256 ～ 1357 年 共計 101 年	旭烈兀 （拖雷六子）	被帖木兒汗國所滅

4 蒙古汗國

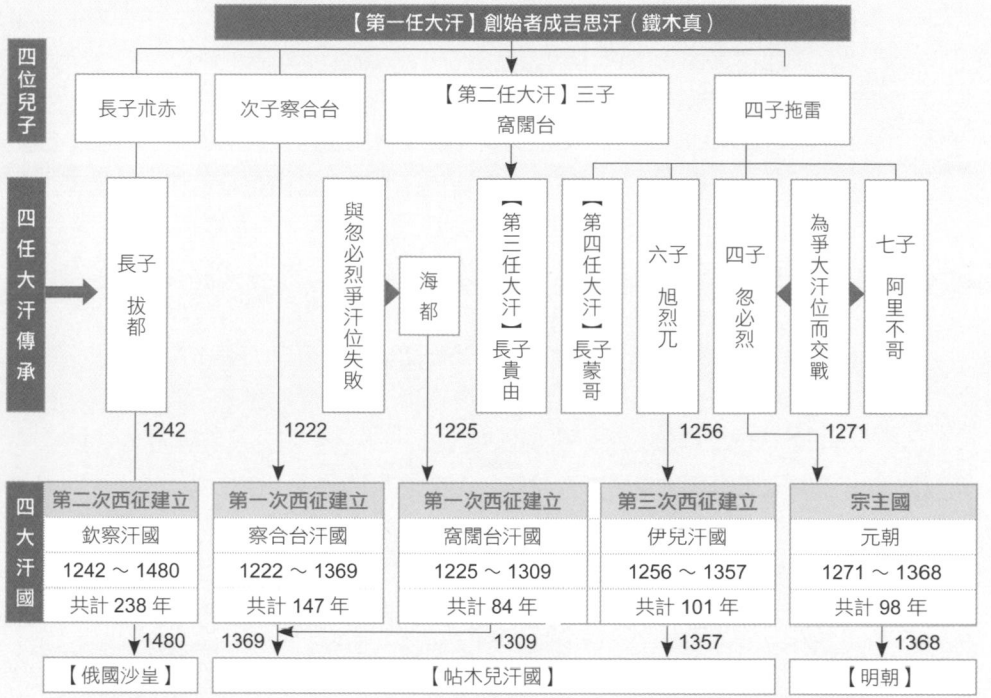

• 創始者成吉思汗（鐵木真）家族成員傳承汗位表 •

5 大蒙古汗國四大汗簡介

蒙古四大汗 （元朝時才被追諡皇位，未列入中國帝王排序）

開國君 鐵木真（意為鋼鐵），於西元1206年完成統一蒙古大草原各部族的偉業，尊號「成吉思汗」（意為四海至尊），建立大蒙古汗國。1219年發動第一次西征（中亞地區），滅掉西遼及花剌子模國，於1222年建立察合台汗國，西征期間，因西夏王朝時常騷擾蒙古邊境，扯其後腿，讓成吉思汗大為光火，東返誓言滅掉西夏以洩其恨；但在西夏滅國前三天，他突然患重疾猝死於六盤山（因無法親眼目睹西夏滅亡，引以為憾，其遺囑特別強調將西夏國滅族，導致後來的大屠殺，使西夏文明一夕之間化為烏有、人間蒸發。）

★ 毛澤東評語：一代天驕成吉思汗只識彎弓射太鵰（意為善武輕文，與宋朝的重文輕武形成強烈對比，「馬上得天下，馬上治天下」）。

第二任大汗 **窩闊台**（被追諡為元太宗），鐵木真三子。
窩闊台受遺命繼承汗位，他任用金朝降臣耶律楚材（契丹人）為相，建立朝廷禮儀、頒佈法令，並積極推行漢化運動。滅掉西夏國之後，又降服高麗王朝及

東真國，使其無後顧之憂。隨後聯合南宋滅掉強敵金王朝，次年派拔都發動第二次西征，席捲整個歐洲，所向披靡，並建立「欽察汗國」。後因窩闊台大汗酗酒過度突然暴斃，才中止向西歐推進並被迫撤軍。

第三任大汗　貴由（被追諡號為元定宗），窩闊台長子。窩闊台大汗突然崩逝，汗位空懸，由乃馬真太后臨朝專政（監國 5 年），直到西元 1246 年才由長子貴由即任汗位。因他與堂兄拔都（二次西征統帥）素有過隙，彼此不和，故政局混亂，諸王宗族內訌相互攻訐，貴由也是貪杯好酒之輩，在位僅 1 年 8 個月就因酒精中毒而猝死。

第四任大汗　蒙哥（被追諡號為元憲宗），拖雷長子。蒙哥個性沈默寡言、不好奢華、喜歡打獵，貴由突然去世，由海迷失皇后暫時監國（3 年），汗位繼承問題又再度勾起蒙古宗室權力鬥爭的引爆點，最後由戰功彪炳的西征統帥拔都力主推薦，以拖雷（成吉思汗最疼愛的兒子）的長子蒙哥繼承汗位（不服者均被斬殺），此事是為日後，各汗國分裂解體的導火線。

● **【輕敵而喪命】**蒙哥即汗位後，命四弟忽必烈南征滅掉大理國，又派六弟旭烈兀發動第三次西征（橫掃中東、西亞地區）。而蒙哥以南宋朝廷囚禁蒙古使者為藉口，率大軍親征南宋，但因其輕敵，至四川合州釣魚城時被宋軍伏擊，用火炮炸成重傷，不久後傷重過世。事出突然，帶給蒙軍沈重的打擊（推遲南宋覆亡時間），而遠在中東西征的統帥旭烈兀也被迫中止一切軍事行動，回師駐防在伊朗（後來獲得元世祖支持，在該地建立「伊兒汗國」）。

第五任大汗　元世祖忽必烈（因後來成為元朝開國君，未被再列入大汗表中），忽必烈和蒙哥汗兵分二路進擊南宋，蒙可汗的死訊傳來時忽必烈震懾不已，他被奉請北歸繼承汗位，但他立志先要完成滅宋使命，再言稱汗，於是繼續向南宋猛攻，但不久傳來壞消息，其幼弟阿里不哥已在漠北被宗室大臣擁戴成為大汗，於是他馬上與南宋奸相賈似道達成協議（雙方議和），撤兵北返爭奪汗位。

● **【同室操戈】**忽必烈北返在開平（上都）召開庫力台大會正式即汗位，隨後出兵擊敗篡謀汗位的阿里不哥，使其統治權更加鞏固。但是此舉不符合蒙古皇室宗族共同推舉大汗人選的制度，所以廣泛不受承認。

● **【分裂而衰】**因忽必烈自行宣布即任大汗位，所以普遍不受宗室支持及承認，導致各大汗國表面上維持統一，但實際上已紛紛自立，形成蒙古汗國的大分裂。

★ 當忽必烈擊敗其弟阿里不哥時，窩闊台汗國、察合台汗國、欽察汗國三大汗國諸王共推窩闊台汗國的海都為大汗（唯伊兒汗國旭烈兀未參加），海都大汗公開反對元世祖忽必烈為正統宗主國大汗地位，從此蒙古各大汗國四分五

裂、各自為政近五十年之久，直到元武宗時才再度復合，但為時已晚，蒙古諸汗國已日薄西山，隨時等待著覆滅時間的來臨。

6 大蒙古國｜得天下的兩種神器　① 馬鞭　② 利劍

失天下的一大原因　馬上得天下，而馬上治天下（不懂得下馬治天下）

馬背上長大的勇士　蒙古意為「勇猛無比」或「白銀」，蒙古人在馬背上長大，故騎術純熟、戰馬優異、兵器精良、戰術靈活、攻堅速達，造就成蒙古鐵騎驃悍蠻勇的基礎，讓其席捲整個歐亞大陸，如入無人之地，令敵人聞風喪膽，雙腿癱軟。

戰馬　馬為六畜之首，牠本為普通家畜及交通工具，但在蒙古軍隊裡卻成為先端秘密武器及重要國防戰備力量（蒙古鐵蹄）。

戰術　蒙古人馳馬奔騰時，僅靠雙腿夾控，雙手射箭，力道強勁、瞄頭精準，且能左右開弓、百步穿楊，兵強馬壯，所向披靡。

牧馬　蒙古馬只吃野草，公馬四齒時即去勢，使其身軀壯碩、耐操善跑、習性溫和、不亂鳴叫，不懼嚴寒酷熱，壽命長久。

馴馬　蒙古士兵每人管理五、六匹馬，以便隨時換騎，故能終日馳騁大地（日行千里），萬馬奔騰、聲勢凌人、行動敏捷，讓敵人望而生畏。

用馬　弱馬當食物吃，馬血當水飲，馬皮製成甲胄，馬骨削尖成箭，馬尾製弓弦，馬乳可製酒，馬囊可渡河，馬糞當柴火燒，可謂全身上下都是寶。

3　元朝歷代皇帝簡介

西元 1279 年～ 1368 年，共計 90 年，歷 11 帝，國都：大都（北京）

1 大哉乾元　開國君元世祖忽必烈於 1260 年繼承大汗位（但不受諸大汗國的承認），遷都燕京後改為大都，並於 1271 年將大蒙古國改成「大元」（取易經「大哉乾元」之意），成為元朝的開國君，隨後遣將南征，終於在 1279 年滅掉南宋政權（元朝國祚由此年開始計算），並對鄰近國家展開侵略攻擊，威勢達南洋地區（唯兩次侵犯日本失利）。

馬可波羅遊記　忽必烈雖已成為元朝皇帝，但是各大汗國並不承認其宗主國地位，導致蒙古各大汗國分裂，各自為政，但在商業貿易上則還是往來頻繁密切，各地驛站林立，制度完善，使得絲綢之路（絲路）更加發達安全，來自歐洲各國傳教士、旅行家、冒險家、商賈絡繹不絕，其中最著名的是來自義大利的馬可波羅，他寫了一本東方遊記將當時最繁華的元大都介紹給全世界知悉。

2 守成皇帝　第二任元成宗鐵穆耳（因忽必烈以 80 歲高齡去世，皇太子早已

過世，故由太子之三子鐵穆耳繼承皇位），他即位後立刻停止對日本及安南（越南）用兵，更結束長達半個世紀西北諸王室的內戰，減免江南部分稅賦，整頓吏政；但他也因濫行賞賜，耗盡國庫積蓄，大量印製鈔票，致使經濟潰決，功過相較之下他算是位守成皇帝。

❸ 至大通寶 第三任元武宗海山，即位後實行財政改革，發行「至大通寶」開闢財源，使經濟略有復甦。尊奉喇嘛密教（密宗成為國教），並修建五台山佛寺，其最大功績是與四大汗國復合修好（四大汗國承認元朝為宗主國），並展開多方交流。

❹ 以儒治國 第四任元仁宗愛育黎拔力八達，幼時學讀儒家思想，即位後「以儒治國」振紀綱，重名器，用漢人儒士為朝臣，恢復科舉，他是元朝歷代皇帝中，學問素養、文化氣質最好的一位皇帝，在位 9 年。

❺ 至元新格 第五任元英宗碩德八剌，仁宗之子，自幼受中原文化薰陶，思想較為漢化，18 歲即位，但大權落在皇太后與權臣手中，親政後馬上進行改革（至元新格），但是新法觸犯到貴族的利益，引發宗室權貴抵制。

南坡事變 英宗在上都（開平）避暑結束，駐蹕南坡時，遭權臣鐵木迭兒埋伏突擊，遇刺身亡，史稱「南坡事變」，在位僅 3 年，享年 21 歲。

❻ 國勢日衰 第六任元泰定帝也孫鐵木兒，因「南坡之變」事發突然，泰定帝即位後就急於下令處死所有參與事變的現行犯與嫌疑犯（有殺人滅口之嫌），故泰定帝被合理的懷疑他是整體事件的幕後黑手。

★ 他在位期間天災不斷、國庫虛空、經濟衰落、人民貧困、國勢大衰，其唯一的德行就是下詔聖旨立御碑保護黃帝陵（軒轅廟）。

廟號被廢 因其子天順帝在爭奪皇位的過程中失利，使得泰定帝與天順帝均沒有廟號和諡號，史學家以「泰定帝」與「天順帝」代為稱呼。

❼ 即溶皇帝 第七任元天順帝（興宗）阿速吉八，因元泰定帝在上都（開平）猝逝，丞相倒剌沙密而不宣，私自擁立年僅 9 歲的阿速吉八為帝（想藉此輔政專權），此事引起大都（北京）樞密院參事燕鐵木兒的不滿，他另立元武宗長子和世琜為帝（但人還在漠北無法就任），於是再先立其弟圖帖睦爾為代行皇帝（是為元文宗）。雙方均為正統之爭而兵戎相向，最後上都派的倒剌沙戰敗被處死，而 9 歲的天順帝卻下落不明（失蹤），在位僅 30 天（此為中國歷史上最滑稽的宮廷鬧劇）。

❽ 影子皇帝 第八任元文宗圖帖睦爾，他是元武宗次子，在大都（北京）被權臣燕鐵木兒擁立為代理皇帝（當時他們想擁立的皇帝和世琜因人還在漠北無法即位），隨後北征打敗上都（開平）的天順帝，結束一場元朝皇帝鬧雙胞的局面（一山難容二虎）。隨後元文宗將皇位禪讓還給兄長和世琜（元明宗），代理皇帝期間為四個月（成為影子皇帝）。

⑨ 枉命皇帝 第九任元明宗和世瓎是被從漠北奉迎接回繼承皇位的皇帝（其弟元文宗禪位後被立為皇太子），但他即位後不久、連皇宮動線還很生疏，搞不清楚狀況，就被權臣燕鐵木兒毒死，在位僅 185 天（六個月）。

文宗復位 元文宗再度復位，他為了洗刷被人質疑毒害兄長之嫌（有人說他與燕鐵合謀毒害明宗），於是嗣立兄長元明宗幼子懿璘質班為皇儲（太子），以示清白。

⑩ 無福皇帝 第十任元寧宗懿璘質班 7 歲即位，由卜答失里皇太后臨朝稱制，但朝政大權卻旁落在權臣燕鐵木兒手中。

★ 寧宗沒有當皇帝的福分，在沒有被謀殺或毒殺的情況下猝死，在位僅 53 天。

⑪ 至正新政 第十一任元惠宗（元順帝）妥懽貼睦爾，他是明宗的長子，因權臣燕鐵木兒去世才有機會當上皇帝，被卜答失里皇太后下旨從靜江（廣西桂林）迎回大都即位，時年僅 14 歲。他在位期間多次險些被陰謀家推翻政權，幸得右丞相伯顏鼎力相助才平止叛亂，而伯顏也因此恃功而驕、專橫跋扈、倒行逆施，逐漸引發惠宗的強烈不滿，最後他與脫脫（伯顏侄子）共謀合力將權相伯顏扳倒，並將他流放異地，改以脫脫為丞相，開始親政讓朝政煥然一新（至正新政）。

北遁皇帝 惠宗改革新政初期，成效良好，但後期卻怠於政事（荒淫無度）又逢天災連年、民不聊生，終於爆發紅巾軍起事各地響應，元軍全面潰敗，1368 年明朝大將徐達攻破大都前，惠宗半夜舉家逃回漠北。

順乎天命 因元惠宗沒有做困獸之鬥或誓死一搏，選擇不流血策略，連夜竄逃遁回漠北，明太祖認為他是為了「順天命」，故御賜封號給他，稱其為「元順帝」，更將大都改為「順天府」。於是他成為元朝的亡國君（同時也是北元政權開國君）。

★ 元順帝是明朝皇帝贈諡（有貶謫之意，故元廷不承認此稱謂，只稱元惠宗）。

魯班天子 元惠宗治國無方，但他卻有一雙巧手，能造龍船、木櫃、宮漏（報時器），設計新穎、巧奪天工，甚至還幫朝臣做宅院模型（樣品屋），與明熹宗朱由校（以木工較專長），兩人不務正業（皇帝）、專長嗜好為設計及木工，被戲稱為「魯班天子」。

④ 北元 西元 1368 年～1388 年，共計 20 年，歷三王（不列入中國皇帝排序）

① 開國君 元惠宗妥懽貼睦爾，放棄元朝大都遁回漠北，建立「北元」政權（去帝號只稱王），繼續與明朝對峙 2 年，後因患痢疾病死。

❷ 第一任 元昭宗愛猷識里達臘，其母是惠宗最寵愛的高麗人奇皇后，他 32 歲即位，曾試圖復興元朝，並曾多次擊退明軍，使北元保持實力優勢，在位 8 年。

❸ 第二任 天元帝（北元後主）脫古思帖木兒，在位期間，明朝將領藍玉在貝爾湖附近大敗元軍，宮廷內人心惶惶，不久後又發生政變，天元帝遭到阿里不哥後裔也速浩兒（後來成為韃靼國第一位可汗）篡位殺害，在位 10 年，享年 40 歲，北元政權覆滅。

5 元朝的特殊怪現象

❶ 皇位更迭異動頻繁的朝代 元朝從西元 1271 年建立起至 1368 年滅亡止，共計 98 年，歷經 11 位皇帝，元朝開國君元世祖忽必烈在位 23 年（另做了 11 年的蒙古國大汗，共計 34 年）；亡國君元惠宗在位 35 年，兩人前後合計共計 58 年，約佔 2/3，其餘 40 年間共有 9 位皇帝更迭替換，平均每位皇帝在位 4 年餘（有 4 位皇帝在位期間不到半年），也難怪元朝史政敗壞、國勢大衰。

❷ 一年三帝輪換天下奇聞 1328 年 8 月元泰定帝在上都（開平）猝死，丞相倒剌沙密而不宣，不久事洩，朝廷分為兩派軍（上都派與大都派）雙方為正統之爭而激戰，最後由大都派獲勝，但事件還未落幕，因為大都派又分成兄弟兩派之爭（元武宗的長子與次子間暗鬥），最後權臣燕鐵木兒選擇毒死元明宗、讓元文宗復位，才讓整個事件總算塵埃落定，結束 1 年內（1328 年 10 月至 1329 年 9 月）有 3 位皇帝先後登基退位的歷史鬧劇。

一年三帝	第 7 任元天順帝·阿速吉八年僅 9 歲	1328 年 10 月即位	被大都派擊敗後失蹤（在位 30 天）
	第 8 任元文宗·圖帖睦爾（武宗次子）	1328 年 10 月即位	禪位給長兄後退位（在位 4 個月）
	第 9 任元明宗·和世㻋（武宗長子）	1329 年 2 月即位	被權臣燕鐵木兒毒死（在位 185 天）

★ 西元 1329 年 8 月元文宗圖帖睦爾，再次復位他為了洗刷毒死長兄之嫌，立明宗幼子懿璘質班為太子。

★ 第 10 任元寧宗·懿璘質班（明宗幼子）1332 年 10 月即位在位僅 53 天病逝享年 7 歲

★ 第 11 任元惠宗·妥懽貼睦爾（明宗長子）1333 年 7 月即位（在位 35 年）。

❸ 元朝百姓與軍隊四大階級 蒙古人歧視異族，全國軍民分為四種階級，政治待遇差別甚大，成為日後江南（南人）一帶農民起義抗暴的主因。

百姓四階級	1	蒙古人（蒙古族人）
	2	色目人（西域各部落）
	3	漢人（金朝統治下的漢人）
	4	南人（南宋滅亡後的漢人）

軍隊四階級	主力軍	1	蒙古軍（元皇室主力軍隊）	騎兵
		2	探馬赤軍（部族聯盟軍）	
	地方軍	3	漢軍（亡金軍隊編組）	步卒
		4	新附軍（南宋降軍編組）	

❷ 元朝社會地位十大等級

1 官（官員）	→	1 吏（公務員）	→	3 僧（和尚）	→	4 道（道士）	→	5 醫（醫生）
6 工（技匠）	→	7 獵（狩牧）	→	8 妓（妓女）	→	9 儒（學者）	→	10 丐（乞丐）

★ 元朝時期鄙視讀書人，將儒生排在妓女之後，只比乞丐高一級而已，可見知識份子在當時社會裡地位非常卑微低賤（下流社會人士）

★ 中國文化大革命期間，常常出現「臭老九」（因知識份子在元朝社會地位排行第九）的反動字眼，用來諷刺只會賣弄文騷、譁眾取寵的愚昧學者。

6 元朝四大異人　二相一僧一后的傳奇故事

❶ 兩位良相　元初：耶律楚材、元末：脫脫

耶律楚材　契丹人，原為金朝大臣，金亡前被捕，成吉思汗非常賞識他的才華而得重用，但此舉讓當時另一位擅長造弓的西夏工匠不滿，質疑成吉思汗：「現在最重要的任務是打仗，像這種讀書人不會有所作為的。」耶律楚材不甘示弱反問道：「造弓需要工匠，難道治天下不需要治天下匠嗎？此事讓成吉思汗更加倚重他。」

脫脫　二十五史之遼史、金史、宋史的作者。元惠宗（順帝）14 歲即位，朝中政務全由宰相伯顏獨攬、專橫跋扈，更私下命其養子脫脫為御侍衛官，專門監視皇帝作息活動，不料脫脫對養父跋扈狂妄之行徑相當反感，恐受其累而大義滅親，密告惠宗並聯手將他貶官流放異地，其職務由脫脫取而代之。當伯顏得知被養子出賣後，對著押解的差官抱怨說：「你們看過有兒子想殺父親的怪事嗎」？結果差官們異口同聲的回答：「沒有啊！只有聽說有朝臣想弒君主的逆聞」，使伯顏閉嘴不敢再多言。

❷ 元朝帝師

八思巴　原名羅札堅贊，被尊奉為藏傳佛教薩迦派花教五祖。他曾幫元世祖忽必烈授予神聖密宗灌頂儀式及創造蒙古字（又稱八思巴文），曾被忽必烈賜玉印，授尊號為「西方佛子、大元帝師」（元朝國師），受到極高規格禮遇。並將吐蕃烏斯藏地區（西藏）賜予八思巴，做為供養地（福田），成為該區域的十三萬戶長（薩迦王朝）政教合一的領袖，從此西藏正式納入中國版圖，對中國統一、民族團結、文化交流做出重大貢獻。

★ 據說八思巴手中所持的祭儀法器「嘎巴拉」，是用宋理宗趙昀的頭蓋顱所精心製成，所以更顯其尊貴非凡，此聖物最後被明太祖朱元璋聞訊派人尋獲，歸葬在紹興宋舊永穆陵中。

③ 中國唯一外國皇后

奇皇后 　奇氏高麗人以貢女身份被獻給元廷當宮侍，因她皮膚白皙、長相可愛、聰慧伶俐，惠宗（順帝）臨幸了她並寵愛有加，但她身份卑微又是異族人士，在朝廷後宮受到藐視與排擠，後來因為生下愛猷識里達臘（北元昭宗），母以子貴，又加上當時皇后答納失里家族成員因謀反罪被廢，而第二任皇后伯顏忽都又病逝，才有機會當上第三任皇后大位（但她也因此成為元朝亡國皇后）。

7 元朝時東西方交流

元代時期中國和西方因海陸運輸發達，雙方商務拓展往來密切，同時也加強科技及學術交流，西方的天文儀器、算數、科學書籍東傳來華，而中國的三大發明也藉此西傳歐洲（使西洋科技獲得突飛猛進）。

中國五大發明	1	印刷術	拓碑、雕版、活字	文化	使歐洲文學家人才輩出
	2	指南針	羅盤、司南磁石	航海	使歐洲日後成為海上強權
	3	火藥	震天雷、火器、霹靂火	軍事	使歐洲軍隊更加精銳壯盛
	4	造紙術	取代竹箋、葉貝書、石版書	政治	使歐洲書信公文傳遞更加便捷
	5	紙幣	取代金幣、銀元	金融	使歐洲財政民生經濟更加便利發達

8 元朝時期的文學簡介

元代戲曲（元曲）與「漢賦」「唐詩」「宋詞」齊名。

① 元曲

分為：散曲（用唱的／清唱歌曲）、雜劇（用演的／情節戲劇）。

散曲曲調 　宴會時歌伎所唱的歌詞（以豔曲較知名）。

★ 清唱時稱為清曲、道白（只講詞不唱）。

★ 種類：小令（抒情、懷古為主）、套數（揭弊、諷世為主）。

雜劇 　又名戲曲（戲劇腳本／故事大綱）。

　　　① 北劇（雜劇）② 南劇（又稱傳奇）。

★ 四大傳奇：① 荊釵記 ② 白兔記 ③ 拜月亭 ④ 殺狗記。

元曲四大家 　元曲奠基者，四大家之首關漢卿被喻為中國的莎士比亞，馬致遠被喻為曲狀元。

	序	姓名	著作	內容
元曲四大家	1	關 關漢卿	竇娥冤	貧寒弱女子，不畏權貴陷害，望穿六月雪，終得平反昭雪。
	2	馬 馬致遠	漢宮秋	王昭君出塞和親，漢元帝抨擊滿朝文武怯弱無能，對昭君不捨憐憫又歎息，因而喪志。
	3	白 白樸	梧桐雨	楊貴妃在馬嵬坡事故後，唐明皇整日惆悵、日思夜念，從極興歡樂到落寞哀愁。
	4	鄭 鄭光祖	倩女離魂	王文舉和張倩女指腹為婚，但文舉功名未就婚事難成，倩女釋靈魂托感其應試得官而成親。
／	5	王 王實甫	西廂記	張珙與崔鶯鶯打破，門當戶對的傳統束縛，有情人終成眷屬。

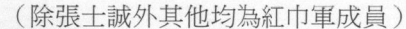 元代大書法家 趙孟頫（松雪道人），圓潤蒼秀、被書法界稱為趙體。

9 元末農民起事

❶ 紅巾之亂 元朝後期，朝綱敗壞、稅賦沈重、天災不斷、番僧覇行，引發人民強烈不滿，在安徽潁上地區的白蓮教信徒以「真空家鄉、無生老母、彌勒下凡、明王現世」為口號，頭綁紅巾為標記，焚香聚眾起事抗暴，被稱為香軍，史稱「紅巾軍」。

❷ 紅巾之亂始末年表及主要勢力集體 （除張士誠外其他均為紅巾軍成員）

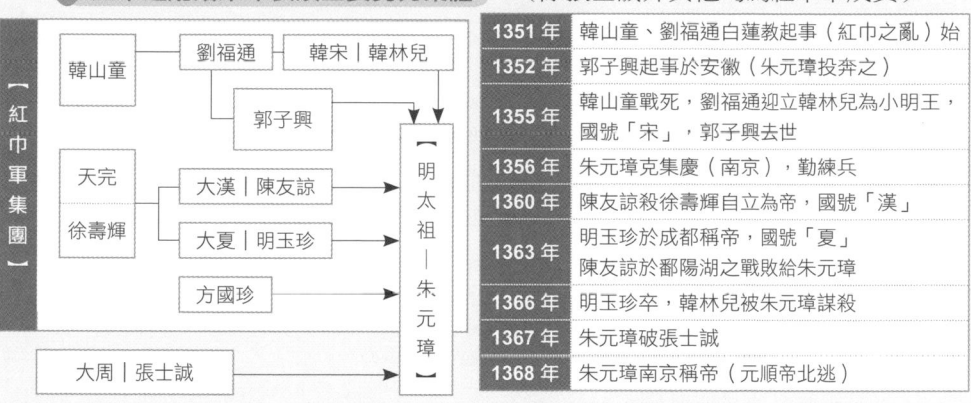

1351 年	韓山童、劉福通白蓮教起事（紅巾之亂）始
1352 年	郭子興起事於安徽（朱元璋投奔之）
1355 年	韓山童戰死，劉福通迎立韓林兒為小明王，國號「宋」，郭子興去世
1356 年	朱元璋克集慶（南京），勤練兵
1360 年	陳友諒殺徐壽輝自立為帝，國號「漢」
1363 年	明玉珍於成都稱帝，國號「夏」 陳友諒於鄱陽湖之戰敗給朱元璋
1366 年	明玉珍卒，韓林兒被朱元璋謀殺
1367 年	朱元璋破張士誠
1368 年	朱元璋南京稱帝（元順帝北逃）

國名	姓名	區域	備註
／	方國珍	浙江	原為鹽商，後成海盜，是最早反元的先行者，最後降於朱元璋善終。
天完	徐壽輝	湖北	1351 年起事，國號「天完」，陳友諒、明玉珍均為其部下（被陳友諒謀殺）
韓宋	韓山童 ↓ 韓林兒	安徽	韓山童為紅巾軍首領，被紅巾軍捕殺後，劉福通立其子韓林兒為帝，國號「宋」（韓宋），尊號小明王（後被朱元璋使計謀殺）。
／	郭子興	南京	病逝後由其女婿朱元璋領導擊滅各路軍閥及元朝而稱帝。
大漢	陳友諒	江西	紅巾軍中勢力最大的集團，最後在鄱陽湖之戰大敗，被朱元璋所殺。
大夏	明玉珍	四川	徐壽輝死後與陳友諒決裂，至重慶自立為隴蜀王，國號「夏」（病逝）
大周	張士誠	江蘇	唯一不是紅巾軍者，他深受蘇州人的敬崇，其誕辰日均會燒九四香來紀念他（小名：九四），國號周（大周），自稱吳王，是朱元璋最懼怕的勁敵。

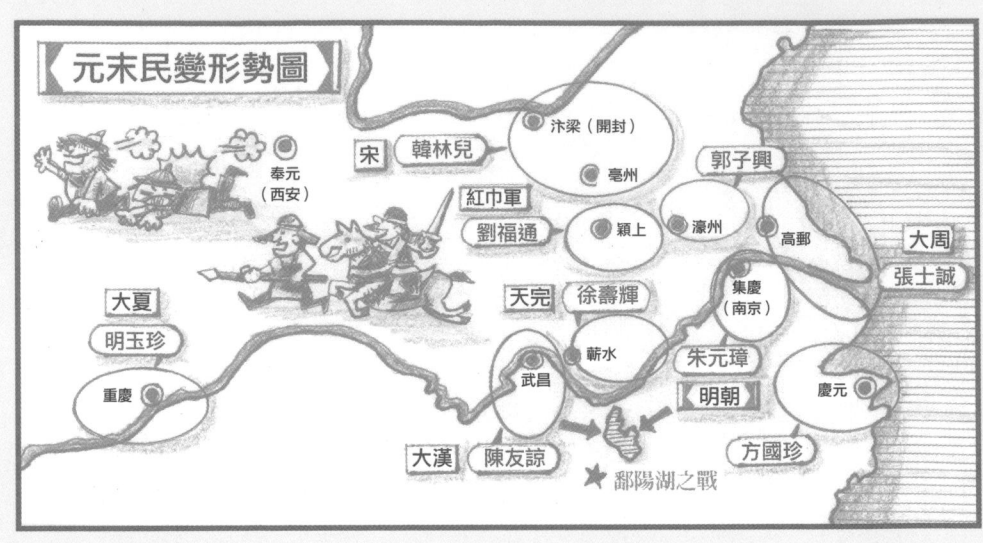

第十六節　大明帝國綜述

1 明朝歷代皇帝在位列表

西元 1368 年～ 1644 年，共計 276 年，歷 16 帝，國都：北京

序	評語	帝名	姓名	關係	期間	即位年歲	在位	享年	壽考	備註
1	強君	明太祖（洪武）	朱元璋	開創	1368 ～ 1398	40 歲	31 年	71 歲	病死	設錦衣衛
2	哀君	明惠帝（建文）	朱允炆	璋嫡孫	1398 ～ 1402	22 歲	4 年	不詳	失蹤	靖難之變失蹤
3	強君	明成祖（永樂）	朱 棣	璋四子	1402 ～ 1424	42 歲	22 年	64 歲	病死	永樂盛世
4	仁君	明仁宗（洪熙）	朱高熾	棣長子	1424 ～ 1425	47 歲	十個月	48 歲	病死	仁宣之治
5	明君	明宣宗（宣德）	朱瞻基	熾長子	1425 ～ 1435	28 歲	10 年	38 歲	病死	
6	弱君	明英宗（正統）	朱祈鎮	基長子	1435 ～ 1449	9 歲	15 年	38 歲	被俘	土木堡之變被俘
7	平君	明代宗（景泰）	朱祈鈺	基次子	1449 ～ 1457	21 歲	8 年	29 歲	被殺	奪門之變被殺
復辟		明英宗（天順）	朱祈鎮	—	1457 ～ 1464	31 歲	7 年	38 歲	病死	處死于謙、廢殉葬制
8	平君	明憲宗（成化）	朱見深	鎮長子	1464 ～ 1487	18 歲	23 年	41 歲	病死	幫于謙昭雪、溺愛萬貴妃
9	明君	明孝宗（弘治）	朱祐樘	深三子	1487 ～ 1505	18 歲	18 年	36 歲	病死	弘治中興、（後期唯一明君）

序	評語	帝名	姓名	關係	期間	即位年歲	在位	享年	壽考	備註
10	昏君	明武宗（正德）	朱厚照	樘長子	1505～1521	15 歲	16 年	31 歲	病死	寵奸臣劉瑾（八虎之首）
11	昏君	明世宗（嘉靖）	朱厚熜	樘侄子	1521～1566	15 歲	45 年	60 歲	病死	信道教、寵奸臣嚴嵩
12	平君	明穆宗（隆慶）	朱載垕	熜三子	1566～1572	30 歲	6 年	36 歲	病死	隆慶新政（喜縱情聲色）
13	昏君	明神宗（萬曆）	朱翊鈞	垕三子	1572～1620	10 歲	48 年	58 歲	病死	33 年不上朝的昏君
14	哀君	明光宗（泰昌）	朱常洛	鈞長子	1620	39 歲	29 天	39 歲	中毒	紅丸案（在位 29 天）
15	昏君	明熹宗（天啟）	朱由校	洛長子	1620～1627	16 歲	7 年	23 歲	病死	魏忠賢（九千歲）亂政
16	昏君	明思宗（崇禎）	朱由檢	洛五子	1627～1644	18 歲	17 年	35 歲	自縊	勤政誤國、寵宦官、誅忠良

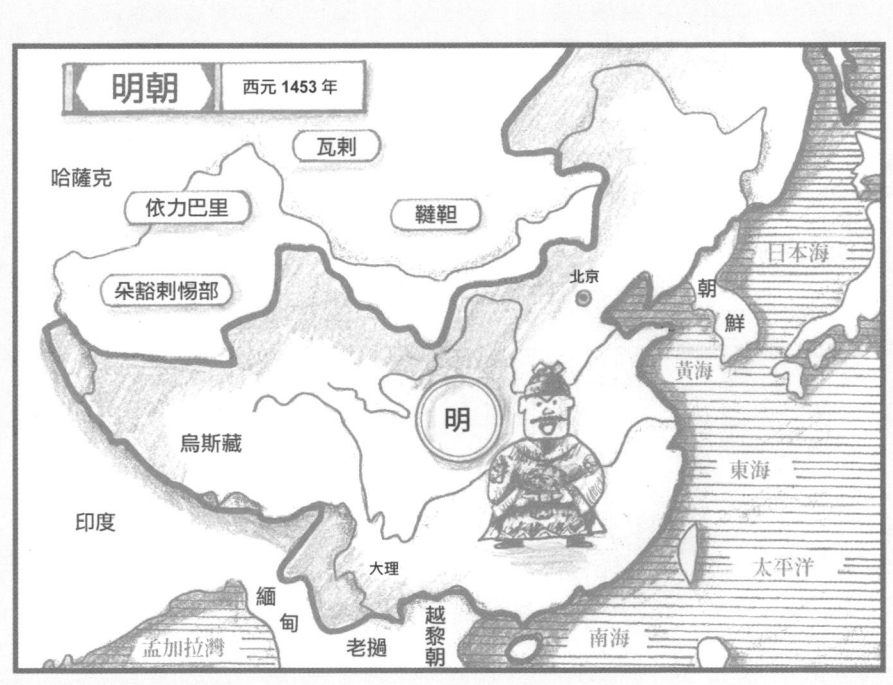

明朝行政疆域圖

明朝　西元 1453 年

哈薩克
瓦刺
依力巴里
鞑靼
朵豁刺惕部
北京
日本海
朝鮮
黃海
烏斯藏
明
東海
印度
太平洋
大理
緬甸
越黎朝
老撾
南海
孟加拉灣

② 明朝歷代皇帝簡介

① 乞丐天子　開國君明太祖（洪武帝）朱元璋（原名朱重八），出身卑微，曾在皇覺寺當過行童（小沙彌）藉此謀生，西元 1351 年紅巾軍起事，他投靠濠州紅巾軍支派領袖郭子興帳下（時年 25 歲），因膽識過人、屢建奇功，備受器重，升任為鎮撫，子興將養女馬氏（馬皇后）下嫁給重八（後改名朱元璋），從此平步青雲。

嶄露頭角　1355 年郭子興病逝，他陸續接掌郭舊部勢力，成為義軍新領導，開始逐鹿群雄。同年紅巾軍領袖韓林兒（韓山童之子）正式稱帝，國號「宋」，稱為「小明王」，朱元璋被韓宋的龍鳳政權任命為副元帥（從此飛黃騰達）。

大業三策　朱元璋依馮國用建議，乘機攻陷集慶（南京）決定以此做為根據地，並改名為「應天府」，開始實施由謀士朱升所擬成就大業的三大策略：① **高築牆** ② **廣積糧** ③ **緩稱王**（以聚民心、勤練兵、增實力、避鋒芒為原則）養精蓄銳，枕戈待旦。

一統江南　朱元璋在應天府（南京）厚植實力、蓄勢待發，以劉基（伯溫）所擬「先漢後周」戰略（漢王陳友諒恃強志驕、好生事，周誠王張士誠持富器小、無遠圖、狡而懦），先對西邊漢王陳友諒進行討伐（1363 年在鄱陽湖之戰消滅陳友諒），再轉戰東方把大周誠王張士誠殲滅（1367 年），隨後方國珍投降，掃平群雄統一江南。

建立大明　西元 1368 年，朱元璋在南京正式稱帝，國號「大明」是為明太祖（從投奔郭子興帳下至建立明朝共歷時 16 年）。建國後開始遣將徐達、常遇春，以「驅逐胡虜、恢復中華、立綱陳紀、救濟斯民」為旗幟，率軍北伐，直取元大都（北京），將元惠宗逐回漠北，推翻元朝，統一中國。

滅元三步驟　① 先取山東，撤彼屏蔽 ② 旋師河南，斷其羽翼 ③ 扼其戶檻，直奪元都

設立錦衣衛　朱元璋為了加強皇權威嚴，設立一個專門負責監視偵察朝臣及百姓的機構，稱為「巡察緝捕房」，統稱「錦衣衛」（特務警察）。

大殺功臣　朱元璋統一天下後逐步加強中央集權政策，對建國元勳功臣權貴開始疑慮猜忌、自操威炳、政皆獨斷，常因捕風捉影、屢興大獄（逆罪誅族、獲罪處死），最具盛名為「明初四大案」。

明初四大案	序	罪名	案名	職稱	罪行	過程
	1	謀	胡惟庸案	宰相	擅權植黨、意圖謀反	蜂叮處死，誅連三萬多人
	2	弊	空印案	官吏	空白紙蓋官印（偽造文書）	誅殺上百官員
	3	貪	郭桓案	戶部侍郎	貪贓枉法、中飽私囊	誅連六部侍郎、布政使司
	4	逆	藍玉案	大將軍	擁功自恃、驕橫暴斂	誅滅三族、誅連兩萬多人

淮浙互軋　明初朝廷分為兩大集團，互相排斥攻訐，最後兩敗俱傷，並導致明太祖廢宰相（從此中國無宰職），罷左右丞相、廢除中書省，改由六部分理。

- **【淮西集團】** 以宰相胡惟庸為代表，另有李善長、唐勝宗、陸仲亨等。
- **【浙東集團】** 劉基（伯溫）、宋濂、章溢、葉琛。

僥倖被受封的功臣　誠意伯劉基（伯溫）、中山王徐達、開平王常遇春、歧陽

王李文忠、寧河王鄧愈、東甌王湯和、黔寧王沐英、越國公胡大海、威襄公郭英。

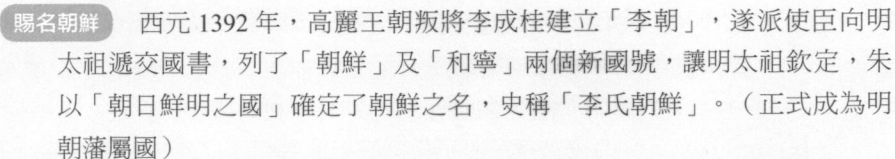

賜名朝鮮　西元 1392 年，高麗王朝叛將李成桂建立「李朝」，遂派使臣向明太祖遞交國書，列了「朝鮮」及「和寧」兩個新國號，讓明太祖欽定，朱以「朝日鮮明之國」確定了朝鮮之名，史稱「李氏朝鮮」。（正式成為明朝藩屬國）

❷ 仁柔納諫　第 2 任明惠宗（建文帝）朱允炆 22 歲即位（父是太子朱標，因早故，由嫡長孫身份即位），他個性仁柔納諫，修正大明律，嚴刑苛酷之法。

削藩改制　太祖時期為鞏固皇室，大封宗室為藩，諸藩王（叔輩）掌握重兵、各鎮一方，形同割據，惠宗深感憂慮及威脅（弱君在朝、強藩在外）。在大臣黃子澄與齊秦謀議下實行削藩政策，藉以加強中央集權（首波先削剝五位勢力不大的藩王為庶民），此舉令諸藩忐忑不安、正襟危坐，皇族宗室內部矛盾迅速激化加劇。

靖難之變　燕王朱棣鎮戍北平，手握精兵（雖有異心，但無反謀），在謀士道衍高僧（俗名姚廣孝）的勸諫下，決定以「清君側、靖內難」為藉口先發制人，在北平東方津口誓師出征討逆平難（該處後來改成「天津」，意為天子渡津處）史稱「靖難之變」（意為：靖安社稷，平定國難）。

建文失蹤　燕王從天津舉兵，打著「奉天靖難」旗幟，號稱「靖難軍」，經過 4 年的纏鬥，終於渡江攻克南京，京師陷落、宮殿內院大火，惠宗（建文帝）下落不明，成為中國皇朝一樁懸案、歷史謎團。

❸ 叔侄爭位　第 3 任明成祖（永樂帝）朱棣（音地）為明太祖四子，朱元璋晚年時，皇太子、次子、三子均已去世，故朱棣成為皇族宗室之長、諸藩輩序之首，靖難之變搶奪皇位、江山易主，是為明成祖，登基時已年逾 42 歲（廟號原為明太宗，百年後明世宗嘉靖帝將皇考改尊為「成祖」，因而流傳後世）。

遷都北京　明成祖永樂帝文治武功兼俱，在位期間，不割地、不賠款、不稱臣、不和親、不納貢，堪稱漢族一代英主，史稱「永樂盛世」。

廠衛　設東廠（東緝事廠），與錦衣衛（衛侍）聯合，廠衛合勢，皇權更加膨脹。

軍事　五次御駕親征蒙古（北元政權分裂成韃靼、瓦剌、兀良哈三大部），使其先後臣服並接受明朝敕封，並擊敗安南（越南）納藩朝貢。

疏渠　浚通南北大運河，江淮水道貫穿。

經濟　以「家給自足、斯民小康」為治國根本，使永樂朝「賦入盈羨、國泰民安」。

文學　御製《永樂大典》（原名文獻大成，是中國及世界上最大的百科全

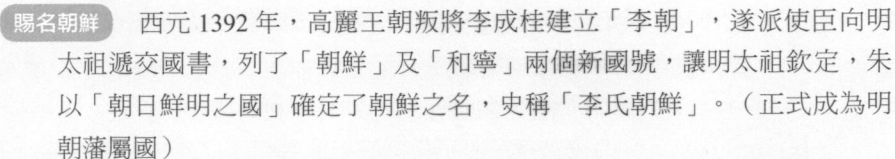

書）。

外交 派遣三保太監鄭和先後七次出海遠航西洋（鄭和下西洋），經歷 30 多
個國家，最遠達非洲東岸，威名遠播，四夷望風歸順，萬國齊朝聖主（當
時國力堪稱東方超級強國世界前茅）。

★ 鄭和遠航西洋比哥倫布發現新大陸早 100 年時間。

唯一負面 大文學家方孝孺因拒絕幫成祖撰寫即位詔書，被誅十族（含同學）
為中國歷史之最。

明太祖	誅殺開國元勳功臣宿將	大肆誅連殘酷屠殺（順我者生、逆我則亡）
明成祖	誅殺建文帝朝臣忠僕護衛	

④ 在位十月 第 4 任明仁宗（洪熙帝）朱高熾，47 歲即位，因其身材肥胖，
又有腳疾，故不良於行，靖難之變時，成祖起兵南下，他奉命鎮守北京監
國，成功抵禦李景隆中央軍隊的突襲，成祖北伐蒙古，班師回京途中病逝榆
枌（察哈爾多倫），秘不發喪，等回京後太子朱高熾才繼承大統，是為明仁
宗，他重用一批賢臣輔政，但在位僅十個月就因病去世。

⑤ 仁宣之治 第 5 任明宣宗（宣德帝）朱瞻基，幼年時深得祖父成祖溺愛，常
將他帶在身旁，增廣見聞，有意栽培，繼承皇位後與父親（仁宗）一樣勤政
愛民，繼續實行寬政，發展農桑，使國強民富，史稱「仁宣之治」（明朝最
鼎盛期）。

知織天子 宣宗擅長繪畫（留有不少名畫傳世），喜射獵，愛美食及鬥蟋蟀，
被稱為「知織（蟋蟀）天子」。

⑥ 宦官亂政 第 6 任明英宗（正統帝）朱祁鎮 9 歲即位，由皇太后張氏聽政，
內閣由三楊輔政（楊士奇、楊榮、楊溥）賢臣主持，23 歲親政後，開始寵信
只會拍馬屁的宦官王振，使其廣植私黨，獨攬大權，操縱朝廷。

土木堡之變 西元 1449 年，明朝北方強敵瓦剌（北元蒙古分裂後的一支）大舉
南犯，王振狂妄輕敵，慫恿英宗御駕親征（媲美宋真宗御駕伐遼，以樹皇
威）但因倉促成軍，屢出狀況，加上王振（非軍官）瞎搞胡亂指揮，使前
線敗報接踵而至，兵荒馬亂，不戰自潰，於土木堡（河北懷來縣西）被瓦
剌太師也先殺個全軍覆沒，英宗被俘擄，王振在亂軍中被憤怒的士兵用鐵
錘砸死。

⑦ 北京保衛戰 第 7 任明代宗（景泰帝）朱祁鈺，英宗被擄的消息傳回京師，
舉朝震撼，人心惶惶，甚至有些大臣提出還都南京之議，此時兵部侍郎于
謙挺身而出，義正嚴辭的制止，他擁立朱祁鈺（英宗二弟）為新君（明代
宗），遙尊英宗為太上皇，誓死堅守崗位，捍衛京師，瓦剌太師也先挾持英
宗進犯北京，沒想到被于謙所率領的京師老弱殘兵、同仇敵愾、萬眾一心、
迎頭痛擊，大敗而歸，解除京師之危，史稱「北京保衛戰」。

一朝二君 瓦剌悍將也先圍攻北京城失利後,仍野心勃勃地妄想捲土重來,但仍被明軍所挫,因為明朝已有新君力挽狂瀾,挾持英宗已失去利用價值,為緩和雙方緊張關係(敵意),主動送回英宗(舊帝),派使議和,雙方化干戈為玉帛(使明朝成為雙君國家)。

奪門之變 英宗平安回京,被奉為太上皇,理應慶賀一番,但一山難容二虎、一朝難侍二君,被安排住在南宮閒居,不許朝臣覲見,並派衛士嚴加看管,如同幽禁,以杜絕其圖謀復辟、東山再起。

★ 代宗景泰帝病危時,都御史徐有貞聯合太監曹吉祥等謀議串聯武清侯石亨發動政變,簇擁英宗至奉天殿復位,隨後用白帛將病重的景泰帝勒死,同時以謀逆之罪將兵部尚書于謙及大學士王文等景泰帝舊部朝臣逮捕下獄,不久後全遭斬殺,使一群忠貞賢臣含冤而終。

曹石之變 英宗發動奪門之變(又稱南宮復辟)再度稱帝,改帝號為「天順帝」,罷黜代宗景泰帝時,前朝文武百官,晉封奪位復辟有功人員:石亨為忠國公、徐有貞為武功伯、曹吉祥為總督。但不久後曹、石二人開始排擠徐有貞,將他貶謫至雲南,從此獨攬大權,但過不久曹、石二人又意圖謀反,被錦衣衛緝拿處死,史稱「曹、石之變」。

廢殉葬制 明英宗一生跌跌撞撞、風風雨雨,因從小即位時(9歲)見宮女因皇上駕崩要殉死陪葬,驚恐害怕哭哭啼啼之景觀烙印在弱小的心靈裡,因此堅持廢除明太祖以來的宮妃殉葬不仁道的祖制,此事讓他稍為保有帝王仁德盛節。其前段在位15年(正統帝),後段復辟後再度當了7年皇帝(天順帝),總計22年,享年38歲。

8 改濬為深 第8任明憲宗(成化帝)朱見濬奪門之變後,其父英宗復辟,朱見濬被重新立為太子,改名為朱見深(煮熟的鴨子飛走,又復還)。

平反于謙 成化帝即位後,立即幫一代忠良含冤而死的于謙昭雪平反,並恢復代宗(景泰帝)廟號,幫其修造陵寢,他能體恤民情、勵精圖治,頗有作為,贏得朝野一片稱頌。

中期漸昏、戀母情結 中期後的成化帝好方術、寵信佞臣、沈溺後宮,並熱烈追求一位比他大19歲的保母萬貞兒(萬貴妃),雖然萬氏已徐娘半老但風韻猶存,讓憲宗(成化帝)神魂顛倒、難以自拔。同時設置西廠(比錦衣衛及東廠權力更大),太監汪直利用此機構特權貪贓枉法,結合佞臣梁芳等人屢興大獄,使朝綱敗壞、民不聊生,因此爆發鄖陽民變事件。萬貴妃病逝後,他頓時失去依靠,極度憂傷,不久後也撒手人寰,在位23年。

9 弘治中興 第9任明孝宗(弘治帝)朱祐樘18歲即位,立馬整頓吏治、改革弊端、驅逐佞臣、重用賢士,使朝政煥然一新。對外無戰事,對內無內亂,國泰民安,經濟繁榮,明史對他的評價為「恭儉有制、勤政愛民」,史稱

「弘治中興」（是明朝中晚期唯一的明君）。

★ 民間傳說朱祐樘出生時，為逃避驕縱擅妒的萬貴妃謀害，被匿藏在民間扶養長大（成化帝一直以為自己沒有子嗣）。

專情皇帝　孝宗（弘治帝）對女色淡泊，只與張皇后鍾愛一生（中國歷史上唯一行一夫一妻制的皇帝，極為罕見，不可思議），是位超級專情的皇帝。但其因受到風寒誤食偏方藥物而英年早逝，年僅 36 歲，在位 18 年。

⑩ 怪誕天子　第 10 任明武宗（正德帝）朱厚照 15 歲即位，是明朝唯一由皇后所生的嫡長子（出生 5 個月就被立為皇太子），備受父母呵護溺愛，因此養成傲矜狂妄的撒野個性，長大後行徑更加怪誕荒謬，好色貪杯、遊手好閒，喜歡惡作劇，以惡整朝臣為最大樂趣。

豹房尋樂　武宗（正德帝）不喜歡象徵權勢金碧輝煌的金鑾殿，在皇城西華門外另建豹房（遊幸離宮），做為性愛派對、縱欲淫靡的安樂窩新天地。

尋花問柳　武宗喜歡微服出巡，到處行幸，吃喝嫖樂，傳說中最具盛名的是在江南梅隴鎮與名妓李鳳姐的豔遇（香港賣座電影《江山美人》即以此題材做為劇本，深受觀眾喜愛，又名：《遊龍戲鳳》）。

皇宮市集　武宗在宮中模仿市集街坊經營店舖，令宦官宮女扮演各種商賈角色，滿足武宗從中取樂，搞得皇宮如同菜市場，吵雜喧嘩的叫賣聲，使得神聖莊嚴的宮廷威儀蕩然無存。

★ 武宗是獨嫡子，從小嬌生慣養，其個性：隨心所欲、為所欲為、我行我素、奈我如何。

八虎專權　宦官劉瑾為首的八位太監（史稱八虎），各懷鬼胎，盡一切力量滿足武宗各種無理要求（逢迎拍馬、讓其玩物喪志），沉溺慾惑、荒廢國事，而慢慢掌握獨攬大權，橫行霸道、而魚肉市民。

⑪ 歷史新意

① 武宗正德帝雖然荒唐無賴，但並不迷糊，彈指之間誅殺惡宦劉瑾等八虎（八虎在朝作威作福，並圖謀不軌，全被抄家凌遲處死）。

② 武宗正德帝雖不務正業但膽識過人——「**應州大捷**」。

★ 蒙古小王子舉兵南犯，武宗御駕親征，竟然衝入敵營殺敵數名，讓將士傻眼並由衷佩服，讚嘆不已，振奮軍心，大破蒙軍（天下奇聞）

③ 武宗雖沈溺淫慾但卻又能剛毅果斷：剷除八虎、阻外犯、並平定諸王之叛

★ 寧夏安化王寘鐇、江西寧王宸濠聯合叛亂，三兩下就被武宗擺平；而八虎的餘逆惡勢力也被他搞得支離破碎迅速瓦解。

意外而死　武宗南巡途中在清江浦（江蘇淮安）垂釣時不慎落水受寒而亡，生時怪誕，連死也離奇，結束其一生多采多姿的荒唐歲月，在位 16 年，享年 31 歲。

結論 武宗是一位個性解放、自由灑脫、神龍見首不見尾、極具爭議的一位皇帝，而最諷刺的事：

① 武宗縱慾一生、嬪妃如雲、美女無數，卻沒有半個子嗣（絕種）。

② 武宗行為荒誕、無恥下流，但其年號竟是「正德」（讓人噴飯）。

⑫ 初期中興 第 11 任明世宗（嘉靖帝）朱厚熜，因武宗無子嗣，遂用兄終弟及之法制，立武宗堂弟朱厚熜為新君，是為明世宗（時年 15 歲）。嘉靖帝在位初期頗有作為，推行改革、恭儉除弊、壓制倭寇、整頓朝綱，使國家出現中興局面。

大禮議事件 世宗嘉靖帝即位後，提出想追諡其父尊號，但因違背明朝祖制禮法，遭到以武宗舊臣楊廷和為首的護禮派群臣反對，形成一場議禮派與護禮派朝臣激烈的唇槍舌戰，最後在世宗高壓強力介入下，朝臣才妥協同意，史稱「大禮議事件」。

廷杖事件 朝臣雖已妥協，但內部見解仍有分歧，事件尚未落幕，另有 229 位堅持護禮派的朝臣，群聚跪在左順門外向嘉靖帝哭諫。帝數次宣諭退下解散，但群臣不理，觸怒聖顏，嘉靖帝惱羞成怒，決定廷杖當中一百三十四人，當場杖斃者十七人（現場血肉橫糊、慘不忍睹），史稱「血濺左順門」。此事件多位朝臣被罷貶丟官，長達三年的爭議，最後由世宗獲勝告終。

中晚期昏庸 嘉靖帝中年後日漸腐化，大興宮殿，寵信大奸臣嚴嵩，貪官污吏滿朝橫行，朝政荒怠。晚年更迷信方術，尊奉道教，避居西苑練道修玄，偏好煉丹行房術（樂此不疲），最後引發壬寅宮變，險些喪命，也因此 20 多年不敢回大內居住，置朝政不顧，導致首輔嚴嵩更加跋扈橫暴（嘉靖帝前 17 年勵精圖治，後 28 年不上朝、法紀弛怠），北有蒙古韃靼騷擾（庚戌之亂），東南有倭寇海盜侵襲，國勢每況愈下，危機日增。

● **【壬寅宮變】**嘉靖帝為求長生不老之藥，令處女入宮，不得飲食、只飲露水、吃桑過活，以便取其純聖經血（月信）煉丹，宮女們不堪折磨，趁世宗醉宿之際，合力試圖將其勒斃，但因緊張過度；只讓世宗昏厥未死，事後 16 位宮女全被凌遲處死，史稱「壬寅宮變」（是中國歷史上罕見的宮女起義事件）

● **【庚戌之變】**蒙古韃靼部興起，到了俺答汗時勢力更加強盛，屢率蒙軍騷擾明境。而當時朝廷內閣首輔嚴嵩，侵吞軍糧，諸將領賄賂成風，致使軍中士氣低靡、不戰自潰，特別是 1550 年蒙古韃靼軍直驅北京近郊，大肆掠劫數日，滿載而歸，來去自如，而明軍只能乾瞪眼、束手無策，目送敵人瀟灑離京，史稱「庚戌之變」。

`嚴嵩亂權`　嘉靖帝 20 多年不理朝政，大奸臣嚴嵩擅權 17 年之久，廣植朋黨剷除異己、掏空軍餉、軍備廢弛、財政拮据、外患內亂頻繁。後因其子嚴世蕃被告發通倭謀叛而處極刑，籍沒財產，家破人亡，身敗名裂。

★ 山海關城樓匾額「天下第一關」出於嚴嵩親筆撰字手書。

`南倭之亂`　嘉靖帝昏昧而權臣誤國，使得海防十分空虛，倭寇海盜十分猖獗，如入無人之境，到處騷亂，沿海百姓苦不堪言，最後被抗倭名將戚繼光、俞大猷（俞龍戚虎）聯合平定肅清，捍衛海疆。

★ 葡萄牙人在此時期，以避倭寇海盜之名，長期滯留於澳門而定居下來。

`海瑞罷官`　海瑞為明朝第一清官，歷經正德帝、嘉靖帝、隆慶帝、萬曆帝四朝。個性剛正不阿，為官清廉、直言敢諫、不畏權貴，曾抬棺直諫嘉靖帝，懸命鬥嚴嵩（上責皇帝、下罵權臣），被稱為「海青天」，與宋朝包拯齊名，屢被罷黜又復職。

● 【文革肇因】中共領導人毛澤東曾提倡大鳴大放運動、直言敢諫精神，當時北京副市長吳晗（明史專家）即發表「海瑞罷官」章本，結果被冠上借古諷今、反黨反社會主義的大毒瘤，成為發動文化大革命（後改為無產階級文化大革命）導火線，文革從 1966 年 5 月始至 1976 年 10 月止（10 年），中國受到嚴重挫折及損失。

`丹毒而亡`　嘉靖帝嗜服長生妙藥及壯陽春藥，戶部主事海瑞上諫《治安疏》批判朝政，惹惱世宗，將其打入大牢論死待斬，但不久因世宗亂服丹藥中毒而死，享年 60 歲，在位 45 年（因帝突崩，海瑞又被特赦復職，撿回一命）。

🔢 **隆慶新政**　第 12 任明穆宗（隆慶帝）朱載垕 30 歲即位，立刻宣告糾正嘉靖前朝一切弊政，前朝獲罪諸臣全被召回復用（包括海瑞）；力行儉約，停止糜爛的道教儀式，並解決困擾多年的「北虜南倭」問題，廢除海禁，減賦息民，大受好評。

★ 穆宗雖賢明，但亦是好色之徒，縱情聲色、嗜服媚藥助興，最後卻縱欲過度而亡，在位僅 6 年，明史對其評語：「寬恕有餘而剛明不足」，故不列入明君之列。

🔢 **張居正改革**　第 13 任明神宗（萬曆帝）朱翊鈞 10 歲即位，由李太后臨朝稱制，內閣以張居正為首輔（主外朝），太監馮保負責伴護幼帝（主內廷）。張居正去除明朝長久以來的積弊，實施大規模的改革措施，推行一條鞭法，修定賦役制度，使經濟復甦；並用考成法（考核制度）提升官吏素質，賞罰分明，裁除冗官（閒吏），成效卓越，使萬曆初期的吏治、經濟、軍事、水利均獲得大幅改善，開創一番新氣象，史稱「萬曆新政」或「張居正改革」。

`親政怠昏`　張居正去世後，萬曆帝開始親政（時年 20 歲），因過去被張居正

嚴格管教，而今如釋重負，開始肆無忌憚的為所欲為，想樹立新的皇威。首先拿專橫跋扈的太監馮保開刀，將他貶謫至南京種菜；廢除新政，把支持改革的官員全數罷免謫貶，最後連張居正墳墓也被他掘裂鞭屍。萬曆十五年之後，神宗晏處深宮，長達 33 年不上朝，偶爾上朝也只說過一句話：「拿下」（是中國歷史最好色又懶惰的皇帝）。

萬曆三大征 ① 寧夏之役——平息蒙古韃靼部哱拜於寧夏之變。② 朝鮮之役——出兵援助被日本新領主豐田秀吉侵略的李氏朝鮮（韓國）。③ 播州之役——平定楊應龍在播州（貴州遵義）的叛亂。

明朝挖墳者 明神宗萬曆帝初期 10 年，因有賢臣張居正輔佐「帑藏充盈、大倉積粟」，是明朝難得的盛世黃金時代。張居正去世後一切變調，眼前良景瞬間化為滄海桑田，避居深宮、縱情享樂、揮金如土、不理朝政，中樞停擺、政府癱瘓長達 33 年，國庫虧空、一貧如洗，貪官污吏暴增，搜刮民財，社會矛盾加劇，萬曆帝最後因縱欲而死，在位 48 年，享年 58 歲。

結論 明史對萬曆帝的評語：「明朝之滅，實亡於神宗。」他是明朝 16 位皇帝中在位最久的一位（在位長達 48 年，但 33 年不上朝），所以禍害也特別深遠。

★ 其墓園是明十三陵中的定陵，是唯一被官方准許挖掘，供民眾參觀展示的陵寢（每年吸引大量海內外遊客到此參觀）。

忍辱太子 萬曆帝（明神宗）晚期獨愛三子朱常洵（寵妾鄭貴妃所生），素來不喜歡長子朱常洛（偶發臨幸宮女所生），故從小一直受到父親冷落。萬曆帝在立儲君方面，曾數度想改立三子朱常洵（福王）為太子，但因違背明朝祖制法禮（長幼之序立嗣），故遭群臣反對勸諫下，才勉強冊立朱常洛為太子

⑮ 紅丸案 第 14 任明光宗（泰昌帝）朱常洛，個性仁厚老實，20 歲時被立為太子，39 歲即位（得來不易，受盡委屈及萬曆帝的冷落），登基後立即廢除前朝弊政，去除礦稅，犒賞邊防部將，召回前朝罪官復職等多項德政。但是他即位不到半個月就一病不起，此時御藥房太監崔文昇向帝進呈一帖名為大黃的涼藥，使帝狂瀉不止，病情惡化；鴻臚寺李可灼聞訊宣稱他有一種紅丸仙丹，可治百病，光宗服用後迴光返照，精神抖擻；但不久後即猝死，史稱「紅丸案」。

⑯ 無福天子 光宗（泰昌帝）是在驚濤駭浪中勉強被嗣立為太子（時年 20 歲），苦熬到 39 歲才夢寐以求的登上皇帝寶位（得來不易），但在位僅 29 天（未滿一個月），帝夢一夕之間化為曇華一現、煙消雲散，莫名其妙的猝死，成為中國歷史上命運最悲憫的皇帝，同時也為歷史多增添一樁疑雲懸案。

⑰ 文盲皇帝魯班天子　第 15 任明熹宗（天啟帝）朱由校是個文盲皇帝（因其父光宗不得神宗所喜，間接使熹宗無法出閣讀書識字，成為中國歷代皇帝中唯一文盲天子）其最大專長與興趣為木工（手藝精湛，技術高超），對政治毫無興趣，不理朝政，致使宦官魏忠賢開始擅權亂政。

魏忠賢發跡　魏忠賢是明朝覆滅的第一元凶（罪魁禍首），他本是混跡街坊的地痞流氓、無賴惡棍，好賭成性，因積欠大量賭債，被債主逼討追殺，走投無路，遂自宮成閹人入宮當太監，得太子宮內侍王安提拔，到東宮服侍，在此結識到皇長孫朱由校（熹宗）的奶媽客氏，與之對食（體膚之交），對落魄不得寵的皇長孫（明熹宗）極盡諂媚照顧鼓勵，深得朱由校的好感，成為心腹之交。

閹黨之禍　熹宗（天啟帝）即位後，魏忠賢以犬馬聲色誘帝，投其所好，並與皇帝乳母客氏勾結一搭一唱，狼狽為奸，極受寵信，開始飛黃騰達，間接掌握朝政，開始安插親信（趨炎附勢之徒，紛紛投其門下）形成一股惡名昭彰、臭名遠播的閹黨，打擊異己（輕者丟官流放、重則下獄戮殺）並製作「點將錄」及「同忘錄」（黑名單），依此點名逮人，朝廷內東林黨人（敢於批評朝政之諫官）幾乎被屠殺殆盡。

八千女鬼　朝廷諂媚之臣，尊稱魏忠賢為「九千歲」（九千九百歲與皇帝萬歲只一步之遙而已），全盛時期各地官吏不惜耗費鉅資，紛紛為他設立生祠，以供民眾伏拜，為其歌功頌德，民間痛恨到咬牙切齒的罵道「八千女鬼（即「魏」字），日月無光（光明變昏暗）」。

日月無光　閹黨把持整個朝廷，滿朝鷹犬橫逆，如影隨行，令人不寒而慄。最知名的有五虎、五彪、十狗、十孩兒及四十孫等仗勢欺人，魚肉百姓，怨聲載道，苦不堪言。

木匠皇帝　熹宗（天啟帝）他是知名木匠皇帝，其作品令人嘆為觀止，只能用「巧奪天工、神乎其技」來形容，被喻為「魯班天子」（另有元順帝擅長建築）。

★ 熹宗之死與武宗死因幾乎如出一轍，雷同巧合，（在西苑游船嬉戲，不慎落水受到風寒）身體每況愈下，最後病逝，在位 7 年，年僅 23 歲。

⑰ 智平閹黨　第 16 任明思宗（崇禎帝）朱由檢 18 歲即位（熹宗因無子嗣由異母弟繼承大統），即位初期對禍國殃民的閹黨首惡魏忠賢非常友善，以鬆懈其戒心，提防他發動政變，先按兵不動，怕打草驚蛇，讓其繼續過著專橫跋扈的生活。兩個月後見事機成熟，在他疏於防範下，一舉成擒（與康熙除鰲拜有點雷同），將其貶斥回鳳陽故里看守祖墳，他在押解返鄉途中，行徑囂張招搖（不像帶罪之人），結果被錦衣衛半路攔阻緝拿回京待審，此時他自知已大難臨頭最後自縊而亡（閹黨羽翼一併被剷除殆盡）。

★ 明末有三大奇案，前二項與萬曆帝（神宗）的寵妾鄭貴妃有關（因為她一直向萬曆帝爭取嗣立自己的兒子福王朱常洵為皇太子）。

● **梃擊案**：萬曆帝晚年時有一蘇州男子張差持梃（木棍）闖入紫禁城內，行至皇太子朱常洛（後為明光宗）居所慈慶宮前，擊傷兩位守門太監，馬上被擒伏，舉朝驚駭。經過審問後供出是鄭貴妃（萬曆寵妾）內侍指使，因為此案會動搖國本，在萬曆帝（不想追究）、鄭貴妃（不能追究）、皇太子（不敢追究）三方默契下，把張差定位成瘋子，斬殺滅口，草率結案。

● **紅丸案**：萬曆帝去世，明光宗即位，因先前的梃擊案事件與鄭貴妃關係緊張，而鄭貴妃此時也已失去靠山（萬曆帝），所以怕被報復，故進獻 8 位美女取悅光宗，並希望能做其耳目，而帝也欣然接受、照單全收，不出數日就因縱欲過度一病不起，後來服用號稱能治百病的紅丸仙丹暴斃而亡（在位僅 29 天）。東林黨人則認為這又是鄭貴妃搞出來的陰謀（因為她有前科），但苦無實證，最後不了了之。

● **移宮案**：光宗泰昌帝在位僅 29 天（未滿一個月）即猝死，還來不及冊封最寵愛的妃子李選侍，所以她只是一位普通妃子而已。皇長子朱由校 16 歲登基（明熹宗），雖然不是李選侍所生，但卻由她撫養長大；這時權慾極高的李選侍想來個臨朝稱制，脅挾少帝深居乾清宮。因不符合明朝法制（因她身分地位卑微），被上疏立刻移宮，而她卻充耳不聞，最後在內閣群臣的強大壓力通牒下，狼狽移離正宮。

★ 此三大案事件使明朝的朋黨之爭更趨激烈，東林黨及閹黨（宦官）互相傾軋排擠報復，使明朝政治更加昏晦腐敗。

勤政誤國 崇禎帝（明思宗）朱由檢在危機四伏的政治局勢下登基，天災（蝗災）、人禍（朝政）、內憂（農民起事）、外患（滿清南侵）、朝亂（閹黨之禍），所以他一直在尋求治國良方，節儉自律、勤於政事、不近女色，希望能當一位有為的中興明君，但是事與願違，他求好心切、生性多疑、剛愎自用、苛刻寡恩、反覆無常、屢鑄大錯（成為勤政誤國）。

天災民變 崇禎帝即位後不久就發生嚴重荒災，千里赤地、寸草不生、飛蝗蔽天、田野荒蕪，以致食人啃樹吃草（飢餓）、棄屍盈河塞道（疫疾）、盜賊匪徒並起（流寇），朝廷無力賑災，還加重賦稅，另外邊境不安重兵防守，朝廷又提增三餉（遼餉、剿餉、練餉），搞得生靈塗炭，一片哀嚎，最後飢兵與遊民結合成「流寇」（源起天災，釀成人禍）。

大順闖王 崇禎帝為了改善財務赤字，著擬裁徹大量驛卒建議，造成驛卒武夫為索餉討錢而起事，李自成就是其中一員，他投奔舅父闖王高迎祥旗下，在滎陽大會上展露頭角，倡議「戰敗不降、分頭流竄」，故被稱為「流寇」，但是起事不久高迎祥就被明軍擒殺，於是他成為新的闖王，提出「均田免賦」，並以「迎闖王、免納糧」為口號，聲勢浩大，實力雄厚，不久後在西安稱帝，國號大順，隨後進軍北京，敲響明亡喪鐘。

七殺屠夫 同年張獻忠（八大王）亦在成都稱帝，國號「大西」，在四川發動大屠殺，民間傳說他立有屠蜀七殺碑一座，碑文寫道：「天生萬物以養

人，人無一德以報天，殺、殺、殺、殺、殺、殺、殺」令人看了毛骨悚然。

內外夾擊 國家驟變，朝政愈趨艱辛雜亂，崇禎帝的精神就愈顯現異常，情緒焦躁易怒謾罵、動輒嚴刑濫殺（殺總督 7 人、巡撫 11 人、內閣大學士輪換 50 多人、將領被殺者無法估算），又中了滿清皇太極的反間計，以通敵之罪冤殺抗清名將袁崇煥，國家棟樑傾覆，從此朝中無悍將，任人宰割。

亡國之象 在內外夾擊（滿清與流寇）下，崇禎帝身心力疲、恐懼焦慮，開始避殿、減膳撤樂、並六下罪己詔，感嘆道：「朕非亡國之君，事皆亡國之象」。

用人不當 崇禎帝雖有心治國，卻不識用人，對文官武將多疑猜忌、嚴苛濫殺，對於阿諛奉承、吹捧拍馬之宦官太監卻又言聽計從、肝膽相照（但他沒想到最後背叛他的人就是他最信任最親密的宦官）。

親信的背叛	① 崇禎帝最寵信的太監曹化淳，啟門納賊讓京師陷落（引狼入室）
	② 太監杜勳向賊（流寇）投降，但被謊報為英勇殉國，被蒙在鼓裡的崇禎帝還幫他建祠祭祀。後來他又潛入京城，勸帝獻城投降遜位，眾人以為見鬼（寡廉鮮恥）。
	③ 太監高起潛，因略懂兵法，崇禎帝讓他領軍剿賊，哪知他每戰之前，都率先倉皇逃跑（未戰先敗），崇禎帝還把他當成英雄楷模，殺敵急先鋒，眾武將之表率，明令軍隊向他學習（執迷不悟）。

⑲ 崇禎帝用人哲學

對詭詐驕恃的宦官太監	信、信、信	→	咎由自取、雪上加霜
對忠肝義膽的文臣武將	殺、殺、殺		

無顏見祖 大順軍（闖王李自成）兵臨城下，崇禎帝至前殿親自鳴鐘，召集百官竟無一人回應（眾叛親離），百感交集、萬念俱灰，回宮後親手砍殺妻女，哭喊：「不幸生在帝王家」，留下遺書至煤山（景山）上吊自盡。

遺言內容	1	諸臣誤朕（至死還是把亡國責任推給朝臣）
	2	無面見祖宗，自去冠冕、以髮覆面（免於丟臉）
	3	任憑分屍，勿傷百姓一人（比較有良心的用語）

要錢不要命 李自成攻陷北京後，在宮內庫房中搜出大批內幣、銀錠、黃金數量之鉅令人瞠目結舌，崇禎帝擁有財寶鉅款，把國庫塞到盈滿，而面對體恤人民賑災救濟發餉，均以財務枯竭哭窮，其「勤政愛民」成為「愛錢愛面子、不愛民、不愛命」，成為中國歷史上的一大諷刺。

結論 崇禎帝綜其一生，機智與愚蠢、膽識與剛愎、高明與昏庸兼而復立並存之（褒貶不一、明昏兼具、功過難斷），在位 17 年，享 35 歲。

初期	機智明斷	剷除混世魔頭魏忠賢	雙重性格、詭異思惑
晚期	愚蠢無知	冤殺蓋世悍將袁崇煥	窮途末路、無力回天

3 南明　　西元 1644 ～ 1661 年，共計 18 年，歷四帝（未排入帝序）。

明朝國都北京被大順闖王李自成的農民軍（流寇）攻陷後，明崇禎帝於煤山（景山）自縊，明朝亡。隨後清軍入關，明朝宗室遺臣先後在南方建立流亡政權，企圖復興明朝，打著反清復明旗幟，續與清朝對抗，史稱「南明政權」。

❶ 第一任｜明安宗（弘光帝）

朱由崧（原福王），1644 ～ 1645 年（1 年），建都：江蘇南京

福王朱由崧，昏庸荒淫，毫無復國雪恥之志，被擁立為帝時，國策原為「聯虜平寇」，主要敵人為李自成，但清軍突然南下，圖取江南，才開始驚覺大事不妙，倉皇竄逃後被擒俘斬殺於北京，在位僅 1 年，享年 38 歲。

> **揚州十日屠城**　　清將多鐸移師南下，揚州南明兵部尚書史可法誓死抵禦，不久城破而殉國，清軍因遭到強烈的抵抗，損失慘重，攻陷揚州後，入城大開殺戒屠殺十日。

> **嘉定三屠**　　清朝頒佈薙髮令（留頭不留髮、留髮不留頭），嘉定百姓拒命，結果被清李成棟三次進行入城大屠殺，史稱「嘉定三屠」。由於清軍奉命殺盡全城人畜才可封刀，故有人在死前題壁字：「寄語行人莫掩鼻，活人不比死人香」。

❷ 第二任｜明紹宗（隆武帝）

朱聿鍵（原唐王），1645 年～ 1646 年（1 年），建都：福建福州

隆武帝是被鄭芝龍（原為海盜）所擁立於福州，國策以「禦虜」為主，不久鄭芝龍降清，隆武政權隨即垮台，鄭芝龍因招降其子鄭成功投清失敗，被亂箭射死（44 歲）。

❸ 第三任｜明昭宗（永曆帝）／第四任｜明文宗（紹武帝）

朱由榔（原桂王），1646 年～ 1661 年（16 年），建都：廣東肇慶

朱由榔在廣東肇慶稱帝，隨後因局勢驟變撤離廣東，移居廣西梧州，但此舉大失廣東粵人民心，認為永曆帝是貪生怕死之輩，於是另立朱聿鐭（隆武帝之弟）為新君，是為第四任明文宗紹武帝，建都於廣州，但是在位僅 41 天，即被清軍俘虜，絕食而亡。

> **撤守滇緬**　　永曆帝朱由榔是南明政權在位最久的君王（共計 16 年），但是他在位期間遭逢清軍強力追剿，而到處逃竄（從廣東→廣西→雲南→最後躲到緬甸境內）清平西王吳三桂奉命追擊，大軍壓境，緬甸國王懼怕清師威勢，將永曆帝縛執交出，不久被吳三桂所殺害，在位 16 年，享年 40 歲。

4 明鄭｜東寧國　西元 1662 年～1683 年，共計 22 年，建都：承天府（台灣台南）。

1 奠基者｜鄭森（成功）　母親為日本田川氏，父鄭芝龍本為海盜，在閩海擁有龐大勢力，南明福王（弘光帝）敕封鄭芝龍為南安伯，弘光帝殉國後，鄭芝龍擁立唐王朱聿鍵為隆武帝，命其子鄭森（時年 22 歲）進宮服侍君王並監視朝廷動態。

國姓爺　隆武帝見鄭森器宇軒昂，深為器重，特賜姓「朱」（國姓爺），改名為「成功」，敕封為御管中軍都督，因受帝感召立志效忠明室（故誓不降清）。

★ 清軍攻陷福州，鄭芝龍降清，其子鄭成功誓死不從，退守廈金與清兵周旋

延平君王　永曆帝即位後封其為「延平郡王」，將廈門改為思明州，1661 年鄭成功率軍奇襲台灣安平，驅逐荷蘭人（荷在台已落腳 38 年），開始招民移墾建設台灣，將台灣定位成反清復明的大跳板，但不幸其隔年病逝，享年 39 歲。

2 固守台灣｜鄭經　西元 1662 年～1681 年，共計 20 年
鄭經繼承其父鄭成功大業，決定退出廈金，以台灣為復明基地，迎接明朝宗室寧靖王朱術桂來台坐鎮，改國號為「東寧」（西方稱福爾摩沙王國），置都承天府（台南），設二縣（天興、萬年），一面開墾，一面抗清。
★ 1681 年鄭經死於台南開元寺（北園別館），享年 40 歲。

3 獻台投降｜鄭克塽　西元 1681 年～1683 年，共計 2 年
鄭克塽即位後，明鄭東寧國朝野開始內訌勢衰，清將領施琅（前明降臣）率大軍攻台，鄭克塽投降（被清封為海澄公），37 歲病逝於北京。

?

小常識

中國四大古鎮

1	廣東佛山鎮	嶺南文化及粵劇發源地，有南國陶都及武術之鄉頭銜
2	江西景德鎮	原名昌南鎮，因所出產瓷器為朝廷貢品，宋真宗景德年間被獲御賜地名
3	湖北漢口鎮	自古被譽為「楚中第一繁盛處」，現有「東方芝加哥」美譽
4	河南朱仙鎮	木版年畫之都，為「華北最大，水陸交通聯運總樞碼頭」

第十七節　大清帝國綜述

西元 1644 年～ 1911 年，共計 268 年，歷 10 帝，國都：北京

源起　女真族的傳說遠古時代有三位仙女在長白山鏡泊湖嬉水，其中一位仙女吃下由喜鵲口啣的晶瑩剔透奇異果子，因而懷孕，所生下來的男孩成為女真族祖先。

❶ 女真族的沿革

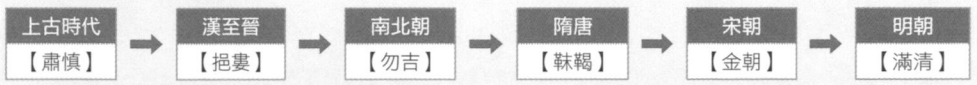

上古時代		漢至晉		南北朝		隋唐		宋朝		明朝
【肅慎】	→	【挹婁】	→	【勿吉】	→	【靺鞨】	→	【金朝】	→	【滿清】

入關前	【後金政權】西元 1616 年～ 1643 年，共計 28 年，歷 2 大汗，國都：盛京（瀋陽）								
1	追諡	清太祖（天命）	努爾哈赤	開創	1616 ～ 1626	57 歲	11 年	68 歲	病死	統一女真族
2	追諡	清太宗（天聰）	皇太極	赤八子	1626 ～ 1643	35 歲	17 年	52 歲	病死	1635 年改國號為「大清」

入關後	【大清帝國】西元 1644 年～ 1911 年，共計 268 年，歷 10 帝，國都：北京									
序	評語	帝名	姓名	關係	期間	即位年歲	在位	享年	壽考	備註
1	平君	清世祖（順治）	福臨	極九子	1644 ～ 1661	6 歲	18 年	24 歲	病死	多爾袞輔政
2	賢君	清聖祖（康熙）	玄燁	臨三子	1661 ～ 1722	8 歲	61 年	69 歲	病死	康雍乾盛世 / 平三藩、剷鰲拜
3	強君	清世宗（雍正）	胤禎	燁四子	1722 ～ 1735	45 歲	13 年	58 歲	病死	養廉制度
4	明君	清高宗（乾隆）	弘曆	禎四子	1735 ～ 1796	25 歲	60 年	89 歲	病死	十大武功
5	平君	清仁宗（嘉慶）	顒琰	曆十五子	1796 ～ 1820	35 歲	25 年	60 歲	病死	嘉道中衰 / 白蓮教亂起
6	平君	清宣宗（道光）	旻寧	琰長子	1820 ～ 1850	38 歲	30 年	68 歲	病死	鴉片戰爭
7	弱君	清文宗（咸豐）	奕詝	寧四子	1850 ～ 1861	20 歲	11 年	31 歲	病死	太平天國、英法聯軍
8	弱君	清穆宗（同治）	載淳	長子	1861 ～ 1875	6 歲	13 年	19 歲	病死	慈禧亂政 / 同治中興
9	弱君	清德宗（光緒）	載湉	淳堂弟	1875 ～ 1908	5 歲	34 年	38 歲	病死	甲午戰爭、八國聯軍
10	弱君	清末帝（宣統）	溥儀	湉侄子	1908 ～ 1911	3 歲	3 年	62 歲	病死	辛亥革命

❶ 後金　西元 1616 年～ 1643 年，共計 28 年，歷二大汗（不列入中國皇帝排序）

國都　興京（遼寧新賓）→盛京（瀋陽），又稱「奉天」

源起　女真族雜居於中國東北地區，完顏氏部曾建立「金國」稱霸漠北，風光一時，但最後被蒙古汗國所滅。事隔 383 年後，女真族的愛新覺羅氏努爾哈赤統一東北女真諸部，自稱「天命汗」，再度以「金」為國號，希望能重振當年完顏氏的雄風與威勢，史稱「後金政權」。

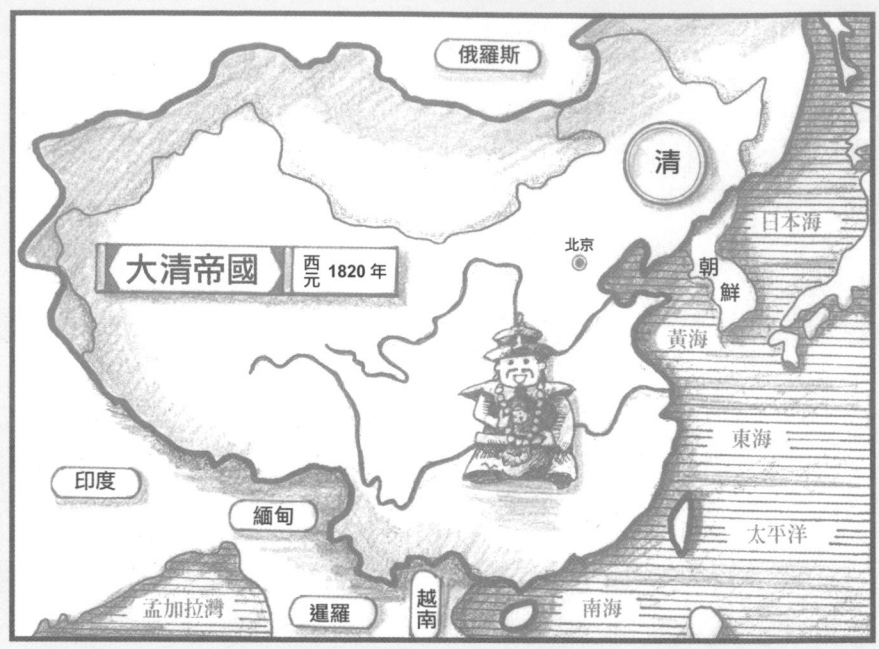

清朝行政疆域圖

① 八旗制度 旗原為女真射獵時所組織的牛錄額真編隊（行圍獵團），後來慢慢成為軍事化的管理制度，最初時期，僅有4旗正黃、正白：正紅、正黑（後改為藍），不久後再增加鑲邊的鑲黃、鑲白、鑲紅、鑲藍，共計八旗（女真人因此被稱為旗人）。

② 固山額真 固山（滿語意為旗本）、額真（滿語意為主人），固山額真意為「旗主」

上三旗與下五旗 兩黃旗是大汗（皇帝）專屬旗本，正藍旗旗主莽古爾泰（清初四大貝勒之一）因獲罪被削爵，旗本被第2任大汗皇太極接收成為上三旗（皇帝的旗本），順治帝初期，皇父攝政王多爾袞，將自己的正白旗，抬入上三上旗，取代正藍旗，從此正白旗成為上三旗（大清帝國成立時三上旗為兩黃旗和正白旗）。

③ 八旗地位的排序

【上三旗（皇帝旗本）】						【下五旗（諸王旗本）】								
1	正黃旗	2	鑲黃旗	3	正白旗	4	正藍旗	5	正紅旗	6	鑲白旗	7	鑲紅旗	8	鑲藍旗

旗別	序	旗本	單位	第一代旗主	繼承旗主
【上三旗】	1	正黃旗	45牛錄	努爾哈赤（天命汗）	皇帝專屬旗本（正黃、鑲黃）
	2	鑲黃旗	20牛錄		
	3	正白旗	25牛錄	皇太極（努爾哈赤八子）	多爾袞將正白旗抬入上三旗

旗別	序	旗本	單位	第一代旗主	繼承旗主
【下五旗】	4	正藍旗	21牛錄	莽古爾泰（努爾哈赤五子）	因獲罪被皇太極接收（被正白旗取代）
	5	正紅旗	25牛錄	代善（努爾哈赤次子）	勒克德渾（代善次子）
	6	鑲白旗	15牛錄	杜度（努爾哈赤長孫）	豪格（皇太極長子）
	7	鑲紅旗	26牛錄	岳托（代善長子）	碩塞（皇太極五子）
	8	鑲藍旗	33牛錄	阿敏（舒爾哈齊次子）	濟爾哈朗（舒爾哈齊六子）

④ 旗本的擴張 八旗旗下的人民被視為家奴，稱為「包衣」（戶下人），旗主（固山額真）是包衣的主人（包衣只聽命於旗主），故成為朝廷隱憂（皇命不達）。

⑤ 旗本的沒落 清雍正帝即位後為了剝奪諸王控制屬下旗人的權利（八旗包衣制度）將其廢除，改成固山昂邦（意為旗臣），於是從主子變成朝臣（勢力大減），結束八旗隨興圈地的權威時代，開始加強中央集權制度，設立「軍機處」，成為全國最高指揮中心，其功能凌駕於內閣（行政六部）。

2 後金政權歷任大汗簡介

❶ 第一代天命汗｜清太祖（追諡）努爾哈赤 愛新覺羅・努爾哈赤是明朝中期建州女真族首領，他以亡父留下來的十三副盔甲起兵，尋求統一女真諸部的偉業邁進，歷經20年的奮戰，終於完成使命。

建立後金政權 西元1616年，努爾哈赤在赫圖阿喇（興京／今遼寧新賓）即大汗位（天命汗），國號金，史稱「後金」，是為清太祖（追諡）。

誓師伐明 西元1618年努爾哈赤從「尊明」開始轉向「反明」，發佈七大恨（其實都是小事，只是動武的藉口而已）討明檄文，正式與明朝絕裂。明萬曆帝聞訊調動大軍前來鎮壓，但在薩爾滸（遼寧撫順東）之役，明軍慘敗，遼東諸多重城相繼落入後金勢力範圍。

遷都盛京 西元1625年，努爾哈赤不顧眾臣極力反對，將國都從興京遷往瀋陽（盛京），次年率八旗大軍進攻寧遠，但被明守將袁崇煥用紅夷火炮擊成重傷，因傷勢過重不久後去世，享年68歲，在位11年。

❷ 第二代天聰汗｜清太宗（追諡）皇太極 35歲即大汗位（努爾哈赤八子）

四大貝勒 努爾哈赤在位時設立「四大貝勒」，為最高輔佐政事要職（四位皇子）。

① 大貝勒代善（次子）② 二貝勒阿敏（侄子）③ 三貝勒莽古爾泰（五子）④ 四貝勒皇太極（八子）★四大貝勒不分長幼、同攜同軸、平起平坐。

八王議政 皇太極即位初期，就與另外三位親王（以前的四大貝勒）一同主持

朝政，臨朝時四人並肩而坐，一同接受文武百官朝拜。後因阿敏及莽古爾泰獲罪削爵，代善主動要求待坐於側，才結束皇帝與三位親王並坐臨朝的天下奇觀。

※ 議事結論全由八位固山額真（旗主）聯合決定，故又稱「八王議政」

開疆闢地 皇太極先征服蒙古諸部，再降服朝鮮（免於後顧之憂）、親征察哈爾，又縱反間計，假明崇禎帝之手殺掉袁崇煥（皇太極最懼怕的明朝悍將），並在松錦之戰（松山錦州）收服明總督洪承疇及祖大壽，對其極為禮遇，授以重任，對日後大清奪取中原天下起了很大作用。

建立滿清 西元 1635 年，皇太極以「五行終始論」之說，水剋火的特性，將「金」改為「清」，因明（火）剋金，唯清（水）可剋明（火），把女真改為「滿州」，將年號「天聰」改為「崇德」，大清帝國正式成立，後人習慣稱其為「滿清」政權。說也奇怪，改完國號後，明朝就一蹶不振，而清朝愈加昌盛。

★ 皇太極在入關前的關鍵時刻，卻突患中風去世，在位 17 年，享年 52 歲。

③ 皇太極的大改革

國名	後金汗國	→	大清帝國	均帶有水旁以剋明（火）	合稱「滿清」
族名	女真族		滿州族		

年號	天聰	→	崇德		爵位	四大貝勒	→	爵位九等

爵位九等 ① 親王 ② 郡王 ③ 貝勒 ④ 貝子 ⑤ 鎮國公 ⑥ 輔國公 ⑦ 鎮國將軍 ⑧ 輔國將軍 ⑨ 奉國將軍。

★ 順治帝後改為十二爵位等級

③ 開國四大貝勒 努爾哈赤建立後金政權後，揀選的四位皇子輔佐政事

四大貝勒	大貝勒	代善	正紅旗主	努爾哈赤次子	禮親王（世代罔替）
	二貝勒	阿敏	鑲藍旗主	努爾哈赤侄子	獲罪被削爵位
	三貝勒	莽古爾泰	正藍旗主	努爾哈赤五子	
	四貝勒	皇太極	正白旗主	努爾哈赤八子	清太宗（天聰汗）

4 八大鐵帽子王　清朝世襲罔替的王爵（優命殊勳、世代承襲）

		序	諡號	爵名	姓名	關係	備註
【八大鐵帽子王】	清初戰爭有功受封	1	烈	禮親王	代善	努爾哈赤次子	曾改為「巽親王」及「康親王」
		2	忠	睿親王	多爾袞	努爾哈赤十四子	曾任順治帝、叔父攝政王
		3	通	豫親王	多鐸	努爾哈赤十五子	曾改為「信郡王」
		4	獻	鄭親王	濟爾哈朗	努爾哈赤侄子	又稱「簡親王」
		5	武	肅親王	豪格	皇太極長子	又稱「顯親王」
		6	裕	莊親王	碩塞	皇太極五子	原名為「承澤親王」
		7	成	克勤郡主	岳托	代善長子	曾受封為「成親王」
		8	恭惠	順承郡主	勒克德渾	代善之孫	
恩封四大王	政爭有功受封	1	賢	怡親王	允祥	康熙十三子	雍正賜封
		2	忠	恭親王	奕訢	道光六子	慈禧太后冊封
		3	賢	醇親王	奕環	道光七子	
		4	密	慶親王	奕劻	乾隆十七子永璘曾孫	

★慶親王僅一代即告絕（辛亥革命爆發）

1 分旗賜第　皇族宗室受封者有時候只有官銜並無實權（坐領乾俸）。

★分封而錫土、列爵而不臨民、食祿而不治事、坐鎮地方監視官吏。

2 清朝十二等及爵位

① 和碩親王　② 多羅郡王　③ 多羅貝勒　④ 固山貝子　⑤ 奉恩鎮國公
⑥ 奉恩輔國公　⑦ 不入八分鎮國公　⑧ 不入八分輔國公　⑨ 鎮國將軍
⑩ 輔國將軍　⑪ 奉國將軍　⑫ 奉恩將軍

3 清朝四種封爵制度

1	功封	宗室王公貴族，有勳績或戰功而被受封	
2	襲封	世襲罔替	世代承襲爵位（又稱為鐵帽子王）
		世襲遞降	世代依次降等（一代不如一代）
3	恩封	皇子年滿 15 歲由宗人府奏請皇帝封爵（又稱：請封）	
4	考封	除襲封之外，其餘諸皇子至 20 歲時，均可推封 經過考試、問答、測驗合格者給與爵位	

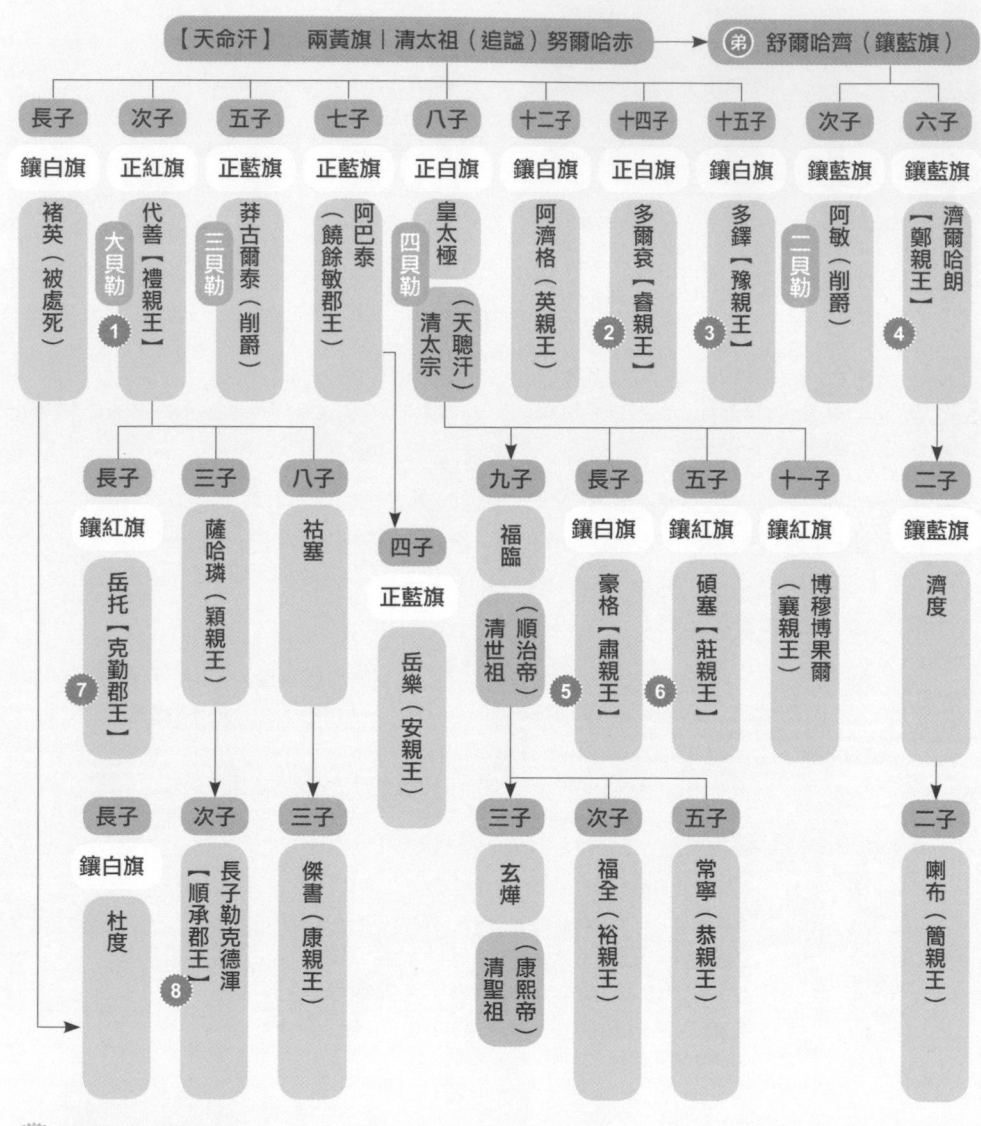

6 清朝皇帝簡介

1 第1任清世祖｜順治帝・福臨（滿清入關第一帝）

年幼登基　因皇太極突然崩逝（中風），無指定皇位繼承人，最有資格繼承皇位的是長子豪格，但實力最堅強的是其十四皇叔多爾袞（少豪格3歲）與其爭奪皇位，雙方勢均力敵，最後在多方利益權，衡考量下達成折衷方案，由年僅6歲的福臨即帝位。

叔侄爭位 皇太極暴崩，在皇位繼承爭奪戰中，皇長子豪格在關鍵時刻未能果斷行事，謙遜而錯失良機，致使十四皇叔多爾袞順水推舟，扶持擁立皇太極第九子福臨繼承皇位（時年 6 歲），多爾袞以叔父攝政王自居。不久豪格被他陷罪削爵下獄而死，其福晉（太太）也被多爾袞納為妾。

孝莊使計 野史稱孝莊皇后（大玉兒）色誘小叔多爾袞，讓他扶立自己的兒子福臨登上皇位，然後讓他當叔父攝政王，藉此兩人較容易拖私通。

多爾袞發跡 多爾袞（努爾哈赤生前最寵愛的十四子）其生母阿巴亥被皇太極矯旨為努爾哈赤殉葬，讓他頓失父母的鍾愛庇護（時年 15 歲、尚無兵權）。多爾袞為此事一直懷恨在心，後來他以機敏及戰功博得皇太極的賞識，被晉封為和碩睿親王（八大鐵帽子王之一），在征伐朝鮮之戰及與明朝松錦大戰均大獲全勝，功業彪炳，不可一世。

滿清入關 西元 1644 年一月順治帝即位，三月明朝被大順闖王李自成攻陷北京，明崇禎帝自縊（明亡），四月多爾袞在明將吳三桂指引下率清軍入關（由山海關入），擊退李自成的大順軍（流寇），九月自盛京（瀋陽）遷都北京，十月順治帝在太和門舉行登極大典（成為清朝入關第一帝）。

多爾袞攝政 多爾袞與兄嫂孝莊皇后（大玉兒）出雙入對，引人側目，從叔父變成「皇父攝政王」，大清帝國能入主中原取得漢地，絕非僅 6 歲的順治帝所能為之，還是多虧這位風流倜儻、勞苦功高的叔皇父幫他立下的汗馬基業。

重用漢人以漢制漢 多爾袞用「以漢制漢」策略，剛柔並濟，並致力保護明朝皇宮（故宮）未加以摧毀（成為近代世界遺產），重用漢人為朝臣及拉攏明朝舊將，幫其清除南明勢力，他掌握軍政大權（一人之下、萬萬人之上），權傾朝野，但在塞外打獵時不慎墜馬而死，享 39 歲（攝政 7 年）。

順治親政 順治帝 14 歲開始親政，有鑑於明朝太監亂政而覆國，特立鐵牌敕諭嚴禁宦官干政，違者凌遲處死（故清朝無宦禍）。重用漢人官吏，並為崇禎帝（明亡國君）修陵立碑祭典奉厝（討好漢人）。親政兩個月後，對其專橫跋扈、已故的叔皇父攝政王多爾袞立罪削爵、踏墳、鞭屍，其罪主要有三：

① 與其母孝莊皇后私通、擅權，視小皇帝如無物。

② 結黨營私、剷除異己、圖謀帝位（府邸被搜出龍袍）。

③ 羅織偽罪，誅殺其長兄豪格（幫其平反昭雪、復爵）。

皈依天子 順治帝極度虔信佛教，曾請求玉琳國師（大覺禪師）幫其剃度，法號「行痴」（欲脫龍袍換袈裟），在歷代帝王中極為罕見（另有梁武帝），他曾經隆重恭迎藏傳佛教格魯派（黃教）教主五世達賴喇嘛，羅桑嘉措至北京弘法，御賜寶篋金印，助其建立噶廈政權（其法位需由大清皇

帝欽定），因此達賴喇嘛成為西藏實際領導人，地位超越所有各教派法王，成為西藏政教權威主宰及精神領袖。

三位皇后　順治帝前後立有三位皇后，各個命運大不同（一廢一疏一愛），前兩位係因政治聯姻（被迫），為帝所厭惡反感，以致疏遠；第三位董鄂妃（弟媳），民間版稱其為董小宛，讓順治帝神魂顛倒、痴情熱戀到瘋狂地步，但董妃無福納貴產子早夭，自己也紅顏薄命（23歲即香消玉殞），順治帝痛不欲生、萬念俱灰、看破紅塵，常有尋短或出家的念頭，困擾朝廷，帝追諡其為皇后，日思夜冥悲傷過度，精神萎靡不振，數月後染患出痘（天花）而去世，在位18年，享年24歲。

❷ 第2任清聖祖｜康熙帝·玄燁

因禍得福　因順治帝患病生命垂危時，特別謹慎儲君人選，在洋人湯若望的建議下，以曾得過天花、具有免疫力的三子玄燁（音業）繼承皇位（時年8歲）。

鰲拜專權　順治帝遺詔以索尼、蘇克薩哈、遏必隆、鰲拜四位大臣輔佐朝政（四人均為昔日皇長子豪格的擁護者，曾被削爵後復職），其中鰲拜最資淺；但卻是最跋扈兇狠，蘇克薩哈因故得罪鰲拜，被其誅殺滅門，連皇上說情也無法保全其命，此事讓少年康熙看在眼裡、惦記在心裡。

智擒鰲拜　康熙帝14歲開始親政，此時躍居首輔的鰲拜不知收斂，更加狂妄、目中無人，朝政已不受帝所能掌控。少年康熙決心揪除心中大患，鰲拜在一次例行上朝途中，被一群宮中少年侍衛假扮在玩撲擊遊戲，突然轉向迅速將其壓制擒伏，被列舉30項大罪，理應誅族，帝念其有功於朝，僅終身禁錮，其黨羽被剷除殆盡，從此康熙帝才真正開始親政、一展抱負。

三藩之亂　清初期，明朝降將被封爵者有三位 平西王吳三桂（駐防雲貴） 平南王尚可喜（駐防廣東） 靖南王耿精忠（駐防福建），清廷以三位藩王作屏障，將南明勢力剿滅，史稱「三藩」。但三藩手握重兵及領有轄地，勢力範圍達全國之半，形同割據，令清廷有所忌憚不安，如芒刺在背（天下財賦半耗於三藩）。當中平南王尚可喜子女驕恣不法，其長子尚之信尤烈，酗酒嗜殺、橫暴擾民，尚可喜以年邁為由，上疏朝廷歸老，遼東由子襲位鎮留，但清廷令尚之信撤藩，其他兩位藩王聞風震撼（預估清廷將過河拆橋），也假意上疏撤藩，試探朝廷動靜，結果弄巧成拙，康熙帝不顧眾臣反對，當機立斷毅然批准其所請，遂下旨三藩俱撤（反正撤與不撤遲早會造反），1673年三藩騎虎難下，假藉「復明」為口號，舉兵反清，史稱「三藩之亂」。

平定三藩　康熙帝胸有成竹，運籌帷幄、調兵遣將、剿撫並用，利用分化瓦解策略，使二藩俱降，獨剩聲名狼籍的吳三桂孤軍奮戰，日暮途窮，患病憂

憤而終。其孫吳世璠繼承遺志，頑強抵抗，直到昆明城破自殺，歷經八年的激戰平定亂事，清廷行政終可達全國各地。

收復台灣 康熙帝平定三藩之亂後隔兩年，命施琅（施世綸之父）攻打台灣的明鄭政權（東寧王國），鄭克塽不敵投降，全國統一。

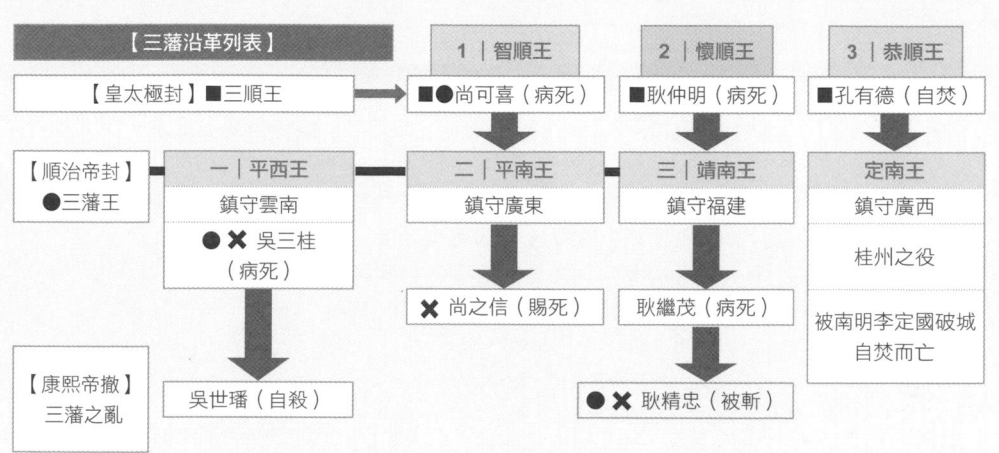

御駕親征 康熙帝初期因軍力全部集中於南方，無暇北顧，致使東北有沙俄（羅剎）入侵，西北有噶爾丹（草原英雄）叛亂，康熙深謀遠慮，先包圍雅克薩城，逼迫沙俄簽定尼布楚條約，藉以確保北疆安定，再抽身集中火力三次御駕親征噶爾丹叛酋，最後在昭莫多地區徹底消滅噶爾丹主力（使內，外蒙古，歸入清朝版圖）。

?

小常識

超級變色龍——大周太祖吳三桂

- **明末總兵：**吳三桂是明末大將祖大壽的外甥，明崇禎帝時任遼東總兵，鎮守山海關，後來成為明末清初時期左右中國歷史的大人物（左右清末民初的翻版大人物為袁世凱）。
- **為愛變節：**闖王大順帝李自成（流寇）攻陷北京，明亡時，他曾一度猶豫想投降闖王李自成，但其愛妾陳圓圓被李自成部將強奪，憤而引清兵入關轉變成為清軍急先鋒（馬前將），被清廷封為平西王（三藩之首），史稱：「衝冠一怒為紅顏」。
- **為權變性：**吳三桂其一生均活在夾縫中求生存（經歷大明、大清、大順、南明、大周），故個性反覆無常，成為超級變色龍，從反清→反流寇→反南明→再反清（為紅顏而投清，為撤藩又反清）。
  ① 以明朝將領身分→抵禦清軍入侵 ② 引清兵入關→聯清破大順軍（流寇）
  ③ 以清藩王身分→剿滅南明王朝 ④ 以大周皇帝身分→討伐清朝（三藩之亂）
- ★ 吳三桂一生共歷三帝（明崇禎帝、清順治帝、清康熙帝），最後自己也在衡州（湖南衡陽）稱帝，國號「大周」，史稱「吳周」（大周昭武帝）。民間諷刺他為「吳三跪」，因親自擒殺南明桂王（南明昭宗永曆帝）朱由榔，被視為清廷走狗、大漢奸、賣國賊、民族敗類，永留歷史罵名。

認識中國歷史朝代的更替

西元	時歲	重要事記
1661 年	8 歲	登基即位（四大輔臣攝政）●法國路易十四親政，建凡爾賽宮／時年 24 歲
1669 年	16 歲	智擒鰲拜（真正開始親政，一展抱負）
1673 年	20 歲	三藩之亂開始（康熙帝不顧朝臣反對，堅持撤藩）
1675 年	22 歲	立兩歲的胤礽為皇太子
1678 年	25 歲	吳三桂稱帝，國號「大周」，是為周太祖（雍正皇帝出生）
1681 年	28 歲	平定三藩之亂（歷時 8 年）
1682 年	29 歲	●沙俄彼得大帝即位／時年 10 歲　●路易十四遷都至凡爾賽宮／時年 45 歲
1683 年	30 歲	施琅攻台鄭克塽投降（清廷入關後 40 年才真正統一全國）
1688 年	35 歲	●英國光榮革命（將信奉天主教的國王罷黜，因沒有流血及傷亡，稱為光榮革命）
1689 年	36 歲	打敗沙俄，簽定尼布楚條約（彼得大帝時年 18 歲）
1697 年	44 歲	三次親征，擊滅噶爾丹（蒙古納入中國版圖）　●彼得大帝赴歐考察／26 歲
1707 年	54 歲	●英格蘭、蘇格爾合併為不列顛聯合王國，簡稱「英國」
1708 年	55 歲	第一次廢皇太子（胤礽時年 35 歲）
1711 年	58 歲	●沙俄彼得大帝遷都聖彼得堡／時年 40 歲（乾隆皇帝弘曆出生）
1712 年	59 歲	第二次廢皇太子（胤礽時年 39 歲）
1715 年	62 歲	●法路易十四太陽王去世（在位 72 年，享年 77 歲）
1717 年	64 歲	皇十四子胤 遠征青海策旺阿布堤
1721 年	68 歲	台灣鴨母王朱一貴叛亂
1722 年	69 歲	病逝（皇四子胤禎即位，時年 45 歲，是為雍正皇帝）

同期世界三大明君　世界同期三大明君，有趣的巧合：均為年幼登基，勵精圖治，使國家強盛。

★法路易十四（太陽王）1661 年開始建造凡爾賽宮（當年康熙帝即位，時年 8 歲）。1682 年凡爾賽宮竣工，路易十四遷至此宮（當年沙俄彼得大帝即位，時年 10 歲）。

★凡爾賽宮建造前後共計 21 年（建造年及完工年兩帝均以登基表示祝賀）。

世界同期三大明君比較表	國別	【波旁王朝】		【大清帝國】		【俄羅斯帝國】	
	帝名	【法國】路易十四（太陽王）		【大清】康熙大帝（清聖祖）		【沙俄】彼得大帝（沙皇）	
	期間	1638～1715 年（77 歲）		1654～1722 年（69 歲）		1672～1725 年（54 歲）	
	即位年（在位）	1643 年（5 歲即位）	在位 72 年	1661 年（8 歲即位）	在位 61 年	1682 年（10 歲即位）	在位 44 年
	輔佐	母后安娜皇后攝政		祖母孝莊皇太后訓政		異母姐索菲亞攝政	
	建設	凡爾賽宮、御花苑		暢春園、承德避暑山莊		聖彼得堡	
	歲比	比康熙大 16 歲、比沙皇大 34 歲		比路易小 16 歲、比沙皇大 18 歲		比路易小 34 歲、比康熙小 18 歲	

千古一帝　康熙帝以顯赫武功，16 歲除權臣鰲拜、28 歲平三藩之亂、30 歲降台灣、36 歲敗沙俄（簽定尼布楚條約）、44 歲滅叛酋（草原英雄噶爾丹之亂），使中國強大富裕，與唐太宗李世民並列中國歷史賢明之君（千古一

帝）。

★ 其名言：「一事不謹四海貽憂，一時不謹百世貽患」

子女成群　康熙帝 11 歲結婚迎娶赫舍里氏孝誠皇后（索尼孫女），13 歲生育第一個孩子（前 4 個均夭折），到 65 歲生下最後一位皇子止，共計 55 位子女（中國歷代皇帝之最），皇子 35 位（排序的有 24 位），被封爵位的有 20 位（見下表）。

廢皇太子　長子允禔因非嫡出，只封為直郡王；嫡出的次子允礽，其母孝誠皇后因生育他時難產去世（時年 21 歲），康熙悲痛分，對允礽就特別憐愛，在他 1 歲 7 個月時就冊立他為皇太子。允礽少年時代天資聰穎、知書達理，但成年後卻性情大變、判若兩人、生活奢侈、性情暴戾、驕縱蠻橫、結黨營私，康熙帝於 1708 年以「不遵朕諭、惟肆惡虐眾、暴戾淫亂」痛心疾首的廢太子允礽（時年 35 歲）。

復立太子　但隔年又降諭旨：「語言顛倒、意類狂易之疾，已漸痊可」再立復位。

再廢太子　但又隔三年又再降旨：「狂疾益增，暴戾、僭越、迷惑轉甚」，結論無藥可救，再度廢掉皇儲（允礽時年 39 歲），是中國歷史空前絕後罕見的怪事。

內心隱痛　二廢太子是康熙帝晚年最憂傷隱痛的憾事（治國有方，成績卓著，但在立儲方面弄得焦頭爛耳、心力交瘁），從此以後十年間，絕口不提建儲事宜。

爭儲奪嫡大戰　儲位空懸，諸皇子明爭暗鬥（覬覦皇位），使得宮廷裡的爭儲奪嫡競賽活動終於拉開序幕、潛移陰謀日趨白熱化，派系林立，敵我分明更趨明顯。

九王奪嫡　康熙帝第一次廢掉皇太子時，皇 14 子允禵（時年 20 歲）、在他之前的諸阿哥均有參與這場爭儲競賽，其中實力最堅強的首推「八爺集團」（八賢王）。

【參與爭儲集團】

派別	主角	名字	支持者成員
太子黨	皇太子	允礽	● 被廢→復立→再復廢
四爺黨	皇四子	胤禛	皇十三子允祥
八爺黨	皇八子	允禩	皇長子允禔、九子允禟、十子允䄉、十四子允禵
中立黨	皇三子	允祉	較偏向皇太子允礽
未參與	● 皇五子允祺（因破相）　● 皇六子允祚（已故）　● 皇七子允祐（腳殘） ● 皇十一子允禌（已故）　● 皇十二子允祹（棄權）		

【九王奪嫡】

① 康熙帝的兒子（阿哥們）名字均以「示」部為名，如：礽、禔、禛等

② 皇四子胤禛即位後（雍正帝）所有阿哥皆需避名諱，全部將「胤」字改為同音「允」字表區隔，如胤礽→允礽、胤祥→允祥。

③ 皇十四子原名為「胤禎」（雍正帝同母生），因讀音與字形均接近「胤禛」，被改為「允禵」（兩字皆被改）。

④ 雍正帝對其兄弟趕盡殺絕，唯對十三弟允祥掏心掏肺，並特別御賜他為編制外的鐵帽子王（和碩，怡親王爵位，得世襲罔替）。

❸ 附錄｜康熙帝兒子群一覽表 35 位皇子，排序的有 24 子，封爵者有 20 子

子序	名字	封爵	第一次廢太子時各皇子的年齡	康熙帝駕崩時各皇子的年齡	享年	備註	
長子	允禔	直郡王（後降為貝子）	37	51	63 歲	因用巫術鎮魘皇太子被圈禁	
次子	允礽	皇太子（被廢黜）	35	49	52 歲	二次被立，廢皇儲（憂鬱而終）	
三子	允祉	誠親王（削爵）	32	46	56 歲	書生型，專心編集康熙字典	
四子	胤禛	雍正皇帝	31	45	58 歲	爭儲奪嫡活動最終勝利者	
五子	允祺	恒親王（削爵）	30	44	54 歲	因破相未參與爭儲（宜妃生）	
六子	允祚		6 歲卒			與胤禛、允禵同母生（德妃生）	
七子	允祐	淳親王	29	43	51 歲	有殘疾（跛腳）未參與爭儲	
八子	允禩	廉親王（廢黜）	28	42	45 歲	被稱為「八賢王」，爭儲中的最大輸家	
九子	允禟	貝勒（廢黜）	26	40	43 歲	忠於八阿哥，被雍正帝賜死	
十子	允䄉	敦親王（降輔國公）	26	40	59 歲	所有皇子中最笨的一員（功課不好）	
十一子	允禌		11 歲卒			母宜妃	
十二子	允祹	屢親王	23	38	79 歲	自幼為蘇麻喇姑撫養，未參與爭儲	
十三子	允祥	怡親王（鐵帽子王）	22	37	45 歲	雍正皇帝最心腹及寵護的皇弟	
十四子	允禵	恂親王	20	35	68 歲	與雍正帝同母生，但兩人從小就不對盤	
十五子	允禑	愉郡王	15	30	39 歲	獲罪被命守景陵	
十六子	允祿	莊親王	11	26	73 歲	號愛月主人（文學）	雍正帝晚期最寵信的兩位皇弟
十七子	允禮	果親王	9	24	42 歲	喜書法繪畫	
十八子	允祄		8 歲卒			他夭殤時皇太子毫不悲傷（被廢原因之一）	
十九子	允稷		3 歲卒				
廿子	允禕	簡貝勒	2	16	50 歲		
廿一子	允禧	慎郡王		12	48 歲	與乾隆皇帝同年生，頗有文學才華	
廿二子	允祜	貝勒	未出生	11	33 歲		
廿三子	允祁	貝勒		9	73 歲	康熙皇子中最後一個離世的皇子	
廿四子	允祕	誠親王		7	58 歲		

★ 皇十四子之前諸阿哥均有資格參與爭儲奪嫡活動（均已滿 20 歲以上），皇十五子之後因年紀尚輕或還未出生，故錯過此次競賽資格（爭儲奪嫡大賽）。

★ 康熙帝駕崩時皇十子之前諸阿哥均已超過 40 歲（對雍正帝威脅較大），皇

十二子至皇十五子均已超過 30 歲，皇十六子至皇十七子為 20 幾歲（雍正帝對其恩寵有加），皇十八子以下均未成年，一切聽天由命，完全沒有野心。

❹ 第 3 任清世宗｜雍正帝·胤禛

戒急用忍　在康熙帝再廢太子後，胤禛深慮其父心思，諸皇子為謀求儲位如火如荼的明爭暗鬥時，他內斂沈著，巧妙避開火線，遠離勾心鬥角的核心，擅用戒急用忍，以「天下第一閒人」自居，和諸阿哥（兄弟）保持良好關係，不時向父皇表現孝道，贏得康熙帝的信賴。

插隊登基　胤禛表面看來與世無爭，但暗中卻與隆科多（其舅父）和年羹堯（其舅子）往來密切，形成「救救（舅父及小舅子）四爺集團」（成員另有皇十三子允祥），最終胤禛獲得「人品貴重，深肖朕躬，必能克承大統」之諭旨，脫穎而出登上大位，是為清世宗雍正帝。

即位三說　因康熙帝生前無明確指定人選，故其駕崩後儲君謎案才正式上演：
　　① 奪嫡說：由步兵統領隆科多口授末命（臨終口諭），京師九門皆閉（宵禁），諸王公重臣、宗親室族，非旨不得擅入大內（奪位議論）。
　　② 弒君說：康熙帝喝過胤禛所呈獻的人蔘湯後即猝崩（毒謀議論）。
　　③ 篡詔說：傳位十四子，篡改成「傳位于四子」（改詔議論）。

功夫天子　以上「即位三說」皆為民間道聽塗說，以訛傳訛，武俠小說家甚至把雍正帝誇飾形容成能飛簷走壁的功夫皇帝，廣結武林高手、江湖異士，其爪牙，薩天都專司偵察民間隱私，擅用血滴子，百尺之外取人首級。

抄家皇帝　野史常對雍正帝加以貶損，充滿偏見，將他塑造成謀父、逼母、弒兄、屠弟、殺子、誅忠、貪婪、淫逸、好諛、任佞等暴戾無德、蠻橫獨裁的暴君（抄家皇帝）。

為君難　近代歷史學家，依據清宮史料研究，所呈現出來的雍正皇帝，卻是一個勤儉敬業、肅貪懲惡、剛毅果斷、重視人才、關心民間疾苦、有所作為的好皇帝，難怪雍正帝常自嘆「為君難」。他上承康熙、下啟乾隆，開創 134 年的大清盛世。

★ 大清帝國國祚 268 年，此三代盛世（康、雍、乾）共計 134 年剛好一半（純屬巧合）。

冷面改革　雍正帝即位時正值盛年（45 歲），登基前深知民間疾苦，群情利弊事理得失，於是雷厲推行鐵腕改革，讓貪官污吏深恨痛絕、咬牙切齒，但卻深得貧農賤戶歡聲雷動、拍案叫絕。

敬業勤政　雍正帝早上處理朝政（延接廷臣、引見官弁），傍晚觀覽章本，燈下批閱奏摺，每至三鼓不覺稍倦（中國歷代皇帝最勤政者）。

僧恨貪賭　雍正帝對貪腐婪贓、賄弊徇私之官員嚴懲不殆（最痛恨貪污的皇

帝，另有明太祖朱元璋），他尤對賭博憎恨至極嚴禁查辦，認為賭博會使人「荒棄本業、蕩費家貲」，（社會上的鬥毆由此而生，爭訟由此而起，盜賊由此而多，匪類由此而聚），故賭博成為諸惡禍源，必須杜絕。

(秋後算帳) 雍正帝即位後，開始掃除對其不敬或不利的障礙，最具指標為以下四位：

1	舅父	隆科多	招權納賄	被定 41 款大罪，永遠禁錮（雍正 6 年死於禁所）
2	小舅子	年羹堯	欺罔悖負	被定 92 款大罪（雍正三年令其在獄中自裁）
3	八弟	允禩	陽奉陰違	原為廉親王不久被削爵改名「阿其那」，意為豬（不要臉）
4	九弟	允禟	圖謀叛變	始終與雍正敵對，被改名「塞思黑」意為狗（討厭之徒）

(朝政改革) 雍正帝大刀闊斧的進行改革，不惜動搖國本，全力執行，立竿見影。

①【攤丁入畝】打破自古以來的人丁稅（按人頭繳稅），改為地畝定納，豪紳大戶就要多納，無地者不納（官紳一體當差納糧），對貧農是一項天大福利恩賜德政。

②【火耗歸公】州縣官吏為解決鑄銀時的耗羨（損耗），常會再增加收附（變相加稅），而且是隨心所欲（沒有原則），為避免人謀不彰，故採取法制，固定稅額由督撫統一管理，並提撥「養廉銀」，大幅提升官吏俸祿，也減輕百姓負擔，一舉兩得，對地方財稅是一大進步。

③【改土歸流】我國西南方及少數民族聚落，實行土司世襲制，能掌生殺罪罰之權，故常驕恣專擅，形同割據軍閥，享有特權，妨礙國家統一的法制，故開始改為官派委任，對各地區經濟文化發展及疆域主權完整大有助益。

④【設軍機處】明代權力集中於內閣，故常有權臣擅政，於是雍正創設軍機處，由六部內閣大臣及章京值班，迅速呈報各地方奏摺供皇帝直接批示、下達旨意，避免於文書批轉，手續繁複，延誤時機（並可防止機密外洩）。

⑤【廢除賤籍】史學家認為雍正帝解放賤民是最聖明的德政。

序	賤戶名	內容
1	山陝樂戶	明燕王（明成祖）奪位後，山西及陝西部分部落，不願歸順者之散籍落戶，此類百姓被編為「教坊樂籍」（成員男盜女娼）
2	浙江惰戶	明初軍閥陳友諒後裔族人
3	安徽細民	安徽地區世襲的奴僕（又稱世僕）
4	江蘇丐戶	宋朝降金，後代子孫原被稱為「怯憐戶」，後改為「丐戶」（乞丐）
5	閩浙棚戶	福建、浙江山區冶鐵、造紙為生的搭棚戶
6	粵東蜑戶	在廣東沿海以船為家的海民（海上難民）

★ 以上為宋、元、明三代時期的賤民，世代過著如同牛馬生活（不得翻身），人格嚴重被剝削、受盡恥辱迫害悲慘的日子，雍正帝大發慈悲心，幫他們爭取人權自由及平等的社會地位（廢除賤籍一律平等）。

《大義覺迷錄》 湖南人曾靜因散佈流言，詆誹聖上大逆不道，本應誅族，但雍正帝沒有殺他，令其在獄中自省悔過，並編成《大義覺迷錄》，做為幫助皇上闢謠澄清之宣傳著作（成為江湖說書客及武俠小說家添油加醋的來源）。

愈描愈黑 由於雍正帝極為重視《大義覺迷錄》的出版，親上火線，撰論駁斥異說為自己辯白，並頒行於天下，但此舉弄巧成拙，將皇宮黑幕醜聞及皇室內廷八卦消息詔告天下，欲蓋彌彰，愈描愈黑，事與願違，收到反效果，使百姓更加好奇揣測，延伸更多不良聯想。

四大寵臣 雍正帝最信任的四大寵臣，把他們視為家臣：鄂爾泰、張廷玉、李衛、田文鏡。（後三者為漢人）

死因成謎 雍正帝即位時充滿著奪位謎團之說，就連駕崩也籠罩在被殺的疑雲懸案，史料記載是服丹藥中毒而死（類似中風），而民間（野史）流傳是被俠女呂四娘（呂留良孫女）刺殺身亡。這位喜怒無常、刻薄寡恩、頗受爭議的皇帝，近代學者逐漸幫其平反扶正，認為他是中國歷史上最敬業、勤政愛民及除弊改革的好皇帝（過勞死），在位 13 年，享年 58 歲。

⑤ 第 4 任清高宗｜乾隆帝・弘曆

真命天子 弘曆是依雍正帝所獨創的秘密建儲制度（將遺詔置入鐵匣置於乾清宮「正大光明」匾額後方）登基的皇帝（時年 25 歲）。

唯我獨尊 雍正帝有十個兒子、四個女兒，但只有四子一女活到成年，其餘皆早殤。四個皇子中，一個行為放蕩，被削宗籍（三子弘時），一個過繼給果親王允禮（六子弘曕），唯一能與弘曆（四子）競爭皇儲的人選是個紈絝公子（五子弘晝），結果弘曆不需像他父親（雍正帝）那麼野心勃勃的凱覦皇位，輕鬆又自得當上皇帝。

雍正之子弘曆兄弟們	三子弘時（被削籍）	● 大弘曆七歲，因行為放蕩、行事不謹，常被其父督責，心懷怨恨，與八叔允禩來往甚密，雍正五年被削宗籍，抑鬱而終，享年 24 歲（另有一說法，是想謀害弘曆而被賜死）。
	五子弘晝（被恩眷）	● 小弘曆一歲，沉默寡言、個性怪僻，乾隆登基後被封為和親王恩眷尤厚，故驕矜狂妄、行為荒謬，常在自家辦理自己喪事，以觀哀禮、吃祭品為樂，被戲稱「荒唐鬼王」，享年 60 歲。
	六子弘曕（被過繼）	● 曕（音燕）小弘曆 23 歲，從小被過繼給叔父果親王允禮，在詩詞方面頗有造詣，但生性貪婪、搜刮民間財富、揮霍無度，被削爵位不久病死，享年 33 歲。

大福大貴 弘曆生母出身低微，但卻不影響其洪福尊貴之相，10 歲時與祖父康熙初次會面於圓明園牡丹台（初見即驚愛），因為這位皇孫乖巧聰慧、氣宇非凡，讓康熙帝愛不釋手，當即下旨破格將弘曆眷養於宮中（康熙帝百餘孫中享有此聖恩殊榮者僅有二位，另外一位為皇太子長子弘皙），康熙帝為其擇良師教導，並帶在身旁讓他增廣見聞，朝夕相處、形影不離。

祖孫情深　康熙帝對這位皇孫百般溺愛，弘曆也帶給老邁孤寂、又歷廢太子後抑鬱寡歡的康熙帝，增添一絲精神慰藉和難得的歡樂，短暫期間內，祖孫兩建立深厚的情感。

因子而達　雍正帝在他的秘密建儲詔書裡已經明述「……弘曆為聖祖仁皇帝于諸百孫中最為鍾愛、並撫養於宮中，恩愈常格……」也間接透露康熙帝因為太喜歡這位皇孫，才把大位先傳給其父（雍正）。

影子皇儲　弘曆12歲時，其父（雍正）當了皇帝，立即創立秘密建儲制度（其實是多此一舉），因為滿朝文武百官大家都心知肚明，儲君的不二人選（欽定接班人）鐵定唯是弘曆（因他已無競爭對手）。

備加恩寵　弘曆行事謹慎低調，辦事認真負責，頗得雍正帝信賴安心，備受恩寵愛護，23歲時被晉封為寶親王，25歲以風華茂盛之年繼承大統（在位期間及年齡均為歷代皇帝之最）。

大清盛世　乾隆皇帝在位期間，正值大清帝國鼎盛期，他不用像祖父康熙帝8歲幼年即位，與民間甚少接觸，任憑權臣擺佈及強藩威脅；更毋需像父親雍正帝45歲登基前，為了爭奪皇儲搞得烏煙瘴氣、寢食難安。他的父親雍正已幫他掃除一切朝政劣弊障礙，交給他的是個嶄新清明安定的政權。

國泰民安　乾隆皇帝是舉世聞名且空前絕後的福貴之人（天下無出其二者），其一生享盡榮華富貴、世間豔福，無憂無慮、酷愛打獵、遊山玩水、大興土木，醉心中國書畫藝術及詩詞文化，文治武功均為顯赫，年邁退休又做了三年的太上皇，才以89歲高齡壽終正寢，在位期間風調雨順、國泰民安、揚威異域、萬邦朝貢，是中國有史以來唯一能享「福、祿、壽」三星集慶、五代同堂的太平盛君。

恩威並施　乾隆帝施政綜合了祖父康熙的寬仁及父親雍正的剛毅，兩種治術合成為「恩威並施、剛柔並濟」政策。

十大武功　乾隆帝一生最津津樂道的十場重要戰役，史稱「十大武功」，將國家威勢及個人威望推向最高峰（把中國疆域版圖擴展到空前遼闊），為此而引以為傲，自詡是「十全老人」（唯一自責是六下江南、勞民傷財）。

乾隆十大武功	1.2	兩平準噶爾	使天山北路納入中國版圖	定名新疆（新闢疆域）
	3	一定回疆	使天山南路大小和卓木回族歸附	
	4.5	兩掃金川	四川西邊藏族土司降服於清廷	
	6	一靖台灣	平定台灣天地會林爽文、莊大田起事	
	7	一降緬甸	使緬甸成為清廷藩屬國	
	8	一降安南	清廷封阮文惠為新安南（越南）國王	
	9.10	兩降廓爾喀（尼泊爾）	使尼泊爾歸順清廷	

★乾隆帝命福康安平定，台灣林爽文之亂後，將諸羅縣賜御名改為嘉義（嘉賜義民）

禪讓顒琰 乾隆帝為履行即位之初，曾立誓：帝位不踰越祖父康熙帝在位年限（61 年），故將皇位禪讓給皇十五子顒琰（嘉慶），自稱太上皇，但仍督聆訓政（禪而不退，繼掌朝政三年）。

世界驟變 乾隆晚期，世界發生三大重要事件（強盛自傲的大清，漸成井底之蛙）。

世界三大事件				
	1	1762 年	乾隆時年 52 歲	**英國工業革命**開始萌芽發展（日不落國）
	2	1776 年	乾隆時年 65 歲	**美國發表獨立宣言**（7月4日）
		1783 年	乾隆時年 73 歲	**美國脫離英國正式獨立**（百年後成為世界首強）
	3	1789 年	乾隆時年 79 歲	**法國大革命爆發**（美華盛頓當選第一任總統）

★ 十八世紀歐洲盛行啟蒙運動（理性時代），全方位進化開始，科技（工業革命）、藝術（文藝復興）、政治（自由平等）等理性世界觀思想萌芽茁壯、快速進展，大幅改善人類生活及強調競爭力。

與世脫軌 而此時年邁的古稀天子乾隆帝，仍然陶醉在其一生豐功偉業之中而得意忘形，全然不知世界正在丕變，思想僵化、坐井觀天，錯失一次與世界文明攜手邁進的機會，讓東，西方科技改革差距急速拉大，最後甚至完全脫軌，導致 40 年後中國任憑西方列強隨興霸凌及宰割的悲慘歲月時代來臨。

破船危忿 英使馬戛爾尼趁乾隆 80 歲大壽來華祝賀時機，遊歷中國，見北京皇宮金碧輝煌、皇室生活奢侈，而城外百姓蓬頭垢面、衣衫襤褸，感嘆道：「中國這艘破舊巨輪，幸虧還有個精明老練的船長（乾隆皇帝）掌舵，如換上一個慾令智昏的新手接替，隨時會有沉船覆舟的危機。」

死不安寧 乾隆帝做了三年太上皇，以 89 歲高齡含笑而終，其一生尊榮顯貴、國泰民安又能壽終正寢，可謂前無古人、後無來者；唯一憾事是他的陵寢（裕陵）1927 年被軍閥孫殿英盜墓，棺槨被毀，大體被拋於牆角，所有陪葬珍品被洗劫一空，可謂生前安逸、死不安寧。

6 第 5 任清仁宗 | 嘉慶帝 · 顒琰

禪讓即位 顒琰原名永琰，是依乾隆宣諭禪讓而即位（時年 35 歲）。

影子皇帝 乾隆帝雖然禪位（任太上皇），但仍掌握朝政，大學士和珅是太上皇的傳聲筒，而嘉慶君成為交辦皇帝（傀儡），每天早晚要到養心殿向太上皇請安問好，政務更要隨時請示，且儘量報喜不報憂（白蓮教亂事四起），粉飾太平，讓乾隆帝繼續陶醉在其豐功偉業，卓越自豪之中（每逢訓政，恭謹無違）。

和珅跌倒 乾隆帝去世後 5 天後，和珅立即被捕下獄，並快速以 20 條大罪，15 天後賜白綾一條令其自盡（乾隆屍骨未寒，和珅身敗名裂）。抄沒家產總數之多，令人瞠目結舌、大開眼界（相當於全國十五年稅收），民間嘲諷「和珅跌倒，嘉慶吃飽」。

盲目保守 嘉慶帝個性寬厚仁和（故廟號仁宗），施政平庸保守，絕少建樹，循規蹈矩，凡事模仿先帝，走其老路，以守成皇業為己任，不像祖父雍正帝剛毅果決、大刀闊斧、勇於改革。

由盛轉衰 嘉慶帝對外來事物採盲目排斥態度，實為大清帝國由盛轉衰之關鍵人物（以前都把罪過置於乾隆帝身上），他在位期間唯一顯赫的事蹟，僅15天內扳倒權臣和珅而已，其他政績一無是處。

兩次遇刺

① 1803 年，嘉慶帝於先農壇祭祀親耕耤田日儀式結束，乘輿回鑾宮中，剛要進入順貞門時，突然遭到庶民陳德持小刀犯駕行刺，嘉慶君雖然毫髮無傷，但受到嚴重驚嚇，於是引發一場政治大地震，懲處多位失職官員及禁軍衛士，史稱「陳德突發事件」。

② 1813 年（10 年後），朝廷再度發生一次更嚴重的皇宮驚變事件：嘉慶君木蘭秋獮（打獵）結束回鑾京師途中，突然獲報天理會首領林清率教眾對宮廷發動突襲，並一度佔據紫禁城，雖然迅速鎮壓下來，但嘉慶帝還是心有餘的感嘆道：「從來未有事，竟出大清朝」，從此清廷由盛轉衰，史稱「癸酉之變」。

？

小常識

乾隆皇帝的愛將寵臣（一武一文）皆因貪贓枉法，被嘉慶帝削爵

① **武將｜福康安**

破格受封 福康安是大學士傅恒之子，自幼被乾隆眷養於宮中，親自敦教，待之如親生兒子，並破格封為貝子（清朝宗室以外第一人），恩寵尤烈，民間盛傳他是乾隆的私生子。

名揚台灣 乾隆帝引以為傲的十大武功，其中有五項是由福康安參與征伐，當中「一靖台灣」更是他最得意的代表作，台灣設有多座生祠褒揚他的功績（台南赤崁樓前現還保存有九座紀念其功業的御賜石龜石碑）。由於他長期南征北討、長途跋，終因積勞成疾、病逝軍旅，享年 42 歲，贈諡號「文襄」，並享太廟。

豬羊變色 不過嘉慶帝即位後，立即賜罪譴責其在軍中貪 枉法、揮霍無度、斂財無數，並將其削爵除位，也因此在台灣規模最大的福康安賢良祠（屏東車城）被迫撤除，改為普通廟堂（現為「福安宮」是全國最大的土地公廟）。

② **文臣｜和珅（音申）**

受寵發跡 和珅原名善保，初期時為官清廉、精明能幹，深得乾隆讚賞寵信，並將最疼愛的第十女固倫和孝公主下嫁給和珅子豐紳殷德，使和珅成為皇親國戚，更加飛黃騰達，開始狂妄跋扈、結黨營私、聚斂巨款，成為中國歷史上首席大貪官。

世界首富 和珅善於揣摩聖意、逢迎獻媚、吹捧拍馬，盡全力迎合乾隆皇帝的虛榮感（其當官最重要的工作，就是使乾隆帝龍心大悅），逐漸成為滿朝官員中最得力的助手，也是乾隆最心腹的密臣，權傾天下、富可敵國，（是當時全世界的巨擘首富）。

煙消雲散 乾隆帝逝世五天後，他立刻被嘉慶帝以 20 條大罪緝捕瑯璫入獄；15 天後被賜死，享年 48 歲，結束其當權 20 年間，一人之下、萬人之上的無冕首相（終究其生，一切皆空）。

三大亂世 　嘉慶帝期間發生三大亂事，讓清廷從此不再安逸平靜。

1	白蓮教起義	1796 年～ 1804 年（歷 9 年）	又稱：西南川楚教亂
2	蔡牽起義	1798 年～ 1807 年（歷 10 年）	又稱：東南海疆、海盜之亂
3	天理會起義	1813 年（歷數月間）	又稱：華北林清、癸酉之亂

★ 三大亂事除了蔡牽海盜騷擾東南沿海及台灣沿岸之亂外，其他兩件均與民間
秘密宗教謀變有關，雖然全被清廷強勢鎮壓下來，但卻與民心向背，不知反
省，三十八年後再度出現更大更棘手的民間宗教武裝造反運動，即為「太平
天國革命」，讓清廷病入膏肓、無藥可救。

7 **嘉慶君 V.S 拿破崙** 　1796 年嘉慶君即位稱帝，那年剛好也是法國英雄拿破崙
嶄露頭角的開啟年，兩人相差 9 歲，政治舞台幾乎同期（歷史上的巧合）但
唯一差異點：

★ 嘉慶君是個墨守成規的大狗熊（二次險些遇刺），將中國帶向衰敗之路。

★ 拿破崙則是功高蓋世的大英雄（二次被流放），帶領法國邁向康莊大道。

	【大清｜清仁宗嘉慶帝】			【法國｜拿破崙皇帝】		
	西元	時歲	大事紀	西元	時歲	大事紀
嘉慶君V.S拿破崙年表	1796 年	36 歲	即位（白蓮教之亂起）	1796 年	27 歲	遠征義大利（嶄露頭角）
	1798 年	38 歲	蔡牽海盜亂起	1798 年	29 歲	遠征埃及（奪大量戰利品）
	1799 年	39 歲	開始親政（乾隆去世）	1799 年	30 歲	發動政變（成為法國第一執政）
	1803 年	43 歲	順貞門前險些被刺	1804 年	35 歲	成為法國皇帝
	1811 年	51 歲	禁百姓習天主教	1812 年	43 歲	遠征俄羅斯（沙俄）
	1813 年	53 歲	天理會林清攻進京城	1814 年	45 歲	被迫退位，流放厄爾巴島
	1816 年	56 歲	取消英使阿美士德會面（對朝觀禮雙方無法共識）	1815 年	46 歲	潛回巴黎再度稱帝 滑鐵盧之敗（百日天下）
	1820 年	60 歲	去世於熱河避暑山莊	1821 年	52 歲	去世於聖赫勒那島

8 **拉丁美洲的獨立運動** 　嘉慶帝期間，因西班牙於 1808 年被法拿破崙擊敗佔
領，導致中南美洲殖民地出生的白人，發起獨立運動脫離西班牙統治。

1811 年：委內瑞拉、巴拉圭獨立。

1816 年：阿根廷獨立。

1818 年：智利獨立。

1819 年：美國向西班牙購買佛羅里達州，哥倫比亞獨立。

1821 年：墨西哥、瓜地馬拉、秘魯、尼加拉瓜、哥斯達黎加、巴拿馬、多明
　　　　尼加、宏都拉斯獨立。

1822 年：巴西脫離葡萄牙獨立。

1823 年：美國發表門羅宣言，要求歐洲不要干 美洲大陸問題（獨立運
　　　　動）。

9 第 6 任清宣宗│**道光帝．旻寧（原名綿寧）**

嘉道中衰　旻寧是清朝第二位以秘密建儲制繼承皇位的皇帝（乾隆帝最疼愛的孫子），即位時年 38 歲，在位 30 年，享年 68 歲，與父親嘉慶在位期間合計 55 年，史稱「嘉道中衰」。

立功為嗣　旻寧在皇子期間（時 32 歲），親歷癸酉亂變（天理教林清起義），手持鳥銃（長槍）坐鎮大內，英勇殺敵，保住內廷，嘉慶讚譽其「智勇雙全、忠孝兼備」，被封為「智親王」（已被秘密立儲為嗣君）。

儉樸誤國　道光帝即位後，大改祖父乾隆風範，不喜奢華、崇尚儉約，並以身作則，所穿龍袍以舊料所製，縱使破損亦不更新。朝中大臣為極力迎合，開始盲從瞎跟，因此走火入魔，一時間京師舊官服價格高於新官服，而且朝服都故意打洞補丁（以示清廉），上行下效，頓時粗布破衣成為當時宮廷內，最流行的時髦服裝，每逢上朝列會，猶如丐幫集會，令人啼笑皆非。

在位 30 年

① 前 15 年用曹振鏞為首輔，勵精圖治，有意改善積貧趨弱的劣勢，奉行「勤政恭儉」政策，但他守其常、而不知其變，成為「治家有餘、治國不足」的隱憂，更養成官員掩敗誇功、頌利隱弊，以欺罔為行政要務（大吹大擂），不但未能使國家興盛，反而急劇衰落，讓道光揹上「勤儉誤國」的歷史罵名。

② 後 15 年重用佞臣穆彰阿，他擅長揣摩聖意、蒙蔽實情（保位貪榮、嫉賢病國），鴉片戰爭期間謊報戰情，讓道光誤判情勢，並誣陷林則徐，讓清廷朝政開始腐敗惡化。

兩種植物改變清朝　① 茶葉（西洋人愛喝）② 鴉片（中國人嗜吸）

● **【茶葉（順超）】** 中國的茶葉、絲綢、陶瓷是歐州皇室貴族最喜愛的頂極奢侈品，因此造成英國鉅額貿易赤字（逆超）。英國工業革命後，需要一個廣大市場來傾銷他們的商品，然而中國卻以「天朝上國」自居（自給自足），毋需外夷（西方人）劣等商品，英商屢來華接洽，都不得其門而入（吃閉門羹）。

● **【鴉片（逆超）】** 後來英商發覺以鎮痛麻醉為主的醫藥用品鴉片（又名阿芙蓉，俗稱大煙，中國稱其為福壽如意膏）意外獲得鉅額暴利，因為中國百姓把它拿來吸食而上癮，從此大量走私潛銷，此舉不但殘害百姓健康，又戕害風俗民心，更動搖國本，大量白銀向外傾倒，造成巨量經濟損失，開始出現嚴重的通貨膨脹（入不敷出）。

虎門銷煙　道光帝為挽救國家財務危機，主張禁煙（為保護百姓健康及銀錠外流，怒斥英人謀財害命），多次下詔禁止鴉片進口，違者法辦，但成效不

彰，遂命林則徐為欽差大臣，南下廣東嚴查究辦煙毒之害，並於虎門岸邊將強行沒繳之煙膏、煙具全數銷毀，史稱「虎門銷煙」。

鴉片戰爭 虎門銷煙引起英國的震憤與暴怒，遂派艦隊沿廣州北上攻陷浙江定海，不久抵天津大沽口外。懦弱無能的道光驚嚇到六神無主、寢食難安，速派琦善南下廣州議和，並將林則徐等禁煙派官員革職查辦；隨後又覺得英國所提出條件太過苛刻，有損天朝威嚴，不承認《穿鼻草約》，又再革職琦善等議和派官員（時戰時和、優柔寡斷、七嘴八舌、自亂陣腳），最後終於和英國爆發鴉片戰爭（結果以大敗收場），簽定中國第一個喪權辱國的不平等條約《南京條約》。

南京條約 又稱「江寧條約」，1842 年清廷派耆英為代表，與英國特使璞鼎查在南京靜海寺談判，隨後在長江口英旗艦皋華麗號上簽定十三項條款（重要有四項）：

① **賠款**：二千一百萬圓（分四年交付）。

② **割讓香港**：將香港島永遠讓給英國治理。

③ **五口通商**：開放廣州、福州、廈門、寧波、上海商埠。

④ **關稅協定**：進口關稅必須與英國協商才能自訂（喪失自主權）。

虎門條約 一場鴉片戰爭曝露出清廷的昏庸無能、及百姓的盲目無知，英國隔年再度逼迫清廷簽訂附帶條款，即「虎門條約」。重要內容為以下三條：

① 英國享片面最惠國待遇。② 英人在中國境內享司法領事裁判權。

③ 英人在通商口岸擁有居住權和租地權（租界區的出來）。

美、法迫簽 美、法見英國獅子大開口得到眾多好處，也開始覬覦在華利益，前來分一杯羹，分別與清廷簽訂中美「望廈條約」和中法「黃埔條約」，開啟中國 100 年淪為西方列強割據踐踏的次殖民地國家（直到 1949 年／民國 38 年新中國成立止）。

故步自封 中國自古以來都認為，居於世界之中心王朝（故稱中國），任憑剽悍兇惡民族武力患疆，均被華夏文明給融合同化掉，故常以「天朝上國自居」，墨守成規、夜郎自大，只會溫古不懂得知新，最後成為井底蛙，更對西方列強陌生且不屑一顧，稱其為蠻夷，並透過無知的官僚荒誕不經的渲染描述，誤導皇帝鄙視洋人、百姓仇視紅夷番（外國蠻人）。

貶估洋人 當時官僚庸臣對洋人的形容為：「褐髮碧眼、鷹勾鼻，畏日光，全身紅毛，嗜飲女人鮮血（紅葡萄酒）、吃她們的肉（牛排），仗勢瘋狗性質，如稍懼讓必狂吠飛撲而來，如返身嚇驅之，則其反曳尾而逃竄無蹤」（把洋人形容成只會狐假虎威，外強中乾的縮頭烏龜）。

驚醒日本幕府 英國在工業革命的催促下，儼然成為世界第一強國（日不落國），在歐陸戰勝法國，在海上擊垮西班牙無敵艦隊，並對外迅速擴張領

地，而亞洲恰是其虎視耽耽絕佳瞄獵目標。在鴉片戰爭中更能展現其船堅砲利的特質，讓同樣受歐美列強叩關欺凌的日本幕府政權（江戶時代），產生瞬間衝擊的危機意識，開始嚴肅認真思維對策，避免重蹈清廷不堪一擊之覆轍。

趕上潮流 日本幕府德川政權從堅持攘夷（排外）鎖國政策，軟化成邁向開國與列強並肩合作的努力而鋪路，讓 15 年後的明治維新奠定良好基礎，將日本從一個封閉自負的小國，短期間內脫胎換骨，成為世界強權之一，最終更實行軍國主義，加入列強侵略的行列，成為東方霸主。

⑩ 第 7 任清文宗｜咸豐帝・奕詝（音主）

四無皇帝 咸豐帝是清朝最後一位以秘密建儲制度即位的皇帝，他 20 歲即位後不久，就馬上爆發太平天國之亂（內憂），隨後又有二次英法聯軍侵略（外患），史稱「第二次鴉片戰爭」。從即位起至駕崩止的 11 年歲月裡，內憂外患從不間斷，而他卻是束手無策、思想僵化、不知求變，被後人嘲諷為「無遠見、無膽識、無才能、無作為」的四無皇帝。

★ 他更創造出一位讓清朝急速墮落覆滅的寵妾「慈禧皇后」

出爾反爾 咸豐帝以 20 歲英年登基，理應有所作為、擴展抱負、創造新局，但他卻成為清朝皇帝中政績最差、國勢最爛的亡命天子，因有其父必有其子（其父道光帝優柔寡斷，而咸豐帝常出爾反爾）。

兵災湧至 這位年輕的皇帝比其父道光帝更加執著於天朝顏面，常低估敵人實力，而高抬自己能力，誤判情勢，導致國家蒙受更大的恥辱與災難。

| 西方列強 | ⇒ | 以貿易當前鋒、武力當後盾 | ⇒ | 蠶食鯨吞 |
| 清廷昏庸 | ⇒ | 以傲慢揚朝威、懦弱求議和 | ⇒ | 割地賠款 |

⑦ 二次英法聯軍侵華（又稱第二次鴉片戰爭） 1856 年～ 1860 年，共計 5 年

❶ 遠因｜1851 年 以和為貴 咸豐帝登基元年，即爆發太平天國革命內亂戰爭，清廷忙於長江中下游鎮壓太平軍，對外國列強侵略採取消極避戰措施，以免腹背受敵（蠟燭兩頭燒）。

1854 年續約遭拒 英、法、美、俄四國見清廷因太平軍內亂自顧不暇之際，即持續擴張勢力範圍，並提出要求修訂新約，但立刻被咸豐帝斷然拒絕，於是列強們開始耐心等待，尋找發動侵略的契機。

1855 年危機乍現 兩廣總督葉名琛，縱容廣東人民組成的排洋運動，粵人常偷襲騷擾外國船隻及洋商外人，雖屢次接到西方外交部遞狀投訴及嚴正抗議，均置之不理，態度傲慢。

❷ 起因｜1856 年 亞羅船事件 停泊在珠江口岸的亞羅號船，因登記時效已

逾期，被廣東水師扣留船隻，拘捕 13 名中國船員，並摘下該船的英國國旗（此舉種下禍根）。英國藉口國旗遭受侮辱，強制要求葉名琛總督親自出面說明原委及道歉。

西林教案事件 同年法國籍天主教馬賴神父，因違法在廣西西林一帶傳教，在未依公約告知法國領事館的情況下被處死，法國震怒向清廷施壓究責，並下達最後通牒隨時宣戰，而清廷依舊是高傲輕世、漫不經心的態度對應（當成耳邊風）。

3 爆發｜1856 年 第一次英法聯軍戰役 兩國藉以上事件為由聯合侵華

第一次英法聯軍出兵理由	英國	以侮辱英國國旗為藉口（亞羅船事件）
	法國	以法籍傳教士被殺為理由（西林教案事件）

4 一敗再敗 朝臣面覲聖上時要一拜再拜三拜，而清廷面對列強攻勢也是一敗再敗。

★ 英法聯軍進攻路線與上次鴉片戰爭的行徑動線幾乎如出一轍，而清廷的反應對策也和之前完全雷同（既不偵察敵情又不加強防備），自不量力，最後慘遭蹂躪屈辱的歷史再度重演（不堪一擊，迅速潰敗）。

1858 年天津條約 清廷派出大學士桂良到天津與英，法，美，俄簽定「天津條約」。

● **【主要內容】**① 各國公使進駐北京 ② 開放營口、煙台、台南、淡水、潮州、瓊州、漢口、九江、南京、鎮江等通商口岸（九口通商）③ 英法人士可自由在內地遊歷傳教 ④ 各國商船可自由航行於長江。

1859 年一錯再錯 天津條約簽訂後，等英法聯軍一撤退，清咸豐皇帝的大頭症又開始復發，十分懊惱後悔的想再廢約（最無法忍受是各國公使常駐北京），他把朝政當兒戲，訂約、悔約、撕約成為家常便飯，更在無知狂妄的官僚興風作浪，慫恿誤導下，咸豐皇帝又再度作出一個讓中國重傷害的要命決策：「擊退外夷」。

5 1860 年第二次英法聯軍 清廷的挑釁叫囂，再度讓英法聯軍捲土重來，雖然初期在大沽受清將僧格林沁阻擋擊退，但隨後大軍壓境，清軍被打得屍橫遍野，天津淪陷，直逼北京。咸豐帝竟以巡狩美名帶著寵妾蘭玉兒（慈禧）等宮眷百官，棄國門於不顧率先落跑，倉皇逃往熱河承德避暑山莊，龜縮隱匿起來。

火燒圓明園 京師（北京）不戰而陷，英法聯軍進城燒殺掠搶，行宮圓明園被聯軍洗劫一空並加以燒毀（兩個溫雅紳士瞬間變成邪惡暴徒）。

北京條約 清恭親王奕訢（音新），代表清廷透過俄羅斯（披著羊皮的惡狼）當調停者，與英法簽訂北京條約，內容如下：① 完全承認「天津條約」② 開放天津為通商口岸 ③ 准許中國廉價勞工出口 ④ 割讓九龍 ⑤ 巨額賠款。

璦琿條約 狡詐的俄羅斯（沙俄）帶著偽善的面具當起和事佬，等清廷簽訂北京條約後，終於露出真相，竟然獅子大開口，不費一槍一彈（兵不血刃、趁火打劫），鯨吞掉黑龍江以北廣大的領土（簽定中俄璦琿條約），使中國領土主權蒙受重大損害，成為西方列強首惡巨奸及最大受益者。

6 總稱第二次鴉片戰爭 北京條約內容遠比天津條約更加喪權辱國，最可恨的是把鴉片貿易合法化（戕害中國百姓甚深），故二次的英法聯軍之役，被史學家稱為「第二次鴉片戰爭」。

東亞病夫 隨著鴉片買賣合法化之後，鴉片進口逐年暴增，上從達官貴人、下至販夫走卒均以吸食鴉片為嗜好，身體乾瘦、精神頹靡，成為西方人對中國人的刻板印象，被蔑稱為「東亞病夫」

★ 在同期西亞的鄂圖曼帝國土耳其帝國也是昏庸腐敗，被稱為「西亞病夫」。

縱欲而亡 咸豐帝逃難到熱河期間，情緒低迷意志消沉，常藉酒色來轉移其焦躁不安煩悶的心情，最後因縱欲過度而一病不起，臨終前遺詔委任八位顧命大臣共輔幼君（同治帝），不久病逝於熱河行宮（結束其內憂外患、毫無建樹、禍國殃民的 11 年帝業）。

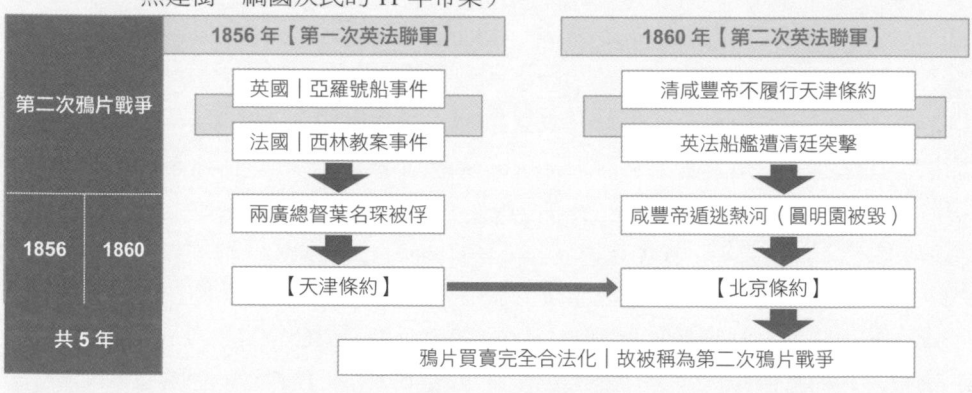

咸豐皇帝內憂外患、多災多難的年表（在位 11 年、沒有 1 年平靜過）		
西元	咸豐	大事紀
1851 年	元年（21 歲）	咸豐帝元年，元月**太平天國革命爆發**（三月洪秀全在廣西稱帝）
1853 年	3 年（23 歲）	太平天國定都天京（南京）　★日本幕府德川政權開放海禁
1856 年	6 年（26 歲）	太平天國開始出現內訌事件（史稱天京事變） ★**第一次英法聯軍之役**（英亞羅號船事件及法西林教案事件）
1858 年	8 年（28 歲）	★與英法簽定〈天津條約〉　★日本德川幕府與美國簽定不平等條約
1860 年	10 年（30 歲）	★**第二次英法聯軍之役**（火燒圓明園）與英法美簽定〈北京條約〉 咸豐遁逃難至熱河行宮避難　★林肯當選美國總統
1861 年	11 年（31 歲）	咸豐去世，慈禧發動「辛酉政變」（掌朝政）　**美國爆發南北戰爭**
1864 年	同治 3 年	太平天國亂事平定、新疆回亂爆發
1867 年	同治 6 年	★日本德川幕府時代結束（共計 265 年），「明治維新」開始

8 太平天國

西元 1850 年～ 1864 年，共計 15 年，歷一天王，國都：天京（南京）

前因　中英鴉片戰爭大敗後，清廷需支付英國龐大鉅額賠款銀圓，使得財政拮据經濟急速惡化，於是向人民加重賦稅，導致民怨四起，道光晚年廣西一帶又連年荒災（屋漏偏逢連夜雨），人民不滿的情緒終於爆發，清廷天朝威信徹底崩潰，反清能量迅速蓄積。

拜上帝會　1844 年，一個鄉試名落孫山的學子洪秀全，無意中讀了一本基督教傳教刊物《勸世良言》，因而豁然省悟，自稱「天父耶和華賦予其拯救世人並斬除閻妖的使命」，遂手創立「拜上帝會」，與好友馮雲山在兩廣一帶招募信眾，廣弘教義，尊奉上帝，共享太平。

金田起義　1850 年道光帝去世，咸豐帝繼承皇位（時年 20 歲）這一年，洪秀全在廣西金田村聚集信眾，送給新君登基一項祝賀大禮，即「太平武裝革命」（太平軍），開始蓄髮易服起義反清。

永安建制　1851 年（咸豐元年）三月，洪秀全在廣西永安正式稱帝（自稱天王）。

永安建制（封爵）	爵位	姓名	時年	享年	大事紀
	天王	洪秀全	38 歲	51 歲	1864 年病逝天京（南京）
	東王	楊秀清	29 歲	34 歲	1856 年「天京事變」被韋昌輝所殺
	西王	蕭朝貴	32 歲	33 歲	1852 年長沙之役陣亡（他常用天兄附體佈令）
	南王	馮雲山	37 歲	38 歲	1852 年被清軍所殺（上帝會創始人之一）
	北王	韋昌輝	29 歲	34 歲	1856 年「天京事變」殺死東王後，不久被殺
	翼王	石達開	21 歲	33 歲	1863 年被清俘殺（太平軍最出色的統帥）

定都天京　1853 年攻克江寧（今南京），定都於此，改為「天京」，與大清南北對峙。

天京事變　天京事變：1856 年東王楊秀清假借「天父下凡」，逼迫天王將自己由九千歲改為萬歲（意圖篡位），洪秀全佯裝同意，隨後密詔北王韋昌輝將楊秀清王府內人員及家屬親戚全部殺光。

● **【嚴重內訌】**翼王石達開聞訊後，怒責北王韋昌輝濫殺無辜，結果翼王家屬亦遭殺害，石達開於是舉兵靖難，上書天王主持公道，以誅殺北王來消民怨。天王遂下詔誅韋昌輝，隨後又忌憚石達開的聲望及才能，對其產生謀害之意，迫使翼王逃離天京，遠走高飛。

● **【元氣大傷】**「天京事變」使太平天國由盛轉衰，三王被殺（東王楊秀清、北王韋昌輝、燕王秦日綱），一王遠走（翼王石達開），支離破碎。

衰落覆滅　自從翼王石達開負氣出走後，太平天國從此不再太平，天王洪秀全後期主要仰賴雙柱將領（英王陳玉成及忠王李秀成），兩人雖以英勇善戰

認識中國歷史朝代的更替

出名，但還是難抵湘軍與洋人常勝軍的聯合攻勢，節節敗退、一路挨打、無力反擊。

- 【自食惡果】1861 年英王陳玉成戰敗被俘殺（年僅 26 歲）；1864 年天王洪秀全病逝，其長子幼王，洪天貴福繼承王位，不久天京陷落，清軍入城後展開大屠殺（湘軍領袖曾國藩被罵為「曾剃頭」、其弟曾國荃被恨稱為「曾屠戶」），幼主及忠王李秀成均遭凌遲處死。

1 太平天國滅亡的主要原因

內訌盛於外患　天王洪秀全從草履布衣而邁進金殿玉宇，把鞏固權力的鬥爭視為比推翻滿清政權的戰爭還重要（爭權奪利、自相殘殺）。

摧毀中華文化　太平軍蔑視中國傳統禮教觀念，燒毀廟宇、搗壞神像、禁止祭祖、禁讀孔孟典籍，男女分居，違背倫常，人神共憤。

迷信暴虐污瀆上帝　上帝會假借天父耶和華之名（神權）、行獨裁專制之實（王權），被歐美西方列強視為異端邪教，並衝擊他們在華利益與特權。英國人戈登與清廷組編常勝軍（西洋化軍隊），開始鎮壓太平天國，使太平軍雪上加霜，急速敗亡（妄稱主名、自掘墳墓）

2 太平天國對後世的影響　太平天國烽火燎原共計 15 年，蔓延波及 16 個省分，雖然最後被清廷（湘軍、淮軍、常勝軍）鎮壓平定，但對後世產生重大的啟發影響：

1	播下革命種子	48 年後發生辛亥革命（武昌起義）清廷徹底覆滅
2	動搖清廷統治	大量重用漢人（使漢人地位勢力急速拉抬）
3	地方勢力膨脹	八旗、綠營軍衰落，鄉勇團練興起（成為以後軍閥的由來）
4	引發洋務運動	又稱「自強運動」（但在甲午戰爭中，顯示其徹底失敗）

★ 太平天國覆滅後 2 年，1866 年中國革命之父誕生於廣東（從小聽聞太平天國起義事蹟，讓其醞釀出革命情感，立志要推翻庸腐的滿清政權）。

3 第 8 任｜清穆宗同治帝（原為祺祥帝）‧載淳

顧命八大臣　同治帝是咸豐帝的獨生子（其母為慈禧），6 歲即位，咸豐帝駕崩於承德避暑山莊，煙波致爽殿，生前遺詔托孤以肅順為首的八大顧命大臣，共同輔佐幼帝。

?
小常識

太平天國的「天」字，上橫長、下橫短，「國」字的口中間是「王」。

太 平 天 国

朝廷分二派		幼主登基（時在熱河）朝廷立即分為兩派勢力，相互較勁。
1	輔政派（朝廷）	以熱河離宮的八大顧命大臣為主（離宮朝廷派）
2	皇后派（宮廷）	以兩宮太后及恭親王奕訢為主（京師宮廷派）

辛酉政變 顧命八大臣定幼帝載淳的年號為「祺祥」，在咸豐靈柩由熱河返京途中，兩宮太后秘密聯合在京師的恭親王奕訢（正與英法列強交涉議和的清廷全權代表），發動辛酉政變，又稱「祺祥政變」。打倒八大顧命大臣（罷官、放逐、賜死、斬首皆有），並改元為「同治」（母子同治天下之意）。因無任何輔政大臣，由兩宮太后直接掌權（垂簾聽政），東太后慈安時年 25 歲，西太后慈禧時年 27 歲，開啟慈禧太后專橫獨裁奢華揮霍的 47 年至尊大業。

同治中興 同治帝在位期間掃蕩太平天國之亂及捻軍之亂、陝甘滇回之亂（平定各項內亂），以「師夷長技以制夷」為口號，用中國倫常名教為原本，積極引進歐洲現代化文明之術，謀求富國強兵之道。

清廷原地踏步 同治中興所進行的洋務運動，在專制體系及舊思維的改革下，只能用來迷惑人心、加強控制民亂而已，對政治、軍事、外交、經濟、社會改革毫無具體提升，淪為舊瓶新裝的樣板大戲，裹足不前、最後虎頭蛇尾、功虧一簣（甲午戰爭時，以慘敗來展示其績效）。

日本進步神速 洋務運動實行 7 年後，隔鄰的日本也發生重大劇變：1867 年，統治日本長達 265 年的德川幕府在「大政奉還」、「王政復古」的大號令下，將政權交還給朝廷（明治天皇）。

明治維新 明治天皇接掌政權後立即實施改革（史稱明治維新，時年僅 16 歲），雖然比清廷的洋務運動慢了 7 年，但其成效驚人有目共睹，日本由此去衰轉盛。

美國內戰 1861 年清同治登基這年，美國為了「解放黑奴宣言」而發生美國歷史上最大規模的內戰，史稱「南北戰爭」，歷時 4 年，最後由北方林肯總統所領導的北軍獲勝（黑奴獲得解放而自由），從此美國更加富裕強盛，不久後成為世界首強。

清廷夾縫中求生存 自從中英鴉片戰爭之後，清廷的庸腐衰頹之象陸續浮現，宛如風中殘燭，隨時都有覆滅淪亡之虞。但是令人訝異的是，他竟然能在西方列強武力進逼，軍事侵襲之下，還有能力將全國各地方起事內亂（太平軍之亂、捻亂、回亂等）全部平息，讓國際社會另眼相看，原因有二：

1	列強相互箝制	西方列強國家為爭食在中國的利益大餅，各懷鬼胎、相互箝制，免除中國被單一國家佔領成為殖民地的危機。
2	清廷臣賢將忠	晚清君弱但臣賢，憑靠忠勇將士鼎力相輔，守住頹勢。

序	姓名	享年	備註
1	曾國藩	62 歲	湘軍領袖,諡號「文正」,故稱「曾文正公」,平定太平天國第一大功臣
2	李鴻章	79 歲	淮軍領袖,曾國藩門生,晚清最有實力者,其一生毀譽參半
3	左宗棠	74 歲	曾國藩同僚,因收復新疆成為民族英雄
4	胡林翼	50 歲	字潤之,諡號「文忠」,故稱「胡文忠公」,與曾國藩合力剿滅太平天國
5	彭玉麟	75 歲	號退省庵主人,中國近代海軍奠基者,人稱「雪帥」
6	張之洞	73 歲	創設漢陽兵工廠(現代化軍隊先驅),自號「香帥」
7	曾紀澤	52 歲	曾國藩長子,擅長外交,曾使俄交涉收回伊犁
8	劉永福	81 歲	黑旗軍領袖,曾率軍助越打敗法國,曾任台灣民主國大總統

（左側直書標題：四大中興名臣）

★ 胡林翼曾是民國初期雲南督軍蔡鍔的心中偶像,他把曾、胡治軍用兵之道編成「曾胡治兵語錄」,蔣介石把此書定為黃埔軍校學生必讀教材。毛澤東閱讀「胡文忠公全集」後,十分欽佩欣賞胡林翼的才能,遂把自己的字也改成與胡林翼的字號一樣,稱為「潤之」。

短命天子 同治帝是清朝歷代皇帝中知識水準最差、智商最低的一位,幼年貪玩、學術不精、反應遲鈍,常微服私行,遊蕩風月場所,尋花問柳(因朝政全由母后慈禧把持,藉此偷閒玩樂)。18 歲親政,但僅 1 年即得天花病逝(民間傳說為,得性病梅毒),享年 19 歲,是清朝歷代皇帝中年齡最輕者,在位 13 年(從來沒有正式執政過)。

⑤ 第 9 任｜清德宗光緒帝‧載湉

袁君登場 因同治帝 19 歲早逝(他是獨子,又無子嗣,無法用兄終弟及繼承皇位),光緒帝 5 歲即位,此時慈禧太后權慾薰心,堅持以醇親王奕環(咸豐之弟)次子載湉(慈禧親妹所生)繼承大統,如此一來是自己的侄子又是外甥(胞妹之子),可謂親上加親,更好掌控權勢。

悲怨皇帝 光緒即位時值童年,慈禧太后又可名正言順的繼續垂簾聽政。光緒帝在位期間長達 34 年,但終其一生的帝業始終是御案前的擺飾品,老佛爺(慈禧)手掌心玩弄的木偶,穿著龍袍走秀的模特兒,毫無權力可言(歷史上另有東漢獻帝劉協,被曹操挾天子以令諸侯,兩人可謂難兄難弟)。

孤寂童年 光緒帝從小就失去童年歡笑、父母關愛,沒有玩伴、同學、朋友或親人可談心,連婚姻都無法自己做主,整天耗在繁瑣的宮廷禮儀及老佛爺的嚴辭訓斥下,獨自在深宮孤苦伶仃、寂寞無奈下成長。

自閉症候群 光緒帝自幼心情抑 寡歡、精神緊繃,造成身體積弱、百病纏身,每天最親近的人,就是負責照顧他、同時也是在監視他的太監們。

失敗中的英雄 光緒帝是中國歷史上充滿悲劇色彩的皇帝,有志難伸,其一生的寫照:「不甘沉淪,但難有作為;力求改革,卻傀儡一生」(失敗中的英雄)。

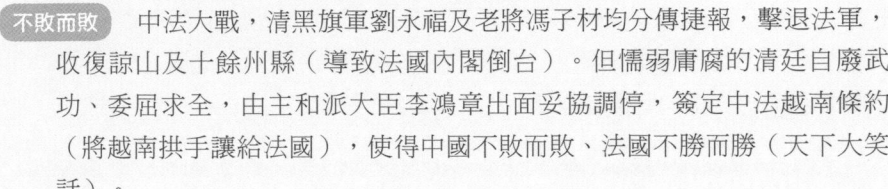

中法戰爭 1881 年慈安東太后去世，慈禧西太后獨攬大權，單人垂簾聽政（光緒時年 11 歲），1883 年中法因越南藩屬問題爆發中法戰爭。

不敗而敗 中法大戰，清黑旗軍劉永福及老將馮子材均分傳捷報，擊退法軍，收復諒山及十餘州縣（導致法國內閣倒台）。但懦弱庸腐的清廷自廢武功、委屈求全，由主和派大臣李鴻章出面妥協調停，簽定中法越南條約（將越南拱手讓給法國），使得中國不敗而敗、法國不勝而勝（天下大笑話）。

甲午慘敗 1889 年光緒帝 19 歲，開始親政，逐漸形成以他老師翁同龢（音和）為首的帝黨（開明改革派）、和慈禧太后（后黨傳統守舊派）之間矛盾日益加深，面對日本武力威脅，光緒帝有鑒於中法戰爭的窩囊決策（不敗而敗），大力主戰；后黨則又力求主和（因慈禧太后 60 歲大壽將近）。最後由光緒帝所領導的中日甲午戰爭正式爆發，但是清廷陸海兩軍掛單全覆，最後以慘敗收場（因北洋艦隊的軍費全被挪用至頤和園翻修建物，造景佈置時用盡）。

百日維新 甲午戰爭大敗，光緒帝一度拒簽喪權辱國的馬關條約，遭到慈禧太后制止，讓光緒帝決心投向由康有為、梁啟超等所倡導的維新運動，於是下詔變法，但推行僅 103 天，即遭后黨頑固守舊派的阻擾攻訐，最後慈禧太后發動政變（戊戌政變），使維新運動功虧一簣，史稱「百日維新」。

幽禁歲月 光緒帝在戊戌政變後，從此過著 10 年幽禁生活。1900 年義和團事變，引發八國聯軍攻陷北京，慈禧挾光緒逃亡西安，並將礙眼不聽話的珍妃，推進井中賜死。最後簽下不平等條約中最苛刻、賠款也最多的「辛丑條約」。返京後的光緒帝，被圈禁於中南海瀛台，最終飲恨含怨，比慈禧太后早一天去世，在位 34 年，享年 38 歲。

⑨ 中日甲午戰爭

1894 年 7 月 25 日～ 1895 年 4 月 17 日，共計 266 天（約 9 個月）

源起 1863 年朝鮮王國第 25 代國王哲宗逝世（詳見 50 ～ 51 頁），因無子嗣，神貞王后立興宣君（後改為大院君）李昰應之子李命福即位（後改名為李熙），成為第 26 代國王，是為高宗。

鎖國政策 高宗即位時年僅 11 歲，由神貞王后垂簾聽政，但實際掌控政治者為高宗生父興宣大院君（因居於雲峴宮，華人稱其為雲峴君），他將先前掌權的安東金氏家族掃蕩一空，重組政體，以攘夷排外閉關鎖國為政策。

政策急轉 1873 年 21 歲的高宗開始親政，而其愛妻閔妃（閔茲暎）鼓勵高宗推行改革開放運動，廢除鎖國閉關政策，於是與大院君形成強烈的對立，

導致朝鮮新、舊黨爭激烈，朝廷開始動盪不安。

江華條約 1876 年日本以雲揚號事件，逼迫朝鮮簽定江華島條約（因此開放門戶），成為日本侵略朝鮮、實施大陸政策的起點（朝鮮王國開始成為西方列強及日本帝國主義角逐的新興場所）。

壬午兵變 1882 年興宣大院君（高宗生父）與媳婦閔妃（高宗妻子）之間的鬥爭更加白熱化，大院君不滿閔妃親日政策，且外戚集團妄法專權，於是發動兵變，重新掌權，外戚勢力迅速瓦解，閔妃失蹤（避難）。因兵變軍隊及市民百姓，攻擊日本公使館，引發清廷高度緊張，派袁世凱領軍前來鎮壓（因怕日本趁機挑釁）並逮捕壬午兵變的禍首雲峴君（大院君），把其押至中國保定監禁，結束這場僅 33 天的鬧劇。

舊黨	保守派	以大院君李昰應為首	主張與大清帝國保持良好關係
新黨	維新派	以閔妃（明成皇后）為首	主張脫離大清與歐美結交

★ 以上兩方主張的相差異點是一個親清（大院君）、一個脫清（閔妃）；而兩人的共通點都是厭惡日本的軍國主義。最後大院君被清廷關押於保定，釋放回國後始終敵視日本，含恨至死；而閔妃（明成皇后）則被日公使所謀殺。

● 大院君與閔妃公媳之間一生為敵，互相仇視，爭鬥至死才方休。

東學黨之亂 1894 年朝鮮爆發東學黨之亂，引發中日兩國出兵干 助剿，日本更藉此機會攻佔朝鮮王宮，刺殺閔妃（因其想聯俄抗日），監禁高宗，並扶持興宣大院君為傀儡政權，進行脫離清朝藩屬國運動（因大院君曾被清廷押禁於中國懷恨在心）。但是大院君卻是陰奉陽違，暗通清廷（因其恨日比怨清更加激烈），結果被日本流放，結束其在朝鮮的政治舞台。

甲午戰爭 同年日本唆使朝鮮親日政府，斷絕與清朝藩屬國關係，而清廷也以慈禧太后 60 歲大壽將至、怕耽擱慶典舉行，尋求調停和議之道。但是光緒帝力求主戰，在雙方沒有交集的情況下，日本悍然出兵突擊牙山清朝駐軍，於是爆發中日大戰，史稱「甲午戰爭」，日本稱「日清戰爭」。

海路皆敗 戰爭持續 255 天（約 9 個月），最後清朝北洋艦隊葬身海底，而陸戰也幾乎全軍覆沒，以慘敗崩潰收場（代表洋務運動徹底失敗）。

★ 清廷提出停戰，請求議和，並派由日方指定的李鴻章為全權代表，至日本下關（馬關）議和。

① 馬關條約 1895 年 4 月 17 日簽定，又稱「春帆樓條約」（日本稱日清講和條約）

清朝 由欽差全權大臣李鴻章代表。

日本 由首相伊藤博文代表。

主要內容 ① 中國承認朝鮮獨立（大韓帝國）、② 割讓遼東半島及台灣、澎湖諸島嶼給日本、③ 賠款兩億兩銀元、④ 開放沙市、重慶、蘇州、杭州四

地通商口岸、⑤ 允許日本人在通商口岸設置工廠。

影響結果

① 馬關條約使李氏朝鮮王國完全脫離中國將近千年的「宗藩關係」，因而獨立自主，成立「大韓帝國」（意為三韓之地，簡稱「韓國」）。

★ 1897 年高宗於德壽宮稱帝，歷二代 14 年（追諡閔妃為明成皇后）。

★ 1910 年被迫簽定「日韓合併條約」，設朝鮮總督府（正式成為日本殖民地）。

② 割讓遼東半島，引來三國干涉 （俄、法、德），最後中國以白銀 3000 萬兩將其從日本手中贖回，日本因此懷恨俄國的強勢介入，嚴重損其在東北利益，十年後 1904 年終於引爆「日俄戰爭」。

③ 一向被中國瞧不起的倭寇（日本），在此條約中獲得鉅額賠款（共計兩億三千萬兩銀元），瞬間成為亞洲暴發戶（更讓其有窮兵黷武的本錢）。

④ 中日甲午戰爭檢視兩國過去的維新運動，做出一場成果驗收（發放成績單）。

比較	清朝	洋務運動	歷時 34 年	→	結果	徹底失敗	幾乎完全崩盤	強烈對比
	日本	明治維新	歷時 27 年			大獲成功	取得非凡成就	

10 戊戌變法｜百日維新 西元 1898 年 6 月 11 日～ 9 月 21 日，共計 103 天

源起　1895 年清朝在甲午戰爭中慘敗給小日本，北洋水師全軍覆沒，並簽定喪權辱國的「馬關條約」，引發當時在北京應試的舉人及愛國志士 1300 多名聯署上書，史稱「公車上書」，以「變法圖強」為號召，但其主張被朝廷視為洪水猛獸，落井下石的刁民行為，無法被接受，因而遭到取締。

?

小常識

明治維新｜西元 1868 年～ 1895 年，共計 27 年

★ 日本從一個被歐美欺凌的小國，歷經 27 年的明治維新，瞬間成為亞洲第一強國（擺脫民族危機、徹底改頭換面），其成功重點值得研究：

1	富國強兵	創設軍火工業，建立新式軍隊及警察制度，實行徵兵制
2	殖產興業	引進西方技術設備及管理方式，邁向資本主義道路
3	文明開化	學習西方文明，發展現代化教育，提升國民知識水準，培育人才

★ 以上三項為「脫亞入歐、除舊佈新」政策，故後來日本人被稱為「東洋人」。

◎ 廢藩置縣：建立中央集權政治體制（結束幕府專制政權）

◎ 全民義務教育：此項最初實施時還曾引發一些暴動，但後來證明全民知識水準大幅提升、人才輩出，文盲與乞丐瞬間絕跡（此項是明治維新中最成功的項目）。

催生議團 公車上書後雖不被朝廷採納，但卻在社會裡產生巨大影響力，催生了不少各式維新議政團體（包含孫中山的興中會），當中以康有為、梁啟超所發起的「強學會」聲勢最為浩大。

列強瓜分 1897年山東發生曹州教案事件，兩名傳教士被殺，德國藉機侵佔膠州灣，俄國進佔旅順、大連，法國強佔廣州灣，英國佔據山東威海，並要求拓展九龍及新界租地（1997年英國才正式歸還中國）。光緒帝對外夷的蠻橫霸道行為更加忌恨（各國如同強盜般的就地分贓）。

① 戊戌變法 1898年康有為再度上書「維新救國論」，強調：「變則能全、不變則亡，全變則強、小變仍亡」呈奏朝廷，終於打動光緒帝改革決心，頒佈明定國是詔，開啟維新運動的序幕，形成光緒（帝黨）與慈禧（后黨）的激烈對立，朝廷籠罩在劍拔弩張的詭異氣氛裡。

帝黨	光緒為首	→	維新開明派	→	成員	以漢人為主的愛國志士
后黨	慈禧為首		保守頑固派			以滿人為主的親王重臣

帝后爭權 維新變法原為讓國家脫胎換骨、邁向富國強兵的現代化之路，但到了最後演變成光緒帝想擺脫后黨（頑固派）的枷鎖控制勢力，藉機想將慈禧（后黨）趕出權力核心的唯一捷徑。

后黨反撲 光緒帝的作為早已觸動老佛爺敏感的神經，開始警戒隨時準備反撲，然而光緒帝僅能倚賴信任的袁世凱也陣前倒戈，棄帝（出賣）投后（告密），使得維新志士人人自危，慈禧發動政變回鑾掌權。

百日維新 慈禧太后再度臨朝聽政，將光緒幽禁於中南海瀛台，廢除新政（因新政觸犯了封建官僚的利益，並威脅到慈禧太后的權威），開始搜捕維新黨人，從開始實施日起至結束日，共計103天，史稱「百日維新」。

戊戌六君子 由於維新變法詔書被后黨刻意阻擾，大多置若罔聞，成為一紙空文，原地踏地毫無進（一開始就已註定失敗）。政變後清廷大肆搜捕維新黨人成員，其中六位被斬於菜市口前，史稱「戊戌六君子」（譚嗣同、楊銳、林旭、劉光第、楊深秀、康有溥）。從此慈禧太后（老佛爺）更緊抓著權力把柄，直至她死之前，絕不鬆手。

⑪ 八國聯軍

西元1900年6月10日～1901年9月7日，共計455天（約1年3個月）

源起

義和團變 原名義和拳，是一個擁有民間宗教色彩的武術團練組織，參與者稱為「拳民」，後被貶稱為「拳匪」，因痛恨帝國主義對中國的欺凌，而深表不滿，演變成一個反帝國主義的武裝激進團體，仇視洋人、攻擊教民

（中國教會信徒），前期遭到清廷的圍剿及鎮壓。

庚子事變　不久後義和團打著「扶清滅洋」的號幟，獲得清廷暗中支持，他們煽惑民眾，盲目排外、攻擊洋人、殺教民、毀教堂、拆電線鐵路，並攻佔天津租界區，以洩其恨。各國公使強烈要求清廷必須加強取締鎮壓，但均未獲得正面回應，終於引發由俄、德、法、美、日、奧、義、英（口訣：餓得話每日熬一鷹）八國聯軍之禍，亦稱為義和團事變。

★ **八國**：俄羅斯帝國、德意志帝國、法國、美國、日本帝國、奧匈帝國、義大利王國及大英帝國。

招神附身、刀槍不入變　義和團詭稱，只要畫符請壇、既能招神附身、刀槍不入（捕風捉影、愚昧群眾），最後連朝廷官員也都信以為真。

與后附體　戊戌政變後慈禧太后重新訓政，一度企圖廢黜光緒帝，另立溥儁為帝，但得不到列強諸國的支持與承認；且列強給了當時多位被通緝捕殺的維新要犯政治庇護，並對反清異議人士及革命黨員提供政治避風港，因此慈禧太后更加惱羞成怒，憎恨洋鬼子。

❶ 八國聯軍　義和團所打著「扶清滅洋」口號，正能滿足慈禧內心需求，私下稱讚拳民忠貞不二、神術可用，妄想藉此神力驅逐外國惡勢力，暗准拳民進京作法鬧事（作亂無罪、滅洋有理、奉旨造反），一時間京師混亂，終於引火自焚，請鬼拿藥，惹來八國聯軍大禍。

慈禧西遁　聯軍們以保護使館、教堂、僑民為名義，攻陷天津，並進犯京師重地，義和團的長矛大刀哪能對抗洋人的長槍大砲？戰事一記分曉，義和團不堪一擊，迅速土崩潰散（聯軍進城後發現打仗如同在草原打獵，大家都不敢置信）。

★ 行徑愚昧昏庸的慈禧太后突然大夢驚醒，覺得事態嚴重，挾光緒帝假扮農婦倉惶狼狽的逃往西安避難（詭稱西狩之巡）。

東南互保　慈禧太后遁逃後，東南各省見大勢不妙，開始不奉亂命（公然違抗朝廷支持義和團的旨意），和各國領事簽立「東南互保條約」，免於戰爭騷擾和被列強瓜分之禍，慈禧命慶親王奕劻及李鴻章向各國乞和。

❷ 辛丑條約　1901 年 9 月 7 日於北京簽定，主要內容如下：

① 嚴懲禍首，並派親王大臣分赴德國及日本謝罪（因德、日公僕被殺）。

② 禁止軍火進口中國二年。

③ 賠款四億五千萬兩，分 39 年由關稅抵付（代表中國四億五千萬人口／每人一兩）。

④ 劃定北京使館界址（准予駐軍，中國百姓禁入）北京，東交民巷使館區由來。

⑤ 削平大沽及北京至海口各地砲台，北京、天津及山海關准各國駐軍。

⑥將總理各國事務衙門改為「外務部」（民國成立後改為「外交部」）。

③ 辛丑條約對中國的影響

各懷鬼胎 諸列強國家各懷鬼胎、自有盤算、互相牽制，故清廷未割讓任何領土，（可說是不幸中的大幸）。

英、美	→	重視在華商業利益（謀財）	→	演變成英、美合作
日、俄		重視在華的領土擴張（割據）		演變成日、俄戰爭

財務枯竭 賠款金額是所有不平等條約之最鉅，稱為「庚子賠款」，使國民生計更加艱困，國防力量幾乎全盤喪失，軍人欠餉缺彈，於是陸續爆發革命起義，最後武昌新兵起事，成為壓倒駱駝的最後一根稻草（辛亥革命推翻滿清）。

國格盡喪 各國派兵駐紮北京近郊及使館區（今東交民巷附近），使國格盡失、威信掃地，亦成為 1937 年 7 月 7 日盧溝橋事變遠因（日本藉口北京近郊宛平縣士兵失蹤而引發八年抗戰）。

媚洋懼外 清廷從原本天朝上國的高傲自大，瞬間轉化成怯懦自卑，使得民族自信心受到嚴重創傷，（中國也因此從鄙洋，仇洋的態度、180 度轉變為懼外媚外的地步）。

★ 從「滅洋」轉變成「媚洋」首席代表人物為慈禧太后。

日俄戰爭 俄國趁八國聯軍之便，順勢竊佔東北三省並屯聚重兵，引起諸國不滿，其中以日本尤烈，同時俄國更把魔爪伸入朝鮮半島內發展勢力，與日本產生嚴重利益衝突，雙方一觸即發，最後於 1904 年日俄正式爆發大規模的海陸大戰，史稱「日俄戰爭」。

★ 戰爭持續 19 個月（1 年 7 個月），主要戰場在中國東北及朝鮮境內，最後由日本獲得勝利（使日本國際地位劇升）。

● 【兩敗俱傷】日俄戰爭最後雖然由日本獲勝，但卻沒有從俄國身上得到最大利益，還惹得滿身腥（未獲得俄國半毛賠償金額，只得到中國東北的租借權及庫頁島南方部分土地），導致日本國內財政惡化，人民增稅，百姓生活更加困苦（曾引發東京日比谷縱火事件）。

● 【催生蘇聯】俄國戰敗後，發生聖彼得堡血腥星期日革命，雖被強制鎮壓下來，但 12 年後 1917 年列寧發動十月革命，推翻俄羅斯帝國（沙皇），最後催生出一個比日本帝國更強大的蘇聯（蘇維埃社會主義共和國聯盟），讓日本完全始料未及。

③ 第 10 任｜清遜帝（宣統帝）溥儀

末代皇帝 溥儀字浩然，洋名亨利，他是清朝的末代皇帝，同時也是中國二千多年封建皇朝制度下最後一位皇帝（3 歲即位、在位 3 年、3 次登基、3 次被廢）。

溥儀是依慈禧太后懿旨而登基的嗣君，其父醇親王載灃（光緒五弟）擔任監國攝政王。在太和殿（金鑾殿）登極大典時，三歲不懂人情事故的小皇帝，被鑼鼓喧天浩瀚場面嚇到嚎啕大哭，其父醇親王不得已低聲哄騙幼帝「別哭了，一會就完了」，結果一語成讖，三年後大清帝國就完了（滅亡）

溥儀歷經兒皇帝、樣板皇帝、傀儡皇帝、俄國戰俘、中國戰犯到普通公民，著有「我的前半生」回憶錄，敘述其一生多災多難的歲月。

⑤ 溥儀（清末帝）一生六個階段

第一階段	末代皇帝	衣來伸手、飯來張口	1908 年～ 1912 年	3 歲～ 7 歲	3 年多
第二階段	樣板皇帝	裝模作樣、有名無實	1912 年～ 1934 年	7 歲～ 29 歲	21 年多

- 1917 年（時年 12 歲）被張勳擁立復辟（丁巳復辟），但不久即被段祺瑞逼退遜位，結束僅 12 天的京師鬧劇。
- 1919 年（時年 14 歲）聘請洋教授莊士敦教導溥儀英語、數學等，開始穿西裝、騎單車、剪辮子（讓舊臣傻眼，噴血）。
- 1922 年（時年 17 歲）與皇后婉容、妃子文琇結婚。
- 1924 年（時年 19 歲）被馮玉祥趕出紫禁城，移居天津日租界裡的靜園公館（在此隱居 10 年）。

第三階段	傀儡皇帝	日本扶植，任其擺佈	1934 年～ 1945 年	29 歲～ 40 歲	11 年多

- 1934 年（時年 29 歲）被日本扶植為滿州國康德皇帝（在位 12 年）。

第四階段	俄國戰俘	為己辯護，出庭指控	1945 年～ 1950 年	40 歲～ 45 歲	4 年多

- 1945 年（時年 41 歲）在瀋陽東塔機場被俄國紅軍俘虜，拘押於伯力 5 年。

第五階段	中國戰犯	深陷囹圄，思想改造	1950 年～ 1959 年	45 歲～ 54 歲	9 年多

- 1950 年（時年 46 歲）與滿州國 263 名戰俘，被蘇聯移交給新中國政府，關押在撫順戰犯管理所勞改（編號 981）。
- 1959 年（時年 54 歲）溥儀被特赦，而且是 001 字號，讓他激動到痛哭失聲。

第六階段	普通公民	再次結婚，終享天年	1959 年～ 1967 年	54 歲～ 62 歲	共計 8 年

- 1960 年（時年 55 歲）分配到北京植物園當園丁兼售票員。
- 1962 年（時年 57 歲）與 38 歲的李淑賢結婚（第五任妻子）。
- 1964 年（時年 59 歲）擔任第四屆全國政協委員。
- 1967 年（時年 62 歲）因病逝世於北京。

國名	【大清帝國】268 年		【江戶幕府】265 年		【朝鮮王國】518 年	
尊名	慈禧皇太后		天璋院・篤姬		明成皇后	
姓名	葉赫那拉・杏貞		島津敬子（近衛篤子）		閔茲暎	
別號	無冕女皇（老佛爺）		幕末御台所		獎忠・鐵女傑	
年齡	74 歲	1835 年～1908 年	48 歲	1835 年～1883 年	44 歲	1851 年～1895 年
掌政	47 年	垂簾聽政	13 年	大奧大當家	23 年	幫高宗輔政
個性	貪婪、揮霍、重權勢		智多謀、善果斷		嚴謹、儉約、少奢華	
歷經君王	夫：咸豐帝（懿貴妃） 子：同治帝（西太后） 侄：光緒帝（老佛爺）		夫：德川家定（十三代） 德川家茂（十四代） 德川慶喜（十五代）		夫：高宗（李熙） 子：純宗（李坧） （朝鮮末代皇帝）	
陵寢	菩陀峪定東陵（病死）		東京上野寬永寺（病死）		洪陵（被日本公使謀殺）	

袁世凱享年 57 歲，河南項城縣人，故被稱為「袁項城」。他是大清帝國及中國二千多年封建制度和平（不流血）的終結者，同時也是清末民初最大的投機家，其一生做出三次背叛事件：

三叛人生	第一叛	賣主求榮	戊戌政變背叛光緒（帝黨），投向慈禧（后黨）
	第二叛	投機取巧	辛亥革命後背叛清廷，投向共和（當了中華民國第一任總統）
	第三叛	引火自焚	民國成立後背叛民主，投向帝制（當了 83 天的洪憲皇帝）

?

小常識

① 近代中國的百年動亂：中國從 1842 年（鴉片戰爭議和）起至 1949 年（新中國成立）止，共計 108 年（期間為列強瓜分、軍閥割據、對日抗戰、國共內戰，中國從來沒有真正擁有主權完整的一天）。

② 二戰期間，全亞洲主權獨立的國家僅有日本與泰國。

14 北洋軍閥割據時代　西元 1916 年～ 1928 年，共計 13 年

- 1916 年袁世凱（北洋政府首腦）去世後至 1928 年奉系少帥張學良下令東北易幟止，期間共計 13 年。

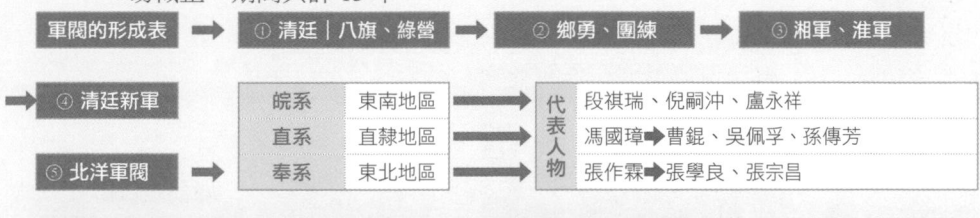

北洋三傑｜袁世凱的三名大將			
1	王士珍	王龍	如神龍見首不見尾
2	段祺瑞	段虎	脾氣暴躁如虎
3	馮國璋	馮狗	敏捷善變如狗

國民軍內的派系表			
1	桂系	廣西軍	陸榮廷
2	新桂系	廣西軍	李宗仁、白崇禧
3	馮系	西北軍	馮玉祥（原為直系，後背叛）
4	滇系	雲南軍	唐繼堯、蔡鍔
5	晉系	山西軍	閻錫山、傅作義
6	粵系	廣東軍	陳炯明、胡漢民
7	黃埔系	中央軍	蔣介石、何應欽
8	紅軍系	共軍	朱德、彭德懷

15 國父孫中山先生的革命人生年表

孫文，字德明，號逸仙（歐美慣稱其為孫逸仙），化名中山樵（國人慣稱其為孫中山）。

四大寇　在香港西醫書院讀書時，常當眾倡談反清救國論調，聞者皆四處走避，唯陳少白、尤烈、楊鶴齡附和其議，被稱為「四大寇」。

兩岸同尊　台灣國民政府尊其為「國父」，各市鎮火車站前的主要道路均稱為「中山路」；中國大陸稱其為「革命的先行者」（在兩岸均享有崇高禮敬）。

➊ 十次革命　西元 1894 年至 1911 年（18 年間）共發起十次反清革命（均以失敗告終）

西元	時年	重要大事紀
1894 年	29 歲　**興中會**	**中日甲午戰爭**　爭上書李鴻章「人盡其財、地盡其利、物盡其用、貨暢其流」因得不到清廷回應，在美檀香山成立興中會（意為復興中華），提出「驅逐韃虜、恢復中華」，創立合眾政府（開啟反清革命序幕）。
1895 年	30 歲	**馬關條約**　返回香港成立興中會總會，並發動　**第一次｜乙未廣州起義**　結果陸皓東殉國，國父逃亡英國　★此年夏威夷正式成為美國一州
1896 年	31 歲	**倫敦蒙難**　國父在倫敦被清廷密探捕押至使館內，最後被其老師康德黎營救出。「中國革命家孫逸仙」之名透過英媒體的傳播報導，因此揚名海內外（因禍得福）　★英國取得緬甸統治權

西元	時年	重要大事紀
1897 年	32 歲	留歐考察，奠定三民主義思想　★ 朝鮮被日本強迫改為「韓國」
1898 年	33 歲	清廷戊戌變法失敗　失敗光緒帝遭幽禁　★美國驅逐西班牙，佔領菲律賓
1900 年	35 歲	義和團之亂　八國聯軍　鄭士良發動　第二次｜廣東惠州三洲田起義 史堅如謀炸兩廣總督府未果而殉國
1904 年	39 歲	日俄戰爭　◎湖南革命家黃興、宋教仁成立華興會 清廷正式廢除實施千年之久的科舉制度　國父在東京創立同盟會 （中國革命同盟），口號「驅逐韃虜‧恢復中華‧創立民國‧平均地權」 同盟會 <table><tr><td>香港‧興中會</td><td>➡</td><td rowspan="4">代表人物</td><td>孫中山、胡漢民、汪精衛</td><td rowspan="4">合併後稱為 中國革命同盟 簡稱「同盟會」</td></tr><tr><td>兩湖‧華興會</td><td>➡</td><td>黃興、宋教仁、陳天華</td></tr><tr><td>浙江‧光復會</td><td>➡</td><td>章太炎、徐錫麟、秋瑾等</td></tr><tr><td>上海‧愛國學社</td><td>➡</td><td>蔡元培、吳敬恒等</td></tr></table>
1905 年	40 歲	5 月　第三次｜潮州黃岡起義　6 月　第四次｜惠州七女湖起義 9 月　第五次｜防城及安慶起義殺安徽巡撫失敗，徐錫麟、秋瑾殉國，留下「秋風秋雨愁煞人」的感人名言 12 月　第六次｜鎮南關起義失敗後革命義士退入安南（越南）
1908 年	43 歲	光緒帝及慈禧太后相繼去世　3 歲的溥儀即位（清宣統帝） 3 月　第七次｜欽廉上思起義　4 月　第八次｜雲南河口起義
1910 年	45 歲	第九次｜廣東新軍起義　★日本帝國併吞韓國（成為殖民地） 汪精衛在北京暗殺攝政王載灃失敗被捕
1911 年	46 歲	3 月 29 日　第十次｜黃花岡起義 86 人犧牲，收殮烈士遺骸有 72 具，合葬於廣東廣州，史稱「黃花崗七十二烈士」，329 成為國府的「青年節」。 10 月 10 日　武昌起義成功（辛亥革命）星星之火迅速燎原全國，各省宣佈脫離清政府而獨立，國府定此日為雙十節（國慶日）
1912 年	47 歲	中華民國成立　1 月 1 日為中華民國元年，並在南京成立中華民國臨時政府，孫中山先生就任臨時大總統（兼國民黨理事長／總理） 2 月 12 日清廷在袁世凱的脅迫下簽訂退位詔書（清亡），孫中山將總統大位讓給袁世凱（成為中華民國第一任總統）。
1913 年	48 歲	宋教仁被袁世凱暗殺，孫中山發動「」第二次革命討袁，結果失敗，流亡海外，袁下令解散國民黨及國會（行獨裁專制政策）。 第一次世界大戰爆發　孫中山在東京成立「中華革命黨」
1915 年	50 歲	袁世凱簽定日本所提出的廿一條件做交換，復辟稱帝（洪憲皇帝）
1916 年	51 歲	洪憲皇帝（袁世凱）在全國一片撻伐聲及滇軍蔡鍔所領導的討袁護國軍的壓力下宣佈退位，不久憂憤而死（結束僅 83 天復辟鬧劇）。
1917 年	52 歲	俄國大革命　列寧推翻沙皇 ● 大總統黎元洪與國務總理段祺瑞爆發「府院之爭」　● 馮國璋代理大總統 ● 張勳藉機擁護年僅 12 歲的溥儀復辟（但僅 12 天就垮台） ● 孫中山在廣州成立「中華民國軍政府」（任大元帥），領導護法運動
1918 年	53 歲	第一次世界大戰結束　巴黎和會
1919 年	54 歲	五四運動　因不滿巴黎和會，列強踐踏中國主權，5 月 4 日引發北京青年學生為主、並擴及全國的大罷工、示威愛國運動 中國國民黨成立　孫中山在上海法租界將「中華革命黨」改為「中國國民黨」
1921 年	56 歲	中國共產黨成立　中國共產黨在上海石庫門秘密成立 ● 孫中山在廣州任「非常大總統」

西元	時年	重要大事紀
1922 年	57 歲	陳炯明叛變（蔣介石前來護駕，開啟其風光的一生序幕，時年 35 歲）
1923 年	58 歲	孫中山建立軍政府，成立大元帥大本營（蔣介石成為其重要的軍事參謀及侍衛長）
1924 年	59 歲	● 孫中山在廣州召開第一次國民黨全國代表大會（**第一次國共合作**），確定「**聯俄、容共、扶助工農工**」三大政策 ● 創立黃埔學校，蔣介石為首任校長（時年 37 歲） ● 馮玉祥發動北京政變，推翻直系軍閥曹錕、吳佩孚，控制北京 驅逐紫禁城內的溥儀（時年 19 歲），電邀孫中山赴京共商國是
1925 年	60 歲	孫中山赴北京後，因積勞成疾，病逝北京，臨終前以「**和平、奮鬥、救中國**」為遺囑，並強調：「**革命尚未成功，同志仍需努力**」

⑯ 國父逝世後十二年間中國局勢的變化   1926 年～ 1937 年，共計 12 年

西元	重要大事紀
1926 年	國民黨召開第二次全國代表大會 ● 中山艦事件（被蔣介石平定）　　● 國共合作出現裂痕 ● 國民革命軍開始北伐，蔣介石任總司令（時年 39 歲，地位竄升）
1927 年	● 國民政府遷往武漢，國民黨右派清黨（**寧漢分裂**） ● 朱德在南昌舉旗反蔣（時年 41 歲），毛澤東在井崗山建立革命根據地（時年 34 歲）
1928 年	**世界經濟大恐慌**　張作霖被日軍預謀炸死（享年 53 歲） ● 張學良**東北地區易幟**，（時年 30 歲）北伐結束、全國統一　● 濟南五三慘案 ● 南京國民政府取代北洋政府，成為中央政府，蔣介石任主席（時年 41 歲）
1931 年	**918 事變**　日本侵佔東北（張學良被嘲稱「不抵抗將軍」時年 33 歲） ● 共產黨成立「**中華蘇維埃共和國**」，宗都：江西瑞金
1932 年	**128 事變**　日本攻佔上海，並扶持溥儀復辟，成立「**滿州國**」（時年 29 歲） ● 共產黨舉行**遵義會議**，毛澤東成為共黨最高領導人（時年 39 歲）
1936 年	**西安事變**　國共內戰停止，張學良遭軟禁終身（時年 38 歲）
1937 年	**盧溝橋事變**　7 月 7 日與日本全面宣戰（八年抗戰開始） ● 國共第二次合作，共同對抗日本，蔣介石任中國最高統帥（時年 50 歲）

?

佛教四大名山與道教四大名山

佛教四大名山			道教四大名山	
1	山西五台山（文殊菩薩道場）	金	1	湖北武當山
2	四川峨眉山（普賢菩薩道場）	銀	2	江西龍虎山
3	浙江普陀山（觀音菩薩道場）	銅	3	四川青城山
4	安徽九華山（地藏菩薩道場）	鐵	4	安徽齊雲山

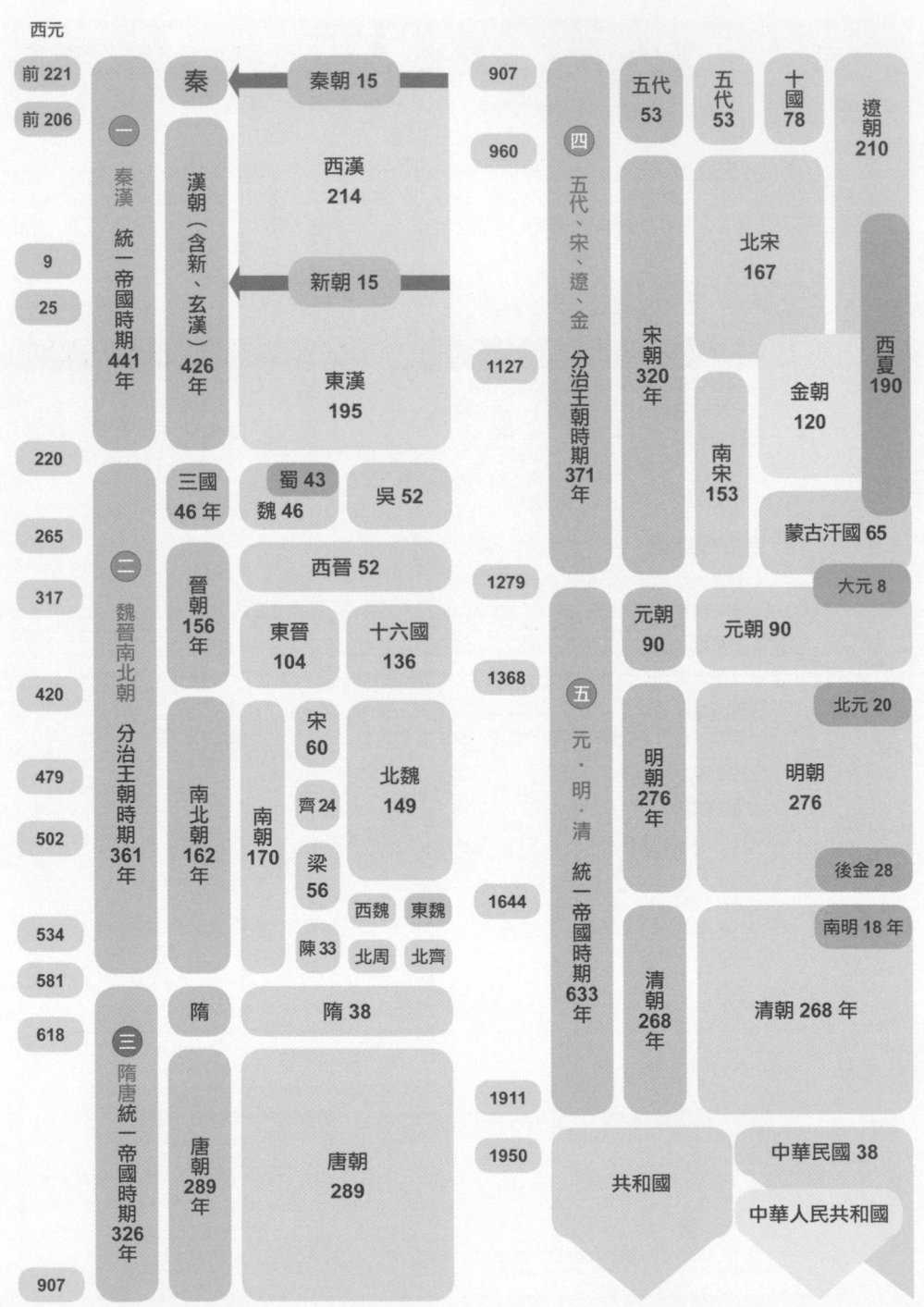

西元

前221		秦	秦朝 15		907	四		五代 53	五代 53	十國 78	遼朝 210
前206	一	漢朝（含新、玄漢）426年	西漢 214		960	五代、宋、遼、金 分治王朝時期 371年	宋朝 320	北宋 167			
9	秦漢 統一帝國時期 441年		新朝 15						金朝 120	西夏 190	
25			東漢 195		1127			南宋 153			
220		三國 46年	蜀 43 魏 46	吳 52				蒙古汗國 65			
265	二	晉朝 156年	西晉 52		1279	五	元朝 90	元朝 90			
317	魏晉南北朝 分治王朝時期 361年		東晉 104	十六國 136	1368	元・明・清 統一帝國時期 633年	明朝 276年	北元 20 明朝 276			
420		南北朝 162年	宋 60 齊 24 梁 56 陳 33	北魏 149 西魏 東魏 北周 北齊	1644		清朝 268年	後金 28 南明 18年 清朝 268年			
479			南朝 170								
502											
534											
581		隋	隋 38		1911						
618	三	唐朝 289年	唐朝 289		1950		共和國	中華民國 38 中華人民共和國			
907	隋唐統一帝國時期 326年										

附錄二　【中國歷代朝代接續表】

朝代別			國都		國祚	帝數	期間（西元）
上古時代 1850 年		【夏朝】	陽城	安邑	470 年	（16）	前 2070 年～前 1600 年
		【商朝】	亳都	殷都	555 年	（30）	前 1600 年～前 1046 年
	【周朝 790 年】	【西周】	鎬京		275 年	（13）	前 1046 年～前 771 年
		東周 【東周 515 年】	雒邑		515 年	（25）	前 770 年～前 256 年
		春秋	詳見 23 頁		295 年	550 年	前 770 年～前 476 年
		戰國	詳見 23 頁		255 年		前 475 年～前 221 年
	【秦朝】		咸陽		15 年	3 帝	前 221 年～前 207 年
統一帝國時期 441 年	【漢朝 426 年】	西楚 【西漢 214 年】	彭城		4 年	△	前 206 年～前 202 年
		西漢	長安		210 年	14 帝	前 202 年～8 年
		新朝 【新玄 17 年】	常安		15 年	1 帝	9 年～23 年
		玄漢	洛陽		2 年	1 帝	23 年～25 年
		【東漢】	洛陽		195 年	14 帝	25 年～220 年
分治王朝時期 46 年	【三國 46 年】	【曹魏】	洛陽		46 年	5 帝	220 年～265 年
		蜀漢	成都		43 年	2 帝	221 年～263 年
		東吳	建鄴		52 年	4 帝	229 年～280 年

認識中國歷史朝代的更替

朝代別			國都	國祚	帝數	期間（西元）
分治王朝時期（含三國不含西晉）310年	晉朝156年		【西晉】	洛陽	52年	4帝	266年～316年
		東晉	東晉	建康	104年	11帝	317年～420年
			十六國	詳見25頁	136年	60王	304年～439年
	南北朝（以劉宋起至北周止）162年	南朝170年	宋	建康	60年	8帝	420年～479年
			齊	建康	24年	7帝	479年～502年
			梁	建康	56年	4帝	502年～557年
			陳	建康	33年	5帝	557年～589年
		北朝196年	北魏	洛陽	149年	11帝	386年～534年
			東魏	鄴城	17年	1帝	534年～550年
			北齊	鄴城	28年	6帝	550年～5779年
			西魏	長安	22年	3帝	535年～557年
			北周	長安	25年	5帝	557年～581年
統一時期	隋唐326年		【隋朝】	長安	38年	3帝	581年～618年
			【唐朝】	長安	289年	21帝	618年～907年
	五代53年		【五代】	汴梁	53年	14帝	907年～960年
			十國	詳見26頁	78年	40王	902年～979年
分治王朝時期373年	宋朝320年	北宋167年	北宋	開封	167年	9帝	960年～1127年
			遼朝	臨潢	210年	9帝	916年～1125年
			西夏	興慶	190年	10帝	1038年～1227年
		南宋153年	金朝	中都	120年	10帝	1115年～1234年
			南宋	臨安	153年	9帝	1127年～1279年

朝代別			國都	國祚	帝數	期間（西元）
統一帝國時期 633 年	【元朝 90 年】	蒙古汗國	和林	65 年	（4）	1206 年～ 1271 年
		大元	大都	8 年	（1）	1271 年～ 1279 年
		【元朝】	大都	90 年	11 帝	1279 年～ 1368 年
		北元	和林	20 年	（3）	1368 年～ 1388 年
	【明朝 276 年】	【明朝】	北京	276 年	16 帝	1368 年～ 1644 年
		南明		18 年	（4）	1644 年～ 1662 年
	【清朝 268 年】	後金	盛京	28 年	（2）	1616 年～ 1643 年
		【清朝】	北京	268 年	10 帝	1644 年～ 1911 年

認識中國歷史朝代的更替

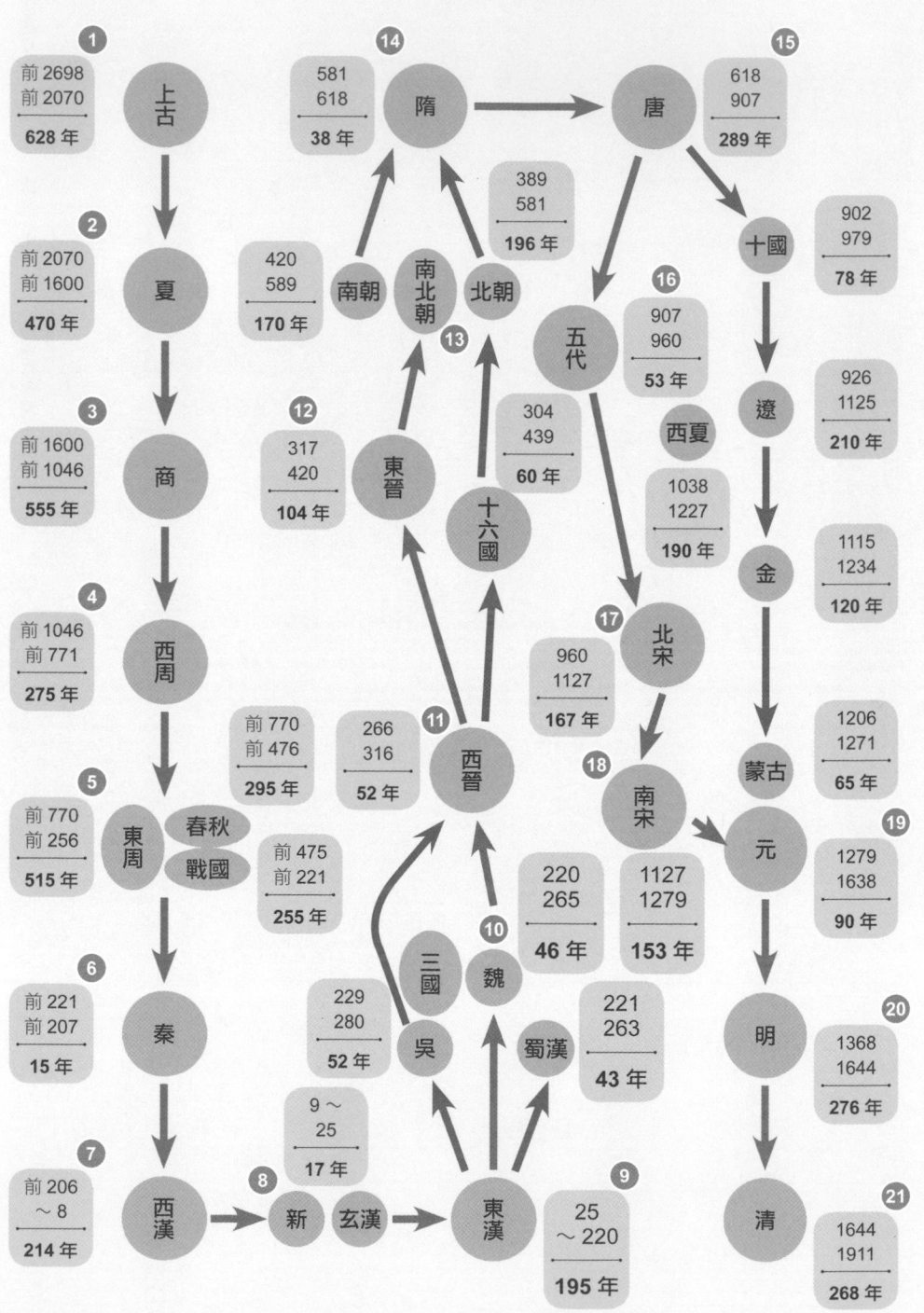

① 上古　前2698 前2070　628年

② 夏　前2070 前1600　470年

③ 商　前1600 前1046　555年

④ 西周　前1046 前771　275年

⑤ 東周 春秋 戰國　前770 前256　515年

前770 前476　295年

前475 前221　255年

⑥ 秦　前221 前207　15年

⑦ 西漢　前206 ～8　214年

⑧ 新 玄漢　9～25　17年

⑨ 東漢　25～220　195年

⑩ 三國 魏 吳 蜀漢

229 280　52年

221 263　43年

⑪ 西晉　266 316　52年

⑫ 東晉　317 420　104年

⑬ 十六國　304 439　60年

南北朝 南朝 北朝

420 589　170年

389 581　196年

⑭ 隋　581 618　38年

⑮ 唐　618 907　289年

⑯ 五代　907 960　53年

西夏　1038 1227　190年

⑰ 北宋　960 1127　167年

⑱ 南宋　1127 1279　153年

220 265　46年

十國　902 979　78年

遼　926 1125　210年

金　1115 1234　120年

蒙古　1206 1271　65年

⑲ 元　1279 1638　90年

⑳ 明　1368 1644　276年

㉑ 清　1644 1911　268年

❶

| 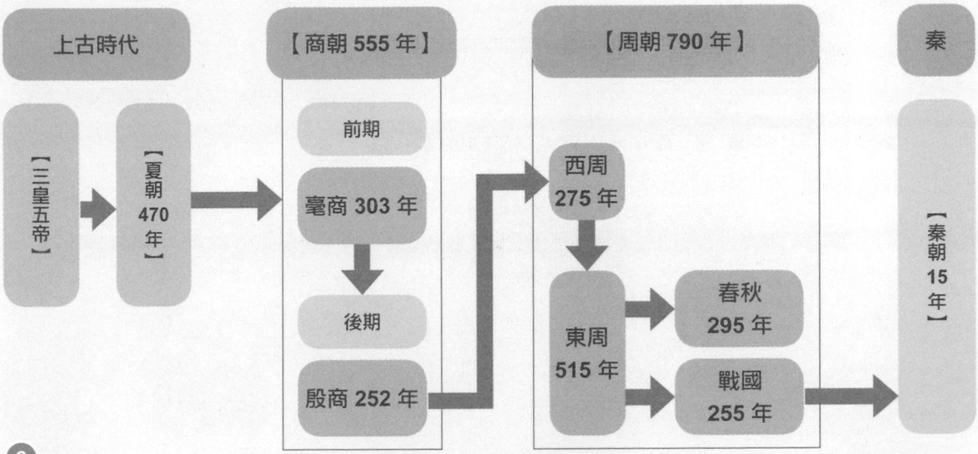 上古時代 | 【商朝 555 年】 | 周朝 790 年 | 秦 |

【三皇五帝】 → 【夏朝 470 年】

【商朝 555 年】
- 前期
- 亳商 303 年
- 後期
- 殷商 252 年

周朝 790 年
- 西周 275 年
- 東周 515 年 → 春秋 295 年
- 東周 515 年 → 戰國 255 年

【秦朝 15 年】

❷

| 秦 | 【漢朝 426 年】 | 三國 |

【秦朝 15 年】 → 【西漢 214 年】 → 【新朝 15 年】 → 【玄漢 2 年】 → 【東漢 195 年】 → 【魏 46 年】

蜀漢　東吳

❸

| 【三國 46 年】 | 【晉朝 156 年】 | 【南北朝 162 年】 |

【東漢 195 年】

【魏 46 年】
【蜀漢 43 年】
【東吳 52 年】

【西晉 52 年】

【東晉 104 年】
【十六國 136 年】

【南朝 170 年】
宋 60 年 → 齊 24 年 → 梁 56 年 → 陳 33 年

【北朝 196 年】
北魏 149 年 → 東魏 17 年 → 北齊 28 年
北魏 149 年 → 西魏 22 年 → 北周 25 年

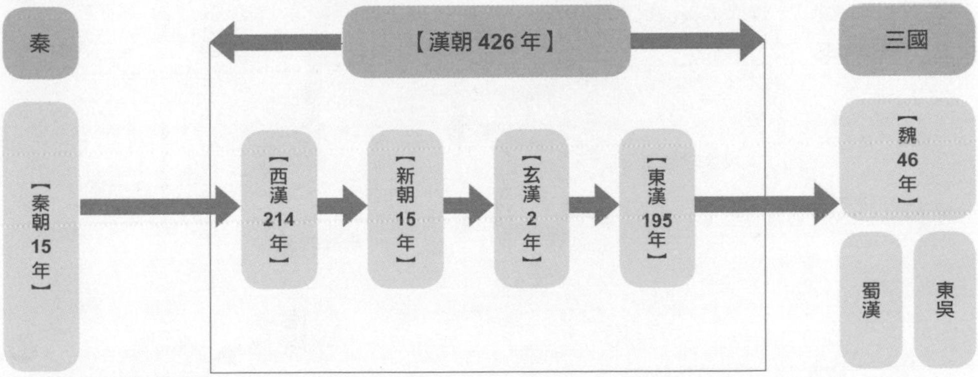

【隋朝 38 年】

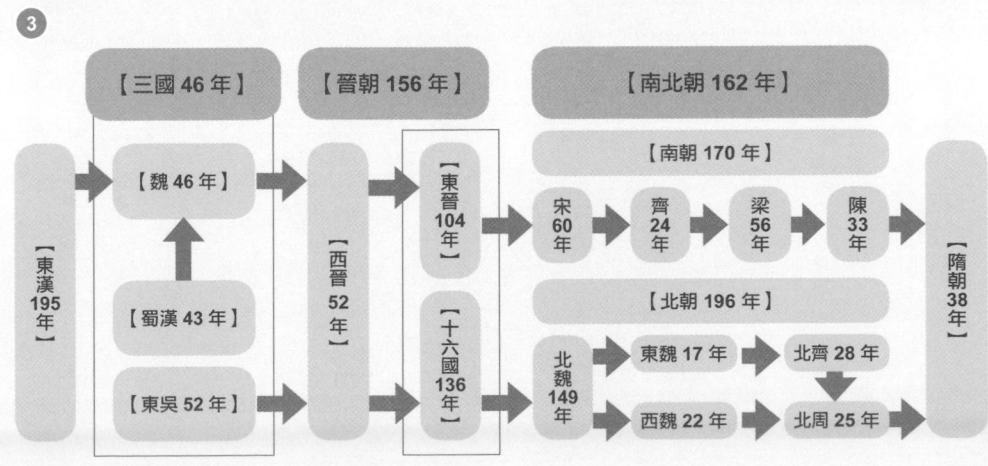

4

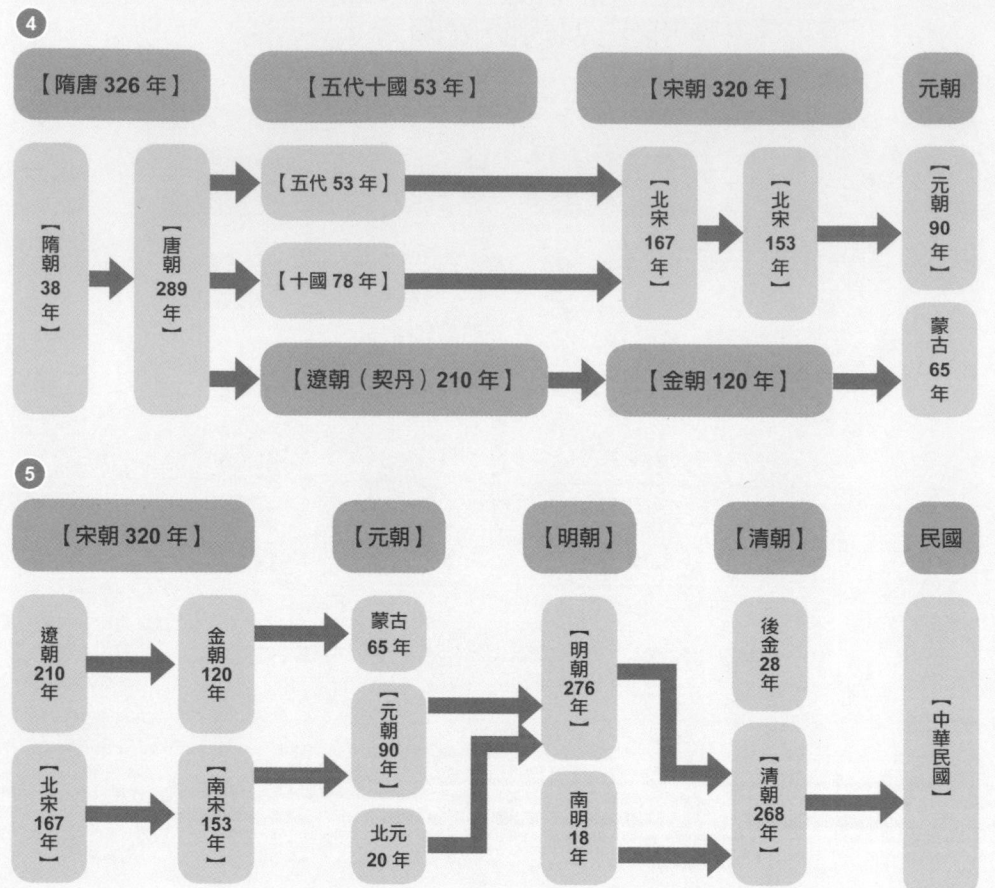

【隋唐 326 年】　　　【五代十國 53 年】　　　【宋朝 320 年】　　　元朝

【隋朝 38 年】→【唐朝 289 年】

【唐朝 289 年】→【五代 53 年】
【唐朝 289 年】→【十國 78 年】
【唐朝 289 年】→【遼朝（契丹）210 年】

【五代 53 年】→【北宋 167 年】
【十國 78 年】→【北宋 167 年】
【北宋 167 年】→【北宋 153 年】→【元朝 90 年】
【遼朝（契丹）210 年】→【金朝 120 年】→蒙古 65 年

5

【宋朝 320 年】　　　【元朝】　　　【明朝】　　　【清朝】　　　民國

遼朝 210 年 → 金朝 120 年 → 蒙古 65 年
金朝 120 年 →【元朝 90 年】
北宋 167 年 → 南宋 153 年 →【元朝 90 年】
【元朝 90 年】→【明朝 276 年】
北元 20 年 →【明朝 276 年】
【明朝 276 年】→【清朝 268 年】
南明 18 年 →【清朝 268 年】
後金 28 年
【清朝 268 年】→【中華民國】

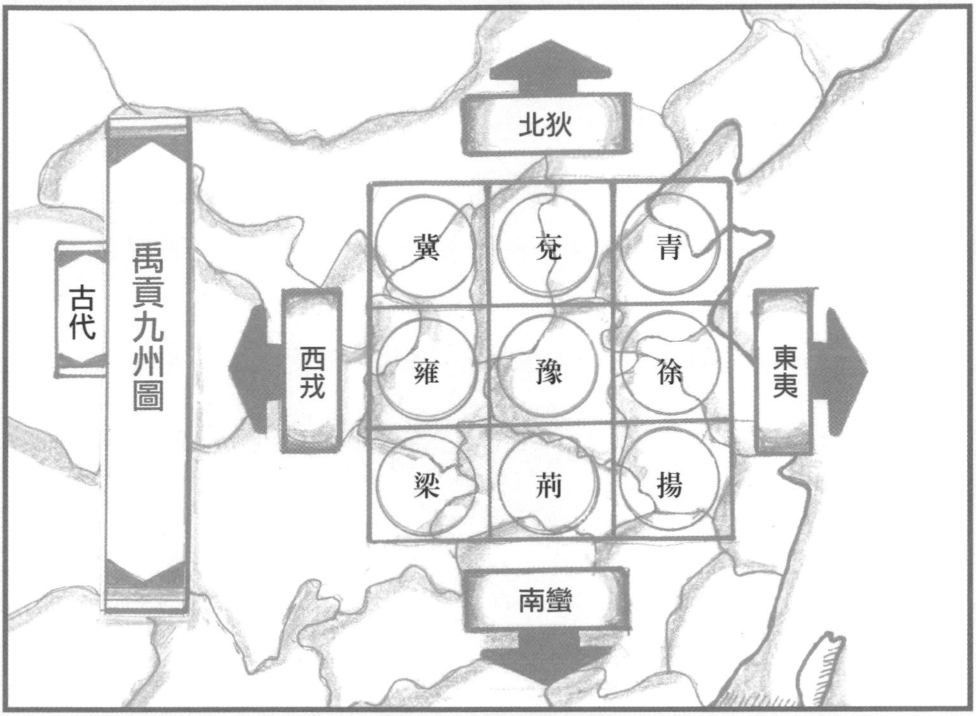

禹貢九州圖

古代

北狄

西戎

東夷

南蠻

冀	兗	青
雍	豫	徐
梁	荊	揚

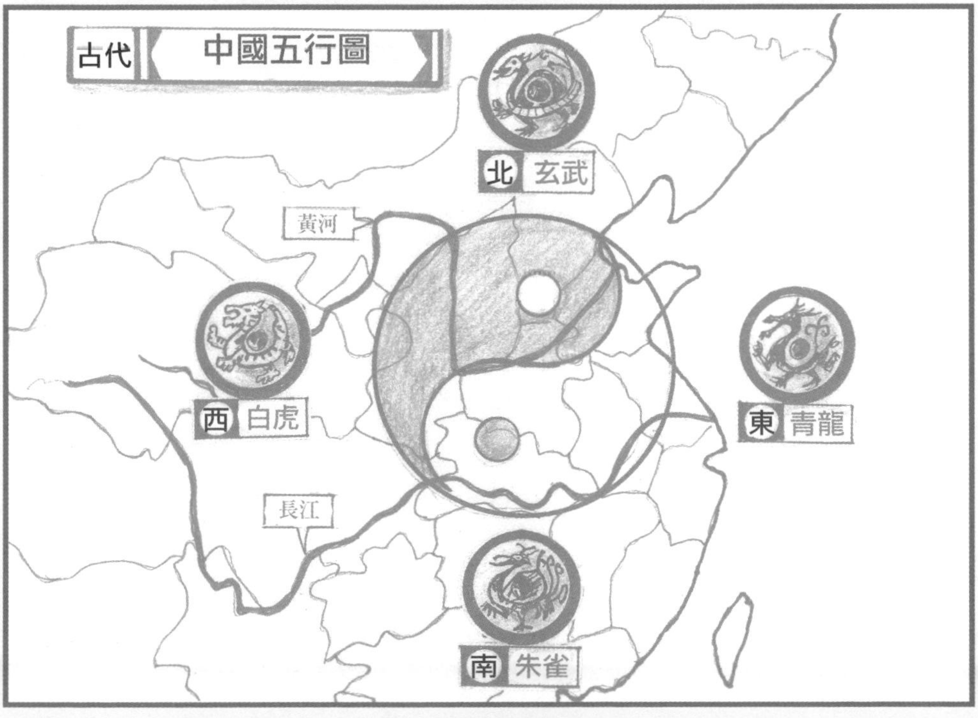

古代　中國五行圖

北　玄武

黃河

西　白虎

東　青龍

長江

南　朱雀

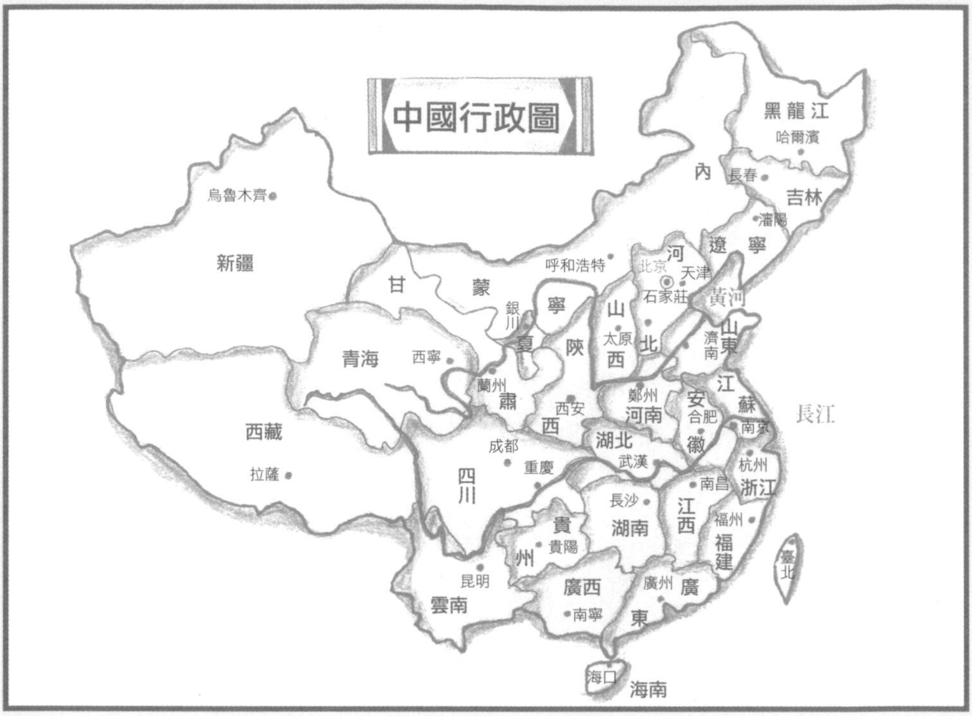

中國行政圖

烏魯木齊

新疆

甘肅

蒙

內

黑龍江
哈爾濱

長春
吉林
瀋陽
遼寧

河北
北京
天津
石家莊
山西
太原
陝西

寧夏
銀川
呼和浩特

黃河
濟南
山東
江蘇

青海
西寧

蘭州
甘肅
鄭州
河南
安徽
合肥
南京

西安

西藏
拉薩

成都
重慶
四川

湖北
武漢

長江

杭州
浙江
南昌
江西
福州
福建
臺北

貴州
貴陽
昆明
雲南

湖南
長沙

廣西
南寧
廣州
廣東

海口
海南

中國地形圖

小興安嶺

阿爾泰山

準噶爾盆地

大興安嶺
松嫩平原

天山

塔里木盆地

祈連山

河套平原

陰山

長白山

日本海

賀蘭山

恆山
華北平原
太行山

柴達木盆地

黃土高原

黃河
泰山
黃海

崑崙山脈

青藏高原

巴顏喀拉山

四川盆地

秦嶺

巫山

長江平原

長江
黃山

岡底斯山脈

大巴山

盧山
雁蕩山

東海

喜馬拉雅山

雲貴高原

衡山
武夷山
嶺南丘陵

橫斷山脈

南嶺

太平洋

孟加拉灣

南海

338

國家圖書館出版品預行編目資料

拆拆中國史：原來中國史可以這樣整理／黃國煜　編著.
——初版. ——臺中市：好讀，2017.7
面：　　公分，——（一本就懂；18）

ISBN 978-986-178-422-9（平裝）

1.中國史 2.圖解

610.4　　　　　　　　　　　　　　　106003206

好讀出版

一本就懂18

拆拆中國史：原來中國史可以這樣整理

填寫線上讀者回函
獲得更多好讀資訊

編　　著／黃國煜
總 編 輯／鄧茵茵
文字編輯／莊銘桓
美術編輯／林姿秀

發 行 所／好讀出版有限公司
　　　　　407台中市西屯區工業30路1號
　　　　　407台中市西屯區大有街13號（編輯部）
TEL: 04-23157795 FAX: 04-23144188 http://howdo.morningstar.com.tw
(如對本書編輯或內容有意見，請來電或上網告訴我們)
法律顧問／陳思成律師

總 經 銷／知己圖書股份有限公司
106台北市大安區辛亥路一段30號9樓
TEL: 02-23672044／23672047 FAX: 02-23635741
407台中市西屯區工業30路1號
TEL: 04-23595819 FAX: 04-23595493
E-mail:service@morningstar.com.tw
網路書店：http://www.morningstar.com.tw
讀者專線：04-23595819#230
郵政劃撥：15060393（知己圖書股份有限公司）

印　　刷／上好印刷股份有限公司 TEL:04-23150280
初　　版／西元2017年7月15日
初版二刷／西元2018年10月18日
定價：450元
如有破損或裝訂錯誤，請寄回臺中市407工業區30路1號更換（好讀倉儲部收）

Published by How-Do Publishing Co., Ltd.
2017 Printed in Taiwan
All rights reserved.
ISBN 978-986-178-422-9